100% EXOS

2de

Physique Chimie

Nathalie Benguigui
Professeur agrégée au lycée Bellevue du Mans

Hatier

Maquette de principe : Marie-Astrid Bailly-Maître
Mise en pages : Jouve
Schémas : Jouve
Édition : Marilyn Maisongrosse

 978-2-218-94474-1

Votre ouvrage 100 % exos

■ Conforme au programme de physique-chimie en 2de entré en vigueur à la rentrée 2010, ce « 100 % exos » vous propose une **méthode de travail** complète et un **entraînement intensif** sur mesure tout au long de l'année.

■ Pour chaque thème du programme, vous trouverez un **cours** structuré, les **savoir-faire** qu'il faut maîtriser, des **exercices** progressifs et leurs **corrigés** détaillés.

■ Assortis d'**indications de solution**, de **commentaires** et de **conseils** des auteurs, tous les exercices corrigés vous permettent :

- de **comprendre** les notions essentielles et de **maîtriser** le cours ;
- de **progresser** et de vous **entraîner** à votre rythme ;
- de vous **évaluer** et de **réussir** vos contrôles ;
- de vous **préparer** à la Terminale **1re S**.

Sur le site www.annabac.com

■ L'achat de cet ouvrage vous permet de bénéficier d'un **ACCÈS GRATUIT** aux **ressources d'annabac.com** : fiches de cours, podcasts audio, exercices et sujets corrigés…

■ Pour profiter de cette offre, rendez-vous sur **www.annabac.com**, dans la rubrique « Vous avez acheté un ouvrage Hatier ? »*

* La saisie d'un mot-clé du livre (lors de votre première visite) vous permettra de créer un compte personnel.

<table>
<tr><th>Niveau d'exercice</th><th>Connaître</th><th>Appliquer</th><th>Raisonner</th></tr>
<tr><td rowspan="2">★</td><td>Restituer des connaissances</td><td colspan="2"></td></tr>
<tr><td></td><td>Conduire un calcul simple</td><td rowspan="2"></td></tr>
<tr><td rowspan="3">★★</td><td colspan="2">Mobiliser ses connaissances pour appliquer une technique de calcul ou de résolution</td></tr>
<tr><td></td><td colspan="2">Extraire des informations et les exploiter</td></tr>
<tr><td colspan="2"></td><td>Conduire un raisonnement simple</td></tr>
<tr><td rowspan="4">★★★</td><td colspan="3">Mobiliser ses connaissances pour argumenter</td></tr>
<tr><td></td><td colspan="2">Conduire un calcul comportant plusieurs étapes</td></tr>
<tr><td></td><td colspan="2">Extraire des informations et les exploiter</td></tr>
<tr><td colspan="2"></td><td>Conduire un raisonnement élaboré</td></tr>
<tr><td rowspan="4">★★★★</td><td colspan="3">Mobiliser ses connaissances pour argumenter</td></tr>
<tr><td></td><td colspan="2">Conduire un calcul difficile comportant plusieurs étapes</td></tr>
<tr><td></td><td colspan="2">Extraire des informations et les exploiter</td></tr>
<tr><td colspan="2"></td><td>Conduire un raisonnement élaboré dans une situation nouvelle</td></tr>
</table>

Sommaire

L'univers

1 L'Univers ... de l'infiniment petit à l'infiniment grand

COURS 11
EXERCICES Exercices d'application 19
Exercices d'entraînement 20
Exercice d'approfondissement 21
Contrôles 22
CORRIGÉS 23

2 La lumière des étoiles, riche d'informations

COURS 27
EXERCICES Exercices d'application 34
Exercices d'entraînement 36
Exercices d'approfondissement 39
Contrôle 40
CORRIGÉS 42

3 Le modèle de l'atome

COURS 49
EXERCICES Exercices d'application 55
Exercices d'entraînement 57
Exercice d'approfondissement 59
Contrôles 61
CORRIGÉS 63

4 Des atomes aux ions

COURS 69
EXERCICES Exercices d'application 75
Exercice d'entraînement 78
Exercice d'approfondissement 79
Contrôles 80
CORRIGÉS 81

5 Classification périodique des éléments chimiques

COURS 87
EXERCICES Exercices d'application 92
Exercices d'entraînement 94
Exercices d'approfondissement 96
Contrôles 99
CORRIGÉS 100

6 Mouvements et gravitation dans le système solaire

COURS 105
EXERCICES Exercices d'application 113
Exercices d'entraînement 115
Exercices d'approfondissement 117
Contrôle 119
CORRIGÉS 121

La santé

7 La physique au service des diagnostics médicaux

COURS 129
EXERCICES Exercices d'application 137
Exercices d'entraînement 138
Exercice d'approfondissement 141
Contrôle 143
CORRIGÉS 145

8 Des molécules au service de la santé

COURS 149
EXERCICES Exercices d'application 156
Exercices d'entraînement 157
Exercices d'approfondissement 161
Contrôle 163
CORRIGÉS 164

9 Extraction, séparation, identification et synthèse d'espèces chimiques

COURS 171
EXERCICES Exercices d'application 182
Exercices d'entraînement 185
Exercices d'approfondissement 187
Contrôle 190
CORRIGÉS 193

10 Une unité pour le chimiste : la mole

COURS 199
EXERCICES Exercices d'application 205
Exercices d'entraînement 206
Exercices d'approfondissement 207
Contrôle 209
CORRIGÉS 210

Sommaire

La pratique du sport

11 Solutions et concentrations

COURS 217
EXERCICES Exercices d'application 223
Exercices d'entraînement 225
Exercice d'approfondissement 228
Contrôles 229
CORRIGÉS 231

12 Transformations chimiques

COURS 237
EXERCICES Exercices d'application 243
Exercices d'entraînement 245
Exercices d'approfondissement 246
Contrôles 251
CORRIGÉS 253

13 Mouvements et forces dans les pratiques sportives

COURS 259
EXERCICES Exercices d'application 265
Exercices d'entraînement 267
Exercice d'approfondissement 269
Contrôle 270
CORRIGÉS 272

14 Pratiques sportives en altitude

COURS 279
EXERCICES Exercices d'application 284
Exercices d'entraînement 285
Exercice d'approfondissement 287
Contrôle 288
CORRIGÉS 290

15 Plongée et pression

COURS 295
EXERCICES Exercices d'application 300
Exercices d'entraînement 301
Exercices d'approfondissement 303
Contrôle 306
CORRIGÉS 308

Annexes

Pictogrammes de sécurité 313
Principales unités de mesure 314
Classification périodique des éléments chimiques 316
Verrerie usuelle 318
Index 319

L'Univers

1 L'Univers… de l'infiniment petit à l'infiniment grand

Les « objets » qui constituent l'Univers ont des dimensions extraordinairement variées : de l'infiniment petit pour l'échelle atomique jusqu'à l'infiniment grand pour l'échelle astronomique. Pourtant, de l'atome à la galaxie, un point commun caractérise la matière de notre Univers : c'est son remplissage lacunaire.

Lacunaire : qui présente des espaces vides.

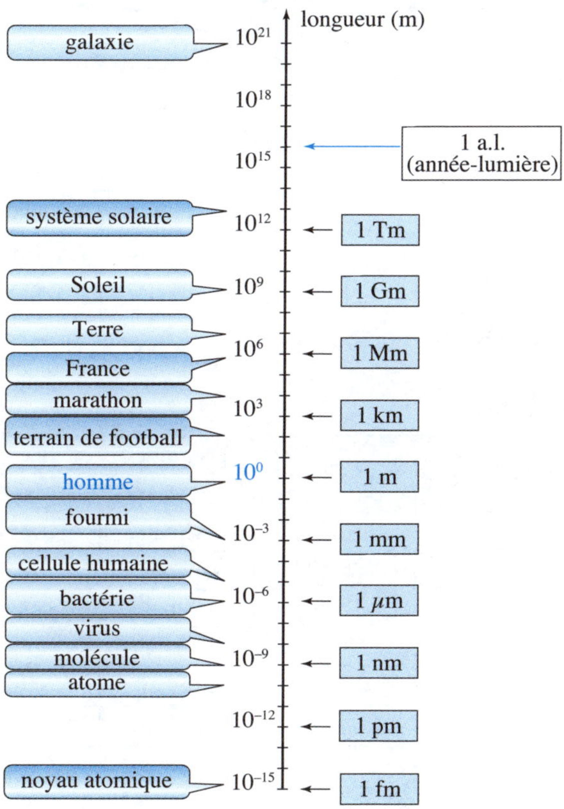

Ordre de grandeur de la taille de quelques « objets »

I DU MICROSCOPIQUE À L'ASTRONOMIQUE

La taille des objets qui nous entourent est comprise entre 10^{-15} m (noyau atomique) et 10^{26} m (Univers observable).

L'échelle de la page précédente, où figure l'ordre de grandeur de la taille de quelques objets, est **non linéaire**.
Le passage d'une graduation à la suivante équivaut à une multiplication de la longueur par 10.

1. Les multiples et sous-multiples du mètre

Pour faciliter la comparaison des longueurs, les scientifiques utilisent des multiples et sous-multiples du mètre.
Le nom d'un multiple ou d'un sous-multiple est constitué en accolant un préfixe au mot « mètre ». Chaque préfixe correspondant à un **facteur multiplicatif**.

■ **Les multiples**

Préfixe		Facteur multiplicatif	Multiple du mètre	
Nom	Symbole		Nom	Symbole
déca	da	10	décamètre	dam
hecto	h	10^2	hectomètre	hm
kilo	k	10^3	kilomètre	km
méga	M	10^6	mégamètre	Mm
giga	G	10^9	gigamètre	Gm
téra	T	10^{12}	téramètre	Tm

EXEMPLE : $1 \text{ Gm} = 10^9 \text{ m} = 1\,000\,000\,000 \text{ m}$

■ **Les sous-multiples**

Préfixe		Facteur multiplicatif	Sous-multiple du mètre	
Nom	Symbole		Nom	Symbole
déci	d	10^{-1}	décimètre	dm
centi	c	10^{-2}	centimètre	cm
milli	m	10^{-3}	millimètre	mm
micro	µ	10^{-6}	micromètre	µm
nano	n	10^{-9}	nanomètre	nm
pico	p	10^{-12}	picomètre	pm
femto	f	10^{-15}	femtomètre	fm

EXEMPLE : $1 \text{ µm} = 10^{-6} \text{ m} = 0{,}000\,001 \text{ m}$

2. Le monde de l'infiniment petit

■ Toute matière est formée d'**atomes**, eux-mêmes constitués de particules élémentaires beaucoup plus petites : les électrons gravitent autour du noyau, formé d'un assemblage de nucléons (protons et neutrons).

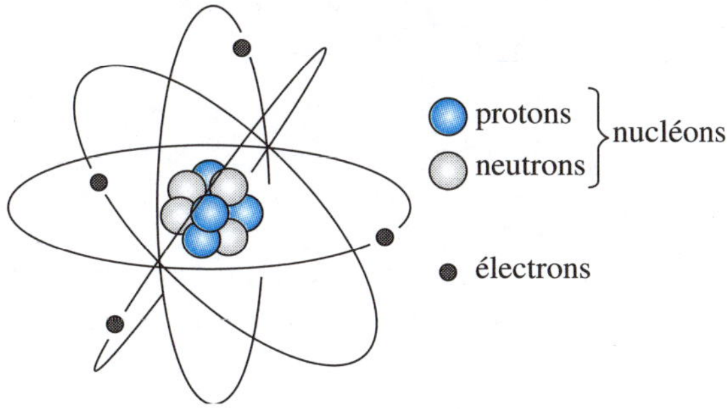

Constitution d'un atome

La taille d'un atome est de l'ordre de 10^{-10} m (soit 0,1 nanomètre), tandis que celle du noyau n'est que de 10^{-15} m (soit 1 femtomètre).

La description détaillée des atomes est l'objet du chapitre 3.

■ Les atomes s'assemblent pour former des **molécules** dont la taille est de l'ordre du nanomètre.

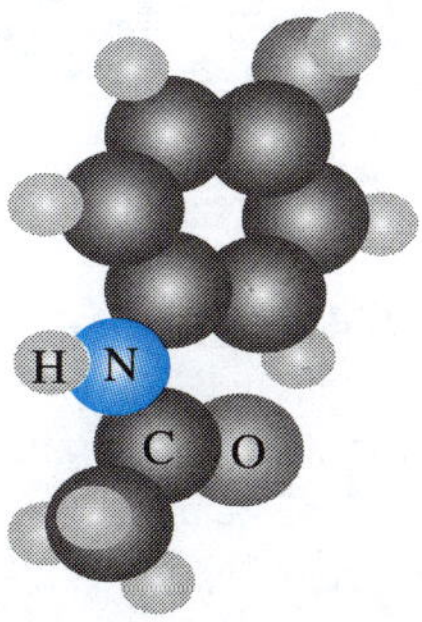

Molécule de paracétamol
(médicament contre la douleur et la fièvre)

La description détaillée des molécules est l'objet du chapitre 8.

■ Les organismes vivants sont constitués de **cellules** dont la taille est classiquement de quelques micromètres.
Chaque cellule est formée d'un grand nombre de molécules.

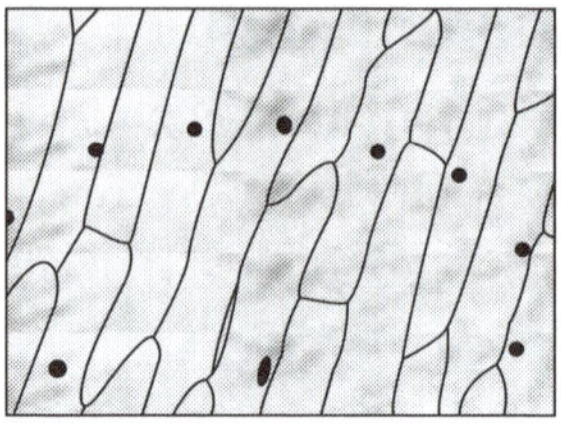

Cellules d'épiderme d'oignon

3. Le monde cosmique

■ Le **système solaire** est essentiellement constitué de huit planètes gravitant autour du Soleil et de multiples satellites tournant eux-mêmes autour de ces planètes.

Une ceinture d'astéroïdes s'intercale entre les quatre planètes telluriques (c'est-à-dire solides) : Mercure-Vénus-Terre-Mars et les quatre autres planètes gazeuses : Jupiter-Saturne-Uranus-Neptune.

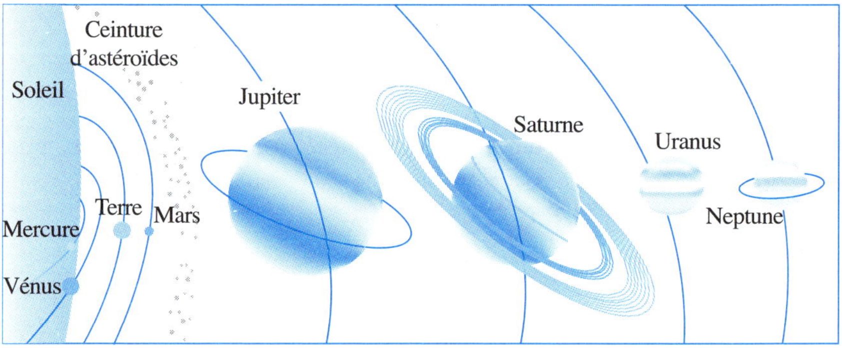

Le système solaire (les échelles ne sont pas respectées)

En août 2006, l'Union astronomique internationale a décidé de faire entrer Pluton dans la catégorie des planètes naines.
Depuis cette date, on considère que le système solaire ne comporte officiellement que huit « vraies » planètes.

La **Terre** avec son rayon de 6 400 km est la planète tellurique la plus volumineuse.

Le **Soleil** se situe à 150 millions de kilomètres de la Terre.

Son rayon est environ 110 fois celui de la Terre et « seulement » 10 fois celui de Jupiter (la plus grosse des planètes).

Sa masse est environ 330 mille fois celle de la Terre.

Les mouvements dans le système solaire sont étudiés dans le chapitre 6.

■ Le système solaire, comme bien d'autres systèmes planétaires extrasolaires et des milliards d'étoiles, est l'un des objets de notre Galaxie nommée Voie lactée.

La Voie lactée (la flèche indique la position du système solaire)

■ Les milliards de galaxies qui composent l'Univers sont elles-mêmes organisées en amas, voire en super amas.
L'Univers observable s'étend sur environ 10^{26} m.

4. Un Univers fait de vide !

Les observations scientifiques de la matière de l'infiniment petit à l'infiniment grand nous apportent de multiples preuves du caractère lacunaire du remplissage de l'espace à toutes les échelles.
Ainsi, dans l'atome, la majeure partie de l'espace est vide, la matière y est essentiellement concentrée dans le noyau de très petite taille au regard de la taille atomique (voir chapitre 3).
De même, les molécules constituant un gaz sont très éloignées les unes des autres, séparées par du vide.
À l'échelle astronomique, c'est aussi le vide qui prédomine largement dans l'espace interplanétaire, interstellaire et intergalactique séparant les planètes, les étoiles, les galaxies, les amas de de galaxies…

Lacunaire : adjectif venant du latin *lacuna* signifiant trou.

II PROPAGATION DE LA LUMIÈRE

1. Propagation rectiligne

La lumière se propage en ligne droite dans un milieu transparent homogène tel que le vide, l'air, l'eau…

Transparent : qui permet la propagation de la lumière.
Homogène : dont les propriétés sont identiques en tout point.

2. Célérité de la lumière

La vitesse de propagation (ou célérité) de la lumière dans le vide est environ :

$$c = 3{,}00 \times 10^8 \, \text{m} \cdot \text{s}^{-1}$$

Il s'agit d'une vitesse limite : aucun objet ne peut aller plus vite que la lumière dans le vide.

Cette célérité c est une constante universelle dont la valeur précise est :
299 792 458 m·s⁻¹

Dans les autres milieux transparents, la lumière se propage moins vite.

EXEMPLE : La célérité de la lumière dans l'eau est $2{,}25 \times 10^8 \, \text{m} \cdot \text{s}^{-1}$.

3. Une unité de longueur astronomique : l'année-lumière

L'année de lumière (couramment appelée année-lumière), de symbole a.l., est la distance parcourue par la lumière dans le vide en une année :

$$1 \text{ a.l.} = 9{,}461 \times 10^{15} \text{ m}$$

Cette unité astronomique trouve tout son intérêt pour exprimer les distances cosmiques.

Le calcul de l'année-lumière est développé dans l'exercice 6.

EXEMPLE : Proxima du Centaure, étoile la plus proche du système solaire, est située à 4,3 a.l. de la Terre.
Sa lumière met donc 4,3 années à nous parvenir. C'est-à-dire qu'on l'observe telle qu'elle était 4,3 années auparavant.

On dit que : « voir loin, c'est voir dans le passé ».

SAVOIR-FAIRE

1. Utiliser l'écriture (ou la notation) scientifique

L'écriture (ou la notation) scientifique d'un nombre est de la forme : $a \times 10^n$ avec a un nombre décimal tel que $1 \leqslant a < 10$ et n un nombre entier positif ou négatif.

EXEMPLE : L'écriture scientifique du nombre 421 est $4,21 \times 10^2$.

Celle du nombre 0,001 9 est $1,9 \times 10^{-3}$.

Signification des puissances de 10 positives :

$10^0 = 1$

$10^1 = 10$

$10^2 = 10 \times 10 = 100$

$10^3 = 10 \times 10 \times 10 = 1000.$

Signification des puissances de 10 négatives :

$10^{-1} = \dfrac{1}{10} = 0,1$

$10^{-2} = \dfrac{1}{10^2} = \dfrac{1}{100} = 0,01$

$10^{-3} = \dfrac{1}{10^3} = \dfrac{1}{1000} = 0,001$

2. Comparer des dimensions

■ Quel est le plus grand : $A = 11$ pm ou $B = 0,015$ nm ?

■ Pas si simple de répondre rapidement…

Pour comparer des longueurs, il est indispensable de les exprimer dans la même unité (le mètre généralement), puis de les écrire en notation scientifique.

Ainsi, en suivant cette méthode, on peut comparer A et B :

$A = 11 \text{ pm} = 11 \times 10^{-12} \text{ m} = 1,1 \times 10 \times 10^{-12} \text{ m} = 1,1 \times 10^{-11} \text{ m}$

$B = 0,015 \text{ nm} = 0,015 \times 10^{-9} \text{ m} = 1,5 \times 10^{-2} \times 10^{-9} \text{ m} = 1,5 \times 10^{-11} \text{ m}$

B est donc plus grand que A.

Opérations avec les puissances de 10 :

$10^x \times 10^y = 10^{x+y}$ $\qquad$ $\dfrac{10^x}{10^y} = 10^{x-y}$

3. Déterminer l'ordre de grandeur d'un nombre

■ L'ordre de grandeur d'un nombre est une valeur approximative égale à la puissance de 10 la plus proche de ce nombre.
Il se détermine aisément à partir de l'écriture scientifique du nombre.

EXEMPLES :

• Le rayon de l'atome de cuivre est 128 pm soit 128×10^{-12} m ou $1{,}28 \times 10^{-10}$ m donc son ordre de grandeur est 10^{-10} m.

• Une année de lumière vaut $9{,}461 \times 10^{15}$ m donc son ordre de grandeur est 10^{16} m ou bien 10^{13} km.

■ La connaissance de l'ordre de grandeur de la taille d'un objet permet d'une part une comparaison rapide avec d'autres objets et d'autre part la réalisation de calculs approchés.

EXEMPLES :

• L'épaisseur d'une feuille d'aluminium utilisée pour l'emballage des aliments est de l'ordre de 10 µm = 10^{-5} m.
C'est dix fois moins que l'épaisseur (de l'ordre de 100 µm) d'une feuille de papier pour imprimante.

• L'ordre de grandeur du diamètre solaire est de 10^6 km tandis que celui de la Terre est de 10^4 km.
Le diamètre du Soleil est donc environ 100 fois supérieur à celui de la Terre.

4. Exprimer un résultat avec le bon nombre de chiffres significatifs

■ Les chiffres significatifs d'un nombre, exprimé en notation scientifique $a \times 10^n$, sont les chiffres constituant le nombre a.

Le nombre de chiffres significatifs indique la précision avec laquelle est donnée une valeur. Ainsi, il est plus précis d'écrire 1,0 cm (deux chiffres significatifs) que 1 cm (un seul chiffre significatif).

EXEMPLE : La distance parcourue lors d'un marathon est approximativement 42 km = $4{,}2 \times 10^4$ m (deux chiffres significatifs) et plus précisément 42,195 km = $4{,}219\,5 \times 10^4$ m (cinq chiffres significatifs).

■ Le résultat d'une multiplication ou d'une division doit être exprimé avec le même nombre de chiffres significatifs que la moins précise des données.

EXEMPLE : Le rayon d'une pièce de 1 € est $R = 1{,}2$ cm.
Le calcul de sa surface $S = \pi R^2$ à l'aide d'une calculatrice donne 4,523 893 421 cm². Un tel résultat n'a aucun sens ; il faut l'exprimer avec seulement deux chiffres significatifs comme la valeur de R soit :

$$S = 4{,}5 \text{ cm}^2$$

EXERCICES D'APPLICATION

1 QCM « SYSTÈME SOLAIRE » | ★ | 5 min | ▸ P. 23

Dans le questionnaire à choix multiple (QCM) suivant, indiquer pour chaque proposition, la (ou les) réponse(s) exacte(s).

1. Notre système solaire comporte 8 planètes.
De la plus proche à la plus éloignée du Soleil, l'ordre de ces planètes est :
a. Mercure-Vénus-Terre-Mars-Jupiter-Saturne-Neptune-Uranus.
b. Mercure-Vénus-Mars-Terre-Jupiter-Saturne-Neptune-Uranus.
c. Mars-Vénus-Terre-Mercure-Jupiter-Saturne-Uranus-Neptune.
d. Mercure-Vénus-Terre-Mars-Jupiter-Saturne-Uranus-Neptune.

2. La distance Terre-Soleil est :
a. 1 500 km
b. 150 000 km
c. 150 000 000 km
d. 150 000 000 000 km

3. La lumière se propage à la vitesse de :
a. 300 000 $m \cdot s^{-1}$
b. 300 000 $km \cdot s^{-1}$
c. 300 000 $km \cdot h^{-1}$
d. 300 000 000 $m \cdot s^{-1}$

2 MULTIPLES ET SOUS-MULTIPLES DU MÈTRE | ★ | 10 min | ▸ P. 23

Il existe de nombreux multiples et sous-multiples du mètres tels que :
km, hm, mm, µm, cm, Mm, Gm, nm, pm, dam, dm.

1. Repérer les multiples du mètre dans cette liste, indiquer leur nom, leur valeur et les classer par ordre croissant.

2. Repérer les sous-multiples du mètre dans cette liste, indiquer leur nom, leur valeur et les classer par ordre décroissant.

3 COMPARAISON DE GRANDES LONGUEURS | ★★ | 15 min | ▸ P. 23

1. Exprimer les longueurs suivantes en mètres et en écriture scientifique :
$A = 215$ km, $B = 4\ 807{,}2$ m, $C = 0{,}212$ Mm

2. Classer ces longueurs par ordre croissant.

3. Parmi ces longueurs, quelles sont celles qui sont du même ordre de grandeur qu'une étape du Tour de France cycliste ?

EXERCICES D'ENTRAÎNEMENT

4 COMPARAISON DE PETITES LONGUEURS | ★★ | 20 min | ▸ P. 23

1. Exprimer les longueurs suivantes en mètres et en écriture scientifique :
$A = 752$ nm ; $B = 34{,}5$ µm ; $C = 1{,}4$ mm ; $D = 158$ pm ; $E = 0{,}02$ cm.
2. Classer ces longueurs par ordre croissant.
3. Comparer la plus petite de ces longueurs avec la taille d'un atome. On pourra rechercher l'ordre de grandeur de la dimension atomique dans le cours.

5 LE PLUS ÉPAIS | ★★ | 10 min | ▸ P. 24

Un cheveu de 75 µm de diamètre est-il plus épais qu'un fil de pêche de 0,20 mm ? Justifier.

6 ANNÉE-LUMIÈRE | ★★ | 15 min | ▸ P. 24

Définir une année-lumière et calculer sa valeur en mètres à partir de la valeur de la célérité c de la lumière dans le vide.
Donnée : célérité de la lumière dans le vide : $c = 3{,}00 \times 10^{8}\ \text{m} \cdot \text{s}^{-1}$.

7 VIRUS | ★★★ | 15 min | ▸ P. 24

Il existe de nombreux virus de tailles très différentes :
- le poliovirus est l'un des plus petits : son diamètre est 25 nm ;
- le mimivirus est un virus géant atteignant 0,65 µm de diamètre.

Les deux schémas suivants ne sont pas à la même échelle.

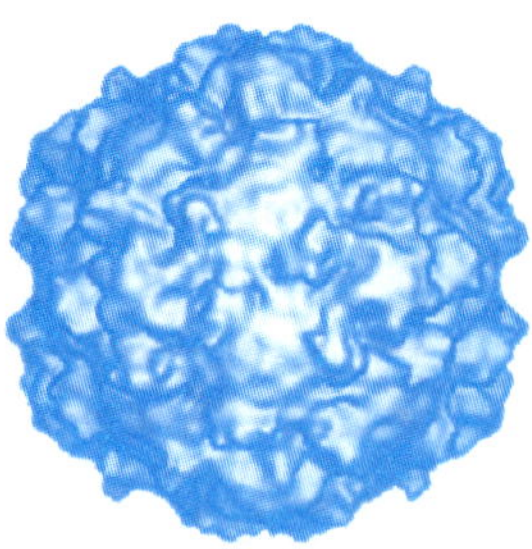

Poliovirus : 25 nm de diamètre

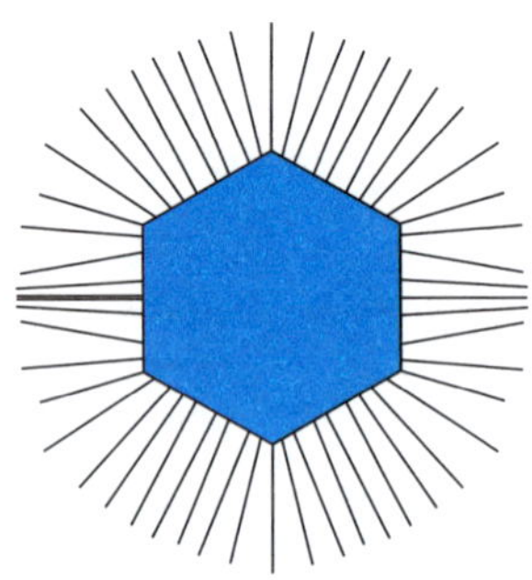

Mimivirus : 0,65 µm de diamètre

Si on dessine le poliovirus avec un diamètre de 1 cm, quel doit être le diamètre du schéma de mimivirus pour respecter la même échelle ?

8 LEDA 074886

★★★ 20 min ▸ P. 24

Une équipe internationale d'astronomes a récemment découvert une nouvelle galaxie grâce à un télescope japonais situé à Hawaï.

Cet objet céleste, baptisé LEDA 074886, a été découvert en scrutant la constellation de l'Eridan.

Cette galaxie nous apparaît en ce début de XXIe siècle telle qu'elle était il y a 700 millions d'années ... avant même l'apparition des dinosaures sur Terre !

1. En argumentant et en exprimant le résultat en notation scientifique avec deux chiffres significatifs, calculer en kilomètres la distance d qui nous sépare de LEDA 074886.

2. Comparer quantitativement la distance Terre-LEDA 074886 à la distance Terre-Soleil.

Données :

$1\ \text{a.l.} = 9{,}5 \times 10^{12}$ km ;

distance Terre-Soleil : $D = 1{,}5 \times 10^{8}$ km.

EXERCICE D'APPROFONDISSEMENT

9 UNE HISTOIRE DE CUBES

★★★★ 20 min ▸ P. 25

1. Calculer en m^3 le volume V d'un cube $\mathscr{C}$ dont l'arête mesure $a = 1{,}26$ cm. Justifier le nombre de chiffres significatifs avec lequel doit être exprimé le résultat.

2. Un atome est une sphère dont le diamètre est de l'ordre de 0,1 nm.

Le volume V' d'un atome est du même ordre de grandeur que celui du cube dont l'arête aurait la taille du diamètre atomique soit $a' = 0{,}1$ nm.

En déduire la valeur en m^3 de l'ordre de grandeur du volume V'.

3. Déterminer l'ordre de grandeur du nombre N d'atomes que peut contenir un cube $\mathscr{C}$.

CONTRÔLES

10 TAILLE DE QUELQUES OBJETS

★★★ 20 min ▸ P. 25

Le but de cet exercice est de classer et de comparer les dimensions de quelques « objets » dont les ordres de grandeurs sont les suivants :

- Terre : 10 000 km ; • galaxie : 10^9 Tm ; • noyau atomique : 1 fm ;
- cellule : 10 µm ; • atome : 100 pm ; • système solaire : 10 000 Gm ;
- Soleil : 1 Gm.

1. Classer ces objets par ordre croissant de dimension, en expliquant la méthode.
2. Comparer quantitativement la taille du système solaire à celle de la Terre, puis à celle du Soleil.
3. Si le Soleil est symbolisé par un pamplemousse de diamètre 10 cm, quelle est la taille du système solaire ?
4. Quel est le couple d'objets présentant le même écart d'ordre de grandeur que le couple {galaxie, Soleil} ?
5. Comparer la différence d'ordre de grandeur existant entre l'homme et le noyau atomique à celle existant entre la galaxie et la Terre.

11 VRAI OU FAUX ?

★★★ 40 min ▸ P. 26

Ce sujet comporte cinq affirmations indépendantes les unes des autres.
À chaque affirmation, vous répondrez par vrai ou faux en justifiant très clairement votre choix à l'aide des données ci-dessous.

1. Un atome de soufre de diamètre 2×10^2 pm est 1 000 fois plus petit qu'une bactérie mesurant 2 µm.
2. Le gigamètre est du même ordre de grandeur que le centième de la distance Terre-Soleil.
3. Il est justifié d'écrire que la surface d'une prairie rectangulaire de 1,21 hm de large et 1,54 hm de long est $1{,}86 \times 10^4\ \text{m}^2$.
4. Le parsec est une unité astronomique du même ordre de grandeur que l'année-lumière.
5. En une année, la lumière parcourt 63 000 fois la distance Terre-Soleil.

Données :

La distance Terre-Soleil est $1{,}5 \times 10^{11}$ m ;
L'année-lumière exprimée avec deux chiffres significatifs vaut :

$$1 \text{ a.l.} = 9{,}5 \times 10^{15} \text{ m}$$

Le parsec est une unité astronomique de symbole pc valant (avec deux chiffres significatifs) : 1 pc = $3{,}1 \times 10^{16}$ m

CORRIGÉS

1 **1.** De la plus proche à la plus éloignée du Soleil, l'ordre des 8 planètes du système solaire est :
Mercure-Vénus-Terre-Mars-Jupiter-Saturne-Uranus-Neptune (**réponse d**).
2. Le Soleil est à 150 millions de kilomètres de la Terre (**réponse c**).
3. La lumière se propage à la vitesse de $300\,000\ \text{km}\cdot\text{s}^{-1}$ (**réponse b**), soit $300\,000\,000\ \text{m}\cdot\text{s}^{-1}$ (**réponse d**).

2 **1.** Par ordre croissant, les multiples du mètre sont :
- le décamètre $\left(1\ \text{dam} = 10^1\ \text{m}\right)$, l'hectomètre $\left(1\ \text{hm} = 10^2\ \text{m}\right)$,
- le kilomètre $\left(1\ \text{km} = 10^3\ \text{m}\right)$, le mégamètre $\left(1\ \text{Mm} = 10^6\ \text{m}\right)$
- le gigamètre $\left(1\ \text{Gm} = 10^9\ \text{m}\right)$.

2. Par ordre décroissant, les sous-multiples du mètre sont :
- le décimètre $\left(1\ \text{dm} = 10^{-1}\ \text{m}\right)$, le centimètre $\left(1\ \text{cm} = 10^{-2}\ \text{m}\right)$,
- le millimètre $\left(1\ \text{mm} = 10^{-3}\ \text{m}\right)$, le micromètre $\left(1\ \mu\text{m} = 10^{-6}\ \text{m}\right)$,
- le nanomètre $\left(1\ \text{nm} = 10^{-9}\ \text{m}\right)$ et le picomètre $\left(1\ \text{pm} = 10^{-12}\ \text{m}\right)$.

3 **1.** $A = 215\ \text{km} = 215 \times 10^3\ \text{m} = 2{,}15 \times 10^5\ \text{m}$

$B = 4807{,}2\ \text{m} = 4{,}807\,2 \times 10^3\ \text{m}$

$C = 0{,}212\ \text{Mm} = 0{,}212 \times 10^6\ \text{m} = 2{,}12 \times 10^5\ \text{m}$

Il est important de connaître les multiples du mètre et de savoir appliquer la relation $10^x \times 10^y = 10^{x+y}$.

2. Lorsque toutes les longueurs sont exprimées en écriture scientifique et dans la même unité, il est aisé de les classer : $B < C < A$
3. Lors d'une étape du Tour de France, les coureurs cyclistes parcourent une distance de l'ordre de $100\ \text{km} = 10^2\ \text{km} = 10^5\ \text{m}$.
Les distances A et C sont de cet ordre de grandeur.

4 **1.** $A = 752\ \text{nm} = 752 \times 10^{-9}\ \text{m} = 7{,}52 \times 10^{-7}\ \text{m}$

$B = 34{,}5\ \mu\text{m} = 34{,}5 \times 10^{-6}\ \text{m} = 3{,}45 \times 10^{-5}\ \text{m}$

$C = 1{,}4\ \text{mm} = 1{,}4 \times 10^{-3}\ \text{m}$

$D = 158\ \text{pm} = 158 \times 10^{-12}\ \text{m} = 1{,}58 \times 10^{-10}\ \text{m}$

$E = 0{,}02\ \text{cm} = 0{,}02 \times 10^{-2}\ \text{m} = 2 \times 10^{-4}\ \text{m}$

Il faut connaître les sous-multiples du mètre.

2. Les longueurs exprimées en notation scientifique et dans la même unité, sont faciles à classer : $D < A < B < E < C$.
3. La dimension d'un atome est de l'ordre de 10^{-10} m comme la dimension D.

5 Le diamètre du cheveu est $75\ \mu\text{m} = 75 \times 10^{-6}\ \text{m} = 7{,}5 \times 10^{-5}\ \text{m}$ et celui du fil de pêche est $0{,}20\ \text{mm} = 0{,}20 \times 10^{-3}\ \text{m} = 2{,}0 \times 10^{-4}\ \text{m}$.

$2{,}0 \times 10^{-4}\ \text{m} > 7{,}5 \times 10^{-5}\ \text{m}$ donc le fil de pêche est plus épais que le cheveu. (Exprimé en micromètre, le diamètre du fil est 200 µm.)

6 L'année de lumière est la distance parcourue par la lumière dans le vide en une année.
Pour calculer sa valeur en mètres, il faut utiliser la définition de la célérité c de la lumière qui, comme toute autre vitesse, est le rapport de la distance d parcourue sur la durée Δt du parcours : $$c = \frac{d}{\Delta t}$$
La distance parcourue par la lumière en un an s'exprime donc : $d = c \times \Delta t$ avec $c = 3{,}00 \times 10^{8}\ \text{m} \cdot \text{s}^{-1}$ et $\Delta t = 1\ \text{an} = 365 \times 24 \times 3\,600\ \text{s}$ soit finalement :
$$1\ \text{a.l.} = 3{,}00 \times 10^{8} \times 365 \times 24 \times 3600 = 9{,}46 \times 10^{15}\ \text{m}$$

Il ne faut pas oublier d'exprimer une année en secondes sachant que : 1 an = 365 j, 1 j = 24 h et 1 h = 3600 s.

7 Le poliovirus mesure $D = 25\ \text{nm} = 25 \times 10^{-9}\ \text{m} = 2{,}5 \times 10^{-8}\ \text{m}$ et le mimivirus $D' = 0{,}65\ \mu\text{m} = 0{,}65 \times 10^{-6}\ \text{m} = 6{,}5 \times 10^{-7}\ \text{m}$.

Le rapport de ces deux diamètres vaut : $\dfrac{D'}{D} = \dfrac{6{,}5 \times 10^{-7}}{2{,}5 \times 10^{-8}} = 26$.
Cela signifie que le diamètre du mimivirus est 26 fois celui du poliovirus.
Par conséquent, sur un croquis représentant le poliovirus avec 1 cm de diamètre, le mimivirus (ou virus géant) devrait mesurer 26 cm.

8 1. La Galaxie LEDA 074886 nous apparaît telle qu'elle était il y a 700 millions d'années. Autrement dit, elle se trouve à une distance de 700 millions d'années-lumière. Une année-lumière équivaut à $9{,}5 \times 10^{12}$ km donc la distance nous séparant de cette galaxie est :
$$d = 700 \times 10^{6} \times 9{,}5 \times 10^{12}\ \text{km} = 6{,}7 \times 10^{21}\ \text{km}.$$

2. La distance Terre-Soleil est $D = 1{,}5 \times 10^{8}$ km.
Le rapport entre les distances d et D est :
$$\frac{d}{D} = \frac{6{,}7 \times 10^{21}}{1{,}5 \times 10^{8}} = 4{,}5 \times 10^{13} = 45\,000 \times 10^{9}$$

c'est-à-dire que la distance entre LEDA 074886 et la Terre est 45 mille milliards de fois plus grande que la distance entre la Terre et le Soleil !

9 **1.** Le volume du cube $\mathscr{C}$ est $V = a^3$ avec $a = 1,26$ cm $= 1,26 \times 10^{-2}$ m donc :

$$V = (1,26 \times 10^{-2})^3 \text{ m}^3$$

La calculatrice donne la valeur $2,000\,376 \times 10^{-6}$ m^3 mais la longueur a de l'arête est exprimée avec seulement trois chiffres significatifs ; il doit en être de même pour le résultat du calcul, soit $V = 2,00 \times 10^{-6}$ m^3.

2. Le volume d'un atome assimilé à un cube s'exprime $V' = a'^3$ avec $a' = 0,1 \text{ nm} = 0,1 \times 10^{-9} = 10^{-10}$ m donc l'ordre de grandeur du volume d'un atome est $V' = 10^{-30}$ m^3.

3. Le nombre d'atomes de volume V' que peut contenir un cube de volume V est :

$$N = \frac{V}{V'} = \frac{2,00 \times 10^{-6}}{10^{-30}} = 2 \times 10^{24}$$

N est donc de l'ordre de 10^{24} ou un million de milliards de milliards…

10 **1.** Pour classer ces objets par taille croissante, il faut, au préalable, exprimer tous les ordres de grandeur en mètre.

Objet	Dimension	Dimension (m)
noyau atomique	1 fm	10^{-15}
atome	100 pm	10^{-10}
cellule	10 µm	10^{-5}
Terre	10 000 km	10^{7}
Soleil	1 Gm	10^{9}
système solaire	10^{10} km	10^{13}
galaxie	10^{9} Tm	10^{21}

Voir le savoir-faire 2 : « Comparer des longueurs » et le cours pour les valeurs des multiples et sous-multiples du mètre.

2. $\dfrac{D\text{ (système solaire)}}{D\text{ (Terre)}} = \dfrac{10^{13}}{10^{7}} = 10^{6}$

Donc la taille du système solaire est environ un million de fois plus grande que celle de la Terre.

$\dfrac{D\text{ (système solaire)}}{D\text{(Soleil)}} = \dfrac{10^{13}}{10^{9}} = 10^{4}$

Donc la dimension du système solaire est environ dix mille fois supérieure à celle du Soleil.

3. Le système solaire est 10^4 fois plus vaste que le Soleil donc si le Soleil est symbolisé par un pamplemousse de 10 cm, alors la taille du système solaire est : $10^4 \times 10 \text{ cm} = 10^5 \text{ cm} = 10^3$ m soit 1 km.

4. $\dfrac{D\,(\text{galaxie})}{D\,(\text{Soleil})}=\dfrac{10^{21}}{10^{9}}=10^{12}$ et $\dfrac{D\,(\text{Terre})}{D\,(\text{cellule})}=\dfrac{10^{7}}{10^{-5}}=10^{12}$

L'écart relatif de taille entre la galaxie et le Soleil est identique à celui qui existe entre la Terre et une cellule.

5. L'ordre de grandeur de l'homme est 1 m.

$$\frac{D\,(\text{homme})}{D\,(\text{noyau atomique})}=\frac{1}{10^{-15}}=10^{15} \text{ et } \frac{D\,(\text{galaxie})}{D\,(\text{Terre})}=\frac{10^{21}}{10^{7}}=10^{14}$$

Il y a donc dix fois plus de différence entre les tailles d'un homme et d'un noyau atomique qu'il y en a entre celles de la galaxie et de la Terre.

11 1. **Faux.** L'atome de soufre mesure :
2×10^{2} pm $=2\times10^{2}\times10^{-12}$ m $=2\times10^{-10}$ m.
La taille de la bactérie est 2 µm $=2\times10^{-6}$ m.
Le rapport de la dimension de la bactérie par celle de l'atome de soufre est :

$$\frac{2\times10^{-6}}{2\times10^{-10}}=10^{4}$$

c'est-à-dire que la bactérie est 10 000 fois plus grande que l'atome ou que l'atome est 10 000 fois plus petit que la bactérie.

2. **Vrai.** Un centième de la distance Terre-Soleil vaut :

$$\frac{1{,}5\times10^{11}}{100}=1{,}5\times10^{9}$$

L'ordre de grandeur de cette dimension est donc 10^{9} m soit 1 Gm.

3. **Vrai**. La largeur $(1{,}21 \text{ hm}=121 \text{ m})$ et la longueur $(1{,}54 \text{ hm}=154 \text{ m})$ de la prairie sont exprimées toutes deux avec trois chiffres significatifs.
Par conséquent, même si le résultat mathématique du produit de la largeur par la longueur est : $121\times154=18\,634$ m^{2}, le résultat ne doit être écrit qu'avec trois chiffres significatifs soit $1{,}86\times10^{4}$ m^{2}.

4. **Vrai.** Pour trouver l'ordre de grandeur d'un nombre, on recherche la puissance de 10 la plus proche.
Ainsi l'ordre de grandeur du parsec $(1 \text{ pc}=3{,}1\times10^{16} \text{ m})$ est 10^{16} m et celui de l'année de lumière $(1 \text{ a.l.}=9{,}5\times10^{15} \text{ m})$ est aussi 10^{16} m.

5. **Vrai**. En une année, la lumière parcourt une distance appelée année-lumière :

$$1 \text{ a.l.}=9{,}5\times10^{15} \text{ m}.$$

Le rapport de l'année-lumière par la distance Terre-Soleil est :

$$\frac{9{,}5\times10^{15}}{1{,}5\times10^{11}}=6{,}3\times10^{4}$$

(Le résultat est exprimé avec deux chiffres significatifs comme les deux données).
Cela signifie qu'une année-lumière vaut 63 000 fois la distance Terre-Soleil ou bien qu'en une année la lumière parcourt 63 000 fois la distance Terre-Soleil.

2 La lumière des étoiles, riche d'informations

Note : les figures en couleurs illustrant ce chapitre se situent dans les pages intérieures de couverture.

La lumière provenant d'une étoile peut être décomposée grâce à un prisme pour obtenir un spectre dont l'analyse fournit des informations précieuses sur la température de surface de l'astre et sa composition.

I LA LUMIÈRE BLANCHE

La lumière solaire est de la lumière blanche.
Sa décomposition en une multitude de lumières colorées est observée naturellement dans un arc-en-ciel (voir la figure **1** de l'intérieur de la couverture).
On peut aussi la décomposer à l'aide d'un prisme.

Comme le Soleil, les lampes à incandescence produisent de la lumière blanche.

1. Décomposition de la lumière blanche par un prisme

Lorsqu'un fin faisceau de lumière blanche traverse un prisme de verre (voir la figure **2** de l'intérieur de la couverture), on observe un spectre continu formé d'une infinité de lumières colorées juxtaposées, appelées **radiations monochromatiques**.

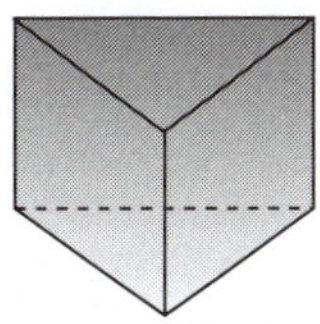

Un prisme

Cette décomposition provoquée par le prisme prouve que **la lumière blanche est polychromatique** ; c'est-à-dire qu'elle est constituée de la superposition d'un ensemble de radiations (ou lumières) monochromatiques.

2. Caractéristique d'une radiation monochromatique

■ Lumière visible

Le physicien caractérise chaque radiation monochromatique se propageant dans le vide en lui associant une grandeur exprimée en mètre, notée λ (lire « lambda ») et nommée **longueur d'onde**.

Le domaine des longueurs d'onde dans le vide de la lumière visible est : $400 \text{ nm} \leqslant \lambda \leqslant 800 \text{ nm}$.

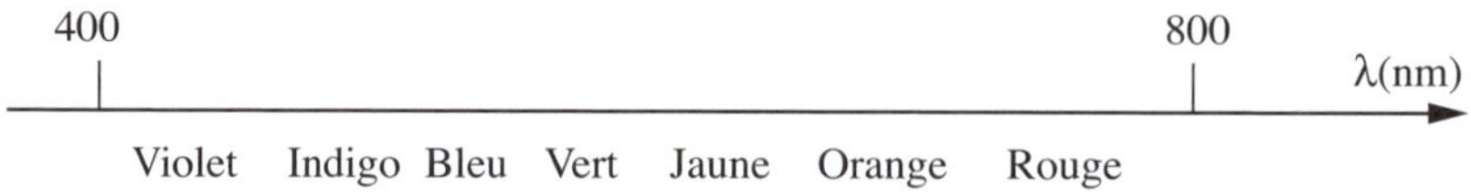

■ **Ultraviolets et infrarouges**

Les ultraviolets (UV) et les infrarouges (IR) sont des radiations invisibles (pour l'œil humain) dont la longueur d'onde dans le vide est respectivement inférieure à 400 nm ou supérieure à 800 nm.

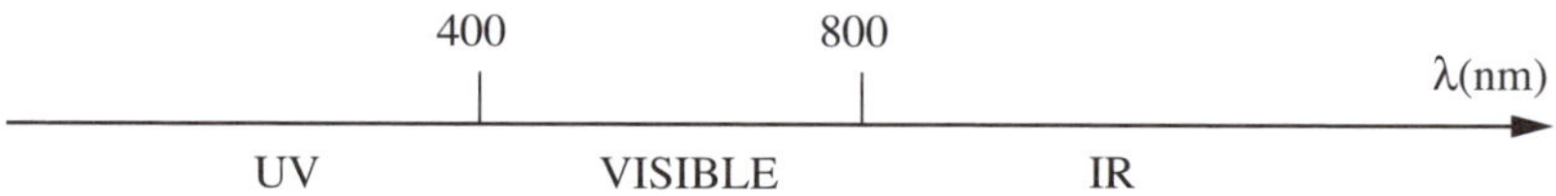

II QUE SE PASSE-T-IL DANS UN PRISME ?

À l'intérieur d'un prisme, la lumière est déviée et les différentes radiations monochromatiques se séparent.

Cela résulte de deux phénomènes appelés **réfraction** et **dispersion**.

1. Le phénomène de réfraction

■ La lumière subit un changement de direction lorsqu'elle passe d'un milieu transparent vers un autre milieu transparent.

Cette déviation des rayons lumineux est appelée **réfraction lumineuse**.

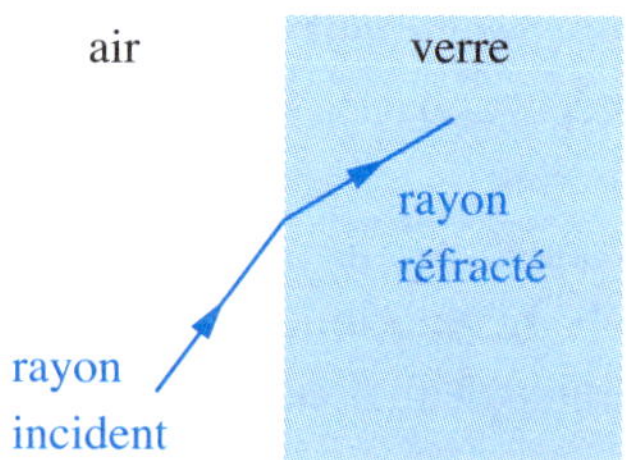

Réfraction air-verre

■ La réfraction lumineuse est régie par les **lois de Snell-Descartes**.

1re loi. Le rayon réfracté est dans le plan défini par le rayon incident et la normale au point d'incidence I.

(La normale est perpendiculaire en I à la surface de séparation entre les deux milieux).

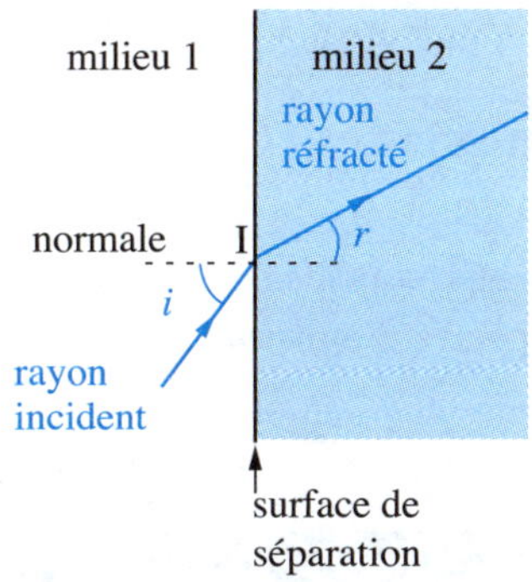

Attention ! Les angles *i* et *r* ne sont pas mesurés par rapport à la surface de séparation, mais par rapport à sa normale.

2e loi. L'angle de réfraction *r* (entre le rayon réfracté et la normale) est lié à l'angle d'incidence *i* (entre le rayon incident et la normale) par la relation :

$$n_1 \sin i = n_2 \sin r$$

n_1 et n_2 sont des nombres sans unité caractérisant respectivement les milieux transparents 1 et 2.

Ils sont appelés **indices de réfraction** ou indices optiques des milieux 1 et 2.

EXEMPLE :

Milieu transparent	vide	air	eau	verre ordinaire
Indice *n*	1 (exactement)	1,00	1,33	1,5

L'application de cette loi est développée dans le savoir-faire 2.

2. Le phénomène de dispersion

Le verre est un milieu dispersif, c'est-à-dire que son indice de réfraction *n* dépend de la longueur d'onde (donc de la couleur) de la radiation monochromatique qui le traverse.

Par conséquent, pour un angle d'incidence *i*, l'angle de réfraction *r* dépend de la longueur d'onde de la radiation.

Les radiations monochromatiques constituant la lumière blanche ne se réfractent donc pas avec le même angle.

Elles se séparent ; la radiation violette étant plus déviée que la rouge.

Ce phénomène, appelé **dispersion**, conduit donc à la décomposition de la lumière par le prisme (voir la figure **2** de l'intérieur de la couverture).

II LES DIFFÉRENTS TYPES DE SPECTRES LUMINEUX

1. Les spectres d'émission

Définition

Le spectre obtenu par décomposition de la lumière émise par une source naturelle ou artificielle est appelé **spectre d'émission**.

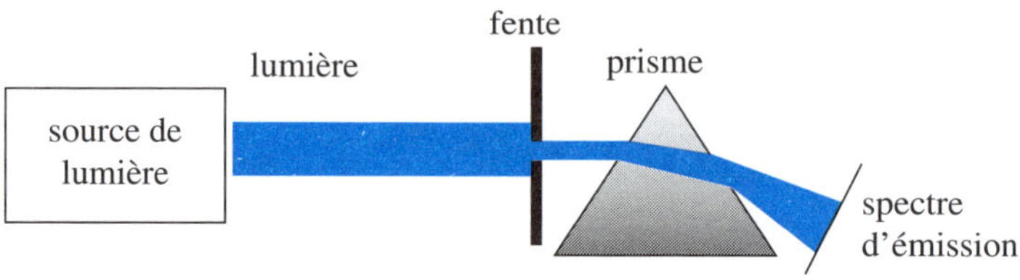

Principe d'obtention d'un spectre d'émission

Spectre continu d'un corps chaud

Un corps (solide, liquide ou gazeux à forte pression) porté à haute température devient incandescent. La lumière émise par ce corps chaud présente un **spectre continu** contenant une infinité de couleurs et se prolongeant généralement dans l'infrarouge et l'ultraviolet.

La lumière polychromatique émise par un corps chaud contient d'autant plus de radiations de faibles longueurs d'onde que la température du corps est élevée.

On dit aussi que **le spectre d'un corps chaud s'enrichit en violet lorsque sa température croît**. (voir la figure **3** de l'intérieur de la couverture).

Ainsi, un corps incandescent peu chaud est rouge, il devient jaune puis blanc si sa température augmente.

EXEMPLE : Le spectre continu d'une étoile renseigne sur sa température de surface : environ 3 000 °C pour une étoile rouge telle que Bételgeuse, 6 000 °C pour une jaune comme le Soleil, 9 000 °C pour une blanche telle qu'Altaïr et 12 000 °C pour une bleue comme Rigel.

Spectre de raies d'émission

Un gaz à basse pression soumis à une décharge électrique émet une lumière dont le spectre est constitué d'un nombre limité de raies ; on parle d'un **spectre de raies d'émission**.

À chaque entité chimique (atome ou ion) correspond un spectre de raies d'émission spécifique, constituant une véritable signature.

Voir l'exemple du lithium en figure **4** de l'intérieur de la couverture.

2. Les spectres d'absorption

■ Définition

Certains milieux transparents absorbent une partie des radiations lumineuses de la lumière blanche. La lumière émergente n'est alors plus de la lumière blanche (certaines radiations sont absentes) ; sa décomposition par un prisme permet d'obtenir le spectre d'absorption du milieu traversé.

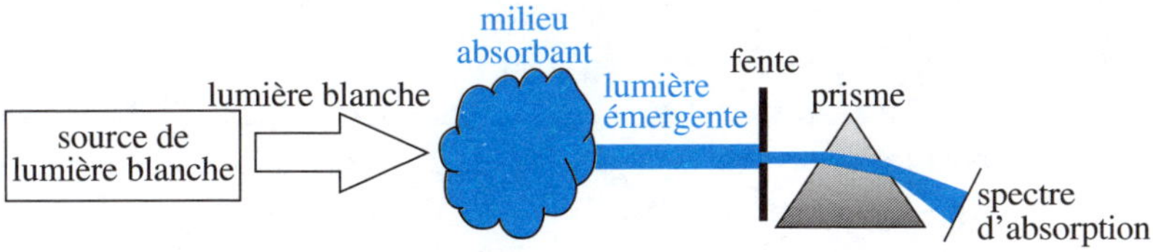

Principe d'obtention d'un spectre d'absorption

■ Spectres de bandes d'absorption

Le spectre d'absorption d'une solution colorée comporte une ou plusieurs bandes sombres correspondant aux radiations absorbées.

Ainsi une solution de permanganate de potassium (de couleur pourpre) absorbe essentiellement des radiations vertes (voir la figure **5** de l'intérieur de la couverture).

■ Spectres de raies d'absorption

Lorsqu'un gaz est traversé par de la lumière blanche, il absorbe certaines radiations. Le spectre d'absorption comporte des raies sombres caractéristiques de l'atome constituant le gaz.

L'exemple du spectre de raies d'absorption du mercure est fourni en figure **6** de l'intérieur de la couverture.

> Le spectre de raies d'absorption d'un atome comporte les raies sombres exactement aux mêmes longueurs d'onde λ que les raies du spectre d'émission de ce même atome.

Voir l'exemple des spectres d'émission et d'absorption du sodium en figure **7** de l'intérieur de la couverture.

EXEMPLE : Une analyse précise du spectre d'une étoile fait apparaître de fines raies noires dans le spectre continu (voir la figure **8** de l'intérieur de la couverture).

Ce sont les raies d'absorption de l'enveloppe gazeuse (appelée chromosphère) de l'étoile.

La détermination des longueurs d'onde de ces radiations absorbées renseigne sur la nature des éléments chimiques constituant la chromosphère.

SAVOIR-FAIRE

1. Distinguer une radiation lumineuse visible d'une radiation invisible à partir de la longueur d'onde

■ Les radiations lumineuses suivantes sont-elles visibles ou invisibles ?

Radiation	A	B
Longueur d'onde λ dans le vide	250 nm	0,65 µm

■ Pour répondre à cette interrogation, il faut connaitre le domaine de longueur d'onde des lumières visibles :

$$400 \text{ nm} \leqslant \lambda \leqslant 800 \text{ nm}$$

et savoir transformer des micromètres en nanomètres :

$$1 \text{ µm} = 10^3 \text{ nm} = 1000 \text{ nm}$$

$1 \text{m} = 10^9 \text{ nm}$;
$1 \text{mm} = 10^6 \text{ nm}$;
$1 \text{µm} = 10^3 \text{ nm}$.
Voir le chapitre 1 pour plus de précisions sur les sous-multiples du mètre.

La radiation A de longueur d'onde $250 \text{ nm} < 400 \text{ nm}$ est invisible (c'est un ultraviolet).
La radiation B de longueur d'onde $0,65 \text{ µm} = 650 \text{ nm}$ (comprise entre 400 et 800 nm) est visible.

2. Appliquer la deuxième loi de Snell-Descartes

■ Un rayon lumineux arrive sous l'angle d'incidence $i = 60°$ à la surface de séparation air-eau.
L'indice de réfraction de l'air est 1,00 et celui de l'eau 1,33.
Quel est l'angle de réfraction r ?

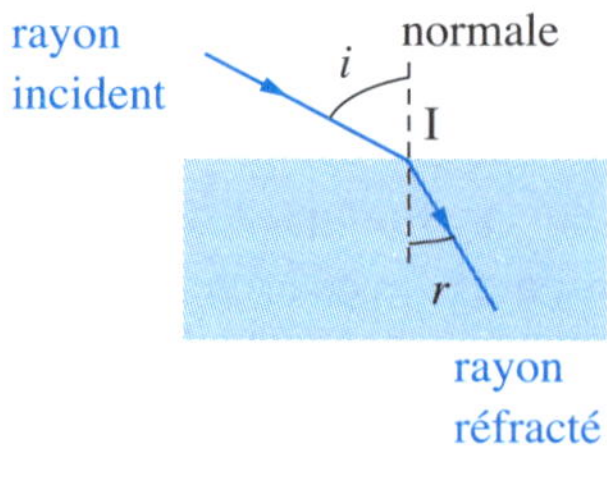

■ Pour répondre à cette question, il faut utiliser la deuxième loi de Snell-Descartes : $n_1 \sin i = n_2 \sin r$

On recherche l'angle r, il faut donc transformer la relation pour obtenir :

$$\sin r = \frac{n_1 \sin i}{n_2}$$

Dans cette expression :

- l'angle d'incidence i vaut 60° ;
- n_1 et n_2 sont les indices de réfraction respectifs de l'air et de l'eau : $n_1 = 1,00$ et $n_2 = 1,33$.

Donc : $\sin r = \dfrac{1,00 \times \sin 60}{1,33} = \dfrac{1,00 \times 0,866}{1,33} = 0,651$ et $r = 40,6°$.

- Pour effectuer correctement les calculs, vérifier que l'unité d'angle prédéfinie dans votre calculatrice est bien le degré !
- Toutes les calculatrices scientifiques permettent d'obtenir la valeur de l'angle dont le sinus est connu.

Généralement, mais cela dépend du modèle de la calculatrice, cette fonction notée *Asn* ou *sin*$^{-1}$ est accessible en appuyant successivement sur les touches *Shift* (ou *2nd* ou *Inv*) puis *sin*.

EXERCICES D'APPLICATION

1 QCM « LUMIÈRE BLANCHE » | ★ | 10 min | ▸ P. 42

Dans le questionnaire à choix multiple (QCM) suivant, indiquer pour chaque proposition, la (ou les) réponse(s) exactes.

1. La lumière solaire est :

a. de la lumière blanche. **b.** polychromatique.
c. monochromatique. **d.** invisible.

2. La lumière blanche est émise :

a. seulement par le Soleil.
b. seulement par les lampes à incandescence.
c. par différentes sources lumineuses dont le Soleil et les lampes à incandescence.

3. Le spectre de la lumière blanche est :

a. continu. **b.** un spectre de raies. **c.** un spectre de bandes.

4. On décrit le spectre de la lumière blanche à l'aide de 7 couleurs qui, par ordre croissant de longueur d'onde, sont :

a. vert-bleu-indigo-violet-jaune-orange-rouge.
b. violet-indigo-bleu-vert-jaune-orange-rouge.
c. rouge-jaune-orange-vert-bleu-indigo-violet.
d. rouge-orange-jaune-vert-bleu-indigo-violet.

5. 400 nm est la longueur d'onde délimitant approximativement :

a. le violet du rouge. **b.** le rouge de l'ultraviolet.
c. le rouge de l'infrarouge. **d.** le violet de l'ultraviolet.

6. L'infrarouge est une radiation lumineuse :

a. très intense.
b. invisible.
c. de plus grande longueur d'onde que les lumières visibles.

2 QCM « LOI DE SNELL-DESCARTES » | ★★ | 10 min | ▸ P. 42

Un faisceau laser passe de l'air dans l'eau comme schématisé ci-contre.

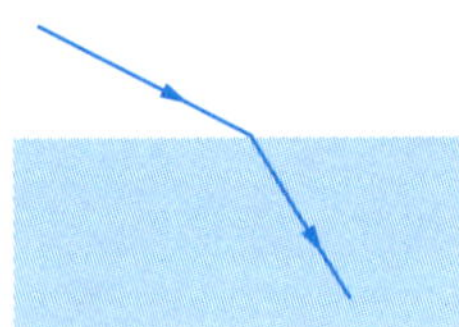

Pour chaque proposition suivante, indiquer la (ou les) bonne(s) réponse(s) en vous aidant de la figure que vous compléterez au préalable :

- en indiquant le point d'incidence I et en schématisant la normale en I à la surface de séparation entre l'air et l'eau ;
- en repérant le rayon incident, le rayon réfracté, l'angle d'incidence i et l'angle de réfraction r.

1. La lumière laser est :

a. déviée. **b.** réfractée. **c.** diffusée. **d.** décolorée.

2. L'angle de réfraction est :

a. supérieur à l'angle d'incidence.

b. égal à l'angle d'incidence.

c. inférieur à l'angle d'incidence.

3. L'indice de réfraction de l'air vaut pratiquement 1 et celui de l'eau environ $\frac{4}{3}$.

La deuxième loi de Snell-Descartes liant l'angle d'incidence et l'angle de réfraction s'écrit alors :

a. $i = \frac{4}{3}r$

b. $r = \frac{4}{3}i$

c. $\sin i = \frac{4}{3}\sin r$

d. $\sin r = \frac{4}{3}\sin i$

3 DÉVIATION D'UN FAISCEAU LASER PAR UN PRISME

★★ | 10 min | ▸ P. 42

La figure suivante montre le trajet d'un faisceau laser à travers un prisme.

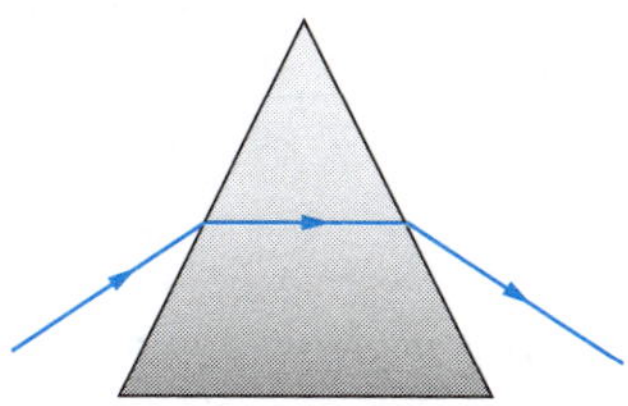

1. Pourquoi la lumière subit-elle deux déviations ?

2. La lumière laser traverse le prisme sans subir de décomposition.
Quelle conclusion peut-on tirer quant à la nature de la lumière laser ?

4 LONGUEUR D'ONDE

★★ | 10 min | ▸ P. 43

1. Classer les quatre radiations suivantes par longueur d'onde croissante dans le vide.

Radiation	1	2	3	4
λ	450 nm	0,25 µm	$0{,}56 \times 10^{-3}$ mm	$9{,}5 \times 10^{-7}$ m

2. Indiquer la nature de chacune de ces radiations : visible, infrarouge, ou ultraviolette.

EXERCICES D'ENTRAÎNEMENT

5 DEL OU LED

★★ | 10 min | ▸ P. 43

Une notice technique fournit le graphe ci-dessous représentant l'intensité lumineuse des radiations émises par trois DEL (ou LED en anglais) : une rouge, une bleue et une verte.

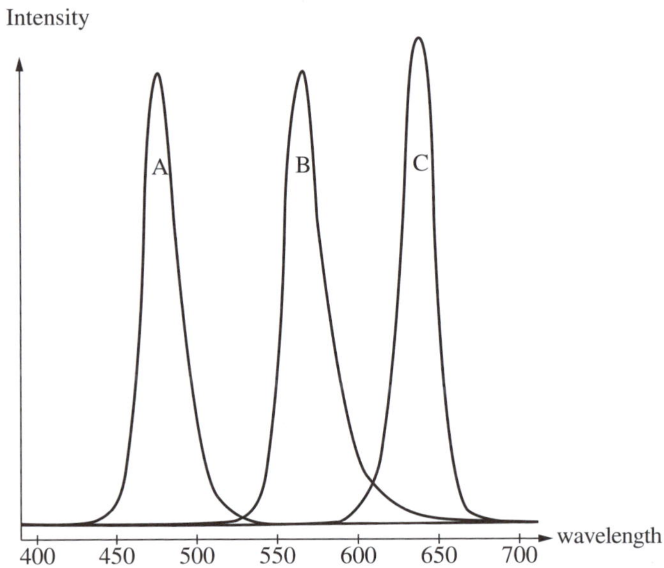

1. Que signifie le sigle DEL ?
2. Que signifie le terme anglais *wavelength* figurant en abscisse du graphe ?
3. Quelle est l'unité de l'axe des abscisses ? Justifier.
4. Associer les courbes A, B et C à chacune des trois DEL. Justifier.

6 DIAMANT

★★ | 10 min | ▸ P. 43

La réfraction air-diamant d'un rayon lumineux est schématisée ci-contre.

1. Quelle est la valeur de l'angle d'incidence du rayon lumineux ?
Quelle est la valeur de l'angle de réfraction ? Justifier.
2. En déduire la valeur de l'indice de réfraction du diamant.
Expliquer votre démarche de résolution.

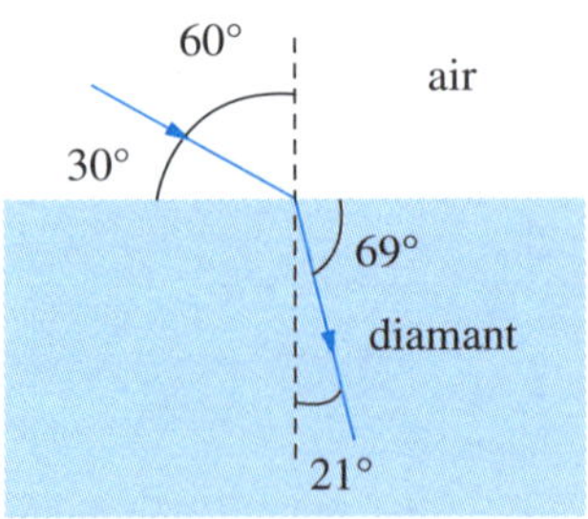

Donnée : indice de réfraction de l'air : $n_{air} = 1,00$.

7 GLYCÉRINE ★★★ 15 min ▸ P. 44

Un rayon lumineux se propageant dans l'air entre en I dans de la glycérine (liquide transparent aussi appelé glycérol) sous une incidence de 45°.
Ce rayon lumineux dévie alors d'un angle de 16,2° par rapport au rayon incident.

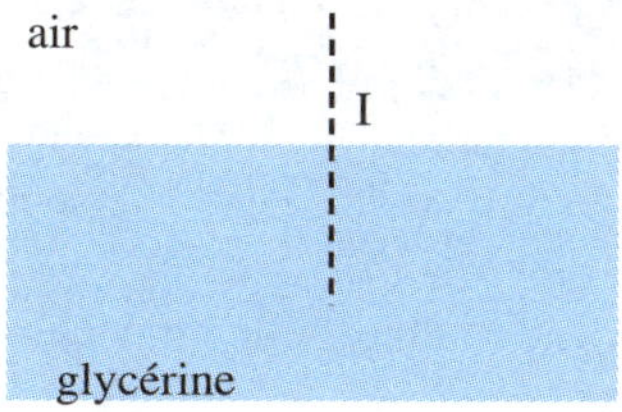

1. Recopier et compléter le schéma avec le trajet du rayon lumineux (rayon incident, rayon réfracté), en y indiquant l'angle d'incidence et l'angle de réfraction. Expliquer votre démarche pour obtenir la valeur de l'angle de réfraction.
2. En déduire l'indice de réfraction de la glycérine.
Donnée : indice de réfraction de l'air : $n_{air} = 1,00$.

8 MESSAGES EN PROVENANCE D'UNE ÉTOILE ★★★ 15 min ▸ P. 44

À l'aide d'un spectroscope performant, un astronome réalise un cliché du spectre d'une étoile et y accole le spectre d'émission de l'argon.
L'allure du cliché est la suivante :

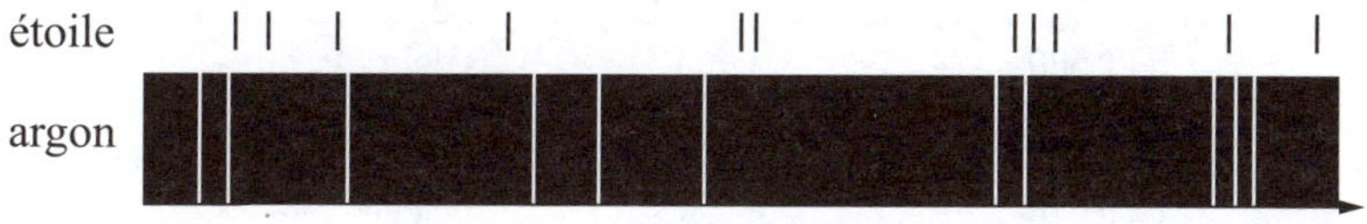

1. Le spectre de l'étoile est un spectre continu ou apparaissent des raies sombres. Quelle est l'origine de ces raies ?
2. Quel est l'intérêt de juxtaposer le spectre de l'argon à celui de l'étoile ?
3. L'analyse complète du spectre de l'étoile a permis de montrer que son enveloppe externe renferme les éléments hydrogène H, hélium He et magnésium Mg. Expliquer brièvement la méthode permettant de tirer cette conclusion.
4. L'étoile considérée émet une lumière bleutée.
En expliquant, comparer la température de surface de cette étoile avec celle de notre Soleil.

9 SPECTRE DU CADMIUM

★★★ 20 min ▸ P. 44

Le spectre de la lumière émise par une vapeur d'atomes de cadmium a l'allure suivante :

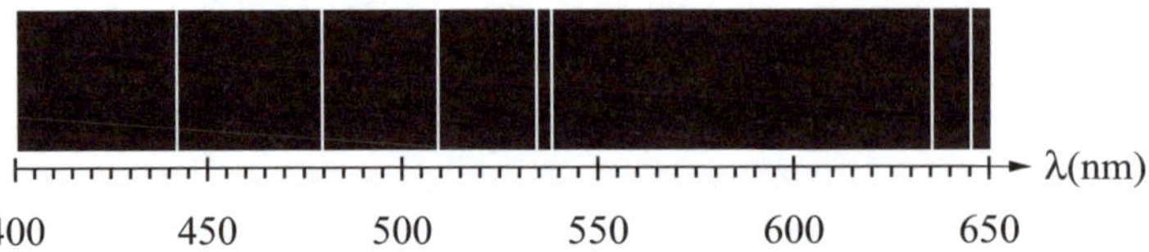

1. La lumière émise par le cadmium est-elle monochromatique ?
Justifier.

2. Indiquer la couleur de chaque raie du spectre d'émission du cadmium et expliquer la méthode employée.

3. Déduire de l'allure du spectre d'émission du cadmium, l'allure de son spectre d'absorption.

Donnée : correspondance entre longueur d'onde et couleur.

Gamme de longueur d'onde λ (nm)	Couleur dans le spectre continu
400-435	violet
435-480	bleu
480-490	bleu-verdâtre
490-510	vert-bleuâtre
510-560	vert
560-580	vert-jaunâtre
580-595	jaune
595-610	orange
610-750	rouge

EXERCICES D'APPROFONDISSEMENT

10 LOI DE WIEN

★★★★ 15 min ▸ P. 45

Un corps chaud émet un spectre lumineux continu. Plus la température T de ce corps est élevée, plus il émet de lumière dans les courtes longueurs d'ondes.
La loi de Wien rend compte de ce phénomène en exprimant la longueur d'onde λ_m correspondant au rayonnement le plus intense dans le spectre en fonction de la température T du corps :

$$\lambda_m = \frac{2,9 \times 10^{-3}}{T}$$

Dans cette relation, la longueur d'onde est exprimée en mètres et la température en kelvins (symbole : K). Les radiations émises le plus intensément par le Soleil se situent autour de 0,50 µm de longueur d'onde.
En déduire une estimation de la température de surface du soleil.
Indication : la température T exprimée en kelvins est égale à la température θ exprimée en degrés Celsius auquel on rajoute 273 :

$$T = \theta + 273$$

11 DESCARTES, SNELL ET KEPLER

★★★ 45 min ▸ P. 45

Lors d'une séance de travaux pratiques, dont l'objectif est l'étude de la réfraction air-plexiglas, des élèves mesurent l'angle de réfraction r d'un fin faisceau laser pour divers angles d'incidence i.
Les résultats des mesures, à la précision de 0,5°, sont les suivants :

i (°)	0	10	15	20	25	30	40	60	80
r (°)	0	6,5	10	13	16	19	25	34,5	40,5

1. Si, au lieu d'un faisceau laser, les élèves avaient utilisé un fin faisceau d'intense lumière blanche, par quel phénomène auraient-il été gênés ? Expliquer.
2. Donner la relation traduisant la 2e loi de Snell-Descartes dans le cas étudié, sachant que l'indice de réfraction de l'air vaut environ 1.
3. Montrer, sans construire de graphique, que les mesures effectuées conduisent à une vérification de la 2e loi de Snell-Descartes.
4. Quelle est la grandeur caractéristique du plexiglas déduite de la réponse précédente ?
5. Avant René Descartes (1596-1650) et Willebrord Snell van Royen (1580-1626), Johannes Kepler (1571-1630) avait établi une loi de la réfraction qui peut, dans notre langage contemporain, s'énoncer en une phrase :
« *L'angle de réfraction est proportionnel à l'angle d'incidence.* »
À partir des mesures, montrer que la loi de Kepler n'est valide qu'à une condition que l'on précisera.

CONTRÔLE

12 VRAI OU FAUX ? ★★★ 45 min ▸ P. 46

À chacune des affirmations suivantes, vous répondrez par vrai ou faux, en justifiant votre choix par un raisonnement argumenté s'appuyant sur vos connaissances et sur une exploitation des documents fournis.

1. La lumière du laser hélium-néon est polychromatique.

2. La lumière du laser hélium-néon est verte.

3. Le spectre solaire est un spectre continu.

4. La zone II du graphe du **Doc. 2** correspond au spectre visible.

5. Le Soleil n'émet que des radiations visibles.

6. Le Soleil émet des ultraviolets.

7. Le Soleil émet des infrarouges.

8. Si de la lumière blanche traverse le filtre A, elle en ressort rouge.

9. Le filtre A est transparent pour la lumière laser évoquée dans le **Doc. 1**.

10. L'association constituée des deux filtres A et B accolés est pratiquement opaque pour la lumière solaire visible.

Doc. 1. Spectre de la lumière émise par un laser hélium-néon

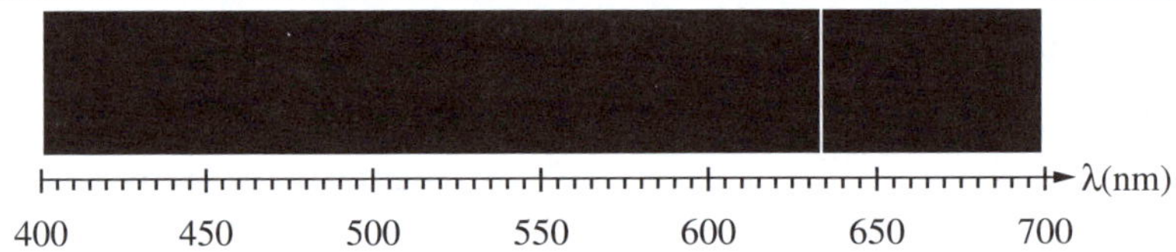

Doc. 2. Intensité lumineuse des radiations émises par le Soleil en fonction de leur longueur d'onde.

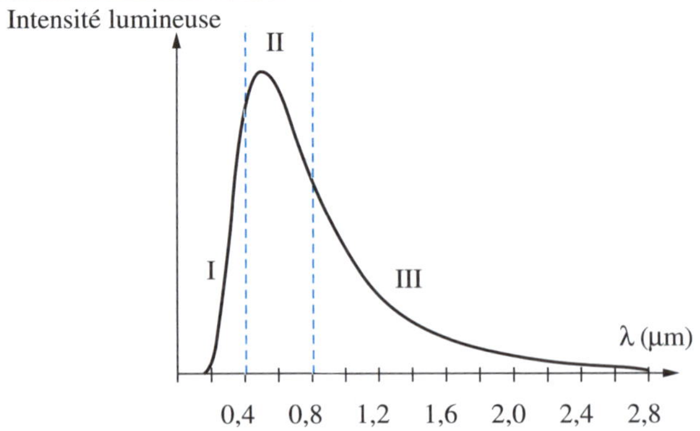

Doc. 3. Pourcentage d'intensité lumineuse absorbée par deux filtres A et B en fonction de la longueur d'onde de la lumière qui les traverse.

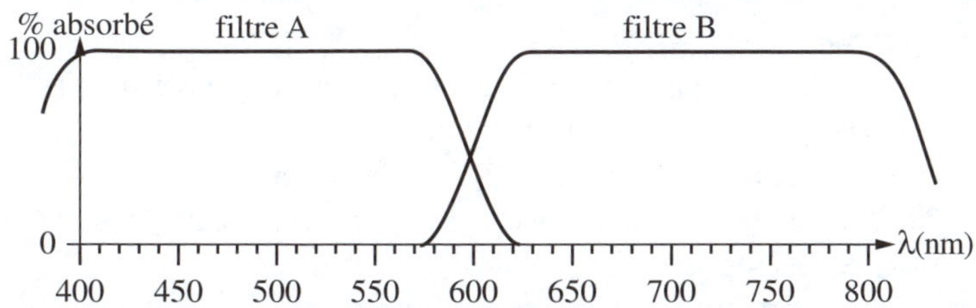

Doc. 4. Correspondance entre longueur d'onde et couleur

Gamme de longueur d'onde λ (nm)	Couleur dans le spectre continu
400-435	violet
435-480	bleu
480-490	bleu-verdâtre
490-510	vert-bleuâtre
510-560	vert
560-580	vert-jaunâtre
580-595	jaune
595-610	orange
610-750	rouge

CORRIGÉS

1 **1.** La lumière solaire est de la lumière blanche (**réponse a**).
Elle est polychromatique (**réponse b**).
2. La lumière blanche est émise par différentes sources lumineuses dont le Soleil et les lampes à incandescence (**réponse c**).
3. Le spectre de la lumière blanche est continu (**réponse a**).
4. Le spectre continu de la lumière blanche est décrit dans l'ordre croissant des longueurs d'onde par les sept couleurs :
violet-indigo-bleu-vert-jaune-orange-rouge (**réponse b**).
5. 400 nm est la longueur d'onde délimitant approximativement le violet de l'ultraviolet **(réponse d)**.
6. L'infrarouge est une radiation lumineuse invisible (**réponse b**) de plus grande longueur d'onde que les lumières visibles (**réponse c**).

2

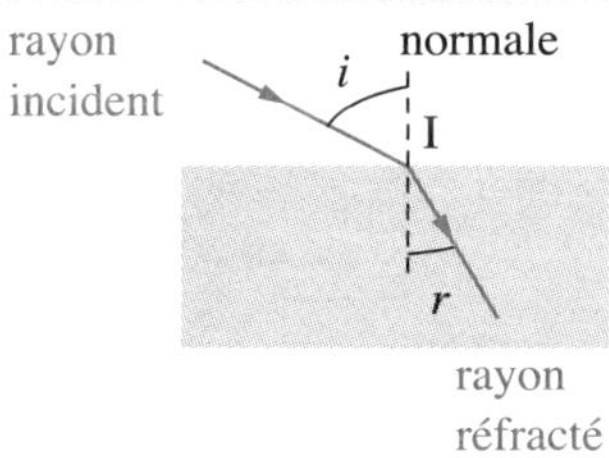

1. La lumière est déviée (**réponse a**) au passage de l'air dans l'eau.
On dit qu'elle est réfractée (**réponse b**).
2. Comme le montre la figure, l'angle de réfraction r est inférieur à l'angle d'incidence i (**réponse c**).
3. Dans le cas étudié la loi de Snell-Descartes $n_1 \sin i = n_2 \sin r$ s'écrit :

$\sin i = \frac{4}{3} \sin r$ (**réponse c**).

3 **1.** La lumière subit deux déviations (ou réfractions) car elle passe de l'air dans le verre puis inversement du verre dans l'air.
2. La lumière laser n'est pas décomposée lors de sa traversée du prisme donc il s'agit d'une radiation monochromatique.
S'il s'agissait d'une lumière polychromatique, les différentes radiations monochromatiques la composant auraient été séparées (dispersées) lors de la traversée du prisme.

4 **1.** Pour classer les radiations, il faut tout d'abord exprimer les longueurs d'onde dans la même unité : le nanomètre, par exemple.

Radiation	1	2	3	4
λ	450 nm	0,25 µm = 250 nm	$0,56 \times 10^{-3}$ mm = 560 nm	$9,5 \times 10^{-7}$ m = 950 nm

Par ordre croissant de longueur d'onde, le classement est donc :
radiation 2 – radiation 1 – radiation 3 – radiation 4.

En cas de difficultés, vous trouverez des explications complémentaires dans le savoir-faire 1 de ce chapitre.

2. Une lumière monochromatique visible a une longueur d'onde comprise entre 400 nm et 800 nm ; c'est le cas des radiations 1 et 3.
La radiation 2 a une longueur d'onde inférieure à 400 nm ; il s'agit donc d'un ultraviolet.
La radiation 4 est un infrarouge car sa longueur d'onde est supérieure à 800 nm.

5 **1.** Le sigle DEL signifie : diode électroluminescente.
2. *Wavelength* signifie : longueur d'onde.
3. Les trois DEL (bleue, rouge ou verte) émettent dans le visible (longueur d'onde comprise entre 400 et 800 nm) donc l'axe des abscisses est gradué en nanomètre (nm).
4. Dans le spectre, par ordre de longueur d'onde croissante, on trouve le bleu avant le vert et le vert avant le rouge.
Par conséquent, la courbe A correspond à la DEL bleue, la B à la verte et la C à la rouge.

6 **1.** L'angle d'incidence se mesure entre le rayon incident et la normale à la surface du diamant donc :

$$i = 60°.$$

De même, l'angle de réfraction se mesure entre le rayon réfracté et la normale soit :

$$r = 21°.$$

2. La deuxième loi de Snell-Descartes : $n_{\text{air}} \sin i = n_{\text{diamant}} \sin r$ permet d'exprimer l'indice de réfraction du diamant :

$$n_{\text{diamant}} = \frac{n_{\text{air}} \sin i}{\sin r} = \frac{1,00 \times \sin 60}{\sin 21} = \frac{0,866}{0,258} \text{ soit } n_{\text{diamant}} = 2,42.$$

• En cas de difficultés, vous trouverez des explications complémentaires dans le savoir-faire 2 de ce chapitre.
• Pour effectuer correctement les calculs, vérifiez que l'unité d'angle prédéfinie dans votre calculatrice est bien le degré !

7 **1.** Le rayon arrive sous une incidence $i = 45°$ et dévie de 16,2° donc l'angle de réfraction vaut $r = 45 - 16,2 = 28,8°$.

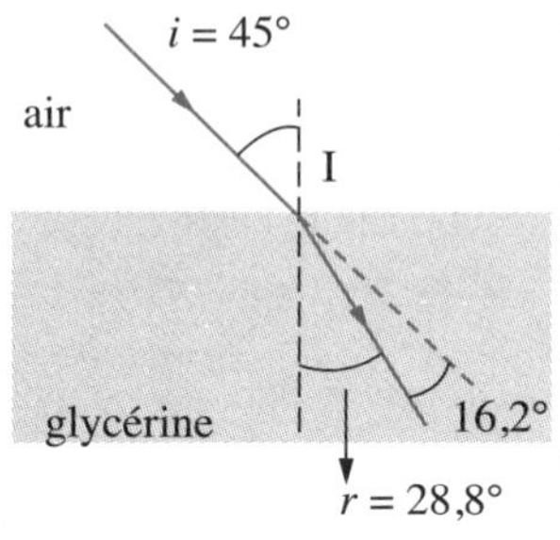

2. La deuxième loi de Descartes : $n_{air} \sin i = n_{glycérine} \sin r$ permet d'exprimer l'indice de réfraction de la glycérine :

$$n_{glycérine} = \frac{n_{air} \sin i}{\sin r} = \frac{1,00 \times \sin 45°}{\sin 28,8°} = \frac{0,707}{0,482} \text{ soit } n_{glycérine} = 1,47.$$

• En cas de difficultés, vous trouverez des explications complémentaires dans le savoir-faire 2 de ce chapitre.

• Pour effectuer correctement les calculs, vérifier que l'unité d'angle prédéfinie dans la calculatrice est bien le degré !

8 **1.** Les raies noires présentes dans le spectre de l'étoile correspondent aux radiations monochromatiques absorbées par son enveloppe gazeuse externe (la chromosphère).

2. Le spectre de l'argon comporte des raies dont les longueurs d'onde sont connues. Il sert donc de référence pour déterminer les longueurs d'onde correspondant aux raies d'absorption du spectre de l'étoile.

On dit aussi que le spectre de l'argon sert à étalonner le cliché.

3. Chaque élément chimique possède un spectre de raies qui lui est propre (c'est sa « carte d'identité »). Donc, en déterminant les longueurs d'onde correspondant aux diverses raies d'absorption du spectre de l'étoile et en les comparant aux spectres de raies connus, on peut en déduire la composition de la photosphère de l'étoile.

4. Une étoile bleue a une température de surface supérieure à celle d'une étoile jaune telle que le Soleil.

9 **1.** La lumière émise n'est pas monochromatique puisque le spectre comporte plusieurs raies ; elle est polychromatique.

2. L'axe gradué permet de déterminer la longueur d'onde correspondant à chaque raie du spectre.

D'après le tableau de données, il est ensuite facile d'en déterminer la couleur.

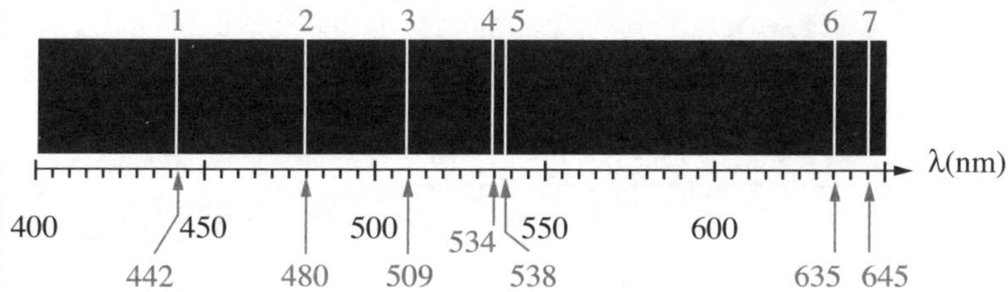

n° de la raie	Longueur d'onde λ (nm)	Couleur
1	442	bleu
2	480	bleu ou bleu-verdâtre
3	509	vert-bleuâtre
4	534	vert
5	538	vert
6	635	rouge
7	645	rouge

3. Les raies d'absorption et les raies d'émission d'un même élément chimique correspondent aux mêmes longueurs d'onde. Par conséquent, le spectre d'absorption du cadmium est constitué du spectre continu dans lequel apparaissent des raies sombres aux mêmes positions que les raies d'émission : 442 nm ; 480 nm ; 509 nm…

10 La radiation la plus intense émise par le soleil a pour longueur d'onde :

$$\lambda_m = 0,50\ \mu m = 0,50 \times 10^{-6}\ m = 5,0 \times 10^{-7}\ m$$

La température de surface du soleil se détermine alors en utilisant la loi de Wien :

$$\lambda_m = \frac{2,9 \times 10^{-3}}{T} \text{ donc } T = \frac{2,9 \times 10^{-3}}{\lambda_m} = \frac{2,9 \times 10^{-3}}{5,0 \times 10^{-7}} = 5,8 \times 10^3\ K$$

Donc $\theta = T - 273 = 5\,527$ °C soit environ 5 500 °C.

11 **1.** La lumière laser est une radiation monochromatique tandis que la lumière blanche est polychromatique. La lumière blanche aurait été dispersée (décomposée) dans le plexiglas car toutes les radiations monochromatiques constituant la lumière blanche n'auraient pas été réfractées avec le même angle r.

2. La deuxième loi de Descartes s'exprime ainsi :

$$n_{air} \sin i = n_{plexi} \sin r$$

L'indice de réfraction de l'air valant 1, la loi se simplifie ainsi :

$$\sin i = n_{plexi} \sin r$$

3. Pour vérifier cette loi, il faut vérifier que les sinus des angles d'incidence et de réfraction sont proportionnels.

Pour cela, il faut calculer le rapport $\frac{\sin i}{\sin r}$ et montrer qu'il est constant pour toute la série de mesures suivantes :

i (°)	0	10	15	20	25	30	40	60	80
r (°)	0	6,5	10	13	16	19	25	34,5	40,5
sin i	0	0,174	0,259	0,342	0,423	0,500	0,643	0,866	0,985
sin r	0	0,113	0,174	0,225	0,276	0,326	0,423	0,566	0,649
$\frac{\sin i}{\sin r}$	Impossible	1,54	1,49	1,52	1,53	1,53	1,52	1,53	1,52

Les calculs effectués dans le tableau montrent que le rapport $\frac{\sin i}{\sin r}$ reste quasiment constant (entre 1,49 et 1,54).
Par conséquent la 2e loi de Snell-Descartes est vérifiée pour la réfraction air-plexiglas.
4. Selon la 2e loi de Snell-Descartes, le coefficient de proportionnalité entre les deux sinus est l'indice de réfraction du plexiglas.
Cet indice vaut donc $n_{\text{plexi}} = 1,5$ (avec une précision de deux chiffres significatifs).
5. Pour vérifier l'exactitude de la loi de Kepler, il faut vérifier la proportionnalité de r et i. Pour cela, il faut calculer le rapport $\frac{i}{r}$ pour toute la série de mesures suivantes :

i (°)	0	10	15	20	25	30	40	60	80
r (°)	0	6,5	10	13	16	19	25	34,5	40,5
$\frac{i}{r}$	Impossible	1,54	1,50	1,54	1,56	1,58	1,60	1,74	1,98

On constate que le rapport $\frac{i}{r}$ garde une valeur à peu près constante (entre 1,50 et 1,54) à condition que l'angle d'incidence soit inférieur à 20-25°.
La loi de Kepler n'est donc valide que pour les petits angles incidents.

12 **1. Faux.** Le spectre ne comporte qu'une seule raie donc la lumière laser est monochromatique.
2. Faux.

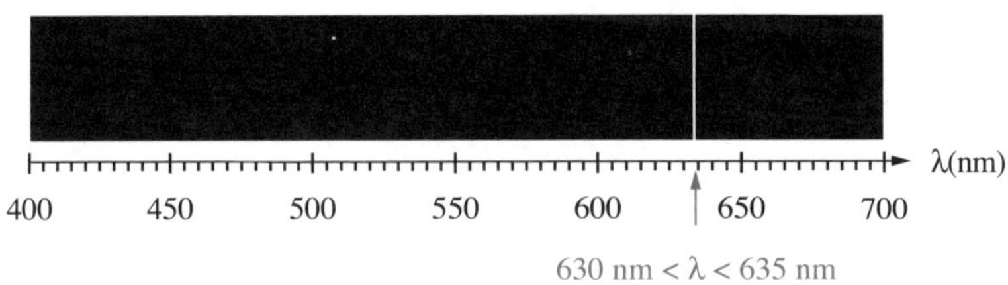

La longueur d'onde de la lumière laser étudiée est comprise entre 630 et 635 nm. D'après le **Doc. 4**, une telle longueur d'onde ne correspond pas à une lumière verte mais rouge.

3. **Vrai**. Le graphe du Doc. 2 montre que le soleil émet toutes les radiations lumineuses dont les longueurs d'onde sont comprises entre environ 0,2 µm et 2,8 µm. Le spectre solaire est donc continu.

4. **Vrai.** Les radiations visibles par l'œil humain ont une longueur d'onde comprise entre environ 400 nm et 800 nm soit 0,4 µm et 0,8 µm.
La zone II du graphe correspond bien à ce domaine de longueur d'onde.

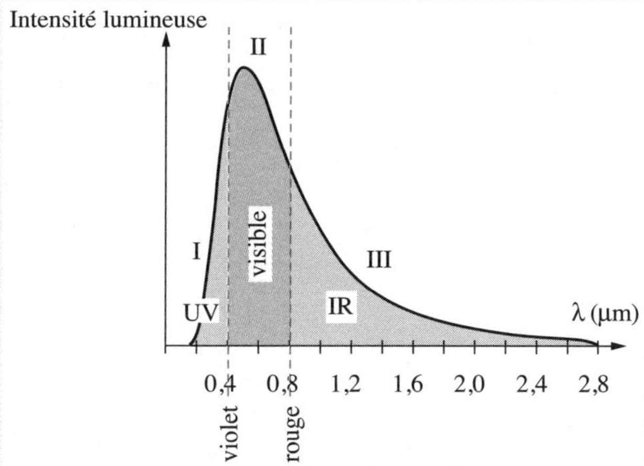

5. **Faux.** Le graphe montre nettement que le Soleil n'émet pas que des radiations visibles mais aussi des radiations invisibles :

- de longueur d'onde inférieure à 400 nm ou 0,4 µm (zone I),
- de longueur d'onde supérieure à 800 nm ou 0,8 µm (zone III).

6. **Vrai.** Le soleil émet bien des ultraviolets (zone I) caractérisés par une longueur d'onde inférieure à celle de la radiation violette (400 nm ou 0,4 µm).

7. **Vrai.** Le soleil émet bien des infrarouges (zone III) caractérisés par une longueur d'onde inférieure à celle de la radiation rouge (800 nm ou 0,8 µm).

8. **Vrai.** En complétant le Doc. 3 avec les différentes plages colorées du spectre continu (Doc. 4) on constate que le filtre A absorbe toutes les couleurs à l'exception du rouge donc seule la lumière rouge sera transmise par ce filtre.

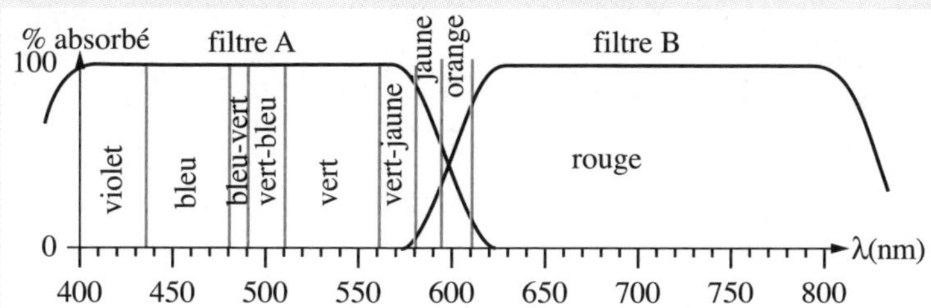

9. **Vrai.** La lumière du laser, de longueur d'onde comprise entre 630 et 635 nm, n'est pas absorbée par le filtre A. On dit donc que ce filtre est transparent pour cette lumière laser.

10. Vrai. Le filtre A absorbe à 100 % toutes les radiations visibles de longueurs d'ondes inférieures à 570 nm et le filtre B toutes celles de longueurs d'ondes supérieures à 630 nm.

Entre 570 et 630 nm, chacun des filtres absorbe moins de 100 % de l'intensité lumineuse mais l'addition des deux pourcentages est de l'ordre de 100 %.

Par conséquent, en accolant ces deux filtres la lumière visible sera totalement absorbée.

Cette association est donc opaque pour la lumière visible.

3 Le modèle de l'atome

Au terme des trois premières minutes de la naissance de l'Univers, les premiers noyaux atomiques apparaissent puis, 400 000 ans après le Big Bang, les électrons porteurs d'une charge électrique négative s'associent aux noyaux, chargés de manière positive. Ainsi naissent les premiers édifices neutres, baptisés atomes…

I LA STRUCTURE DE L'ATOME

1. Description

L'atome est composé d'un **noyau**, autour duquel évoluent des électrons constituant le cortège d'électrons ou **nuage électronique**.

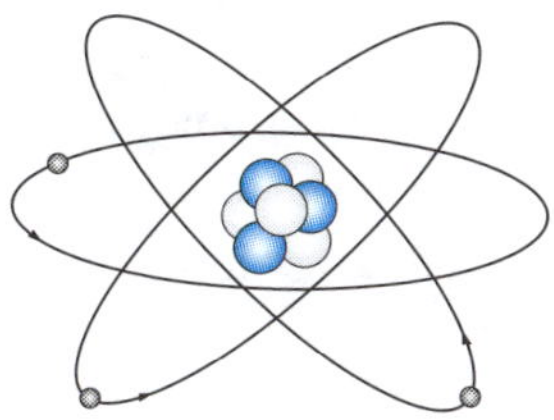

2. Le noyau

Le noyau d'un atome, chargé positivement, est constitué de **protons** et de **neutrons**, appelés **nucléons**.

On caractérise un noyau par deux nombres entiers :

- Z appelé **numéro atomique**, est le nombre de protons ;
- A appelé **nombre de masse**, est le nombre de nucléons (protons + neutrons).

$(A-Z)=N$ est le nombre de neutrons.

Un proton porte une charge électrique positive.

Cette charge notée e et exprimée en coulomb (C) est la **charge élémentaire** :

$$e = 1{,}6 \times 10^{-19}\ \text{C}$$

Un neutron ne porte aucune charge électrique, il est neutre.

La charge positive du noyau, notée Q, est égale à la charge des Z protons qui le constituent : $Q = Ze$.

Le proton et le neutron ont des masses quasi identiques :

$$m_{\text{p}} \approx m_{\text{n}} = m_{\text{nucléon}} = 1{,}67 \times 10^{-27}\ \text{kg}$$

Un noyau est représenté symboliquement par :

$${}^{A}_{Z}\mathrm{X}$$

- A : nombre de nucléons = nombre de protons + nombre de neutrons
- X : symbole de l'élément
- Z : numéro atomique = nombre de protons

EXEMPLE : Le noyau de lithium ${}^{7}_{3}\mathrm{Li}$, de symbole Li est un assemblage de 3 protons et $7-3=4$ neutrons.

Dans l'Univers, on a pu identifier environ 300 noyaux différents.

3. Le cortège (ou nuage) électronique

Les électrons constituent le cortège électronique de l'atome.
Un électron porte une charge électrique négative égale à $-e$, opposée à la charge du proton : $-e=-1,6\times10^{-19}$ C
La charge électrique totale du nuage électronique compense exactement la charge du noyau, c'est-à-dire celle des protons.
Le cortège électronique d'un atome est formé d'autant d'électrons qu'il y a de protons dans le noyau, soit Z.

> Il y a donc autant de protons que d'électrons dans un atome.
> Par conséquent, un atome est électriquement neutre.

La masse d'un électron est $9,1\times10^{-31}$ kg soit environ 2000 fois plus petite que celle d'un nucléon.

4. La structure lacunaire de l'atome

Masse d'un atome

Particule	Masse	Caractéristiques
proton	$1{,}673\times10^{-27}$ kg	$m_p \approx m_n$
neutron	$1{,}675\times10^{-27}$ kg	$m_{\text{nucléon}} = 1{,}67\times10^{-27}$ kg
électron	$9{,}109\times10^{-31}$ kg	$m_{\text{électron}} << m_{\text{nucléon}}$

La masse de l'atome est pratiquement égale à celle de son noyau ${}^{A}_{Z}X$ puisque l'électron à une masse négligeable devant celle d'un nucléon, soit :

> $m_{\text{atome}} \approx m_{\text{noyau}} \approx A m_{\text{nucléon}}$
> La masse de l'atome est concentrée dans son noyau.

EXEMPLE : La masse de l'atome de carbone est quasiment celle de son noyau $^{12}_{6}C$ qui contient 12 nucléons soit :

$$m_C \approx 12 \times 1{,}67 \times 10^{-27} \text{ kg} = 2{,}00 \times 10^{-26} \text{ kg}$$

■ **Dimensions d'un atome et de son noyau**

Le diamètre d'un atome, modélisé par une sphère est de l'ordre de 10^{-10} m ou 100 pm. Son noyau, lui aussi modélisé par une sphère, a un diamètre de 10^{-15} m ou 1 fm.

L'atome est environ 100 000 fois plus grand que son noyau.

Les distances séparant le noyau des électrons sont très grandes.
Ainsi **la plus grande partie (volume) d'un atome est constituée de vide**.

■ **Structure de l'atome**

L'atome a une structure **lacunaire** puisque la quasi-totalité de la matière qui le constitue est concentrée dans le noyau dont le volume est extrêmement faible par rapport au volume de l'atome.

• 1 pm = 10^{-12} m
(Pour les ordres de grandeur et les unités de longueur, se reporter au chapitre 1.)
• Le remplissage lacunaire de la matière existe également à l'échelle astronomique : voir le chapitre 1.

5. Récapitulatif de la structure de l'atome

	Cortège électronique	Noyau Rayon : 10^{-15} m	
Particule élémentaire	électron	nucléons	
		proton	neutron
Charge électrique	–	+	0
Ordre de grandeur de la masse	10^{-30} kg	10^{-27} kg	
Nombre	Z	Z	N
		$A = Z + N$	
	Atome électriquement neutre. Rayon : 10^{-10} m		

La détermination de la composition d'un atome par l'exploitation de différentes données est détaillée dans le savoir-faire 1.

II L'ÉLEMENT CHIMIQUE

1. Définition

Un élément chimique est caractérisé par son **numéro atomique Z** et représenté par son symbole chimique.
Chaque élément est symbolisé par une majuscule suivie éventuellement d'une minuscule (dérivant souvent du nom de l'élément).

Il existe une centaine d'éléments différents classés dans le tableau périodique (voir le chapitre 5).

Les entités (atomes, ions) ayant le même nombre de protons dans leur noyau sont des formes différentes d'un même élément chimique.

EXEMPLE : L'atome O et l'ion O^{2-} contiennent chacun 8 protons.
Ce sont deux formes différentes de l'élément chimique oxygène.

Connaître *Z* c'est connaître l'élément chimique et réciproquement

2. Les isotopes

Des entités (atomes, ions) ayant le même numéro atomique Z, mais des nombres de nucléons A différents sont appelés **isotopes**.
Ils ont le même nombre de protons, mais des nombres de neutrons différents.
Ils sont représentés par le même symbole chimique et portent le même nom.

EXEMPLE : Les cinq isotopes naturels stables du zinc sont regroupés dans le tableau suivant.

	Zinc 64	Zinc 66	Zinc 67	Zinc 68	Zinc 70
Symbole du noyau	${}^{64}_{30}Zn$	${}^{66}_{30}Zn$	${}^{67}_{30}Zn$	${}^{68}_{30}Zn$	${}^{70}_{30}Zn$
Abondance relative (*)	48,6 %	27,9 %	4,1 %	18,8 %	0,6 %

(*) Dans la nature, 48,6 % des atomes de zinc contiennent 64 nucléons (on les nomme zinc 64) ; 27,9 % en ont 66 ; etc.

SAVOIR-FAIRE

1. Déterminer la composition d'un atome à partir de la représentation symbolique de son noyau

■ **Étape 1** : identifier la valeur de A et de Z : attention Z ne peut pas être supérieur à A !

■ **Étape 2** : Z renseigne sur le nombre de protons, A est le nombre de nucléons donc le nombre de neutrons est $A - Z$.

■ **Étape 3** : sachant qu'un atome est électriquement neutre, il y a toujours autant d'électrons que de protons.

EXEMPLE : ${}^{64}_{28}\mathrm{Ni}$

$Z = 28$, il y a 28 protons dans le noyau et on a $A = 64$, il a 64 nucléons soit $A - Z = 64 - 28 = 36$ neutrons.

L'atome de nickel est neutre il compte donc 28 électrons gravitant autour de son noyau constitué de 28 protons et 36 neutrons.

2. Déterminer la composition d'un atome à partir de la masse du noyau et de la charge du nuage électronique

■ La masse d'un atome permet d'en déduire son nombre A de nucléons.

En effet : $$m_{\text{atome}} \approx m_{\text{noyau}} \approx A m_{\text{nucléon}} \text{ donc } A = \frac{m_{\text{atome}}}{m_{\text{nucléon}}}.$$

■ La charge Q' du nuage électronique permet de déterminer le nombre Z d'électrons.

En effet : $$Q' = -Ze \text{ donc } Z = -\frac{Q'}{e}.$$

On peut mener la même démarche avec la charge portée par le noyau $Q = Ze$ soit l'opposée de celle du nuage électronique.

EXEMPLE : La masse de l'atome de magnésium est $m_{\text{Mg}} = 4{,}08 \times 10^{-26}$ kg.

D'où :

$$A = \frac{m_{\text{Mg}}}{m_{\text{nucléon}}} = \frac{4{,}08 \times 10^{-26}}{1{,}7 \times 10^{-27}} = 24$$

Il y a 24 nucléons dans le noyau de magnésium.

La charge totale des électrons de l'atome de magnésium est :

$$Q' = -1{,}92 \times 10^{-18} \text{ C d'où } Z = -\frac{Q'}{e} = -\frac{(-1{,}92 \times 10^{-18})}{1{,}6 \times 10^{-19}} = 12$$

Remarque : la charge de son noyau est $Q = +1{,}92 \times 10^{-18}$ C soit :

$$Z = \frac{Q}{e} = 12$$

Le numéro atomique Z est égal à 12, le noyau contient 12 protons.
$Z = 12$ et $A = 24$ d'où $N = (24 - 12) = 12$ neutrons.
Donc 12 protons et 12 neutrons constituent le noyau du magnésium autour duquel gravitent 12 électrons.

Données :
masse d'un nucléon : $m_{\text{nucléon}} \approx 1,7 \times 10^{-27}$ kg ;
charge élémentaire : $e = 1,6 \times 10^{-19}$ C.

EXERCICES D'APPLICATION

1 QCM « ATOME ET NOYAU » | ★ | 10 min | ▸ P. 63

Dans le questionnaire à choix multiple (QCM) suivant, indiquer pour chaque proposition la (ou les) réponse(s) exacte(s).
Pour chaque proposition, indiquer la (ou les) bonne(s) réponse(s).

1. Le noyau de phosphore $^{31}_{15}P$:
a. est composé de 15 protons et 31 neutrons.
b. est entouré de 15 électrons.
c. contient 16 neutrons.
d. est électriquement neutre.

2. La charge électrique de l'atome est :
a. positive.
b. nulle.
c. négative.

3. Un proton porte une charge électrique :
a. égale à celle du neutron.
b. égale à e.
c. opposée à celle de l'électron.

4. Deux types de particules de l'atome ont sensiblement la même masse, il s'agit :
a. du neutron et du proton.
b. du proton et de l'électron.
c. de l'électron et du neutron.

5. Considérons les atomes dont les noyaux sont représentés par :

$^{12}_{6}X$, $^{13}_{6}Y$, $^{13}_{7}T$, $^{14}_{7}V$, $^{14}_{6}W$.

(*X*, *Y*, *T*, *V* et *W* sont les symboles « inconnus » de ces différents atomes).
a. *Y* et *T* ont même nombre de neutrons.
b. *X* et *Y* correspondent au même symbole chimique.
c. *X*, *Y* et *W* sont des isotopes.
d. *V* et *W* ont le même nombre de protons.

6. La masse d'un atome :
a. se répartit équitablement entre le noyau et les électrons.
b. est essentiellement concentrée dans le cortège électronique.
c. est essentiellement concentrée dans le noyau.

7. Le rayon atomique est à peu près égal :
a. au rayon du noyau.
b. à 100 fois le rayon du noyau.
c. à 100 000 fois le rayon du noyau.

2 ATOMES ★ 10 min ▸ P. 63

1. Que signifie l'affirmation : « *Le numéro atomique caractérise l'élément chimique* » ?

2. Compléter le tableau suivant décrivant la constitution de quelques atomes.

Symbole du noyau			$^{27}_{\ldots}\text{Al}$	$^{\ldots}_{\ldots}\text{Ca}$	$^{35}_{\ldots}\ldots\ldots$
Nombre de protons	1				17
Nombre de neutrons	0	10		20	
Nombre d'électrons		9			

Données : les 20 premiers éléments chimiques.

Élément	H	He	Li	Be	B	C	N	O	F	Ne
Numéro atomique	1	2	3	4	5	6	7	8	9	10
Élément	Na	Mg	Al	Si	P	S	Cl	Ar	K	Ca
Numéro atomique	11	12	13	14	15	16	17	18	19	20

Les noms des éléments chimiques pourront être trouvés dans la classification périodique située à la fin du livre.

3 ISOTOPES ★ 10 min ▸ P. 63

On considère : un noyau d'uranium $^{238}_{92}\text{U}$ et un noyau d'un élément inconnu $^{235}_{92}X$.

1. Décrire la constitution de chacun de ces noyaux.

2. Quel est leur point commun ? S'agit-il de noyaux du même élément ?

3. Ces deux noyaux sont-ils isotopes ? Pourquoi ?

4 UNE HISTOIRE D'OR ★ 20 min ▸ P. 64

Un atome d'or Au, possède 197 nucléons, la charge de son noyau est $q = 1{,}26 \times 10^{-17}$ C et son rayon atomique est $r_A = 0{,}16$ nm.

1. Déterminer le numéro atomique Z de l'atome d'or.

2. Donner la représentation symbolique du noyau d'or.

3. Calculer le volume d'un atome d'or.

4. Sachant que le rayon du noyau d'or est 100 000 fois plus petit que celui de l'atome, calculer le rayon du noyau de l'or.

5. Déterminer le volume du noyau d'or.

6. Comparer le volume de l'atome et celui de son noyau. Conclure.

Données :

masse d'un nucléon : $m = 1{,}7 \times 10^{-27}$ kg ;

valeur de la charge élémentaire : $e = 1{,}6 \times 10^{-19}$ C ;

volume d'une sphère de rayon r : $V = \frac{4}{3}\pi r^3$.

EXERCICES D'ENTRAÎNEMENT

5 MISSION : CORRECTEUR

★★ | 20 min | ▸ P. 64

Lors d'un contrôle, les élèves Quentin, Yoni, Jade et Amina ont chacun répondu à deux questions en commettant des erreurs.

Votre mission, si vous l'acceptez, est de rédiger la bonne réponse ainsi qu'un commentaire ou un conseil à chaque élève pour lui permettre de progresser.

1. Décrire la constitution du noyau d'uranium représenté par $^{238}_{92}\mathrm{U}$.

a. Réponse de Quentin :

« *Ce noyau est constitué de 92 protons et 238 neutrons.* »

b. Réponse de Yoni :

« *Ce noyau contient 92 protons, 92 électrons et 146 neutrons.* »

c. Réponse de Jade :

« *C'est un assemblage de 238 nucléons, 92 protons et 146 neutrons.* »

d. Réponse d'Amina :

« *Ce noyau est formé de 92 potrons et 146 neutons.* »

2. L'arsenic est un élément chimique de symbole As et de numéro atomique 33. Écrire la représentation symbolique du noyau d'arsenic contenant 42 neutrons.

a. Réponse de Quentin : $^{42}_{33}\mathrm{As}$

b. Réponse de Yoni : $^{33}_{9}\mathrm{As}$

c. Réponse de Jade : $^{33}_{75}\mathrm{As}$

d. Réponse d'Amina : $^{75}_{33}\mathrm{AS}$.

6 ISOTOPES

★★★ | 40 min | ▸ P. 65

Le tableau ci-après regroupe les abondances relatives de tous les isotopes naturels stables des éléments chimiques tels que $10 \leqslant Z \leqslant 18$.

Toutes les questions qui suivent sont relatives à ce tableau.

1. Expliquer les informations fournies par l'avant-dernière colonne.

2. Donner la représentation des noyaux des isotopes du silicium (Si) et construire un tableau permettant de décrire la constitution de ces noyaux.

3. Existe-t-il dans la nature plusieurs types d'atomes stables dont le cortège électronique comporte 11 électrons.

Justifier la réponse.

4. Quel est l'atome dont la masse est quasi-identique à celle de l'isotope $^{40}_{20}\mathrm{Ca}$ du calcium ?

Justifier.

5. a. Rechercher dans le tableau les noyaux constitués d'autant de protons que de neutrons.
Expliquer la méthode.
b. Rechercher dans le tableau les noyaux contenant 12 neutrons.
Expliquer la méthode.
Ces noyaux sont-ils des isotopes ?
c. Est-il exact de dire qu'aucun des atomes répertoriés dans le tableau ne possède plus de protons que de neutrons ?
Expliquer.

Z→ / A↓	10	11	12	13	14	15	16	17	18
	Ne	Na	Mg	Al	Si	P	S	Cl	Ar
20	90,5 %								
21	0,3 %								
22	9,2 %								
23		100 %							
24			79,0 %						
25			10,0 %						
26			11,0 %						
27				100 %					
28					92,2 %				
29					4,7 %				
30					3,1 %				
31						100 %			
32							95,0 %		
33							0,8 %		
34							4,2 %		
35								75,8 %	
36									0,3 %
37								24,2 %	
38									0,1 %
39									
40									99,6 %

EXERCICE D'APPROFONDISSEMENT

7 LE SOLEIL D'ITER

★★★ 45 min ▸ P. 67

Voilà plus de 50 ans que les physiciens théoriciens, les ingénieurs et les mathématiciens tentent de contrôler les réactions thermonucléaires pour qu'elles produisent plus d'énergie qu'elles n'en consomment.

En effet, pour recréer des conditions similaires à celles qui règnent au cœur du Soleil, il faut faire passer la matière dans son quatrième état, celui du plasma. Cela nécessite beaucoup d'énergie.

Le plasma se rencontre fréquemment dans l'Univers, dans les éclairs, l'atmosphère des étoiles et même le milieu interstellaire.

La maîtrise des réactions de fusion nucléaire permettrait d'apporter une réponse supplémentaire aux besoins énergétiques à venir…

Répondre aux questions suivantes à l'aide des documents ci-après.

1. Sachant qu'au cours de la réaction de fusion entre l'hélium 3 et le deutérium le nombre de nucléons et le nombre de protons sont conservés, déterminer les valeurs de A et de Z du noyau inconnu (**Doc. 1**).

2. Identifier alors l'élément X.

3. Donner la composition des noyaux ${}_{2}^{3}\mathrm{He}$ et ${}_{Z}^{A}X$.

Comment les qualifie-t-on ?

4. Le résultat précédent est-il conforme à la phrase en bleu du **Doc. 2** ?

Donner une réponse argumentée.

5. Expliciter la phrase en bleu dans le **Doc. 3**.

6. En vous aidant des documents fournis, et de vos connaissances, vous rédigerez un petit paragraphe décrivant en quoi consiste le programme ITER, en indiquant au moins deux avantages et un inconvénient à ce procédé.

Doc. 1. L'hélium 3

L'hélium 3, de symbole ${}_{2}^{3}\mathrm{He}$, est un des isotopes stables de l'hélium.

Sur Terre, l'hélium 3 est très rare.

Sa masse est estimée à 0,5 t.

Les missions Apollo ont montré que la Lune en possède d'importantes réserves estimées à environ 100 000 t.

L'hélium 3 pourrait servir de combustible dans les futures centrales à fusion contrôlée.

La réaction de fusion entre l'hélium 3 et le deutérium ${}_{1}^{2}\mathrm{H}$ s'écrit :

$${}_{2}^{3}\mathrm{He} + {}_{1}^{2}\mathrm{H} \rightarrow {}_{1}^{1}\mathrm{H} + {}_{Z}^{A}X \quad \text{où } {}_{Z}^{A}X \text{ est un noyau inconnu.}$$

Doc. 2. La fusion nucléaire

La fusion nucléaire consiste à « réunir » deux atomes légers pour « produire » un atome plus lourd, ce qui engendre une forte énergie mais pas de déchets car les produits de la fusion sont stables.
Cette réaction se produit au cœur des étoiles où il règne une température extrêmement élevée, 100 millions de degrés !
Les scientifiques, pour tenter de réaliser cette fusion, doivent recréer dans un réacteur les conditions dans lesquelles se produit, c'est-à-dire à très haute température et à très haute pression.
Construire un tel réacteur qui supporte de telles conditions demande des performances technologiques colossales.
Ce projet implique, pour le mener à bien, des investissements extrêmement importants.
C'est pourquoi, la communauté scientifique internationale s'est alliée au projet ITER en 1985.

Doc. 3. Le réacteur ITER

L'objectif du réacteur expérimental ITER, en construction sur le site de Cadarache (France), est d'expérimenter pour mettre au point la faisabilité technique de la fusion par confinement magnétique qui serait un moyen d'avenir pour produire de l'énergie.
Un « soleil » s'allumera dans la chambre à vide d'ITER...
Ce petit astre artificiel se nourrira d'un mélange gazeux, de deutérium et de tritium, porté à très haute température.
Ce mélange est constitué de deux isotopes de l'hydrogène dans des proportions égales.
Lorsque ces combustibles seront exploités dans ce réacteur, alors le programme ITER lancera la phase « nucléaire » du projet.
Les chercheurs essaieront alors de mettre au point de nouvelles techniques pour développer par la suite l'exploitation industrielle pour commercialiser cette nouvelle énergie tirée de la fusion.

CONTRÔLES

8 QCM | ★ | 10 min | ▸ P. 67

Dans le questionnaire à choix multiple (QCM) suivant, indiquer pour chaque proposition la (ou les) réponse(s) exacte(s).

	a.	b.	c.
1. Un atome est :	chargé positivement	chargé négativement	électriquement neutre
2. Le noyau d'un atome de silicium $^{30}_{14}Si$ est :	composé de 14 protons et de 16 neutrons.	composé de 46 nucléons.	composé de 14 protons et 30 neutrons.
3. La masse d'un atome est pratiquement égale à la masse :	de ses protons.	de son noyau.	de ses nucléons.
4. Le rayon atomique est :	de l'ordre de 10^{-10} m.	de l'ordre de 10^{-15} m.	10^5 fois plus grand que celui du noyau.
5. Deux isotopes d'un élément chimique ont :	même numéro atomique.	même nombre de nucléons.	même nombre de neutrons.
6. Le noyau d'uranium $^{235}_{92}U$ peut avoir un isotope ayant :	238 nucléons dont 92 protons.	235 nucléons dont 94 protons.	238 nucléons dont 94 protons.

9 L'EXPÉRIENCE DE RUTHERFORD | ★★ | 30 min | ▸ P. 68

En 1898, le physicien néo-zélandais Ernest Rutherford identifie les particules alpha et bêta: ce sont de très petites parties de matière émises par les substances radioactives.

Dix ans plus tard, en 1908, il détermine la nature de la particule alpha : il s'agit du noyau de l'atome d'hélium $^{4}_{2}He$.

La suite de son travail est consacrée à la structure de l'atome.

En 1909, Rutherford a l'idée d'observer la trajectoire des particules alpha dans la matière. Pour cela, il bombarde une très fine feuille d'or avec ces particules. Dans l'obscurité, il compte les points brillants dus aux impacts des particules alpha sur un écran fluorescent, le détecteur, placé autour de la feuille d'or.

La grande majorité des particules traversent la feuille d'or sans être déviées.

En effet, le point observé sur le détecteur brille de manière semblable, qu'on interpose ou non la feuille d'or sur le trajet des particules alpha.

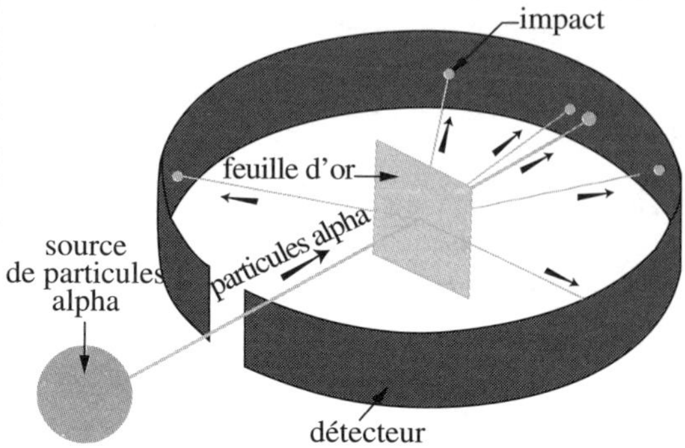

Quel ques particules alpha sont légèrement déviées tandis que certaines particules (1 pour 10 000 environ) subissent une forte déviation en traversant la feuille d'or et rebondissent même en arrière comme si elles rencontraient un obstacle massif.

Rutherford et ses collaborateurs ont travaillé plusieurs mois sur cette expérience en étudiant la déviation des trajectoires des particules alpha.

Ils en ont tiré une conclusion importante concernant la structure de la matière.

1. Décrire la constitution de la particule alpha $^{4}_{2}He$.

2. Dans un atome d'or on trouve 118 neutrons et 79 protons.

Son symbole est Au. Quel est le numéro atomique de l'or ?

Quel est son nombre de masse A ?

Donner sa représentation symbolique.

3. Les particules alpha qui sont déviées sont-elles attirées ou repoussées par les noyaux des atomes d'or ?

4. On rappelle que deux particules chargées s'attirent si elles sont de signes opposés et se repoussent si elles sont de même signe.

Quel est le signe de la charge portée par le noyau de l'atome d'or ?

Justifier la réponse en argumentant.

5. Pourquoi peut-on dire que la majorité des particules alpha ne rencontre pas d'obstacle sur leur trajet ?

6. Quelle conclusion peut-on en tirer sur le rapport entre la taille de l'atome et celle de son noyau ?

7. Représenter sous forme d'un schéma légendé, le modèle atomique proposé par Rutherford.

Préciser toutes ses caractéristiques.

CORRIGÉS

1 **1.** Le noyau de l'atome de phosphore est constitué de $Z = 15$ protons et de $A - Z = 16$ neutrons.
La charge électrique du noyau atomique est positive puisque le noyau est constitué de protons chargés positivement et de neutrons de charge nulle. Autour du noyau gravitent autant d'électrons qu'il y a de protons dans le noyau (**réponses b et c**).
2. L'atome est électriquement neutre (**réponse b**).
3. Le proton porte une charge positive *e* opposée à celle de l'électron (**réponses b et c**).
4. **(Réponse a).**
5. *X* et *Y* ont le même numéro atomique, ils ont même symbole chimique **(réponse b)**.
X, *Y* et *W* ont même numéro atomique, ils ne diffèrent que par leur nombre de neutrons. Ce sont des isotopes. (**réponse c**).
6. La masse d'un atome est essentiellement concentrée dans le noyau. (**réponse c**).
7. Le rayon atomique est à peu près égal à 100 000 fois le rayon du noyau : $R_{\text{atome}} = 10^5 \times R_{\text{noyau}}$ (**réponse c**).

2 **1.** L'affirmation : « *Le numéro atomique Z caractérise l'élément chimique.* » signifie qu'à une valeur de *Z* correspond un élément chimique et un seul.
EXEMPLE : Z = 1 pour l'hydrogène.
2. La liste fournie en fin d'exercice permet de déterminer l'élément chimique lorsque le numéro atomique *Z* est connu ou inversement.

Symbole du noyau	$^{1}_{1}\text{H}$	$^{19}_{9}\text{F}$	$^{27}_{13}\text{Al}$	$^{40}_{20}\text{Ca}$	$^{35}_{17}\text{Cl}$
Nombre de protons : *Z*	1	9	13	20	17
Nombre de neutrons : $(A-Z)$	0	10	14	20	18
Nombre d'électrons : *Z*	1	9	13	20	17

H : hydrogène.
F : fluor.
Al : aluminium.
Ca : calcium.
Cl : chlore.

3 **1.** $^{238}_{92}\text{U}$: $Z = 92, A = 238$.
Le noyau d'uranium contient 92 protons et 238 – 92 = 146 neutrons.
Pour $^{235}_{92}X$ on a $Z = 92$ et $A = 235$.
Le noyau inconnu contient 92 protons et 235 – 92 = 143 neutrons.
2. Ces deux noyaux ont le même nombre de protons donc le même numéro atomique *Z*.
3. Oui, ils sont isotopes car ils ont le même numéro atomique et ils ne diffèrent que par leur nombre de neutrons. Ce sont deux noyaux d'uranium.

4 **1.** La charge de son noyau est $q = 1{,}264 \times 10^{-17}$ C, elle est due aux Z protons chargés positivement : $q = Ze$ soit :

$$Z = \frac{q}{e} = \frac{1{,}264 \times 10^{-17}}{1{,}6 \times 10^{-19}} = 79$$

2. Le noyau d'or contient donc 79 protons ($Z = 79$) et un total de 197 nucléons ($A = 197$) soit sa représentation ${}^{197}_{79}\text{Au}$.

3. $r_A = 0{,}16$ nm or 1 nm $= 10^{-9}$ m soit $r_A = 0{,}16 \times 10^{-9} = 1{,}6 \times 10^{-10}$ m

$$V_A = \frac{4}{3}\pi(1{,}6 \times 10^{-10})^3 = 1{,}7 \times 10^{-29}\ \text{m}^3$$

4. D'après l'énoncé : $r_A = 100\,000\, r_N$ ou $r_N = \dfrac{r_A}{100\,000} = \dfrac{r_A}{10^5}$

Soit $r_N = \dfrac{1{,}6 \times 10^{-10}}{10^5} = 1{,}6 \times 10^{-15}$ m $= 1{,}6$ fm $\left(\text{avec } 1\text{ fm} = 10^{-15}\text{ m}\right)$.

5. Le volume du noyau est : $V_N = \dfrac{4}{3}\pi(1{,}6 \times 10^{-15})^3 = 1{,}7 \times 10^{-44}\ \text{m}^3$

6. Pour comparer les deux volumes on détermine le rapport :

$$\frac{V_A}{V_N} = \frac{1{,}7 \times 10^{-29}}{1{,}7 \times 10^{-44}} = 10^{15} = (10^5)^3$$

Sachant que le rayon du noyau d'or est 10^5 fois plus petit que celui de l'atome et comme le volume est proportionnel au rayon au cube donc le rapport des volumes sera de $(10^5)^3$.

Le volume du noyau d'or est 10^{15} fois plus petit que le volume de l'atome.

Ceci démontre la structure lacunaire de l'atome, puisque toute la masse est concentrée dans son noyau.

5 **1.** Réponse correcte : le noyau d'uranium ${}^{238}_{92}\text{U}$ est un assemblage de 92 protons et 146 (238 – 92) neutrons.

Réponse	Commentaire
a. Quentin : « *Ce noyau est constitué de 92 protons et ~~238~~ 146 neutrons.* »	Le nombre $A = 238$ ne représente pas le nombre de neutrons mais le nombre total de nucléons (protons et neutrons)
b. Yoni : « *Ce noyau contient 92 protons, ~~92 électrons~~ et 146 neutrons.* »	Les 92 électrons de l'atome d'uranium ne sont pas dans son noyau mais gravitent autour.
c. Jade: « *C'est un assemblage de ~~238 nucléons~~, 92 protons et 146 neutrons.* »	La réponse laisse supposer que les nucléons sont une troisième catégorie de particules constituant le noyau. Il aurait fallu écrire : « c'est un assemblage de 92 protons et 146 neutrons soit un total de 238 nucléons. »
d. Amina : « *Ce noyau est formé de 92 ~~potrons~~ protons et 146 ~~neutons~~ neutrons..* »	Les noms des particules constituant le noyau doivent être connus précisément : proton et neutron.

2. Réponse correcte : le noyau d'arsenic contient $Z = 33$ protons et $N = 42$ neutrons soit un total de $A = 33 + 42 = 75$ nucléons.

Son symbole ${}^{A}_{Z}X$ est donc ${}^{75}_{33}\text{As}$.

Réponse	Commentaire
a. Quentin : ${}^{42}_{33}\text{As}$	Le nombre 42 ne représente pas le nombre total de nucléons (valant 33 + 42 = 75) mais seulement le nombre de neutrons.
b. Yoni : ${}^{33}_{9}\text{As}$	Il faut revoir la signification des nombres *A* et *Z* dans la représentation ${}^{A}_{Z}X$ d'un noyau.
c. Jade : ${}^{33}_{75}\text{As}$	Les nombres *A* et *Z* ont été inversés.
d. Amina : ${}^{75}_{33}\text{AS}$	Le symbole d'un élément chimique n'est jamais constitué de deux majuscules : As ~~AS~~.

6 **1.** Les données de l'avant-dernière colonne signifient qu'il existe dans la nature deux isotopes de l'élément chlore (symbole Cl ; numéro atomique $Z = 17$) : le chlore 35 (${}^{35}_{17}\text{Cl}$) à 75,8 % et le chlore 37 (${}^{37}_{17}\text{Cl}$) à 24,2 %.

2. Il existe trois isotopes naturels stables du silicium :

	Silicium 28	Silicium 29	Silicium 30
Symbole du noyau	${}^{28}_{14}\text{Si}$	${}^{29}_{14}\text{Si}$	${}^{30}_{14}\text{Si}$
Nombre de protons : Z	14	14	14
Nombre de neutrons : (A – Z)	14	15	16

3. L'élément chimique sodium, de numéro atomique $Z = 11$, n'existe dans la nature que sous la forme d'un seul isotope ${}^{23}_{11}\text{Na}$ (abondance : 100 %).
Il n'existe donc pas d'autre type d'atomes possédant 11 électrons.

4. La masse d'un atome est presque égale à *A* fois la masse d'un nucléon car, d'une part, les électrons ont une masse négligeable et, d'autre part, un proton et un neutron ont des masses presque identiques.
Le tableau montre l'existence d'un atome dont le nombre de nucléons est $A = 40$, comme l'atome de calcium 40 (noyau ${}^{40}_{20}\text{Ca}$).

Il s'agit de l'argon 40 (noyau ${}^{40}_{18}\text{Ar}$).
Sa masse est donc presque identique à celle de l'atome de calcium 40.

5. a. Un noyau constitué d'autant de protons que de neutrons est tel que $Z = N$ donc $A = 2Z$.
Ainsi, en recherchant dans le tableau dans les cases telles que *A* soit le double de *Z*, repérées ci-après dans les cases sur fond gris foncé, on trouve :

$${}^{20}_{10}\text{Ne},\ {}^{24}_{12}\text{Mg},\ {}^{28}_{14}\text{Si},\ {}^{32}_{16}\text{S},\ {}^{36}_{18}\text{Ar}.$$

b. Les noyaux contenant 12 neutrons sont tels que $A = Z + 12$.
Ainsi en regardant successivement dans les cases de coordonnées :
$(Z = 10\ ;\ A = 22), (Z = 11\ ;\ A = 23)\ldots$

On trouve l'existence des noyaux suivants avec 12 neutrons :

$$^{20}_{10}\text{Ne},\ ^{23}_{11}\text{Na},\ ^{24}_{12}\text{Mg}.$$

Ce ne sont pas des isotopes car ils n'ont pas le même nombre Z de protons.

c. Un noyau contenant plus de protons que de neutrons est tel que $N < Z$ soit $A = Z + N < 2Z$.

Ainsi, en recherchant dans les cases telles que A soit strictement inférieur au double de Z, repérées ci-après dans les cases sur fond gris clair, on constate qu'aucun atome répertorié dans le tableau ne possède plus de protons que de neutrons.

$Z \rightarrow$ / $A \downarrow$	10	11	12	13	14	15	16	17	18
	Ne	Na	Mg	Al	Si	P	S	Cl	Ar
20	90,5 %								
21	0,3 %								
22	9,2 %								
23		100 %							
24			79,0 %						
25			10,0 %						
26			11,0 %						
27				100 %					
28					92,2 %				
29					4,7 %				
30					3,1 %				
31						100 %			
32							95,0 %		
33							0,8 %		
34							4,2 %		
35								75,8 %	
36									0,3 %
37								24,2 %	
38									0,1 %
39									
40									99,6 %

7 **1.** $^{2}_{3}\text{He} + ^{2}_{1}\text{H} \rightarrow ^{1}_{1}\text{H} + ^{A}_{Z}X$ donc $2+1=1+Z$
Au départ il y a $Z = 2$ et $Z = 1$ soit 3 protons au total (2 protons dans He et 1 proton dans H) que l'on doit retrouver puisqu'il y a conservation, il y en 1 pour $^{1}_{1}\text{H}$ donc $Z = 2$ pour $^{A}_{Z}X$.

De même pour le nombre de nucléons : $3+2=1+A$ soit $A = 4$.
Il se forme donc $^{4}_{2}X$.

2. $^{4}_{2}X$ donc $Z = 2$.
L'élément caractérisé par $Z = 2$ est l'élément hélium, *X* est He.
3. $^{3}_{2}\text{He}$ est constitué de 2 protons et d'un neutron.

$^{4}_{2}X$ c'est-à-dire $^{4}_{2}\text{He}$ est constitué de 2 protons et 2 neutrons.

$^{3}_{2}\text{He}$ et $^{4}_{2}\text{He}$ ont le même nombre de protons mais un nombre différent de neutrons ce sont des isotopes.
4. La masse d'un atome est concentrée dans son noyau, on peut comparer les masses des noyaux. Les deux noyaux de départ sont :

$$^{3}_{2}\text{He} \text{ de masse } 3m_{\text{nucléon}} \text{ et } ^{2}_{1}\text{H} \text{ de masse } 2m_{\text{nucléon}}$$

(les protons et les neutrons ont sensiblement la même masse).
Lors de la fusion il se forme $^{4}_{2}\text{He}$ un noyau d'hélium de masse $4m_{\text{nucléon}}$ supérieure aux précédentes. Ce dernier est donc plus lourd que les noyaux dont il est issu au cours de la réaction de fusion.
5. L'« astre artificiel », n'est autre que le réacteur ITER où se produira une réaction de fusion entre deux noyaux légers, isotopes de l'hydrogène et produira ainsi une grande quantité d'énergie.
Les chercheurs veulent reproduire la réaction thermonucléaire de fusion qui se produit au cœur des étoiles, comme dans notre Soleil.
6. Le programme ITER consiste à « recréer » les conditions nécessaires pour déclencher une réaction de fusion pour produire dans l'avenir une nouvelle énergie (du fait de l'épuisement des énergies fossiles).
L'avantage de cette réaction est qu'elle produit une quantité d'énergie considérable, qui pourra être la nouvelle énergie du futur.
Il n'y a pas de déchets dangereux et les combustibles (isotopes de l'hydrogène, hélium) se trouvent en quantité importante.
En revanche, l'inconvénient majeur est la difficulté de reproduire les conditions de très haute température et pression pour déclencher la fusion, c'est pourquoi les performances technologiques doivent être développées et cela entraîne des coûts très importants.

8 **1. Réponse c.**

2. Réponse a.

3. Réponses b. et c.

4. Réponse a. et c.

5. Réponse a.

6. Réponse a.

9 1. de la particule alpha $^4_2\mathrm{He}$: est constituée de 2 protons et de 2 neutrons.

2. Le numéro atomique de l'or est $Z = 79$ car on a 79 protons ; $A = 79 + 118 = 197$ nucléons. Sa représentation est $^{197}_{79}\mathrm{Au}$.

3. Les particules alpha sont des noyaux d'hélium chargés positivement ; elles sont repoussées par les noyaux des atomes d'or.

4. Puisque les particules alpha (noyaux d'hélium) sont chargées positivement et qu'elles sont repoussées par les noyaux d'or, ces derniers doivent être chargés positivement.

5. Rutherford ne proposa qu'une explication à cela : la matière, et par conséquent l'atome d'or, doit être principalement constituée… de vide !
Il met en évidence la structure lacunaire de la matière.

6. Ce vide doit donc se retrouver à l'échelle de l'atome, et on peut supposer que la taille du noyau est beaucoup, beaucoup plus petite que celle de l'atome.
C'est le cas puisque la taille de noyau est environ 10^5 fois plus petite que celle de l'atome.

7. Le modèle lacunaire de l'atome est donné sur le schéma suivant :

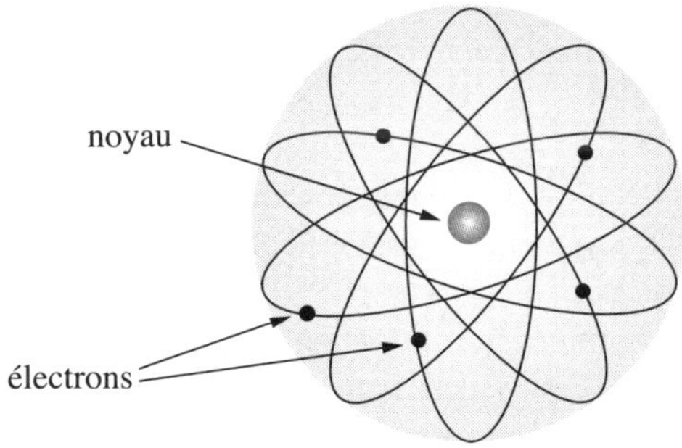

Selon ce modèle, l'atome est donc divisé en deux parties :

- le minuscule noyau central, chargé positivement, dans lequel est concentré presque toute la masse de l'atome,
- le cortège électronique, formé des électrons tournant autour du noyau, qui délimite le volume de l'atome.

L'atome est électriquement neutre : le noyau est constitué de neutrons et de protons chargés positivement autour duquel gravitent des électrons chargés négativement.
Il y a autant de protons que d'électrons.

4 Des atomes aux ions

Dans l'Univers, 99 % de la matière se trouvent sous forme de plasma, une soupe d'ions, d'électrons et de photons.
Un plasma est donc constitué entre autres, d'espèces chargées telles que les électrons et les ions. Sur Terre de nombreux éléments se trouvent également sous forme ionique. Pourquoi des ions et non des atomes ?

I LA STRUCTURE ÉLECTRONIQUE D'UN ATOME

1. Qu'est ce qu'une couche électronique ?

■ Pour l'atome d'hydrogène ^1_1H : la zone sphérique (points gris) centrée sur le noyau de rayon moyen $r = 10$ pm représente la probabilité de trouver l'unique électron de cet atome à un instant donné.

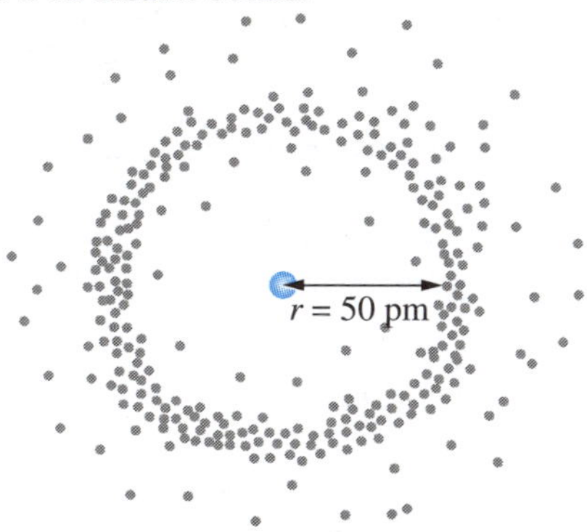

On dit que l'**électron appartient à une couche** dont le rayon moyen est 50 pm : c'est la couche K.
Mais il peut aussi être à 200 pm du noyau, c'est alors une autre couche notée L.

> 1 pm = 10^{-12} m

■ Comme pour l'hydrogène, les électrons d'un atome quelconque ^A_ZX se répartissent autour du noyau sur **des couches.**
K est la couche la plus proche du noyau, les suivantes sont notées dans l'ordre croissant d'éloignement : L, M, N…

> Les électrons qui appartiennent à une même couche sont donc situés à la même distance moyenne du noyau et sont liés de la même façon à ce noyau.

2. La répartition des électrons sur les couches électroniques

Le modèle décrit ci-après est une représentation simplifiée de l'organisation des électrons sur des couches K, L, M, N….

Les règles suivantes permettent de les répartir :

- les couches se remplissent dans l'ordre K, L, M… ;
- chaque couche électronique ne peut contenir qu'un nombre limité d'électrons : 2 électrons pour la couche K, 8 électrons pour la couche L et 18 électrons pour la couche M ;
- le remplissage d'une couche commence si la couche précédente est **saturée**, c'est-à-dire pleine.

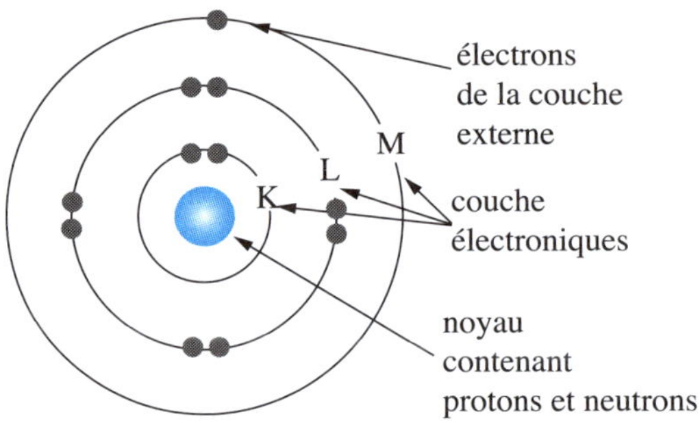

Représentation des électrons sur les couches électroniques

La répartition des électrons sur les couches K, L, M… est appelée **structure électronique** ou **configuration électronique**.

EXEMPLES :

- L'hydrogène H, de numéro atomique $Z = 1$, n'a qu'un électron situé sur la couche K. Sa structure électronique se note : $(K)^1$.
- L'aluminium a pour numéro atomique $Z = 13$. Deux électrons sont sur la couche K, 8 sur la couche L et les 3 autres sont sur la couche M.

La configuration électronique de l'aluminium est donc $(K)^2(L)^8(M)^3$.

3. La couche externe

La couche la plus éloignée du noyau qui contient des électrons est appelée **couche externe**.

Les électrons de cette couche sont appelés **électrons périphériques**.

EXEMPLE : la couche externe pour l'hydrogène est la couche K qui contient un électron. La couche externe pour l'aluminium est la couche M qui contient 3 électrons périphériques.

Les électrons de la couche externe sont les moins liés à l'atome ; ils sont déterminants dans la construction des ions et des molécules.

II LES RÈGLES DU DUET ET DE L'OCTET

1. Les gaz nobles ou gaz rares

Contrairement aux autres éléments, les atomes de gaz nobles ou rares ne subissent que très rarement des transformations en raison de leur **grande stabilité ou inertie chimique** qui s'explique par l'existence d'**une couche électronique externe en duet ou en octet**.

EXEMPLES :

- L'hélium a une structure électronique **en duet**, c'est-à-dire que sa couche électronique externe K est saturée (avec deux électrons).

Hélium He : pour $Z = 2$, on a $\mathbf{(K)^2}$.

- Le néon et l'argon ont une structure électronique **en octet**, c'est-à-dire que leur couche externe (L ou M) contient huit électrons.

Néon Ne : pour $Z = 10$, on a $(K)^2\mathbf{(L)^8}$.

Argon Ar : pour $Z = 18$, on a $(K)^2(L)^8\mathbf{(M)^8}$.

L'hélium, le néon, l'argon, le krypton, le xénon et le radon forment la famille des gaz rares aussi appelés gaz inertes ou gaz nobles.
Voir aussi le chapitre 5.

2. Les règles du duet et de l'octet

Stabilité des éléments chimiques

Ce sont les électrons de la couche externe d'un élément qui déterminent sa réactivité ou sa stabilité.

La stabilité correspond à la configuration d'un gaz noble.

Dans la nature, tous les éléments « tendent à » devenir stables.
Pour cela, il leur faut perdre ou gagner des électrons pour acquérir la structure électronique externe en duet ou en octet d'un gaz noble.

Règle du duet

Les atomes dont le numéro atomique est proche de 2 recherchent à obtenir une structure électronique en duet $\mathbf{(K)^2}$ (celle de l'hélium).

Règle de l'octet

Les autres atomes recherchent à obtenir une structure électronique en octet (celle du gaz noble le plus proche : néon ou argon).

III LES IONS MONOATOMIQUES

1. Définitions

Un ion monoatomique est un atome ayant gagné ou perdu un ou plusieurs électrons.

L'atome étant électriquement neutre et l'électron portant une charge élémentaire négative, il en découle que :

- le résultat **du gain d'un ou plusieurs électrons** par un atome est un ion **négatif**, appelé **anion**.
- le résultat **de la perte d'un ou plusieurs électrons** par un atome est un ion **positif**, appelé **cation**.

EXEMPLES :

- L'ion chlorure Cl^- est le résultat du gain d'un électron par un atome de chlore.
- L'ion fer II Fe^{2+} provient de la perte de deux électrons par un atome de fer.

2. Ions monoatomiques stables

Les règles du duet et de l'octet permettent de rendre compte des charges des ions monoatomiques stables existant dans la nature.

L'atome a tendance à adopter la configuration du gaz rare le plus proche.

EXEMPLES :

- L'atome de lithium Li ($Z = 3$) de structure électronique $(K)^2(L)^1$ cherche à obtenir la structure saturée **en duet** $\mathbf{(K)^2}$.

Pour cela il doit perdre un électron et devenir l'ion lithium Li^+.

- Le soufre S ($Z = 16$) de structure électronique $(K)^2(L)^8(M)^6$ cherche à obtenir la structure **en octet** $(K)^2(L)^8\mathbf{(M)^8}$ (celle de l'argon).

Pour cela il doit gagner deux électrons et devenir l'ion sulfure S^{2-}.

La détermination de la structure électronique d'un ion monoatomique est détaillée dans le savoir faire.

SAVOIR-FAIRE

Déterminer la structure électronique d'un ion monoatomique

■ **Étape 1 :** déterminer la structure électronique de l'atome.
Le numéro atomique Z est égal au nombre de protons contenus dans le noyau donc au nombre d'électrons gravitant autour puisqu'un atome est électriquement neutre.
La répartition des Z électrons sur les différentes couches s'effectue selon les règles suivantes : deux électrons au maximum sur K, puis les suivants sur L avec 8 électrons au maximum, puis les suivants sur M…

■ **Étape 2 :** déterminer le nombre d'électrons sur la couche externe.
Identifier la couche externe sachant que c'est la dernière couche remplie.

■ **Étape 3 :** déterminer la structure électronique de l'ion.
Pour trouver l'ion monoatomique le plus stable il faut « ôter » ou « ajouter » le moins d'électrons possibles pour satisfaire à la règle du duet ou de l'octet.

EXEMPLE : L'atome de d'aluminium ($Z = 13$) de structure électronique $(K)^2(L)^8(M)^3$ a 3 électrons sur sa couche externe M.
Pour acquérir une structure stable en octet (8 électrons) l'aluminium peut :
- soit gagner 5 électrons sur la couche M et ainsi acquérir 8 électrons sur la couche externe M,
- soit perdre 3 électrons de la couche M et ainsi obtenir une couche externe L à 8 électrons.

Du point de vue énergétique il est plus facile d' « ôter » 3 électrons que d'en « ajouter » 5 !
L'atome d'aluminium va donc perdre 3 électrons.
L'ion aluminium aura donc la structure électronique $(K)^2(L)^8$ qui satisfait à la règle de l'octet.

■ **Étape 4 :** en déduire la charge de l'ion.
Le nombre de protons est toujours le même car seul le nombre d'électrons est modifié.
Il y a toujours Z protons de charge élémentaire e soit la charge positive Ze.
Dans l'atome, il y Z électrons qui correspondent à une charge négative $-Ze$.
À chaque électron perdu apparaît une charge positive $(+e)$ sur l'ion.
À chaque électron gagné apparaît une charge négative $(-e)$ sur l'ion.
L'atome d'aluminium Al a perdu 3 électrons.
Il apparaît donc 3 charges positives $(+3e)$ sur l'ion aluminium.
Cette charge est notée 3+.

L'ion se note alors Al^{3+} et a la structure électronique $(K)^2(L)^8$ qui correspond à celle du néon.

$$Al^{3+}$$

La charge de l'ion est portée en haut à droite

Le symbole est toujours le même, il s'agit du même élément car on ne modifie pas le nombre de protons du noyau.

EXERCICES D'APPLICATION

1 QCM « STRUCTURE ÉLECTRONIQUE DES IONS » | ★ | 10 min | ▸ P. 81

Dans le questionnaire à choix multiple (QCM) suivant, indiquer pour chaque proposition la (ou les) réponse(s) exacte(s).

1. Un atome qui a perdu un ou plusieurs électrons est :
a. un cation.
b. un atome.
c. un anion.
d. un ion.

2. un ion négatif est :
a. un atome qui a perdu des électrons.
b. un atome qui a gagné des protons.
c. un atome qui a gagné des électrons.

3. Les gaz nobles sont les éléments chimiques :
a. les moins stables.
b. les plus stables.
c. les plus instables.

4. L'ion Fe^{3+} :
a. est un cation.
b. provient d'un atome qui a gagné 3 électrons.
c. possède plus de protons que d'électrons.

5. Dans les couches K, L, M, il y a :
a. autant d'électrons que l'on veut.
b. le même nombre d'électrons sur chacune des couches.
c. un nombre maximal d'électrons.

6. Un atome ayant pour structure électronique $(K)^2(L)^8(M)^5$ a :
a. pour numéro atomique $Z = 5$.
b. pour numéro atomique $Z = 15$.
c. 5 électrons externes.

7. La structure électronique de l'atome d'azote $^{14}_{7}N$ est :
a. $(K)^2(L)^8(M)^4$.
b. $(K)^7$.
c. $(K)^2(L)^5$.

8. Le numéro atomique du magnésium est $Z = 12$.
La structure électronique de l'ion Mg^{2+} est donc :
a. $(K)^2(L)^8$.
b. $(K)^2(L)^8(M)^2$.
c. $(K)^2(L)^{10}$.

2 STRUCTURE ÉLECTRONIQUE D'ATOMES | ★ | 15 min | ▸ P. 81

1. Compléter le tableau suivant à l'aide des données ci-après.
Les noms des éléments chimiques pourront être trouvés dans la classification périodique située à la fin du livre.

Élément	Symbole	Z	Structure électronique	Couche externe	Nombre d'électrons sur la couche externe
hélium					
			$(K)^2(L)^1$		
béryllium		4			
				M	5
sodium					
néon					
				M	8
bore					
			$(K)^2(L)^7$		
		16			

2. Quels sont les éléments ayant une structure stable ? Justifier.
3. Trouver au moins un atome qui pourra former facilement un cation. Justifier.
4. Identifier un atome qui donnera facilement un anion ? Justifier.

Donnée : les 18 premiers éléments chimiques.

Élément	H	He	Li	Be	B	C	N	O	F	Ne	Na	Mg	Al	Si	P	S	Cl	Ar
Z	1	2	3	4	5	6	7	8	9	10	11	12	13	14	15	16	17	18

3 QCM « AUTOUR DE L'OXYDE DE SODIUM » | ★ | 10 min | ▸ P. 82

Dans le questionnaire à choix multiple (QCM) suivant, indiquer pour chaque proposition la (ou les) réponses(s) exacte(s).
À l'état naturel, l'élément sodium peut se trouver sous forme d'oxyde Na_2O.

1. L'atome d'oxygène $^{16}_{8}O$ a gagné deux électrons pour devenir un ion oxyde noté :
a. O^-. b. O_2^-. c. O^{2-}.
2. La structure électronique de l'ion oxyde est :
a. $(K)^2(L)^8(M)^4$. b. $(K)^2(L)^6$. c. $(K)^2(L)^8$.
3. Par rapport à l'atome d'oxygène, l'ion oxyde a une structure :
a. moins stable. b. aussi stable. c. plus stable.

4. L'atome de sodium se trouve sous la forme d'un cation portant une seule charge. Il est noté :

a. Na^-. b. Na^+. c. NA^+.

5. La structure électrnique du cation sodium est $(K)^2(L)^8$, celle de l'atome de sodium est :

a. $(K)^2(L)^8(M)^1$. b. $(K)^2(L)^7$. c. $(K)^2(L)^8$.

6. L'oxyde de sodium Na_2O est globalement une espèce :

a. chargée positivement. b. neutre. c. chargée négativement.

4 IONS MONOATOMIQUES STABLES | ★ | 15 min | ▸ P. 82

1. En appliquant les règles du duet et de l'octet et en vous aidant de l'exemple fourni, compléter le tableau suivant permettant de déterminer les formules de quelques ions monoatomiques stables.

ATOME	Nom et symbole	lithium Li	fluor F	magnésium Mg	soufre S	chlore Cl
	Z	3	9	12	16	17
	Structure électronique	$(K)^2(L)^1$				
Gain ou perte d'électron (s)		Perte d'1 électron				
ION	Structure électronique	$(K)^2$ duet				
	Formule	Li^+				
	Nom	ion lithium	ion fluorure	ion magnésium	ion sulfure	ion chlorure

2. Que constate-t-on concernant le nom d'un ion par rapport au nom de l'atome dont il provient ?

3. Quel est le point commun entre l'atome de néon Ne ($Z = 10$), l'ion fluorure et l'ion magnésium ?

Qu'est-ce qui diffère dans leur constitution ?

5 LE CHLORE | ★ | 15 min | ▸ P. 83

L'élément chimique de numéro atomique 17 est le chlore de symbole Cl.

Le noyau d'un atome de chlore contient dix-huit neutrons.

1. Quel est le nombre de nucléons de cet atome ?

2. Combien d'électrons possède-t-il ?

3. L'ion chlorure possède dix-huit électrons.

Quel est son symbole ?

4. Donner sa structure électronique.

EXERCICE D'ENTRAÎNEMENT

6 ÉTUDE D'UNE ÉTIQUETTE D'EAU MINÉRALE | ★★ | 30 min | ▸ P. 83

1. Comment appelle-t-on les espèces chimiques contenues dans cette eau minérale ?

Eau Minérale Naturelle
Gazéifiée

Source Bron Monftras

Autorisée par le Ministère de la Santé le 28/04/05.

Minéralisation caractéristique

Calcium Ca^{2+} .... 96,00 mg/L
Magnésium Mg^{3+} ...... 6,10 mg/L
Potassium K^{+} .... 3,70 mg/L
Bicarbonate HCO_3^- .... 297 mg/L
Sulfate SO_4^{2-} ....9,30 mg/L
Nitrate NO_3^- .... < 2 mg/L
Chlorure Cl^- .... 22,60 mg/L
Résidus secs à 180°c = 349 mg/L

2. Classer ces différentes espèces chimiques en deux catégories.
3. Nommer ces deux catégories et indiquer ce qui les différencie.
4. L'ion calcium possède 18 électrons.
a. Donner sa structure électronique. Que constate-t-on ?
b. Combien d'électrons possède l'atome de calcium dont il est issu ?
c. En déduire le numéro atomique de l'élément calcium.
5. On étudie maintenant l'atome de chlore
a. Quelle est sa structure électronique ?
b. Expliquer pourquoi on trouve le chlore principalement sous sa forme ionique. Donner sa structure électronique.
c. Que constate-t-on en comparant la structure électronique de l'ion calcium et celle de l'ion chlorure ?
6. Après une vérification, une erreur a été détectée à propos de l'élément magnésium. Quelle correction doit-on apporter sur l'étiquette ?
Argumenter la réponse.

Donnée : quelques éléments chimiques.

Élément	H	He	Li	Be	B	C	N	O	F	Ne	Na	Mg	Al	Si	P	S	Cl	Ar
Z	1	2	3	4	5	6	7	8	9	10	11	12	13	14	15	16	17	18

EXERCICE D'APPROFONDISSEMENT

7 MÉTAUX ALCALINS DANS LA CROÛTE TERRESTRE ★★★ 45 min ▸ P. 84

Les ions ont existé de tout temps, depuis les premiers instants de l'expansion de notre Univers. Les interactions entre ces ions et les autres particules existantes, que ce soient des photons, **des électrons, des atomes, des molécules ou des ions**, sont incessantes et participent à la construction de l'Univers.

Membre du groupe des métaux alcalins, le sodium n'existe pas à l'état libre dans la croûte terrestre en raison de sa forte réactivité.

Les océans et d'autres étendues d'eau doivent leur salinité au chlorure de sodium (NaCl), composé plus couramment connu sous le nom de sel.

Du savon au sel et du verre aux textiles, en passant par la photographie et les explosifs, le sodium occupe une grande place dans l'industrie.

Cet élément abonde non seulement sur Terre mais partout dans l'Univers, puisqu'il fait partie du spectre optique émis par le Soleil et beaucoup d'autres étoiles.

1. Classer par organisation croissante les particules indiquées en bleu dans le texte. Argumenter le classement obtenu.

2. La masse d'un noyau de sodium a été déterminée en laboratoire, elle est de $3,84 \times 10^{-26}$ kg, sa charge est de $+1,76 \times 10^{-18}$ C.

Quelle est la composition de ce noyau ?

3. L'élément sodium comme l'élément potassium sont d'importants constituants de la croute terrestre, mais on ne connait aucun gisement de sodium ou potassium natifs*. Pourquoi ?

4. Sous quelle forme se trouve l'élément sodium sur Terre ?

5. On propose trois structures électroniques pour l'élément sodium : $(K)^2(L)^8$, $(K)^2(L)^8(M)^1$ et $(K)^2(L)^8(M)^8$. Quelle est celle qui correspond à l'atome de sodium ? Et celle qui correspond à l'ion sodium ? La réponse doit être justifiée.

6. Donner la représentation symbolique de l'ion sodium.

7. Le chlorure de sodium est un sel. Sachant qu'un sel est une structure ionique électriquement neutre, quelle est la représentation de l'ion chlorure ?

8. La structure électronique de l'ion chlorure est $(K)^2(L)^8(M)^8$.

En déduire celle de l'atome de chlore. Quel est son numéro atomique ?

9. Sachant que le noyau de chlore contient 18 neutrons, donner la représentation symbolique de son noyau.

10. Expliquer comment on met en évidence la présence de sodium dans les étoiles.

Données :

masse d'un nucléon : $m_n \approx 1,7 \times 10^{-27}$ kg ;

charge élémentaire : $e = 1,6 \times 10^{-19}$ C.

* *Natif* : se dit du métal qui se trouve dans la terre sous la forme métallique, sans être minéralisé par sa combinaison avec d'autres substances (par exemple l'or, l'argent, le cuivre natifs).

CONTRÔLES

8 ATOMES OU IONS | ★ | 15 min | ▸ P. 85

Compléter le tableau suivant :

Atome ou ion	${}^{2}_{1}H^{+}$	${}^{10}_{5}B$	${}^{25}_{12}Mg$	${}^{13}_{6}C$	${}^{33}_{16}S^{2-}$	${}^{7}_{3}Li^{+}$
Nombre de protons						
Nombre de neutrons						
Nombre d'électrons						
Structure électronique						

9 DES SOLIDES IONIQUES | ★★ | 30 min | ▸ P. 85

Le chlorure d'aluminium est un solide ionique et, comme tous les solides ioniques, il est électriquement neutre.

Sa formule peut s'écrire Al_aCl_b.

1. Donner la composition d'un atome d'aluminium ${}^{27}_{13}Al$.
2. En justifiant la réponse, donner la formule de l'ion stable formé par l'aluminium.
3. L'atome de chlore possède 35 nucléons dont 18 neutrons.
Donner sa représentation symbolique.
4. En justifiant la réponse, donner la formule de l'ion stable formé par le chlore.
5. Sachant qu'il s'agit de nombres entiers les plus petits possibles, déterminer les valeurs de a et b.
6. Le magnésium a le numéro atomique $Z = 12$.
Quelle est la représentation de l'ion magnésium ?
Argumenter la réponse.
7. L'ion magnésium donne avec l'ion chlorure un solide ionique.
Donner sa formule.

CORRIGÉS

1 **1.** Un atome qui a perdu un ou plusieurs électrons est un ion chargé positivement appelé cation (**réponses a et d**).

2. Un ion négatif est un atome qui a gagné des électrons (**réponse c**).

3. Les gaz nobles sont les éléments chimiques les plus stables car ils ont une structure électronique externe en octet ou duet (**réponse b**).

4. L'ion Fe^{3+} est un cation, l'atome de fer a perdu 3 électrons.
L'ion possède donc plus de protons que d'électrons (**réponses a et c**).

5. Les couches ne peuvent contenir qu'un nombre maximal d'électrons :
2 sur K, 8 sur L et 18 sur M (**réponse c**).

6. Un atome qui a pour structure électronique $(K)^2(L)^8(M)^5$ possède donc 15 électrons dans son nuage électronique.
L'atome étant électriquement neutre, il y a autant de protons c'est-à-dire 15.
La dernière couche remplie est la couche externe qui contient ici 5 électrons (**réponses b et c**).

7. L'azote $^{14}_{7}N$ possède 7 électrons (car son numéro atomique est $Z = 7$) répartis sur les couches électroniques selon la configuration $(K)^2(L)^5$ (**réponse c**).

8. Le numéro atomique du magnésium est $Z = 12$.
L'ion magnésium Mg^{2+} n'a quant à lui que 10 électrons donc sa structure électronique est $(K)^2(L)^8$ (**réponse a**).

2 **1.**

Élément	Symbole	Z	Structure électronique	Couche externe	Nombre d'électrons sur la couche externe
hélium	He	2	$(K)^2$	K	2
lithium	Li	3	$(K)^2(L)^1$	L	1
béryllium	Be	4	$(K)^2(L)^2$	L	2
phosphore	P	15	$(K)^2(L)^8(M)^5$	M	5
sodium	Na	11	$(K)^2(L)^8(M)^1$	M	1
néon	Ne	10	$(K)^2(L)^8$	L	8
argon	Ar	18	$(K)^2(L)^8(M)^8$	M	8
bore	B	5	$(K)^2(L)^3$	L	3
fluor	F	9	$(K)^2(L)^7$	L	7
soufre	S	16	$(K)^2(L)^8(M)^6$	M	6

2. Les éléments ayant une structure électronique stable sont :
- l'hélium He qui a une structure externe en duet ;
- le néon Ne et l'argon Ar ayant tout deux une structure externe en octet.

L'hélium, le néon et l'argon sont des gaz rares.

3. Le lithium peut perdre 1 électron pour former un cation Li^+, le béryllium peut perdre 2 électrons et former le cation Be^{2+}, le bore peut perdre 3 électrons et former B^{3+}. Dans les trois cas ils satisfont à la règle du duet.

Le sodium peut également perdre un 1 électron pour former un cation Na^+ il satisfait alors à la règle de l'octet.

4. Le phosphore, le fluor et le soufre peuvent gagner des électrons pour compléter leur couche externe à 8 électrons de manière à satisfaire à la règle de l'octet.

Le phosphore gagnera 3 électrons pour former P^{3-}, le fluor gagnera un électron pour former F^- et le soufre gagnera 2 électrons pour former S^{2-}.

3 1. Un atome qui a gagné deux électrons est un ion chargé négativement appelé anion. Il possède donc deux charges négatives, on note la charge 2− en haut à droite du symbole (**réponse c**).

2. Le numéro atomique est $Z = 8$, l'atome d'oxygène a 8 électrons soit la structure électronique $(K)^2(L)^6$.

Ayant gagné deux électrons, l'anion a la structure $(K)^2(L)^8$ (**réponse c**).

3. La couche externe a 8 électrons, cet anion satisfait à la règle de l'octet. Il est donc plus stable que l'atome dont il dérive (**réponse c**).

4. L'atome de sodium a perdu un électron et donne un ion chargé positivement Na^+. La première lettre du symbole est en majuscule alors que la seconde est en minuscule, (**réponse b**).

5. L'atome a un électron de plus que son cation soit $(K)^2(L)^8(M)^1$ (**réponse a**).

6. L'oxyde de sodium est constitué de deux cations Na^+ (deux charges positives) et d'un anion O^{2-} (deux charges négatives), globalement la charge de Na_2O est neutre (**réponse b**).

4 1.

ATOME	**Nom et symbole**	lithium Li	fluor F	magnésium Mg	soufre S	chlore Cl
	Z	3	9	12	16	17
	Structure électronique	$(K)^2(L)^1$	$(K)^2(L)^7$	$(K)^2(L)^8(M)^2$	$(K)^2(L)^8(M)^6$	$(K)^2(L)^8(M)^7$
Gain ou perte d'électron (s)		perte d'1 électron	gain d'1 électron	perte de 2 électrons	gain de 2 électrons	gain d'1 électron
ION	**Structure électronique**	$(K)^2$ duet	$(K)^2(L)^8$ octet	$(K)^2(L)^8$ octet	$(K)^2(L)^8(M)^8$ octet	$(K)^2(L)^8(M)^8$ octet
	Formule	Li^+	F^-	Mg^{2+}	S^{2-}	Cl^-
	Nom	ion lithium	ion fluorure	ion magnésium	ion sulfure	ion chlorure

2. Un ion monoatomique positif (cation) porte le même nom que l'atome dont il est issu.

EXEMPLE : atome de magnésium et ion magnésium.

Un ion monoatomique négatif (anion) porte un nom dérivant du nom de l'atome.

EXEMPLE : atome de soufre et ion sulfure.

3. L'atome de néon Ne ($Z = 10$), l'ion fluorure et l'ion magnésium ont le même nombre d'électrons (10) et par conséquent la même structure électronique : $(K)^2(L)^8$.

Pour autant, ce ne sont pas les mêmes entités puisque leur noyau est différent.
Ils ne contiennent pas le même nombre Z de protons : 9 pour l'ion fluorure, 10 pour l'atome de néon.

5 **1.** Le chlore a pour de numéro atomique $Z = 17$ donc il contient 17 protons. Il possède aussi $N = 18$ neutrons dans son noyau.
Le nombre total de nucléons est donc $A = Z + N = 35$.
2. L'atome est électriquement neutre il possède autant de protons que d'électrons.
Il possède donc 17 électrons.
3. L'ion possède 18 électrons il a donc un électron de plus que l'atome, il s'agit de l'anion Cl^-.
4. La structure électronique de l'ion chlorure est $(K)^2(L)^8(M)^8$.

6 **1.** Les espèces contenues dans cette eau sont des ions.
2. Les ions calcium Ca^{2+}, magnésium $Z = 20$ et potassium K^+ sont des ions chargés positivement alors que les ions bicarbonate HCO_3^- sulfate SO_4^{2-}, nitrate NO_3^- et chlorure Cl^- sont chargés négativement.
3. Les ions chargés positivement sont appelés cations et ceux chargés négativement anions. Les cations sont des espèces qui ont perdu un ou plusieurs électrons alors que les anions ont gagné un ou plusieurs électrons.
4. a. Les 18 électrons se répartissent sur les différentes couches en $(K)^2(L)^8(M)^8$.
Cet ion calcium a une structure à 8 électrons sur sa dernière couche, c'est une structure en octet comme les gaz rares. L'ion calcium est donc une espèce stable.
b. L'atome de calcium doit avoir deux électrons en plus que le cation Ca^{2+}, il possède donc 20 électrons dans son nuage électronique.
c. Son numéro atomique est donc $Z = 20$.
5. a. D'après les données $Z = 17$ pour l'atome de chlore, il y a donc 17 électrons dans le nuage électronique ce qui donne une structure en $(K)^2(L)^8(M)^7$.
b. Pour se stabiliser le chlore va suivre la règle de l'octet en complétant sa couche périphérique à l'octet. Il va donc gagner 1 électron, soit la structure électronique : $(K)^2(L)^8(M)^8$.
c. On constate que l'ion calcium et l'ion chlorure ont la même structure électronique $(K)^2(L)^8(M)^8$ comme le gaz rare argon.
6. L'atome de magnésium de numéro atomique $Z = 12$ a la structure électronique $(K)^2(L)^8(M)^2$. Pour satisfaire à la règle de l'octet le magnésium va perdre 2 électrons pour acquérir la structure en $(K)^2(L)^8$, comme le gaz rare néon.
Ainsi, il formera un cation de charge $+2e$ soit Mg^{2+} et non ce qui est indiqué sur l'étiquette Mg^{3+}.

7 **1.** L'électron est une particule élémentaire chargée négativement, on le retrouve dans les ions et les atomes.
Un atome est constitué d'un noyau autour duquel gravitent les électrons.
Si un atome perd ou gagne un ou des électrons on a alors une espèce chargée, nommée ion.
Les molécules sont constituées d'un assemblage d'atomes.
2. Les nucléons (protons et neutrons) sont les constituants du noyau.
La masse du noyau est égale à $m = Am_{\text{nucléon}}$.
Soit :

$$A = \frac{m}{A_{\text{nucléon}}} = \frac{3,84 \times 10^{-26}}{1,7 \times 10^{-27}} = 23.$$

La charge du noyau est due à la présence des protons chargés positivement (e leur charge) soit Z leur nombre.

$$Q = Ze \text{ soit } Z = \frac{Q}{e} = \frac{1,76 \times 10^{-18}}{1,6 \times 10^{-19}} = 11.$$

Le noyau est constitué de $Z = 11$ protons et $N = A - Z = 23 - 11 = 12$ neutrons.
3. L'élément sodium ne se trouve pas sous forme d'atome sur Terre car il n'est pas stable et donc très réactif.
Il réagit pour se stabiliser.
4. L'élément sodium se trouve sous forme d'ion, il est stable sous forme ionique.
5. L'atome de sodium a la structure électronique $(K)^2(L)^8(M)^1$ car il possède 11 électrons.
Pour satisfaire à la règle de l'octet, il aura tendance à perdre un électron. La structure électronique de l'ion correspondant est $(K)^2(L)^8$ comme celle d'un gaz rare, très stable.
Il s'agit d'un cation Na^+.
6. La représentation symbolique de l'ion sodium est ${}^{23}_{11}Na^+$.
7. L'ion sodium possède une charge positive donc l'ion chlorure possède une charge négative, c'est un anion : Cl^-.
8. D'après la structure électronique de l'ion chlorure, il y a 18 électrons dans son nuage électronique.
L'atome, lui, possède un électron de moins soit la structure $(K)^2(L)^8(M)^7$ d'où le numéro atomique $Z = 17$.
9. 18 neutrons et 17 protons constituent le noyau de l'atome de chlore soit $A = 35$ et $Z = 17$ soit ${}^{35}_{17}Cl$.
10. Pour des atomes ou des ions identiques dans le spectre d'absorption ou d'émission les raies occupent toujours les mêmes places, c'est la carte d'identité de cet élément.
L'analyse chimique des étoiles à partir de leurs spectres montre des raies d'absorption caractéristiques des éléments qu'elles contiennent.
Ainsi on retrouve dans le spectre d'une étoile les raies caractéristiques de l'élément sodium qui prouvent sa présence.

8

Élément	$^{2}_{1}H^{+}$	$^{10}_{5}B$	$^{25}_{12}Mg$	$^{13}_{6}C$	$^{33}_{16}S^{2-}$	$^{7}_{3}Li^{+}$
Nombre de protons	1	5	12	6	16	3
Nombre de neutrons	1	5	13	7	17	4
Nombre d'électrons	0	5	12	6	18	2
Structure électronique	$(K)^0$	$(K)^2(L)^3$	$(K)^2(L)^8(M)^2$	$(K)^2(L)^4$	$(K)^2(L)^8(M)^8$	$(K)^2$

9 **1.** L'atome d'aluminium $^{27}_{13}Al$ a le numéro atomique $Z = 13$, il possède donc 13 protons et $A = 23$ donc $23 - 13 = 10$ neutrons dans son noyau.
Comme l'atome est électriquement neutre, 13 électrons gravitent autour du noyau.
2. La structure électronique de l'atome d'aluminium est $(K)^2(L)^8(M)^3$.
Pour satisfaire à la règle de l'octet l'atome va avoir tendance à perdre 3 électrons pour avoir la structure stable en octet $(K)^2(L)^8$.
L'ion aluminium est un cation de charge $+3e$ soit Al^{3+}.
3. $A = 35$ et $35 - 18 = 17$ protons donc $Z = 17$.

Soit $^{35}_{17}Cl$.
4. Le chlore possède donc 17 électrons dont la structure électronique est $(K)^2(L)^8(M)^7$, et pour compléter sa couche à 8 électrons l'atome va acquérir un électron et former l'anion Cl^- de structure $(K)^2(L)^8(M)^8$.
5. L'ion aluminium possède 3 charges positives alors que l'ion chlorure une charge négative, il faut donc trois ions chlorure pour un ion aluminium pour que le solide ionique soit neutre soit $AlCl_3$.
On a donc $a = 1$ et $b = 3$.
6. Le magnésium de structure $(K)^2(L)^8(M)^2$ (où $Z = 12$) aura tendance à perdre deux électrons pour satisfaire à la règle de l'octet et donner le cation Mg^{2+}.
7. Il formera donc le solide $MgCl_2$ avec l'ion chlorure pour respecter la neutralité électrique.

5 Classification périodique des éléments chimiques

Au cours du XIXe siècle, la croissance rapide des connaissances a rendu nécessaire une classification des éléments chimiques. Sur quels critères repose l'actuelle classification ?
Comment l'utiliser pour mettre en évidence les analogies de propriétés qui existent entre certains éléments ?

I LA CLASSIFICATION AU COURS DU TEMPS

1. Les critères historiques de Mendeleïev

Vers 1860, environ 60 éléments chimiques sont connus.
La nécessité de les classer se fait sentir.
Le premier classement apparait en 1864.
Les éléments sont alors rangés par ordre de masse atomique croissante.
Le chimiste russe Dimitri Mendeleïev (1834-1907) établit en 1869 une classification des 63 éléments connus à cette époque en les ordonnant aussi par ordre croissant de masse atomique.
Mais son génie fût de construire son tableau en s'appuyant également sur la périodicité des propriétés chimiques des éléments.
Il était tellement convaincu de l'existence de cette « loi périodique » qu'il laissa même des emplacements vides pour des éléments inconnus.
Ces prédictions furent confirmées quelques années plus tard, lors de la découverte du gallium (1875), du scandium (1879) et du germanium (1886).
Bien que présentant quelques anomalies, la classification de Mendeleïev, a servi de base pour la construction de notre classification actuelle qui comporte plus d'une centaine d'éléments.

2. Structure de la classification actuelle

Ce n'est que vers 1913, lorsque les structures de l'atome et de son noyau commencent à être connues, que l'on modifie le critère de classement des éléments.

Les critères de construction de la classification actuelle sont les suivants :

■ Les éléments chimiques $_{Z}X$ sont classés par numéro atomique Z croissant (de gauche à droite et de haut en bas).

■ Chaque ligne ou **période** de la classification correspond au remplissage d'une couche électronique.

EXEMPLE : La 2e période correspond aux éléments dont la couche électronique externe est L.

■ Chaque colonne contient des éléments ayant tous le même nombre d'électrons externes.
Un élément situé dans la n^{e} colonne possède n électrons externes.

EXEMPLE : Les éléments de la 2e colonne ont deux électrons externes.

■ Les éléments d'une **même colonne** constituent une **famille** ; ils ont des propriétés chimiques voisines.

EXEMPLE : Les éléments de la 1re colonne sont les **alcalins**.

période	couche externe	ALCALINS	ALCALINO-TERREUX	Nombre d'électrons externes			CHALCOGÈNES	HALOGÈNES	GAZ RARES OU NOBLES
		1	2	3	4	5	6	7	Structure saturée
1	**K**	$_{1}$**H** $(K)^{1}$							$_{2}$**He** $(K)^{2}$
2	**L**	$_{3}$**Li** ...$(L)^{1}$	$_{4}$**Be** ...$(L)^{2}$	$_{5}$**B** ...$(L)^{3}$	$_{6}$**C** ...$(L)^{4}$	$_{7}$**N** ...$(L)^{5}$	$_{8}$**O** ...$(L)^{6}$	$_{9}$**F** ...$(L)^{7}$	$_{10}$**Ne** ...$(L)^{8}$
3	**M**	$_{11}$**Na** ...$(M)^{1}$	$_{12}$**Mg** ...$(M)^{2}$	$_{13}$**Al** ...$(M)^{3}$	$_{14}$**Si** ...$(M)^{4}$	$_{15}$**P** ...$(M)^{5}$	$_{16}$**S** ...$(M)^{6}$	$_{17}$**Cl** ...$(M)^{7}$	$_{18}$**Ar** ...$(M)^{8}$
4	**N**	$_{19}$**K** ...$(N)^{1}$	$_{20}$**Ca** ...$(N)^{2}$						

Classification périodique restreinte

La classification complète comporte 18 colonnes.
Les éléments de transition ne figurent pas dans la classification restreinte.
La colonne 13 dans la classification complète correspond à la III dans la classification restreinte. »

La classification complète de la centaine d'éléments connus se trouve à la fin du livre.

1 H		Eléments de transition															2 He
3 Li	4 Be											5 B	6 C	7 N	8 O	9 F	10 Ne
11 Na	12 Mg											13 Al	14 Si	15 P	16 S	17 Cl	18 Ar
19 K	20 Ca	21 Sc	22 Ti	23 V	24 Cr	25 Mn	26 Fe	27 Co	28 Ni	29 Cu	30 Zn	31 Ga	32 Ge	33 As	34 Se	35 Br	36 Kr
37 Rb	38 Sr	39 Y	40 Zr	41 Nb	42 Mo	43 Tc	44 Ru	45 Rh	46 Pd	47 Ag	48 Cd	49 In	50 Sn	51 Sb	52 Te	53 I	54 Xe
55 Cs	56 Ba	71 Lu	72 Hf	73 Ta	74 W	75 Re	76 Os	77 Ir	78 Pt	79 Au	80 Hg	81 Tl	82 Pb	83 Bi	84 Po	85 At	86 Rn
87 Fr	88 Ra	103 Lr	104 Rf	105 Db	106 Sg	107 Bh	108 Hs	109 Mt	110 Ds	111 Rg	112 Cn	113 Uut	114 Uuq	115 Uup	116 Uuh	117 Uus	118 Uuo
1	2	3	4	5	6	7	8	9	10	11	12	13	14	15	16	17	18
I	II											III	IV	V	VI	VII	VII

L'utilisation de la classification périodique est détaillée dans le savoir-faire

II QUELQUES FAMILLES CHIMIQUES

Les éléments d'une famille ont le même nombre d'électrons externes.

Cela leur confère des **propriétés chimiques semblables** puisque celles-ci sont liées à la composition de cette couche.

Les ions monoatomiques stables issus d'une même famille portent tous la même charge électrique.

C'est une conséquence des règles du duet et de l'octet (voir le chapitre 4).

Famille	alcalins	alcalino-terreux	halogènes	gaz rares
Numéro colonne	1 ou I	2 ou II	17 ou VII	18 ou VIII
Nombre d'électrons sur la couche externe	1	2	7	8
Exemples	Li, Na	Be, Mg	F, Cl	Ne, Ar
Ion monoatomique	X^+	X^{2+}	X^-	aucun

EXEMPLES :

- Les alcalins (1re colonne) sont des métaux relativement mous qui réagissent vivement avec l'eau. Les ions issus des alcalins sont : Li^+, Na^+, K^+ ; on les rencontre dans l'eau de mer, les eaux minérales.
- Les halogènes (avant dernière colonne) ont une structure externe à 7 électrons, ils forment les ions halogénure : chlorure Cl^-, fluorure F^-, bromure Br^-…

Les ions halogénures réagissent tous avec les ions argent Ag^+ pour former des précipités (AgCl, AgBr, AgI…)

- Les gaz rares ont une couche externe en octet, ils sont très stables et présentent une grande inertie chimique. Le néon, l'argon le krypton sont utilisés dans certaines lampes d'éclairage.

SAVOIR-FAIRE

1. Positionner un élément dans la classification périodique restreinte (ou complète)

La structure électronique permet de positionner un élément dans la classification et réciproquement :

- Un élément possédant n électrons externes est situé dans la n^e colonne.
- Chaque ligne ou période de la classification correspond au remplissage d'une couche électronique (1re ligne pour la couche K, 2e ligne pour la couche L…). La couche externe de l'élément correspond à la période dans laquelle il se trouve.

EXEMPLE :

• Un élément de structure électronique $(K)^2(L)^8(M)^5$ a 5 électrons sur sa couche périphérique.

Il se situe donc dans la 5e colonne de la classification restreinte (ou la 15e colonne dans la classification complète), et dans la 3e période (ou ligne) car la dernière couche remplie est la couche M (la 3e couche !).

Si on regarde à l'intersection de la 5e colonne et 3e ligne, on trouve l'élément phosphore.

• Réciproquement, un élément se trouvant dans la 5e colonne de la classification restreinte (ou 15e colonne de la classification complète) possède 5 électrons sur sa dernière couche.

S'il se trouve dans la 3e période alors la dernière couche occupée est la couche M.

Les couches K et L étant saturées, la structure électronique est donc $(K)^2(L)^8(M)^5$.

2. Justifier la charge d'un ion monoatomique à l'aide de la classification périodique

La structure électronique des éléments montre que tous les éléments d'une même colonne de la classification possèdent le même nombre d'électrons sur leur couche externe (1 électron pour ceux de la 1re colonne, 2 électrons pour ceux de la 2e colonne, etc.).

Pour se stabiliser, comme les gaz nobles, tous les atomes vont avoir tendance à compléter leur couche à l'octet en gagnant ou perdant des électrons (sauf pour les premiers éléments qui suivront la règle du duet).

Donc tous les éléments d'une même colonne ayant le même nombre d'électrons sur leur dernière couche vont perdre ou gagner le même nombre d'électrons.

Ils formeront tous un ion monoatomique de même charge.

EXEMPLES :

• Les alcalins appartiennent à la 1re colonne, ils ont tous 1 électron sur leur couche externe.

Ils vont tous perdre cet électron pour donner le cation X^+, c'est le cas pour l'ion lithium Li^+ ; l'ion sodium Na^+, l'ion potassium K^+…

• Dans la 6e colonne (de la classification restreinte) ou 16e colonne (de la classification complète) en regardant la structure électronique de l'oxygène et du soufre, on constate la présence de 6 électrons sur la couche externe.

CHALCOGÈNES
6 (16e)
⋮
$_{8}$**O** $(K)^2(L)^6$
$_{16}$**S** $(K)^2(L)^8(M)^6$
Se
Te

Pour satisfaire à la règle de l'octet ils vont acquérir deux électrons supplémentaires : on aura donc deux charges négatives en plus.

Ils vont ainsi former les anions O^{2-} et S^{2-}.

Or, les éléments de cette même colonne, comme le sélénium Se ou le tellure Te, ont également 2 électrons sur leur couche externe ils formeront de même les anions Se^{2-} et Te^{2-}.

EXERCICES D'APPLICATION

1 QCM « CLASSIFICATION PÉRIODIQUE » ★ 10 min ▸ P. 100

Dans le questionnaire à choix multiple (QCM) suivant, indiquer pour chaque proposition la (ou les) réponse(s) exacte(s).

1. Dans la classification périodique, les éléments sont classés en ligne:
a. par ordre alphabétique.
b. par numéro atomique *Z* croissant.
c. par numéro atomique *Z* décroissant.

2. Les éléments d'une même ligne de la classification périodique appartiennent :
a. à une même période.
b. à une même famille.

3. Les éléments d'une même ligne de la classification périodique ont :
a. des propriétés chimiques voisines.
b. des propriétés chimiques différentes.
c. la même couche externe.

4. L'élément silicium a pour structure électronique $(K)^2(L)^8(M)^4$.
Le silicium se situe :
a. dans la 4e colonne.
b. dans la 4e période.
c. dans la 3e ligne.

5. Le magnésium appartient à la 2e colonne de la classification périodique.
a. Le magnésium possède deux électrons sur sa couche externe.
b. Sa couche périphérique est L.
c. C'est un alcalin.

6. Le césium Cs appartient à la 1re colonne de la classification périodique.
a. L'élément césium est un gaz noble.
b. Le césium donne l'ion monoatomique stable Cs^{2+}.
c. Comme les gaz nobles le césium ne forme pas d'ions monoatomiques.

7. Le fluor F et le chlore Cl sont dans la famille des halogènes.
Le fluor a le numéro atomique $Z = 9$.
Le chlore classé juste en-dessous du fluor a la structure électronique :
a. $(K)^2(L)^8$.
b. $(K)^2(L)^8(M)^1$.
c. $(K)^2(L)^8(M)^7$.

2 CLASSER LES ÉLÉMENTS ★ | 10 min | ▸ P. 100

On donne ci-dessous la formule électronique de quelques éléments chimiques :
$(K)^1$;
$(K)^2(L)^3$;
$(K)^2(L)^8(M)^2$;
$(K)^2(L)^5$;
$(K)^2(L)^8(M)^1$;
$(K)^2(L)^8(M)^5$;
$(K)^2(L)^6$;
$(K)^2(L)^8(M)^6$.
Quels sont ceux qui appartiennent :
1. à la même période ?
2. à la même colonne ?

3 SANS LA CLASSIFICATION ★★ | 15 min | ▸ P. 100

Résoudre cet exercice sans consulter la classification périodique.
1. Le fluor F est l'halogène de la 2e période de la classification des éléments.
a. En déduire sa structure électronique et son numéro atomique en justifiant.
b. Quelle la formule de l'ion monoatomique stable issu du fluor ?
Expliquer.
2. Le potassium K est l'alcalin de la 4e période de la classification des éléments.
a. En déduire sa structure électronique et son numéro atomique en justifiant.
b. Quelle la formule de l'ion monoatomique stable issu du potassium ?
Expliquer.

4 LE BON ORDRE ★★ | 10 min | ▸ P. 101

Un ensemble d'atomes est caractérisé par les valeurs de numéro atomique *Z* et de nombre de masse *A* suivantes:

Z	6	11	14	18	6	7	15
A	12	23	28	39	13	14	31

1. Parmi ces atomes, quels sont ceux qui correspondent au même élément chimique?
2. Parmi ces atomes, quels sont ceux qui correspondent à des éléments se trouvant sur une même ligne de la classification périodique?
3. Y-a-t-il des éléments qui se trouvent dans une même colonne?
Préciser alors de quelle colonne il s'agit.

EXERCICES D'ENTRAÎNEMENT

5 ALUMINIUM ET COMPAGNIE ★★ | 15 min | ▸ P. 101

1. L'aluminium appartient à la 3e ligne et à la 13e colonne de la classification périodique.
a. Donner sa structure électronique.
b. En déduire son numéro atomique.
2. Le bore est situé juste au-dessus de l'aluminium.
a. Donner sa structure électronique.
b. En déduire son numéro atomique.
3. Pourquoi ces deux éléments ont-ils des propriétés chimiques semblables ?
4. Le gallium, Ga, se situe juste en dessous de l'aluminium.
Donner la formule de l'ion monoatomique que peut former cet atome en justifiant la réponse.

6 AUTOUR DE LA CLASSIFICATION ★★★ | 30 min | ▸ P. 101

Répondre aux questions suivantes à l'aide des documents ci-après.
1. Georges Charpak est connu du grand public depuis 1992.
Pour quelle raison ?
2. Le mot « régularité » est employé à deux reprises dans le texte de Georges Charpak.
Par quel autre terme pourrait-il être remplacé ?
3. a. De quel modèle est-il question dans l'extrait suivant du **Doc. 2** : « *la façon dont les électrons s'installent sur des étages à des niveaux de liaison différents autour des noyaux en couches successives ?* »
b. Préciser la signification de la fin du **Doc. 2** :
« *jamais plus d'un nombre défini d'électrons dans une couche.* »
4. Quelle est la principale différence d'ordonnancement des éléments entre la classification de 1869 (**Doc. 1**) et celle d'aujourd'hui ?
(Voir la classification actuelle à la fin du livre.)
5. Dans le **Doc. 2**, il est question d'« *atome manquant*, de *case vide* ».
Quels sont, dans l'extrait de la classification de 1869 du **Doc. 1**, les éléments manquants que Mendeleïev avait lui-même repérés par un point d'interrogation ?
6. Les éléments lithium, sodium et potassium sont-ils bien rangés les uns par rapport aux autres dans la classification de 1869 ?
Expliquer.
7. Même question pour le béryllium, le magnésium et le calcium.

Doc. 1. Extrait de la classification de Dimitri Mendeleïev (1869)

H	?	?
	Be	Mg
	B	Al
	C	Si
	N	P
	O	S
	F	Cl
Li	Na	K
		Ca

Doc. 2. Extrait de *La Vie à fil tendu* de Georges Charpak et Dominique Saudinos © Éditions Odile Jacob (1993)

Il y a cent vingt ans, un Russe génial, Mendeleïev, avait trouvé de curieuses régularités en classant les atomes connus dans la nature en fonction de leurs propriétés chimiques et de leur masse.

Ces régularités étaient tellement frappantes que lorsqu'un atome manquait dans une case du tableau, fait de lignes et de colonnes, des chimistes habiles finissaient, guidés par les propriétés que l'on pouvait deviner à partir de la position de la case vide, par trouver l'atome manquant.

L'intuition géniale devait s'éclairer plus tard, lorsque fut comprise la façon dont les électrons s'installent sur des étages à des niveaux de liaison différents autour des noyaux en couches successives ne comportant jamais plus d'un nombre défini d'électrons dans une couche.

EXERCICES D'APPROFONDISSEMENT

7 QUI EST-CE ? ★★★ 45 min ▸ P. 102

En se dissolvant dans l'eau, un solide blanc A donne une solution S contenant deux types d'ions : un cation et un anion.
Tous deux portent une seule charge électrique.
Le cation et l'anion ont la même structure électronique qu'un gaz noble dont la couche externe est la couche M.
En mettant une solution de nitrate d'argent dans la solution S, on obtient un précipité blanc qui noircit à la lumière.

Répondre aux questions suivantes à l'aide des documents ci-après.
1. a. Dans quelle colonne de la classification périodique se trouvent les gaz nobles ?
b. De quel gaz noble s'agit-il ?
Quel est son symbole ?
c. Les éléments de cette colonne s'appellent gaz nobles ou gaz *inertes*, justifier ce terme.
2. a. Dans quelle colonne de la classification se trouvent les éléments donnant des cations monoatomiques à une seule charge ?
b. Quel est l'élément qui a donné le cation de la solution S ?
Quel est son symbole ?
c. Quel est l'ion correspondant à cet élément ?
Donner sa structure électronique.
3. a. Dans quelle colonne de la classification se trouvent les éléments donnant des anions monoatomiques à une seule charge ?
b. Quel est l'élément qui a donné l'anion de la solution S ?
Quel est son symbole ?
c. Quel est l'ion correspondant à cet élément ?
4. Donner la formule globale du solide A.
5. a. Quel est l'ion de la solution S que met en évidence le nitrate d'argent. Justifier.
b. Quels autres ions peuvent être mis en évidence par le nitrate d'argent ?

Doc. 1. Le nitrate d'argent

Le nitrate d'argent, s'obtient facilement en faisant agir de l'acide nitrique sur de l'argent. Le principe de l'opération réside simplement dans le fait que le nitrate d'argent est soluble dans l'eau.

L'équation de sa dissolution dans l'eau est :

$$AgNO_3 \rightarrow Ag^+_{(aq)} + NO^-_{3(aq)}$$

Il est aussi employé pour identifier les ions chlorure Cl^- (Il se forme un précipité blanc qui noircit à la lumière du jour).

C'est un antiseptique externe, fonction caustique.

Il est utilisé dilué dans les solutions oculaires.

Le nitrate et les halogénures d'argent tels que bromure d'argent, chlorure d'argent et iodure d'argent noircissent après exposition à la lumière : ils sont employés dans les émulsions pour les plaques, le film et le papier photographiques.

Leurs sels sont solubles dans le thiosulfate de sodium, composé utilisé dans le procédé de fixation photographique....

Doc. 2. Formation d'un précipité

Des anions et des cations peuvent réagir entre eux pour donner des solides électriquement neutres appelés « précipités ».

Leur formation peut être utilisée pour identifier des ions.

On réalise des tests pour savoir si tel élément chimique (atome, molécule ou ion) est présent ou absent.

Un test de reconnaissance est positif s'il y a réaction entre l'élément cherché et un réactif.

Pour que le test fonctionne, il faut que la réaction soit observable (changement de couleur, apparition d'un précipité...)

Doc. 3. Extrait de la classification périodique

Z	11	12	7	8	9
X	Na	Mg	N	O	F
Nom	sodium	magnésium	azote	oxygène	fluor
Masse molaire (g·mol^{-1})	23,0	24,3 g	14,0	16,0	19,0
Z	19	20	15	16	17
X	K	Ca	P	S	Cl
Nom	potassium	calcium	phosphore	soufre	chlore
Masse molaire (g·mol^{-1})	39,1	40,1	31,0	32,	35,5

8 UNE HISTOIRE DE GRILLE

★★★ | 40 min | ▸ P. 103

Il est temps d'allier votre savoir-faire de cruciverbiste à vos connaissances des éléments chimiques… en vous aidant tout de même de la classification périodique située à la fin du livre.

	1	2	3	4	5	6	7	8	9	10
A										
B		■			■	■		■		
C				■						
D		■			■			■		
E				■		■		■		
F								■		
G		■	■	■		■	■			
H										
I		■			■			■	■	■

Horizontalement

A. Il est à l'origine de la classification des éléments. **B.** Ça commence par l'uranium pour finir par l'yttrium. Symbole inversé d'un métal précieux. **C.** Celui d'un élément chimique à généralement une histoire. Inversé, on le note *A* lorsqu'il est « de masse ». **D.** $Z = 63$. $Z = 83$. Fit la notoriété de Marie Sklodowska-Curie. **E.** Ce n'est pas un élément chimique mais un mélange gazeux. Élément baptisé en l'honneur du A horizontal. **F.** Entre zirconium et molybdène. C'est un symbole mais pas celui d'un élément chimique. **G.** Réordonnées, ces trois lettres terminent souvent le nom des éléments chimiques. **H.** Sg. **I.** Alcalino-terreux de la 5è période. Alcalin de la 3e période.

Verticalement

1. À la gauche du fer. **2.** Numéro atomique en chiffres romains du plus simple des gaz nobles. **3.** Dans la classification, il est atomique. Poison bien connu de la même famille que l'antimoine. **4.** Dysprosium. Halogène de la 4e période. **5.** Si symbole était une majuscule, ce serait le potassium. **6.** Alcalin sous le potassium. $Z = 86$. **7.** Er. À la droite du zinc. **8.** Sur la portée mais pas dans la classification. **9.** $Z = 63$ tout chamboulé. **10.** V.

CONTRÔLES

9 UTILISATION DE LA CLASSIFICATION PÉRIODIQUE DE MENDELEÏEV

★★★ | 15 min | ▸ P. 104

1. Quels sont les constituants de la famille des gaz rares ? des halogènes ?
2. Quel est le nom de la famille formée par les éléments de la 1re colonne ?
3. Je suis dans la 2e ligne et la 3e colonne. Qui suis-je ? Quel ion puis-je devenir ? Justifier clairement en vous appuyant sur l'usage du tableau.
4. *Indice* : ma dernière couche est $(M)^5$. Qui suis-je ?
Quelle sera la formule de mon ion ? Justifier clairement.
5. J'ai perdu 2 électrons. Je ressemble maintenant au néon par mon nombre d'électrons. Qui suis-je ?
6. J'aurai pu gagner 1 électron pour respecter la règle du duet, mais j'ai préféré le perdre. Qui suis-je ?

hydrogène H							hélium He
lithium Li	béryllium Be	bore B	carbone C	azote N	oxygène O	fluor F	néon Ne
sodium Na	magnésium Mg	aluminium Al	silicium Si	phosphore P	soufre S	chlore Cl	argon Ar

10 QUESTION DE FAMILLE

★★★ | 10 min | ▸ P. 104

1. On peut me trouver dans le dentifrice sous forme d'ions Je suis le 13e élément le plus abondant dans la croûte terrestre. Je me situe dans la 2e ligne et dans l'avant-dernière colonne du tableau périodique.
a. Qui suis-je ?
b. Quelle est ma famille ?
2. Je suis le 5e élément chimique le plus abondant dans la croûte terrestre (plus de 3 %) possédant 2 électrons sur ma couche externe. Je suis essentiel dans la formation des os et des dents. On me trouve dans de nombreux aliments, parmi lesquels le lait. Si ma concentration est trop grande dans le sang, je peux provoquer des calculs rénaux. Mais il ne faut pas me confondre avec mon cousin qui se situe juste au dessus de moi dans la classification dans la 3e ligne ! Mon cousin sous forme d'ion joue également un rôle très important dans l'équilibre ionique du corps humain et doit donc être présent dans l'alimentation tout comme moi !
a. Qui suis-je ? Qui est mon « cousin » ?
b. Sous quelle forme nous trouve-t-on principalement dans les aliments ?

CORRIGÉS

1 **1.** Dans la classification périodique, les éléments sont classés en ligne par numéro atomique *Z* croissant **(réponse b).**

2. Les éléments d'une même ligne de la classification périodique appartiennent à une même période **(réponse a).**

3. Les éléments d'une même ligne de la classification périodique ont la même couche externe mais des propriétés chimiques différentes **(réponses b et c)**.

4. L'élément silicium a pour structure électronique $(K)^2(L)^8(M)^4$.

Le silicium se situe dans la 4e colonne car il a 4 électrons sur sa couche périphérique et dans la 3e ligne car la couche M est la 3e occupée (**réponses a et c**).

5. Le magnésium est dans la 2e colonne de la classification périodique, il possède donc deux électrons sur sa dernière couche. On ne connait ni Z, ni la ligne où il se situe donc on ne peut répondre à la question **b.** à moins d'avoir une classification (il se trouve dans la 3e ligne donc sa couche périphérique est M). Les alcalins correspondent aux éléments de la 1re colonne et non à ceux de la 2e colonne (**réponse a**).

6. Le césium Cs appartient à la 1re colonne de la classification périodique, c'est un alcalin et non un gaz noble. Il a un électron sur sa dernière couche qu'il aura tendance à perdre pour satisfaire à la règle de l'octet, et donner un ion monoatomique stable Cs^+ **(les trois réponses sont fausses).**

7. Le fluor F a la structure électronique $(K)^2(L)^7$ et le chlore Cl se situe en dessous, il aura donc la structure $(K)^2(L)^8(M)^7$ **(réponse c)**.

2 **1.** Les éléments qui appartiennent à une même période ont la même couche externe. Les éléments de structure $(K)^2(L)^3$; $(K)^2(L)^5$ et $(K)^2(L)^6$ sont tous sur la 2e ligne du tableau périodique.

De même pour $(K)^2(L)^8(M)^1$; $(K)^2(L)^8(M)^2$; $(K)^2(L)^8(M)^5$ et $(K)^2(L)^8(M)^6$ qui appartiennent tous à la 3e ligne.

L'élément de structure $(K)^1$ appartient à la 1re ligne c'est l'hydrogène.

2. Les éléments appartenant à une même colonne ont le même nombre d'électrons sur leur couche périphérique c'est les cas de :

$(K)^1$ et $(K)^2(L)^8(M)^1$ qui appartiennent à la 1re colonne avec 1 électron périphérique.

$(K)^2(L)^5$, $(K)^2(L)^8(M)^5$ qui appartiennent à la 5e colonne avec 5 électrons périphériques.

$(K)^2(L)^6$ et $(K)^2(L)^8(M)^6$ qui appartiennent à la 6e colonne avec 6 électrons périphériques.

3 **1. a.** Le fluor est un halogène, il possède donc 7 électrons externes.

Il se situe dans la 2e période donc sa couche externe est L. Par conséquent, sa configuration électronique est $(K)^2(L)^7$ et son numéro atomique est $Z = 2 + 7 = 9$.

b. En gagnant un électron, l'atome de fluor se transforme en une espèce stable : l'ion fluorure F^- dont la structure électronique est saturée, $(K)^2(L)^8$.

2. a. Le potassium K est un alcalin, il possède donc un seul électron externe et sa couche externe est N car il appartient à la 4e période de la classification.
Par conséquent, sa configuration électronique est $(K)^2(L)^8(M)^8(N)^1$ et son numéro atomique est $Z = 2 + 8 + 8 + 1 = 19$.
b. En perdant son unique électron externe, l'atome de potassium acquiert une structure électronique en octet $(K)^2(L)^8(M)^8$ et devient l'ion potassium K^+.

4 **1.** Un élément est caractérisé par son numéro atomique Z.
Pour $Z = 6$, les deux atomes (6 ;12) et (6 ;13) ne diffèrent que par leur nombre de neutrons.
Ce sont des isotopes qui appartiennent au même élément : le carbone.
2. Une ligne correspond au remplissage de la même couche externe.
Pour les atomes de numéro atomique $Z = 11$, $Z = 14$, $Z = 18$ et $Z = 15$, respectivement de structure électronique $(K)^2(L)^8(M)^1$, $(K)^2(L)^8(M)^4$, $(K)^2(L)^8(M)^8$ et $(K)^2(L)^8(M)^5$, la dernière couche remplie est la couche M.
Ils se trouvent sur la 3e ligne de la classification périodique.
3. Des éléments d'une même colonne ont le même nombre d'électrons sur leur couche externe. Les éléments $Z = 6$ (structure $(K)^2(L)^4$ et $Z = 14$ (structure $(K)^2(L)^8(M)^4$ se trouvent dans la 4e colonne de la classification périodique restreinte (ou 14e colonne de la classification périodique complète) car ils possèdent tous les deux 4 électrons sur leur couche externe.

5 **1. a.** L'aluminium appartient à la 3e ligne. Sa couche externe est donc la couche M. Il est dans la 13e colonne donc il a 3 électrons sur la couche externe soit la structure électronique $(K)^2(L)^8(M)^3$.
b. L'aluminium a donc $2 + 8 + 3 = 13$ électrons dans son nuage électronique.
Il possède donc 13 protons dans son noyau. Le numéro atomique est donc $Z = 13$.
2. a. Le bore se trouve sur la période du dessus donc sa couche externe est la couche L. Il est également dans la 13e colonne donc il a la structure $(K)^2(L)^3$.
b. Le numéro atomique du bore est $Z = 5$, c'est le 5e élément dans la classification périodique.
3. Ces deux éléments ont des propriétés chimiques semblables.
Appartenant à la même colonne, donc à la même famille, ils ont une structure électronique externe identique, ils vont donc réagir de la même façon.
4. Le gallium se situe juste en dessous de l'aluminium, il a donc une structure externe avec également 3 électrons qu'il aura tendance à perdre pour satisfaire à la règle de l'octet et acquérir ainsi la structure stable du gaz rare le plus proche.
Il formera ainsi le cation Ga^{3+}.

6 **1.** Georges Charpak a reçu le prix Nobel de physique 1992 pour ses travaux de conception et de développement d'un détecteur de particules, appelé chambre proportionnelle multifils. Ce type de détecteur, très utilisé en physique nucléaire, a aussi des applications en radiologie.
2. Le terme « *régularité* » employé par George Charpak pourrait être remplacé par « *périodicité (des propriétés chimiques)* ».

3. a. Dans sa phrase : « *…la façon dont les électrons s'installent sur des étages à des niveaux de liaison différents autour des noyaux en couches successives…* », Georges Charpak évoque la répartition des électrons sur les couches K, L, M, c'est-à-dire le modèle de configuration (ou structure) électronique de l'atome.

b. Le *nombre défini d'électrons dans une couche* est le nombre maximal d'électrons que peut contenir une couche électronique : soit 2 pour K et huit pour L, M…

4. Les colonnes de la classification de 1869 correspondent aux lignes de notre classification actuelle, et inversement.

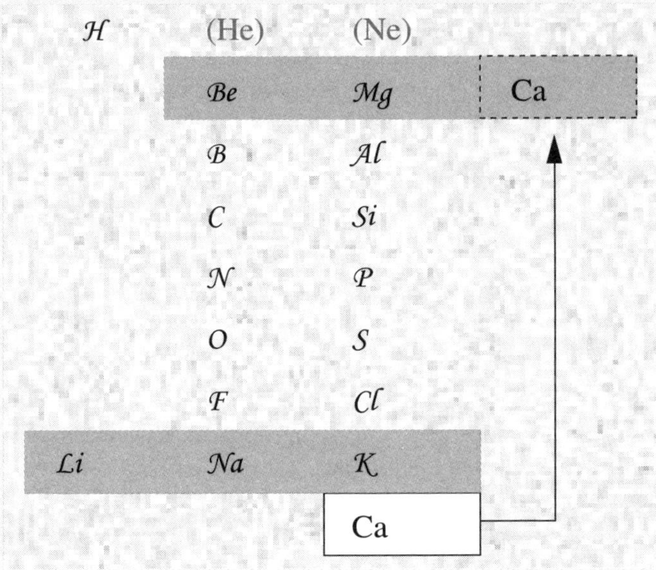

5. Les éléments manquants sont les gaz rares : hélium He ($Z = 2$) et néon Ne ($Z = 10$).

6. Les éléments lithium Li, sodium Na et potassium K sont des alcalins, rangés dans la 1re colonne de la classification actuelle. Mendeleïev les avait bien rangés sur la même ligne.

7. Le béryllium Be, le magnésium Mg et le calcium Ca sont des alcalino-terreux (2e colonne de la classification actuelle).

Dimitri Mendeleïev avait correctement rangé le béryllium et le magnésium sur la même ligne mais il avait commis une erreur pour le calcium.

7 **1. a.** Les gaz nobles se trouvent dans la dernière colonne du tableau périodique.

b. Le gaz noble considéré a M comme couche externe, il se situe donc sur la 3e ligne ou période il s'agit de l'argon, de symbole Ar.

c. Les éléments de cette colonne s'appellent gaz nobles ou gaz *inertes*, car ils ne réagissent pas chimiquement. Ceci est dû à une couche électronique périphérique en octet qui confère cette inertie chimique.

2. a. Les cations monoatomiques à une seule charge soit M^+ ont tous perdu 1 électron pour acquérir une structure électronique stable en octet (ou duet) ; ils avaient donc tous un électron sur leur couche externe.

Il s'agit des éléments de la 1re colonne, celle les alcalins.

b. Ayant perdu son électron, il a la structure électronique de l'argon.
L'élément possède donc un électron en plus de l'argon soit son numéro atomique $Z = (2+8+8)+1 = 19$; il s'agit du potassium de symbole $_{19}K$

c. Le potassium donne l'ion monoatomique K^+ de même structure électronique que l'argon $(K)^2(L)^8(M)^8$.

3. a. Ils se situent dans l'avant dernière colonne soit la 7e de la classification restreinte (ou 17e de la classification complète), il s'agit de la famille des halogènes.

b. L'anion a la structure électronique de l'argon, l'élément a donc gagné un électron il avait donc un électron en moins que l'argon, soit la structure $(K)^2(L)^8(M)^7$, il s'agit du 17e élément dans la classification, le chlore de symbole $_{17}Cl$.

c. L'anion monoatomique formé est l'ion chlorure Cl^-.

4. D'après l'énoncé, en se dissolvant dans l'eau, un solide blanc A donne une solution S contenant deux ions : un cation et un anion.
Le solide A est donc constitué du cation K^+ et de l'anion Cl^- il s'agit du chlorure de potassium KCl.
(Le solide est électriquement neutre c'est pourquoi les charges ne sont pas mentionnées)

5. a. D'après le **Doc. 2**, « *Des anions et des cations peuvent réagir entre eux pour donner des solides électriquement neutres appelés « précipités* » et le **Doc. 1** qui indique que le nitrate d'argent contenant des ions argent Ag^+ et des ions nitrates NO^{3-} est employé pour identifier les ions chlorure Cl^- (il se forme un précipité blanc qui noircit à la lumière du jour).
C'est donc l'ion chlorure Cl^- présent dans la solution S qui est mis en évidence ici.
C'est le cation Ag^+ qui réagit avec l'anion Cl^- et qui forme ce précipité blanc qui noircit à la lumière.

b. D'après le **Doc. 2**, les ions halogénures réagissent avec le nitrate d'argent.
Tous les ions halogénures sont issus des éléments de la colonne des halogènes.
Ils font partie d'une même famille.
Ils ont donc des propriétés chimiques similaires.
C'est pourquoi ils réagissent tous avec le nitrate d'argent pour former des précipités qui noircissent à la lumière.

8

	1	2	3	4	5	6	7	8	9	10
A	M	E	N	D	E	L	E	I	E	V
B	A	■	U	Y	■	■	R	■	U	A
C	N	O	M	■	E	R	B	M	O	N
D	G	■	E	U	■	B	I	■	R	A
E	A	I	R	■	K	■	U	■	M	D
F	N	I	O	B	I	U	M	■	P	I
G	E	■	■	■	L	■	■	M	I	U
H	S	E	A	B	O	R	G	I	U	M
I	E	■	S	R	■	N	A	■	■	■

9 **1.** Les gaz rares sont les éléments de la dernière colonne, il s'agit de l'hélium, le néon et l'argon.
Les halogènes, eux, se trouvent dans l'avant-dernière colonne, il s'agit du fluor et du chlore.
2. Les éléments de la 1re colonne se nomment les alcalins.
3. La 2e ligne correspond à la couche externe L et la 3e colonne indique qu'il y a trois électrons sur cette couche externe soit la structure électronique K^2L^3 de l'élément bore B.
Pour satisfaire à la règle du duet il va avoir tendance à perdre 3 électrons pour acquérir une structure en K^2 comme l'hélium.
Il donnera alors le cation B^{3+}.
4. La dernière couche est $(M)^5$, cet élément se situe donc dans la 3e ligne (M avec la 3e couche remplie) et dans la 5e colonne (car 5 électrons sur la dernière couche) il s'agit du phosphore P.
Pour satisfaire à la règle de l'octet le phosphore aura tendance à compléter sa couche à l'octet, soit acquérir 3 électrons supplémentaires.
Il aura alors la structure $(K)^2(L)^8(M)^8$ comme l'argon.
Il donnera donc l'ion monoatomique P^{3-}.
5. Le néon est le dixième élément de structure $(K)^2(L)^8$, l'élément ayant perdu 2 électrons a la structure $(K)^2(L)^8(M)^2$, il est dans la 3e ligne et 2e colonne c'est le magnésium.
Il s'agit donc de l'ion magnésium Mg^{2+}.
6. Pour respecter la règle du duet la structure électronique est alors celle de l'hélium soit $(K)^2$. La structure électronique de l'élément est $(K)^1$ puisqu'il aurait pu gagner un électron, il s'agit de l'hydrogène H.
En fait, l'hydrogène préfère perdre son électron, il s'agit de l'ion H^+, c'est un proton.

10 **1. a.** Dans la 2e ligne et la 17e colonne, c'est le 9e élément de la classification le fluor F, de structure électronique $(K)^2(L)^7$.
Pour satisfaire à la règle de l'octet il va acquérir un électron supplémentaire et former ainsi l'ion fluorure F^-.
b. Le fluor appartient à la famille des halogènes.
2. a. Ayant 2 électrons sur sa dernière couche il se situe dans la 2e colonne de la classification.
Le cousin est dans la 3e ligne donc il a la structure électronique $(K)^2(L)^8(M)^2$ il s'agit du magnésium.
En dessous, on trouve le calcium Ca.
b. On le trouve principalement sous forme d'ion monoatomique stable, Ca^{2+}.
Il perd 2 électrons pour satisfaire à la règle de l'octet et avoir ainsi la structure électronique stable de l'argon.
De même, le magnésium perd aussi 2 électrons pour acquérir la structure électronique stable du néon $(K)^2(L^8)$ et donner le cation Mg^{2+}.

6 Mouvements et gravitation dans le système solaire

Le long cheminement intellectuel, depuis les Grecs anciens jusqu'au XVIIe siècle, a amené à la compréhension des mouvements dans le système solaire.
Aujourd'hui, nous savons interpréter ces mouvements grâce au principe d'inertie et à la théorie de la gravitation.

I DES MOUVEMENTS RELATIFS

1. Le Soleil est-il en mouvement ?

Pour nous, observateurs terrestres, chaque matin le Soleil se lève à l'Est, décrit sa trajectoire dans le ciel avant de se coucher à l'Ouest.
Le Soleil est donc en mouvement…
Pourtant, nous savons que la Terre tourne autour du Soleil !
Alors, est-ce le Soleil qui est en mouvement ou bien la Terre ?
Cette question n'a véritablement de sens que si l'on précise par rapport à quoi est rapporté le mouvement.

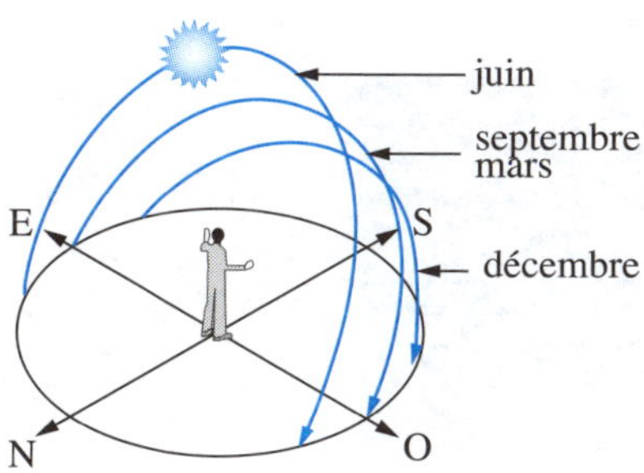

La hauteur de la trajectoire du Soleil dans le ciel dépend de la saison.

2. La relativité du mouvement

Le corps de référence par rapport auquel est décrit le mouvement d'un objet est appelé **référentiel**.

	Corps de référence	Pour décrire les mouvements…
Référentiel terrestre	la surface de la Terre ou tout objet fixe sur cette surface.	… sur Terre.
Référentiel géocentrique	le centre de la Terre	… des satellites terrestres.
Référentiel héliocentrique	le centre du Soleil	… des planètes du système solaire.

EXEMPLES :

- Le Soleil est en mouvement dans le référentiel terrestre et inversement la Terre est en mouvement dans le référentiel héliocentrique.
- En ce moment, vous êtes probablement assis en train de consulter ce livre. Vous êtes donc immobile dans le référentiel terrestre mais en mouvement dans le référentiel géocentrique car la Terre tourne autour de son axe nord-sud.

On dit que le mouvement est une **notion relative**.

2. La relativité des trajectoires

La **trajectoire** est l'ensemble des positions occupées par un objet en mouvement. Elle dépend du référentiel dans lequel on la définit.

La trajectoire est relative au référentiel.

EXEMPLES : Dans le référentiel terrestre, la trajectoire de Mars est dite rétrograde. Elle semble indiquer que la planète fait marche arrière… pourtant Mars et la Terre décrivent des trajectoires presque circulaires dans le référentiel héliocentrique mais la Terre tourne plus vite que Mars.

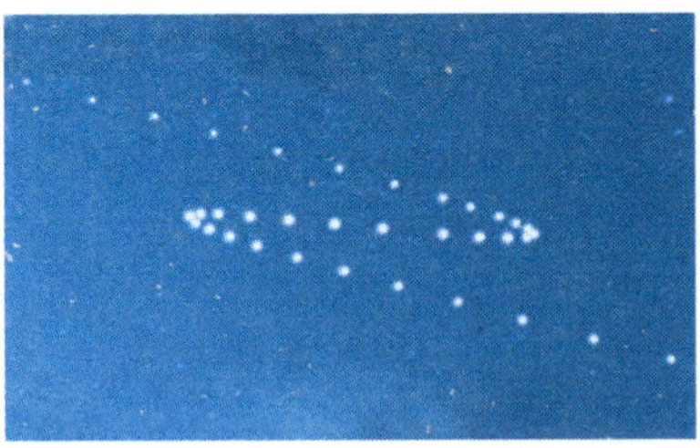

Trajectoire rétrograde de Mars dans le référentiel terrestre. Environ une semaine sépare deux positions successives.

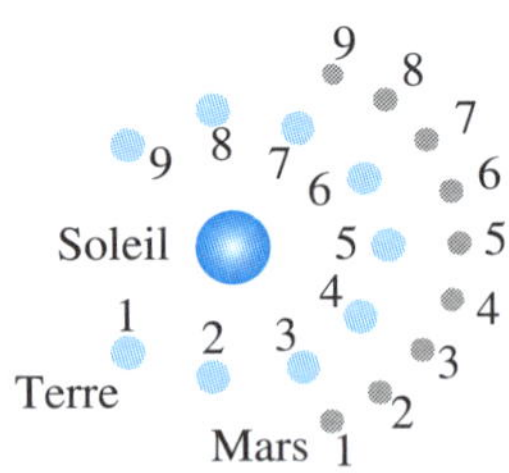

Trajectoires circulaires de Mars et de la Terre dans le référentiel héliocentrique.

Le vocabulaire adéquat pour décrire un mouvement est explicité dans le savoir-faire **1**.

II L'INERTIE

1. Qu'est-ce que l'inertie ?

Dans le langage courant, l'**inertie** désigne l'inaction, l'apathie ou bien encore le manque d'énergie intellectuelle. En physique, l'inertie est la propriété qu'ont les corps de ne pas pouvoir modifier d'eux-mêmes leur état de repos ou leur mouvement. Seule une force appliquée à un corps peut faire évoluer son mouvement.

2. Qu'est-ce qu'une force ?

Une **force** est une action mécanique qui appliquée à un solide est capable : soit de le mettre en mouvement si celui-ci est initialement immobile, soit de modifier sa trajectoire et/ou sa vitesse si celui-ci est en mouvement.

EXEMPLE : Au début des années 80, la NASA a envoyé les sondes *Voyager* (1 et 2) qui ont survolé les planètes les plus lointaines du système solaire : Jupiter, Saturne, Uranus et Neptune.
À chaque passage à proximité d'une de ces planètes, la sonde *Voyager* était soumise à la force gravitationnelle (voir le paragraphe III) engendrant une modification de sa trajectoire et une accélération la propulsant vers la planète suivante.

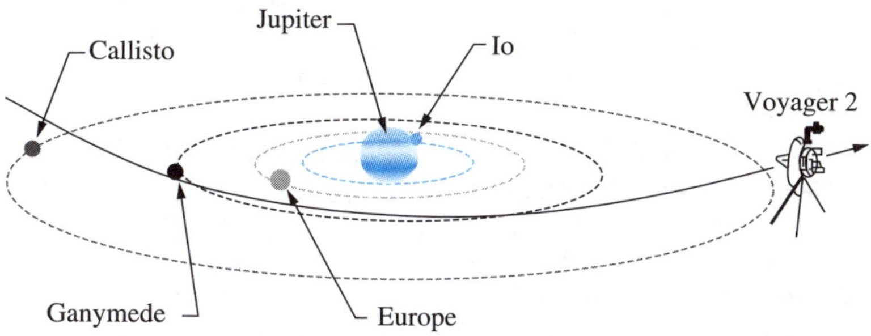

Modification de la trajectoire de *Voyager* 2 sous l'effet de la force gravitationnelle exercée par Jupiter (Io, Europe, Ganymède et Callisto sont les satellites de Jupiter.)

3. Énoncé du principe d'inertie

> Tout corps persévère dans son état de repos ou de mouvement rectiligne uniforme (c'est-à-dire en ligne droite et à vitesse constante) s'il est soumis à aucune force ou si les forces qui s'appliquent sur lui se compensent.

Le principe d'inertie est applicable au mouvement des satellites de la Terre dans le référentiel géocentrique et au mouvement des planètes, des comètes, des sondes interplanétaires dans le référentiel héliocentrique.

EXEMPLE : Une comète ou des sondes interplanétaires telles que *Voyager* sont animées d'un mouvement rectiligne uniforme lorsqu'elles sont très éloignées d'une planète ou d'une étoile, parce qu'elles ne sont alors soumises à aucune force. En revanche, leur mouvement est modifié à l'approche d'un astre exerçant son attraction gravitationnelle.

III L'INTERACTION GRAVITATIONNELLE

1. Du principe d'inertie à la force gravitationnelle

Comme cela a été expliqué précédemment, la trajectoire d'une comète ou d'une sonde interplanétaire est modifiée à proximité d'un astre en raison de l'existence d'une force appelée **force gravitationnelle**. Sinon d'après le principe d'inertie, le mouvement de ces objets resterait rectiligne uniforme. Il en va de même pour un satellite tournant autour d'un autre (la Lune autour de la Terre, par exemple). En l'absence de cette force le satellite ne resterait pas en orbite.

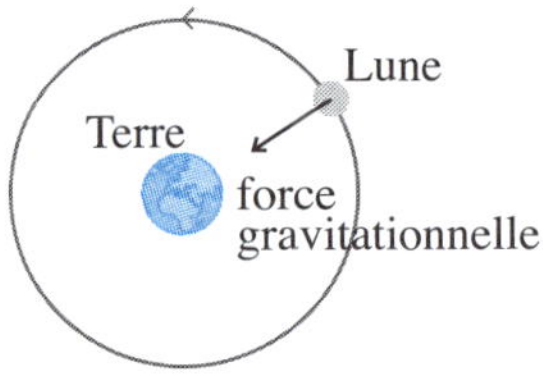

Force gravitationnelle exercée par la Terre sur la Lune

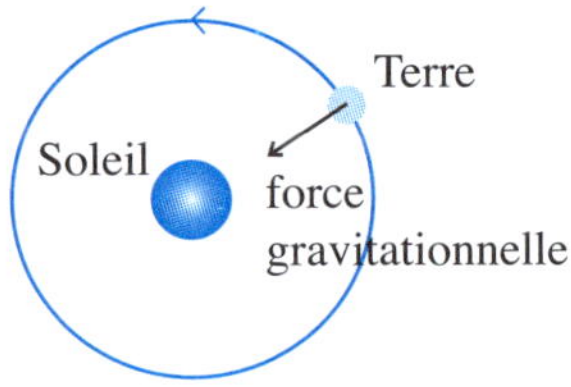

Force gravitationnelle exercée par le Soleil sur la Terre

2. La gravitation universelle

La théorie de la gravitation universelle (1687) a été établie par le physicien anglais **Isaac Newton** (1642-1727).

Interaction gravitationnelle

Deux corps A et B, de masses respectives m_A et m_B, et séparés par une distance d s'attirent mutuellement. On dit qu'ils sont soumis à une force d'interaction gravitationnelle.

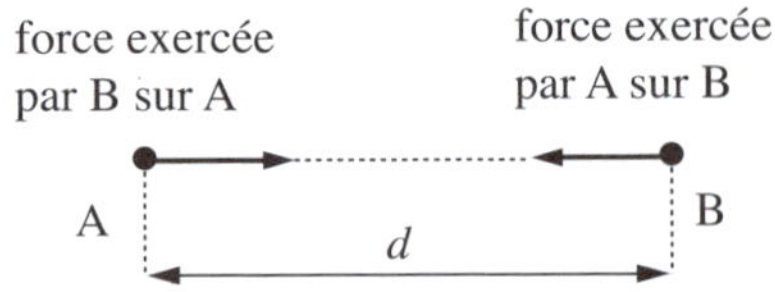

• L'interaction gravitationnelle est **universelle**. C'est-à-dire qu'elle existe entre tous objets A et B… mais elle n'a une valeur non négligeable que dans le cas où au moins l'un des deux objets a une masse très grande (planète ou étoile).

• La valeur $F_{A/B}$ de la force gravitationnelle exercée par A sur B est exactement égale à la valeur $F_{B/A}$ de la force gravitationnelle exercée par B sur A.

■ Loi de la gravitation universelle de Newton (1687)

La valeur de la force de gravitation est proportionnelle aux masses m_A et m_B et inversement proportionnelle au carré de la distance d entre A et B :

$F_{A/B} = F_{B/A} = G\frac{m_A m_B}{d^2}$	m_A et m_B en kilogrammes (kg) ; d en mètres (m) ; $F_{A/B}$ et $F_{B/A}$ en newtons (N).

G est la constante de gravitation universelle : $G = 6,67 \times 10^{-11}\ \text{N} \cdot \text{m}^2 \cdot \text{kg}^{-2}$.

EXEMPLE : La loi de la gravitation universelle permet d'exprimer l'intensité $F_{T/L}$ de la force exercée par la Terre sur la Lune (identique à l'intensité $F_{L/T}$ de la force exercée par la Lune sur la Terre).

$$F_{T/L} = F_{L/T} = G\frac{M_T M_L}{d^2}$$

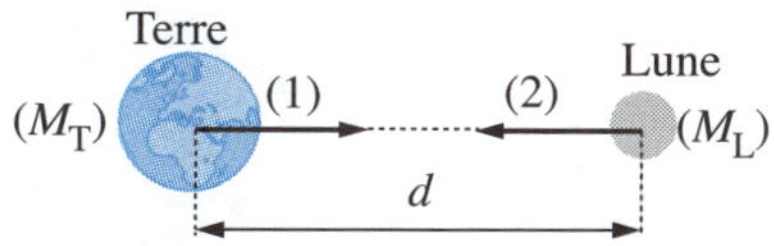

La force gravitationnelle (1) exercée par la Lune sur la Terre est orientée du centre de la Terre vers le centre de la Lune et réciproquement pour la force gravitationnelle (2) exercée par la Terre sur la Lune.

Ce sont des forces attractives.

Le calcul de ces forces est détaillé dans le savoir-faire 2.

IV LA PESANTEUR SUR TERRE

1. Qu'est-ce que le poids ?

■ Poids d'un objet

Aussi nommé **force de pesanteur** ou **force d'attraction terrestre**, le poids d'un objet est le résultat de l'attraction gravitationnelle exercée par la Terre sur cet objet.

■ Masse et poids

Dans le langage courant, on confond souvent « masse » et « poids ».

À la question : « *Quel est ton poids ?* », on répond, par exemple : « 70 kg ».

Pour le physicien, la masse et le poids sont pourtant deux grandeurs bien distinctes : **la masse d'un objet est une grandeur invariable** s'exprimant en kilogramme (elle correspond au poids dans le langage courant) tandis que son **poids est la force gravitationnelle terrestre exprimée en newtons (N)**.

2. Caractéristiques du poids à la surface de la Terre

Les propriétés de l'interaction gravitationnelle développées au paragraphe III s'appliquent au cas particulier du poids d'un objet de masse m situé à la surface de la Terre.

■ **Direction et sens**

Le poids est une force orientée de l'objet vers le centre de la Terre, c'est-à-dire qu'il est **vertical descendant**.

■ **Valeur**

Le poids P est proportionnel aux masses m de l'objet et M_T de la Terre. Par ailleurs, il est inversement proportionnel au carré de la distance entre l'objet et le centre de la Terre. Cette distance n'est autre que le rayon R_T de la Terre.

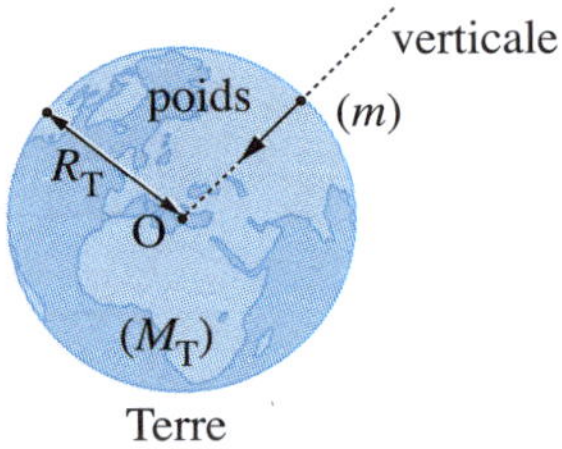

$P = G\dfrac{M_T m}{R_T^2}$	M_T et m en kilogrammes (kg) ; R_T en mètres (m) ; $G = 6{,}67 \times 10^{-11}\ \text{N} \cdot \text{m}^2 \cdot \text{kg}^{-2}$; P en newtons (N).

3. Relation entre poids et masse

La relation précédente peut s'écrire différemment.

$$P = m\underbrace{\left(G\frac{M_T}{R_T^2}\right)}_{g}$$

Elle montre ainsi la proportionnalité entre le poids P d'un objet et sa masse m car G, M_T et R_T sont des constantes.

En notant g le coefficient de proportionnalité entre P et m, on obtient :

$P = mg$	m en kilogrammes (kg) ; g en newtons par kilogramme ($\text{N} \cdot \text{kg}^{-1}$) ; P en newtons (N).

Le coefficient g est appelé **intensité de la pesanteur terrestre**.

En France, à l'altitude zéro, l'intensité de la pesanteur vaut $g = 9{,}81\ \text{N} \cdot \text{kg}^{-1}$.

- La valeur de g sur Terre dépend légèrement de l'altitude et de la latitude.
- L'intensité de la pesanteur n'est pas la même à la surface de toutes les planètes. Ainsi, la pesanteur lunaire est environ six fois plus faible que la pesanteur terrestre.

SAVOIR-FAIRE

1. Décrire un mouvement

Décrire le mouvement d'un objet, c'est indiquer :

- la nature de la trajectoire : rectiligne, circulaire, elliptique… ;
- l'évolution de la vitesse :
  - le mouvement est **uniforme** si la vitesse est constante,
  - le mouvement est **accéléré** si la vitesse est croissante,
  - le mouvement est **retardé** ou **ralenti** si la vitesse est décroissante.

Il est indispensable de préciser le référentiel choisi pour décrire le mouvement d'un objet.

EXEMPLE : Chaque planète du système solaire est animée d'un mouvement presque circulaire et uniforme dans le **référentiel héliocentrique**.

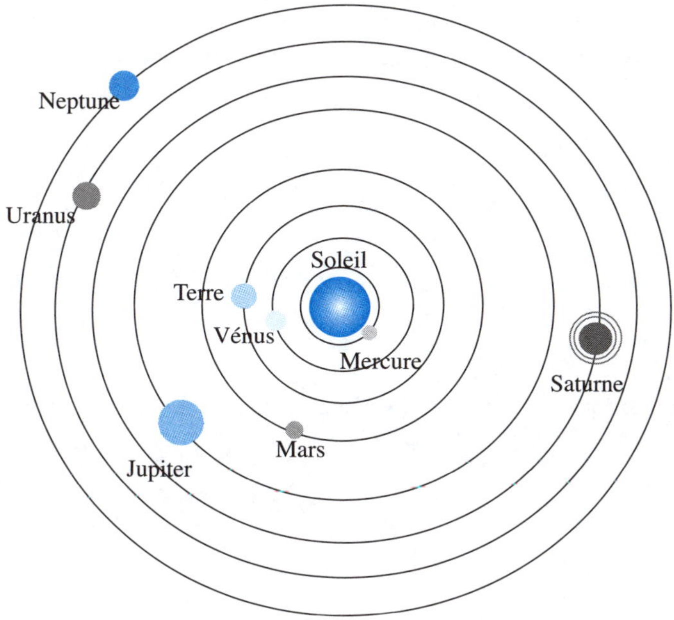

Remarque : attention ce schéma n'est pas à l'échelle.

De même, la Lune est animée d'un mouvement presque circulaire et uniforme dans le **référentiel géocentrique**.

2. Calculer une force gravitationnelle

■ Comment calculer correctement la valeur de la force gravitationnelle s'exerçant entre deux astres ?

■ Choisissons l'exemple de la Terre et de la Lune.

Pour appliquer la relation traduisant la loi de gravitation universelle :

$$F_{T/L} = G\frac{M_T M_L}{d^2}$$

il faut évidemment disposer des valeurs numériques des différentes grandeurs et être vigilant sur les unités à employer :

• G est la constante de gravitation universelle, toujours donnée dans l'unité du système international (et ne nécessitant donc pas de conversion) :

$$G = 6,67 \times 10^{-11}\ \mathrm{N \cdot m^2 \cdot kg^{-2}}$$

• M_T et M_L sont les masses de la Terre et de la Lune, **exprimées en kilogrammes** :

$$M_T = 5,98 \times 10^{24}\ \mathrm{kg} \text{ et } M_L = 7,34 \times 10^{22}\ \mathrm{kg}$$

• d est la distance entre le centre de la Terre et le centre de la Lune (c'est aussi le rayon de l'orbite de la Lune), **exprimée en mètres** :

$$d = 3,84 \times 10^5\ \mathrm{km} = 3,84 \times 10^8\ \mathrm{m}$$

Le calcul conduit au résultat suivant :

$$F_{T/L} = G\frac{M_T M_L}{d^2} = 6,67 \times 10^{-11} \times \frac{5,98 \times 10^{24} \times 7,34 \times 10^{22}}{(3,84 \times 10^8)^2} = 1,99 \times 10^{20}\ \mathrm{N}$$

• Lors du calcul, il ne faut pas oublier de mettre la distance au carré. C'est une erreur très fréquente.

• Le résultat final doit être exprimé avec autant de chiffres significatifs que la moins précise des données.

Dans le cas présent, toutes les données comportent trois chiffres significatifs, donc le résultat également.

EXERCICES D'APPLICATION

1 QCM « GRAVITATION ET SYSTÈME SOLAIRE » | ★ | 10 min | ▸ P. 121

Dans le questionnaire à choix multiple (QCM) suivant, indiquer pour chaque proposition, la (ou les) réponse(s) exacte(s).

1. L'interaction gravitationnelle entre le Soleil et une planète est :

a. parfois attractive. **b.** toujours attractive. **c.** parfois répulsive.
d. toujours répulsive. **e.** parfois inexistante. **f.** toujours inexistante.

2. La force gravitationnelle entre le Soleil et une planète du système solaire est proportionnelle à la masse :

a. du Soleil. **b.** de la planète. **c.** du système solaire.

3. La force gravitationnelle entre le Soleil et une planète du système solaire est d'autant plus grande que :

a. la planète tourne vite sur elle-même.
b. la planète tourne lentement sur elle-même.
c. le rayon de l'orbite de la planète autour du Soleil est petit.
d. le rayon de l'orbite de la planète autour du Soleil est grand.

4. La relation exprimant la force gravitationnelle exercée par le Soleil sur une planète est :

$$F = G\frac{M_S M_P}{d^2}$$

Dans cette relation, G représente :

a. le centre de gravité.
b. l'intensité de la pesanteur.
c. la constante de gravitation universelle.

5. Dans la relation précédente, les masses M_S et M_P sont exprimées en :

a. grammes. **b.** kilogrammes. **c.** newtons.

6. Dans la relation précédente, la distance d s'exprime en :

a. années-lumière. **b.** kilomètres. **c.** mètres.

2 TERRE-LUNE-SOLEIL | ★★ | 20 min | ▸ P. 121

1. Parmi les propositions suivantes, indiquer celles qui sont exactes.

a. Le Soleil est un satellite de la Terre.
b. La Terre est un satellite de la Lune.
c. La Terre est un satellite du Soleil.
d. La Lune est un satellite de la Terre.
e. La Lune est un satellite du Soleil.
f. Le Soleil est un satellite de la Lune.

2. Lorsqu'on décrit le mouvement d'un corps dans le référentiel terrestre, par rapport à quoi l'étudie-t-on ?
3. Reprendre la question précédente pour le référentiel géocentrique, puis pour le référentiel héliocentrique.
4. Les trajectoires des centres respectifs de la Lune, de la Terre et du Soleil sont schématisées ci-dessous.(Les échelles ne sont pas respectées).
Indiquer le référentiel correspondant à chaque schéma.
Justifier vos réponses.

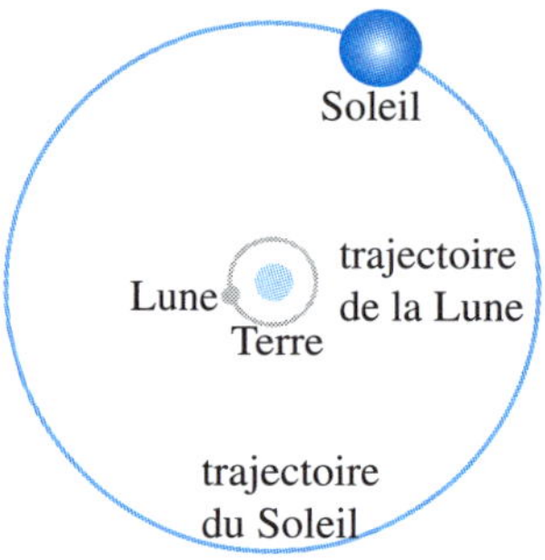

Schéma A

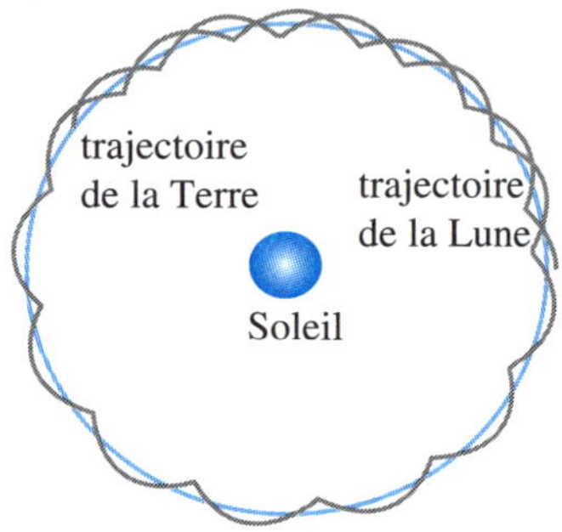

Schéma B

5. Expliquer la forme de la trajectoire de la Lune sur le schéma B.
6. Énoncer le principe d'inertie et en déduire l'existence d'une force exercée par le Soleil sur la Terre.

3 INTERACTION GRAVITATIONNELLE SOLEIL-TERRE | ★★ | 15 min | ▸ P. 122

La valeur de la force gravitationnelle exercée par le Soleil sur la Terre s'exprime par la relation :

$$F_{S/T} = G\frac{M_S M_T}{d^2}$$

1. Les masses du Soleil et de la Terre sont notées respectivement M_S et M_T. Quelles sont les grandeurs représentées par G et d ?
Préciser les unités de d, M_T et M_L.
2. Calculer la valeur de la force de gravitation du Soleil sur la Terre.
3. Quelle est la valeur de la force gravitationnelle exercée par la Terre sur le Soleil ?

Données :

$M_S = 1,99 \times 10^{30}$ kg ;

$M_T = 5,98 \times 10^{24}$ kg ;

$d = 1,50 \times 10^{8}$ km ;

$G = 6,67 \times 10^{-11}$ N · m^2 · kg^{-2}

EXERCICES D'ENTRAÎNEMENT

4 MOUVEMENT ELLIPTIQUE D'UN SATELLITE ★★ 15 min ▸ P. 122

Dans le référentiel géocentrique, un satellite de masse m décrit une orbite elliptique autour de la Terre.
On appelle « périgée » le point de l'orbite le plus proche du centre O de la Terre et « apogée » le point le plus éloigné.

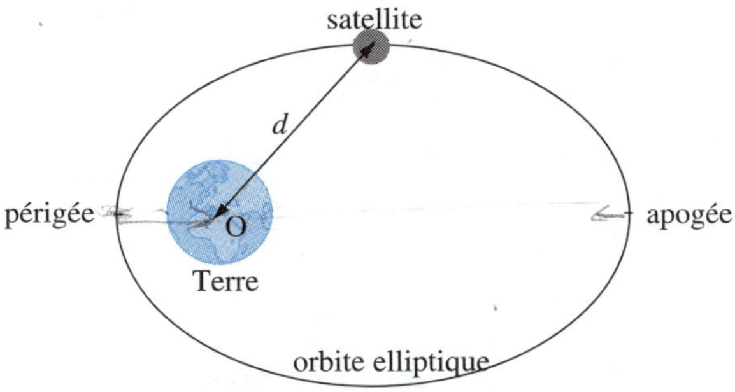

1. Que signifie « mouvement du satellite dans le référentiel géocentrique »?
2. Pourquoi la force gravitationnelle terrestre exercée sur le satellite varie-t-elle au cours d'une révolution ?
3. En quel point de l'orbite, la valeur de la force gravitationnelle est-elle maximale ? En quel point est-elle minimale ?
Justifier.
4. Sur la figure, schématiser la force gravitationnelle exercée par la Terre sur le satellite passant à l'apogée, puis au périgée.
5. Pour quel type d'orbite, la valeur de la force gravitationnelle terrestre exercée sur un satellite est-elle invariable ?

5 MASSE ET POIDS ★★★ 20 min ▸ P. 123

On considère un objet pesant 4,5 kg.
1. Définir ce que le physicien appelle « le poids de cet objet sur Terre ».
2. Expliquer, sans calcul, pourquoi le poids de l'objet est d'autant plus faible que son altitude est élevée.
3. Calculer la valeur de ce poids à l'altitude zéro en France sachant que l'intensité de la pesanteur vaut $g = 9{,}8\ \text{N} \cdot \text{kg}^{-1}$.
4. Si l'objet se trouvait à la surface de Mars où l'attraction gravitationnelle est 2,6 fois plus faible qu'à la surface de la Terre, quelle serait sa masse ?
Quel serait son poids ? Expliquer.
5. Quelle est la valeur de l'intensité de la pesanteur sur Mars ?

6 STATION SPATIALE INTERNATIONALE

★★★ | 15 min | ▸ p. 123

La station spatiale internationale (ISS), dont le premier élément a été mis en orbite autour de la Terre en 1998, est occupée en permanence par deux ou trois spationautes.

Elle pèse 420 tonnes et décrit en 90 minutes une orbite elliptique dont l'altitude est comprise entre $h_{min} = 361$ km et $h_{max} = 437$ km.

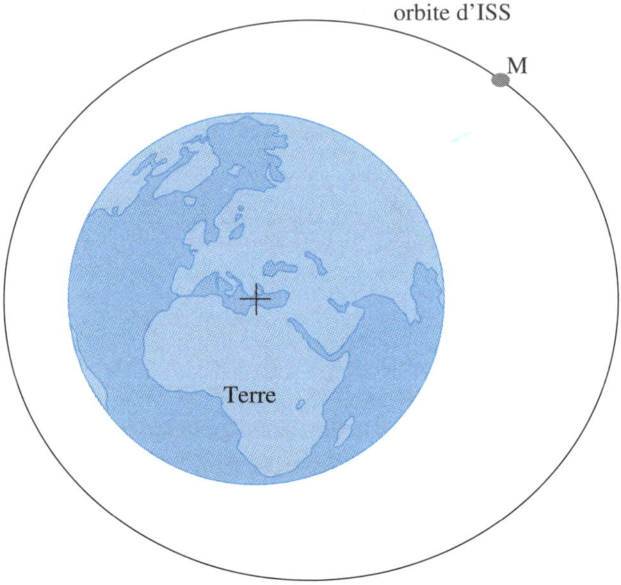

Attention : ce schéma n'est pas à l'échelle

1. Recopier puis compléter le schéma en y faisant figurer : le rayon R_T de la Terre, l'altitude h du satellite lors de son passage en M (point quelconque de l'orbite), les altitudes h_{min} et h_{max}.

2. Exprimer la distance d séparant le centre de la Terre du point M.

3. Exprimer la valeur de la force gravitationnelle F exercée par la Terre sur la station spatiale de masse m_{ISS} lorsqu'elle se trouve au point M.

4. Entre quelle valeur minimale et quelle valeur maximale évolue cette force lors d'une révolution ?

5. Combien de tours de la Terre, ce satellite effectue-t-il chaque jour ?

Données :

rayon de la Terre : $R_T = 6370$ km ;

masse de la Terre : $M_T = 5{,}98 \times 10^{24}$ kg ;

constante de gravitation universelle : $G = 6{,}67 \times 10^{-11}$ N · m^2 · kg^{-2}.

EXERCICES D'APPROFONDISSEMENT

7 LA PESANTEUR EN DIFFÉRENTS LIEUX ★★★★ | 45 min | ▸ P. 124

L'expression du poids d'un corps de masse m à la surface d'une planète de rayon R et de masse M est :

$$P = \frac{GMm}{R^2}$$

1. En déduire l'expression de l'intensité de la pesanteur g à la surface de cette planète.

2. Le globe terrestre n'est pas une sphère parfaite, il est légèrement aplati aux pôles.

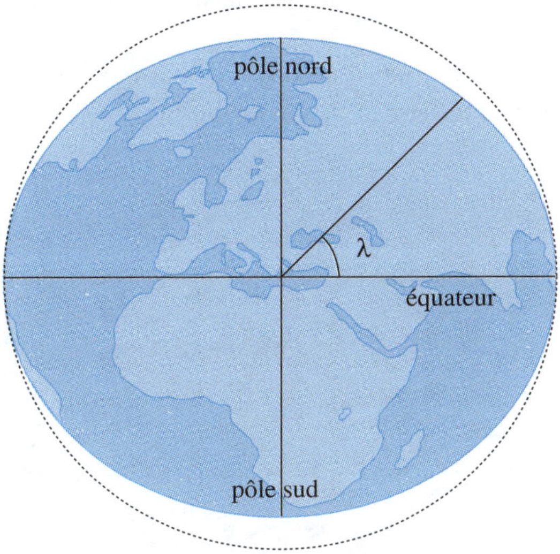

a. Expliquer pourquoi l'intensité de la pesanteur g_T à la surface de la Terre dépend de la latitude λ du lieu considéré.

Indiquer si la pesanteur est plus forte à l'équateur ou aux pôles.

b. Le tableau de données à la fin de l'exercice regroupe les valeurs de l'intensité de la pesanteur g_T en différents lieux de notre planète.

Est-ce cohérent avec la réponse précédente ?

Expliquer.

3. Déterminer la valeur de l'intensité de la pesanteur g_J sur Jupiter.

Comparer à la pesanteur terrestre.

4. Déterminer la valeur du rayon R_M de Mercure sachant que la pesanteur mercurienne est $g_M = 3{,}31\ N \cdot kg^{-1}$.

Comparer au rayon terrestre.

Données : valeurs de g_T en différents lieux :

Lieu	Nairobi (Kenya)	Paris	Helsinki (Finlande)
g_T (N·kg^{-1})	9,78	9,81	9,83

masse de Jupiter : $M_J = 1,91 \times 10^{27}$ kg ;
masse de Mercure : $M_M = 3,28 \times 10^{23}$ kg ;
rayon de la Terre : $R_T = 6,37 \times 10^{6}$ m ;
rayon de Jupiter : $R_J = 7,18 \times 10^{7}$ m.
constante de gravitation universelle : $G = 6,67 \times 10^{-11}$ N · m^2 · kg^{-2}

8 UNE HISTOIRE D'ALTITUDE

★★★★ | 30 min | ▸ P. 125

Le poids d'un objet est égal à la force de gravitation exercée par la Terre sur cet objet.

1. Exprimer la valeur du poids d'un objet de masse m situé à l'altitude h, en notant M_T la masse de la Terre et R_T son rayon.

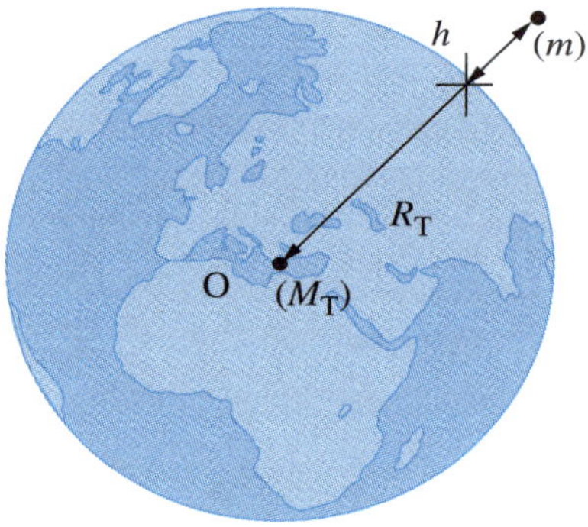

2. En déduire l'expression de l'intensité de la pesanteur terrestre g à l'altitude h.
3. Exprimer puis calculer l'intensité de la pesanteur g_0 à l'altitude zéro.
4. À quelle altitude l'intensité de la pesanteur g sera-t-elle égale à 99 % de sa valeur g_0 à l'altitude zéro ?
Commenter le résultat.

Données :
rayon de la Terre : $R_T = 6,37 \times 10^{3}$ km ;
masse de la Terre : $M_T = 5,98 \times 10^{24}$ kg ;
constante de gravitation universelle : $G = 6,67 \times 10^{-11}$ N · m^2 · kg^{-2}.

CONTRÔLE

9 VRAI OU FAUX ?

★★★ 45 min ▸ P. 125

À chacune des affirmations suivantes, vous répondrez par vrai ou faux, en justifiant votre choix par un raisonnement argumenté s'appuyant sur vos connaissances et sur une exploitation des documents fournis.

1. Dans le tableau du **Doc. 1**, les planètes sont classées de la plus proche à la plus éloignée du Soleil.
2. Plus une planète est éloignée du Soleil, plus sa période de révolution augmente.
3. Plus une planète est éloignée du Soleil, plus sa dimension est importante.
4. Plus une planète est volumineuse, plus sa masse est importante.
5. Uranus décrit son orbite autour du Soleil en 84,2 jours.
6. Le Soleil exerce une force gravitationnelle 11,8 fois plus importante sur Jupiter que sur la Terre.

(Pour tester la validité de cette affirmation on ne cherchera pas à calculer numériquement chaque force mais à les exprimer puis à calculer leur rapport).

Doc. 1. Quelques caractéristiques des planètes du système solaire

Les 8 planètes du système solaire sont très différentes les unes des autres. Quelques-unes de leurs caractéristiques sont regroupées dans le tableau suivant. Aucune unité n'y figure car toutes les valeurs sont exprimées en référence à notre planète.

C'est la raison pour laquelle, la valeur 1 apparaît systématiquement dans la ligne relative à la Terre.

Prenons un exemple : Jupiter est 319 fois plus massive que la Terre et sa période de révolution autour du Soleil est 11,8 fois celle de la Terre.

Astre	Masse	Rayon de l'astre	Rayon moyen de l'orbite	Période de révolution
Mercure	0,0548	0,40	0,39	0,24
Vénus	0,807	0,99	0,72	0,61
Terre	1	1	1	1
Mars	0,107	0,54	1,52	1,88
Jupiter	319	11,25	5,20	11,8
Saturne	94,8	9,45	9,51	29,4
Uranus	14,7	4,18	19,2	84,2
Neptune	17,2	3,89	30,1	164,6

Doc. 2. Expression de la force gravitationnelle exercée par le Soleil sur une planète X

La force gravitationnelle exercée par le Soleil sur la planète X de masse M_X située à une distance d_X s'exprime en newtons par la relation :

$$F_{S/X} = K\frac{M_X}{d_X^2}$$

où K est une constante valant $1{,}33 \times 10^{20}\ \text{N}\cdot\text{m}^2\cdot\text{kg}^{-1}$.

CORRIGÉS

1 **1.** L'interaction gravitationnelle entre le Soleil et une planète est toujours attractive (**réponse b**).
2. La valeur de la force gravitationnelle entre le Soleil et une planète du système solaire est proportionnelle à la masse du Soleil (**réponse a**) et de la planète (**réponse b**).
3. La valeur de la force gravitationnelle entre le Soleil et une planète du système solaire est d'autant plus grande que le rayon de l'orbite de la planète autour du Soleil est petite (**réponse c**).
4. Dans l'expression de la force gravitationnelle, G représente la constante de gravitation universelle (**réponse c**).
5. Les masses M_S et M_P sont exprimées en kilogrammes (**réponse b**)
6. La distance d est exprimée en mètres (**réponse c**).

2 **1.** Les propositions exactes sont :
La Terre est un satellite du Soleil (**réponse c**).
La Lune est un satellite de la Terre (**réponse d**).
2. Décrire un mouvement dans le référentiel terrestre, c'est l'étudier par rapport à la surface de la Terre.

> Un mouvement dans le référentiel terrestre est ce qu'observe un terrien immobile à la surface de la Terre.

3. Le corps de référence du référentiel géocentrique est le centre de la Terre.

> Étudier le mouvement d'un corps dans le référentiel géocentrique c'est faire abstraction de la rotation propre de la Terre autour de son axe nord-sud.

Le corps de référence du référentiel héliocentrique est le centre du Soleil.
4. Schéma A.
On constate, d'une part, que la Terre est immobile et, d'autre part, que la Lune et le Soleil décrivent des orbites circulaires. D'évidence, ces trajectoires sont schématisées par rapport au centre de la Terre donc dans le référentiel géocentrique.
Schéma B.
Le Soleil apparaît immobile, la Terre décrit une orbite circulaire et la trajectoire de la Lune s'effectue autour du Soleil tout en oscillant par rapport à la trajectoire terrestre. Ces trajectoires sont représentées par rapport au centre du Soleil donc dans le référentiel héliocentrique.
5. La forme de la trajectoire de la Lune est le résultat de la combinaison de sa révolution autour de la Terre et de la révolution de la Terre autour du Soleil.
6. Principe d'inertie : « *Tout corps persévère dans son état de repos ou de mouvement rectiligne uniforme s'il est soumis à aucune force ou si les forces qui s'appliquent sur lui se compensent.* »

Étudié par Galilée, le principe d'inertie a été repris par Isaac Newton qui l'a énoncé en 1686 dans son ouvrage *Principia, Principes mathématiques de la philosophie naturelle*, sous l'appellation de première loi du mouvement :
« *Tout corps persévère dans l'état de repos ou de mouvement uniforme en ligne droite dans lequel il se trouve, à moins que quelque force n'agisse sur lui, et le contraigne à changer d'état.* »

Selon le principe d'inertie, si la Terre n'est pas animée d'un mouvement rectiligne uniforme, mais d'un mouvement de révolution autour du Soleil, c'est en raison de la force gravitationnelle qui la contraint à changer constamment de direction.

3 **1.** G est la constante de gravitation universelle et d est la distance séparant le centre du Soleil du centre de la Terre. Les masses M_S et M_T doivent être exprimées en kilogrammes et la distance d en mètres.
2. Pour calculer la valeur de la force gravitationnelle exercée par le Soleil sur la Terre, il suffit d'appliquer la relation sans oublier d'exprimer la distance d en mètres :

$$F_{S/T} = G\frac{M_S M_T}{d^2} = 6,67 \times 10^{-11} \times \frac{(1,99 \times 10^{30}) \times (5,98 \times 10^{24})}{(1,50 \times 10^{11})^2} = 3,53 \times 10^{22} \text{ N}$$

- Le résultat est exprimé avec 3 chiffres significatifs comme toutes les données.
- Le savoir-faire 2 détaille la méthode de calcul.

3. La force gravitationnelle $F_{T/S}$ exercée par la Terre sur le Soleil est de même valeur que la force gravitationnelle du Soleil sur la Terre :

$$F_{T/S} = F_{S/T} = 3,53 \times 10^{22} \text{ N}$$

4 **1.** Le mouvement du satellite dans le référentiel géocentrique est décrit par rapport au centre de la Terre.
2. La valeur de la force gravitationnelle exercée par la Terre sur le satellite est inversement proportionnelle au carré de la distance d séparant le satellite du centre O de la Terre. Lorsque le satellite décrit son orbite elliptique autour de la Terre, la distance d évolue et par conséquent la force gravitationnelle varie aussi.
3. La valeur de la force gravitationnelle est maximale lorsque la distance d est minimale, c'est-à-dire au périgée. Au contraire, la valeur de la force est minimale lorsque la distance d est maximale donc à l'apogée.
4. La force gravitationnelle est toujours dirigée vers le centre de la Terre.

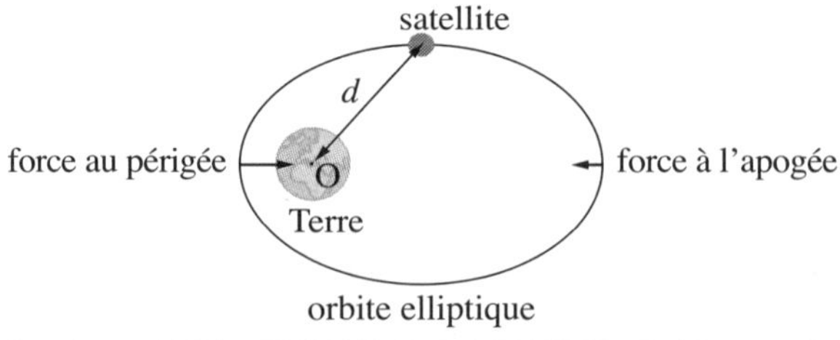

5. La valeur de force gravitationnelle terrestre exercée sur le satellite est invariable si la distance d est constante donc si l'orbite est circulaire.

5 **1.** Le poids de l'objet est la force gravitationnelle (ou force d'attraction ou force de pesanteur) qu'il subit de la part de la Terre.
2. Plus l'objet se trouve à une altitude élevée, plus il est loin du centre de la Terre et donc plus l'attraction gravitationnelle exercée par la Terre est faible.
3. $P = mg$ donc $P = 4,5 \times 9,8 = 44$ N.

Le résultat est exprimé avec deux chiffres significatifs comme les valeurs de *m* et *g*.

4. La masse de l'objet est une grandeur invariable donc sur Mars ou sur Terre :

$$m = 4,5 \text{ kg}.$$

Le poids sur Mars est 2,6 fois plus petit que sur Terre :

$$P' = \frac{P}{2,6} = \frac{44}{2,6} = 17 \text{ N}.$$

5. La pesanteur martienne est 2,6 fois plus faible que la pesanteur terrestre :

$$g' = \frac{g}{2,6} = \frac{9,8}{2,6} = 3,8 \text{ N} \cdot \text{kg}^{-1}.$$

6 **1.**

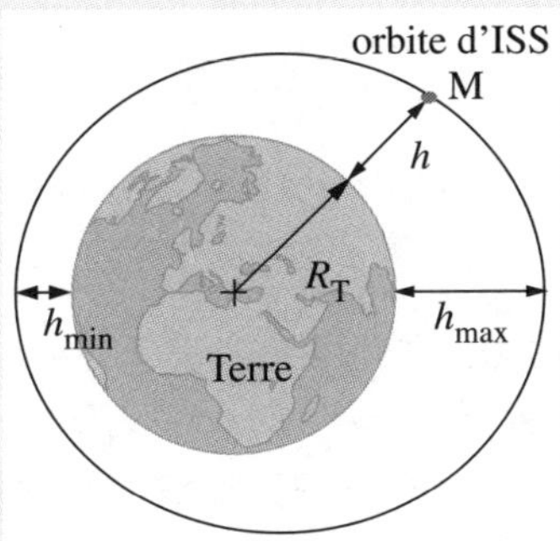

2. Le point M et le centre de la Terre sont séparés de : $d = R_T + h$.
3. La valeur de la force gravitationnelle exercée par la Terre sur la station ISS située en M s'exprime ainsi :

$$F = G\frac{m_{ISS}M_T}{d^2} = G\frac{m_{ISS}M_T}{(R_T + h)^2}.$$

4. La valeur minimale de cette force correspond à l'altitude maximale du satellite :

$F_{min} = G\dfrac{m_{ISS}M_T}{(R_T + h_{max})^2}$ soit :

$$F_{min} = 6,67 \times 10^{-11} \times \frac{(420 \times 10^3) \times (5,98 \times 10^{24})}{(6370 \times 10^3 + 437 \times 10^3)^2} = 3,62 \times 10^6 \text{ N}.$$

- Penser à exprimer les masses en kg et les distances en mètres.
- Une tonne vaut 1 000 kg : 1 t = 10^3 kg.

La valeur maximale correspond à l'altitude minimale :

$$F_{max} = G\frac{m_{ISS}M_T}{(R_T + h_{min})^2}$$

Soit : $F_{max} = 6,67 \times 10^{-11} \times \frac{(420 \times 10^3) \times (5,98 \times 10^{24})}{(6370 \times 10^3 + 361 \times 10^3)^2} = 3,70 \times 10^6$ N

Au cours d'une révolution, la force gravitationnelle terrestre appliquée à ISS varie entre $3,62 \times 10^6$ N et $3,70 \times 10^6$ N.

5. La station spatiale internationale effectue une révolution en 90 min.
Une journée (soit 24 h) dure $24 \times 60 = 1\,440$ min.

Par conséquent, ce satellite effectue $\frac{1440}{90} = 16$ tours de la Terre chaque jour.

7 **1.** Le poids du corps est le produit de sa masse m par l'intensité de la pesanteur :

$$P = mg \text{ donc } g = \frac{P}{m}.$$

L'expression du poids à la surface de la planète étant :

$$P = \frac{GMm}{R^2} \text{ alors } g = G\frac{M}{R^2}$$

2. a. L'intensité de la pesanteur à la surface de la Terre est $g_T = G\frac{M_T}{R_T^2}$.

Si le globe terrestre était une sphère parfaite, l'intensité de la pesanteur serait la même en tout point de sa surface puisque R_T serait une constante.
Mais puisque la Terre est aplatie aux pôles, la distance R_T (séparant la surface de la Terre de son centre) dépend de la latitude λ.
Il en va de même pour l'intensité de la pesanteur :

- à l'équateur (latitude 0°), R_T est maximale donc g_T est minimale ;
- au pôle nord (90° de latitude nord) et au pôle sud (90° de latitude sud) R_T est minimale donc g_T est maximale.

b. Le tableau de données est cohérent avec la réponse précédente puisque l'intensité de la pesanteur est croissante dans l'ordre : Nairobi-Paris-Helsinki, c'est-à-dire de la ville la plus proche de l'équateur à la plus éloignée.

3. Sur Jupiter : $g_J = G\frac{M_J}{R_J^2} = 6,67 \times 10^{-11} \times \frac{1,91 \times 10^{27}}{(7,18 \times 10^7)^2} = 24,7 \text{ N} \cdot \text{kg}^{-1}$.

L'intensité de la pesanteur sur Jupiter est donc 2,5 fois plus forte que sur Terre (où elle vaut environ $9,8 \text{ N} \cdot \text{kg}^{-1}$).

4. Sur Mercure, l'intensité de la pesanteur s'exprime ainsi :

$$g_M = G\frac{M_M}{R_M^2} \text{ donc } R_M^2 = G\frac{M_M}{g_M} \text{ soit } R_M = \sqrt{G\frac{M_M}{g_M}}.$$

L'application numérique donne :

$$R_M = \sqrt{6,67 \times 10^{-11} \times \frac{3,28 \times 10^{23}}{3,31}} = 2,57 \times 10^6 \text{ m}.$$

Le rayon de la planète Mercure est environ 2,5 fois plus petit que celui de la Terre (qui vaut $6,37 \times 10^6$ m).

8 **1.** Un objet situé à l'altitude h est à la distance $d = R_T + h$ du centre de la Terre. Par conséquent, la valeur du poids P de l'objet de masse m (ou force de gravitation exercée par la Terre (de masse M_T) sur l'objet) s'exprime ainsi :

$$P = G\frac{mM_T}{d^2} = G\frac{mM_T}{(R_T+h)^2}$$

2. La valeur du poids de l'objet est $P = mg$ donc $g = \frac{P}{m}$, soit avec la relation précédente :

$$g = G\frac{M_T}{(R_T+h)^2}.$$

3. À la surface de la Terre ($h = 0$), l'intensité de la pesanteur s'exprime ainsi :

$$g_0 = G\frac{M_T}{R_T^2} \text{ soit } g_0 = 6,67\times10^{-11}\times\frac{6,0\times10^{24}}{(6,4\times10^6)^2} = 9,8\ \text{N}\cdot\text{kg}^{-1}.$$

On retrouve, avec deux chiffres significatifs, la valeur connue.

Ne pas oublier d'exprimer R_T en mètres.

4. L'altitude h telle que $g = \frac{99}{100}g_0$ vérifie l'équation :

$$G\frac{M_T}{(R_T+h)^2} = \frac{99}{100}G\frac{M_T}{R_T^2}$$

Donc après simplification : $\frac{1}{(R_T+h)^2} = \frac{99}{100R_T^2}$ soit $\left(\frac{R_T+h}{R_T}\right)^2 = \frac{100}{99}$

Et finalement : $$\frac{R_T+h}{R_T} = \sqrt{\frac{100}{99}}$$

(Les grandeurs h et R_T sont positives donc la solution $\frac{R_T+h}{R_T} = -\sqrt{\frac{100}{99}}$ est impossible.)

On en déduit : $h = R_T\left(\sqrt{\frac{100}{99}}-1\right) = 6,4\times10^6\times\left(\sqrt{\frac{100}{99}}-1\right) = 3,2\times10^4$ m

soit $h = 32$ km.

Ce résultat signifie que l'intensité de la pesanteur varie de moins de 1 % sur une altitude de 32 km.

9 **1. Vrai.** La distance entre une planète et le Soleil correspond au rayon moyen de l'orbite et, dans le tableau, on constate en effet que cette valeur est croissante.

2. Vrai. On constate que la période de révolution (durée nécessaire pour parcourir son orbite) est croissante dans le tableau

3. Faux. Si les trois premières planètes du système solaire sont de plus en plus grosses, cet accroissement systématique de la taille ne se vérifie plus pour les suivantes.

Ainsi, Jupiter est la plus grosse planète du système solaire mais elle n'est que la cinquième dans l'ordre d'éloignement au Soleil.

4. Faux. En classant les planètes dans l'ordre croissant de leur rayon (donc dans l'ordre de leur volume car ce sont toutes des sphères), on constate que les masses sont croissantes à l'exception d'Uranus qui, bien que plus grosse que Neptune, est moins massive.

Planète	Rayon de la planète	Masse
Mercure	0,40	0,0548
Mars	0,54	0,107
Vénus	0,99	0,807
Terre	1	1
Neptune	3,89	17,2
Uranus	4,18	14,7
Saturne	9,45	94,8
Jupiter	11,25	319

Planètes classées par ordre croissant de rayon (donc de volume)

5. Faux. La période de révolution d'Uranus rapportée à celle de la Terre est 84,2. Or la Terre effectue sa révolution autour du Soleil en un an donc la période de révolution d'Uranus est 84,2 ans et pas 84,2 jours.

6. Vrai. Les forces gravitationnelles du Soleil respectivement sur la Terre et sur Jupiter s'expriment ainsi :

$$F_{S/T} = K\frac{M_T}{d_T^2} \text{ et } F_{S/J} = K\frac{M_J}{d_J^2}$$

Le rapport de ces deux forces est donc :

$$\frac{F_{S/J}}{F_{S/T}} = \frac{K\dfrac{M_J}{d_J^2}}{K\dfrac{M_T}{d_T^2}} = \frac{\dfrac{M_J}{d_J^2}}{\dfrac{M_T}{d_T^2}} = \frac{M_J}{M_T} \times \frac{d_T^2}{d_J^2}$$

Les données du tableau conduisent à :

$$\frac{F_{S/J}}{F_{S/T}} = \frac{M_J}{M_T} \times \frac{d_T^2}{d_J^2} = \frac{319}{1} \times \frac{1^2}{5{,}2^2} = 11{,}8$$

Ce rapport signifie que le Soleil exerce une force gravitationnelle 11,8 fois plus grande sur Jupiter que sur la Terre.

La santé

7 La physique au service des diagnostics médicaux

Pour établir son diagnostic, le médecin utilise fréquemment des techniques sophistiquées telles que l'échographie, la radiographie, la fibroscopie, l'encéphalographie ou l'électrocardiographie. Ces procédés reposent sur l'exploitation de phénomènes physiques bien connus : les ondes ultrasonores, les ondes électromagnétiques et les signaux électriques périodiques.

I SIGNAUX PÉRIODIQUES ET DIAGNOSTICS

L'analyse des signaux électriques périodiques émis par notre corps permet d'effectuer des diagnostics tels que l'électrocardiographie et l'électroencéphalographie. Qu'est-ce qu'un signal électrique périodique et quelles grandeurs le caractérisent ?

1. Électrocardiographie et électroencéphalographie

L'électrocardiographie et l'électroencéphalographie sont des techniques médicales permettant de recueillir les signaux périodiques caractérisant respectivement l'activité électrique du cœur et celle du cerveau d'un patient. Les enregistrements obtenus, appelés électrocardiogramme et électroencéphalogramme, fournissent au médecin les informations nécessaires au diagnostic.

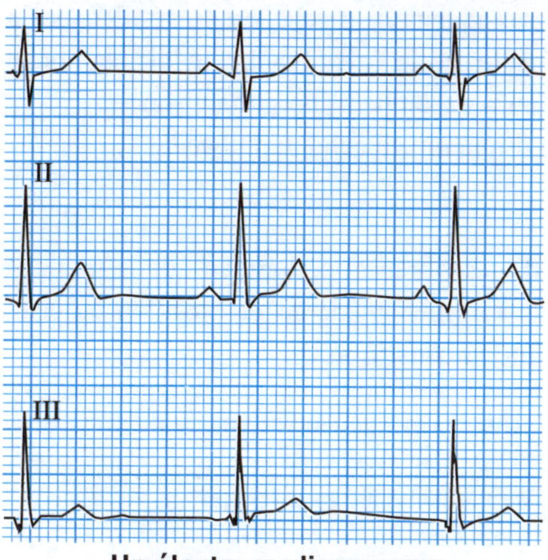

Un électrocardiogramme

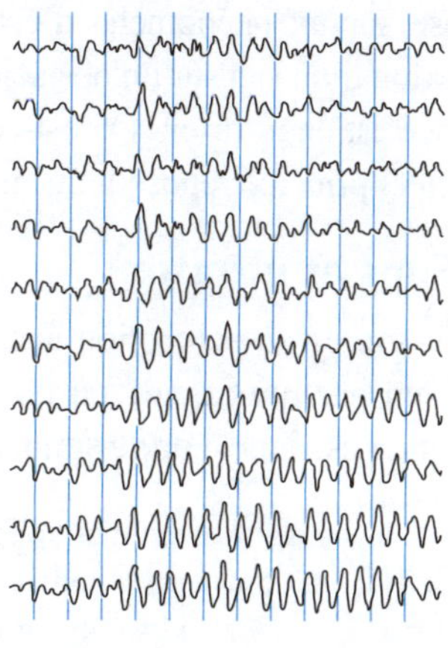
Un électroencéphalogramme

2. Caractéristiques des signaux électriques périodiques

■ Un signal électrique périodique est une tension électrique qui se répète identique à elle-même à intervalle de temps régulier, appelé **période *T***.

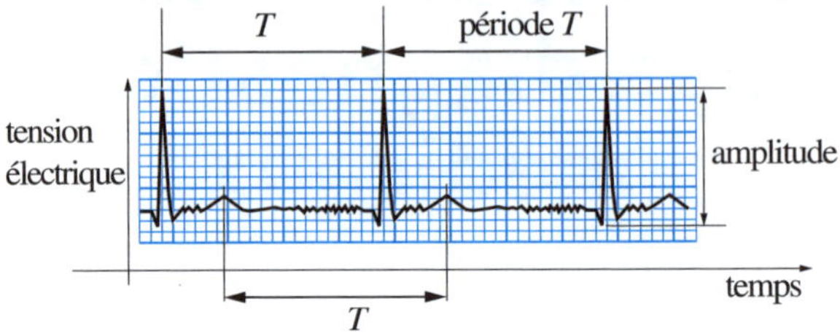

■ **La fréquence *f*** du signal périodique est le nombre de périodes par seconde :

$f = \frac{1}{T}$	T en secondes (s) f en hertz (Hz)

■ **L'amplitude** du signal électrique est l'écart entre la valeur maximale de la tension et sa valeur minimale (voir sur la figure précédente). Elle s'exprime en volt (V) ou en l'un de ses sous-multiples : millivolt (mV) ou microvolt (μV).

- 1 mV = 10^{-3} V et 1 μV = 10^{-6} V
- Le savoir-faire 1 explique la méthode de détermination d'une période, d'une fréquence et d'une amplitude à partir d'un enregistrement.

II ULTRASONS ET DIAGNOSTICS

L'échographie est une technique d'imagerie médicale très fréquemment utilisée et pas seulement pour l'observation des fœtus. Comme son nom l'indique, elle repose sur un phénomène d'écho. Classiquement, l'écho est le résultat de la réflexion d'un son sur un obstacle. Dans le cas de l'échographie médicale, l'onde utilisée est un ultrason. Qu'est-ce qu'un ultrason par rapport à un son ?
Sur quel principe repose la formation d'une image échographique ?

1. Sons et ultrasons

■ Un son est la perception auditive d'une vibration périodique qui se propage dans un gaz, un liquide ou un solide. Le phénomène de propagation de cette vibration est appelé **onde sonore** ou **onde acoustique**.

- La vitesse de propagation (ou célérité) du son dépend du milieu de propagation. Elle vaut 340 m·s^{-1} dans l'air et 1 500 m·s^{-1} dans l'eau.
- Une onde sonore a besoin d'un milieu matériel pour se propager. Elle ne peut donc pas exister dans le vide.

■ L'oreille humaine est sensible aux sons de fréquences comprises entre environ 20 Hz et 20 kHz

> Le niveau de sensibilité de l'oreille humaine n'est pas identique dans tout le domaine des fréquences audibles.
> Par ailleurs, avec l'âge, les sons de fréquences élevées deviennent inaudibles.

■ Un ultrason est une onde sonore dont la fréquence est trop élevée pour être audible.
Autrement dit, un ultrason est un son inaudible de fréquence supérieure à 20 kHz.

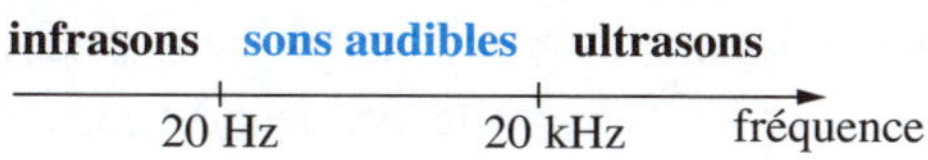

> Le kilohertz est un multiple du hertz : 1 kHz = 10^3 Hz

2. Le principe de l'imagerie échographique

L'échographie est une technique d'imagerie totalement indolore et sans danger. Une succession d'ultrasons de courte durée sont émis en direction du fœtus ou de l'organe à observer, grâce à une sonde placée sur la peau du patient.
L'onde ultrasonore se réfléchit dès qu'elle rencontre un obstacle (un os par exemple) ou un changement de milieu de propagation (un organe par exemple).

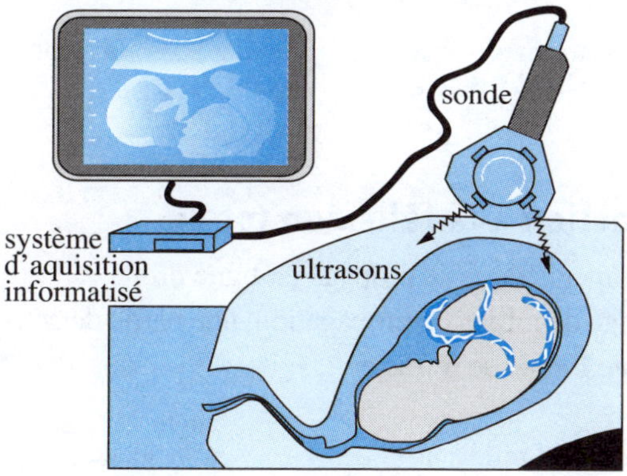

Le signal réfléchi revient vers la sonde et la mesure du temps de trajet aller-retour par le système électronique associé à la sonde permet d'en déduire la distance à laquelle se trouve l'obstacle. Les diverses informations recueillies selon ce principe permettent finalement de reconstituer une image de l'organe.

> La méthode de calcul de la distance entre la sonde et l'obstacle est l'objet du savoir-faire 2.

III ONDES ELECTROMAGNETIQUES ET DIAGNOSTICS

Les ondes électromagnétiques de toutes catégories (lumière visible, rayons X, infrarouges, ultraviolets…) trouvent de multiples applications médicales tant sur le plan diagnostique que thérapeutique. Parmi les plus connues et les plus fréquentes, on peut citer la fibroscopie et la radiographie.
Comment sont classés les différents types d'ondes électromagnétiques ?
Sur quels principes reposent la fibroscopie et la radiographie ?

1. Les différentes catégories d'ondes électromagnétiques

Toutes les lumières visibles et invisibles sont des ondes électromagnétiques.
Elles se différencient par leur domaine de longueur d'onde.

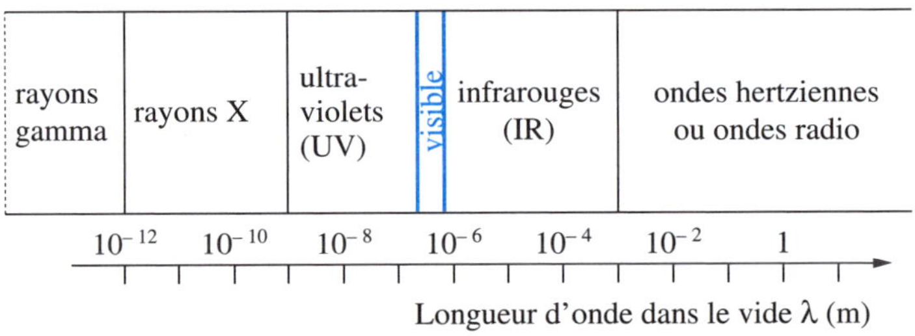

Contrairement à une onde sonore, une onde électromagnétique n'a pas besoin de milieu matériel pour se propager.
Elle se propage dans le vide et dans de nombreux milieux matériels.

Toute onde électromagnétique se propage dans le vide ou dans l'air à la vitesse de la lumière : $c = 3{,}00 \times 10^8\ \text{m} \cdot \text{s}^{-1}$.

2. De la réfraction à la réflexion totale

Une onde électromagnétique se propage en ligne droite.
Lorsqu'elle change de milieu de propagation, une partie de cette onde se réfléchit et l'autre partie de l'onde se réfracte.

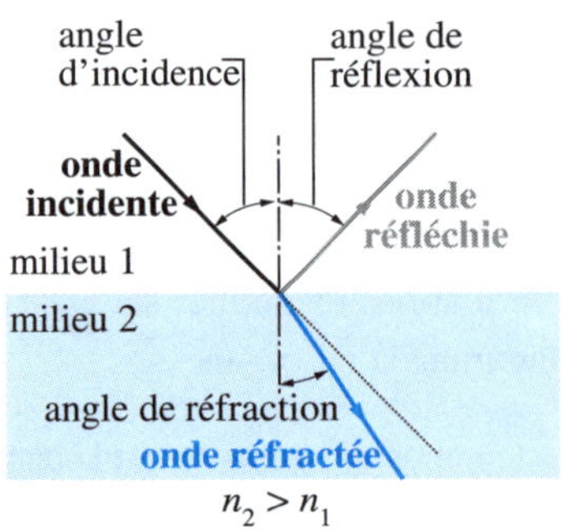

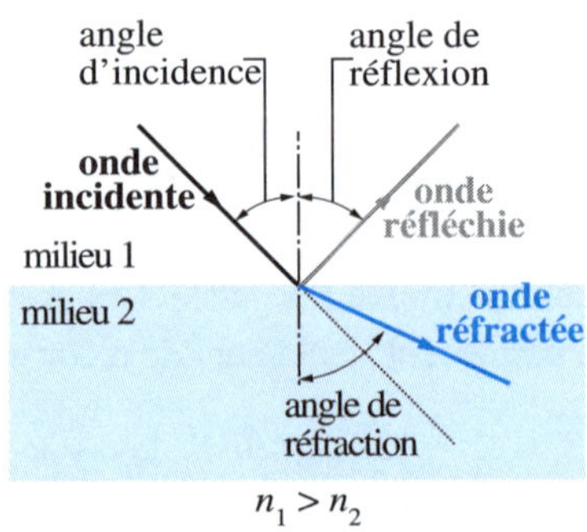

L'angle de réflexion est égal à l'angle d'incidence.

Si le milieu 2 a un indice optique plus petit que le milieu 1 (figure de droite), l'angle de réfraction est plus grand que l'angle d'incidence.
Au-delà d'un certain angle d'incidence, la réfraction n'existe plus et seul persiste le phénomène de réflexion. On parle de **réflexion totale**.

EXEMPLES :

- Les rayons 1, 2, 3 et 4 subissent une réfraction lors de leur passage de l'eau vers l'air, tandis que les rayons 5 et 6 ne passent pas dans l'air, ils subissent une réflexion totale.

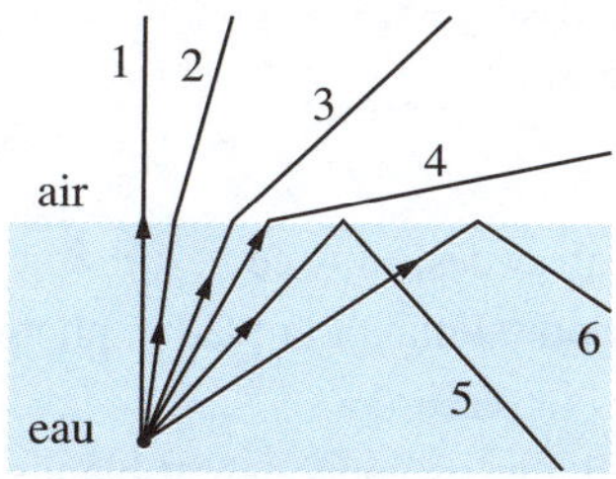

- Dans une fibre optique, la lumière se propage par une succession de réflexions totales.

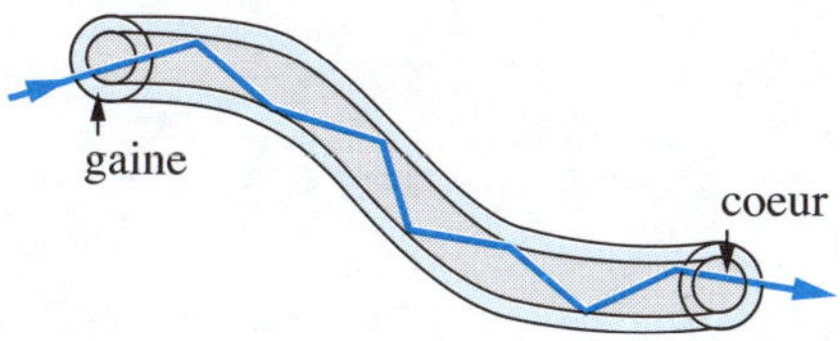

L'indice optique du cœur de la fibre optique est supérieur à celui de la gaine.

La réfraction est aussi étudiée dans le chapitre 2.

3. La fibroscopie

La fibroscopie consiste à introduire une gaine souple renfermant un jeu de fibres optiques (le fibroscope) dans l'organe à observer (estomac ou poumon).
Certaines des fibres guident la lumière de l'extérieur jusqu'à l'organe de manière à l'éclairer.
Les autres acheminent la lumière réémise par l'organe jusqu'à l'extérieur.
Un système de caméra permet alors la visualisation d'une image de la zone de l'organe à diagnostiquer.

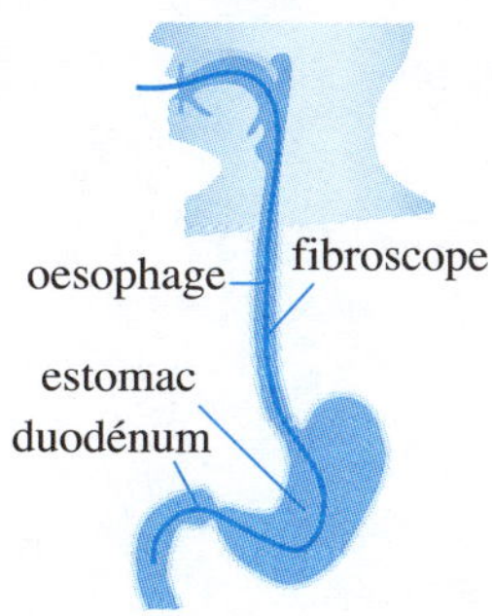

4. La radiographie

Lors d'une radiographie, un faisceau de rayons X pénètre dans le corps du patient.
Ce rayonnement est différemment absorbé selon la nature de l'organe traversé : un os absorbe beaucoup, un muscle peu.

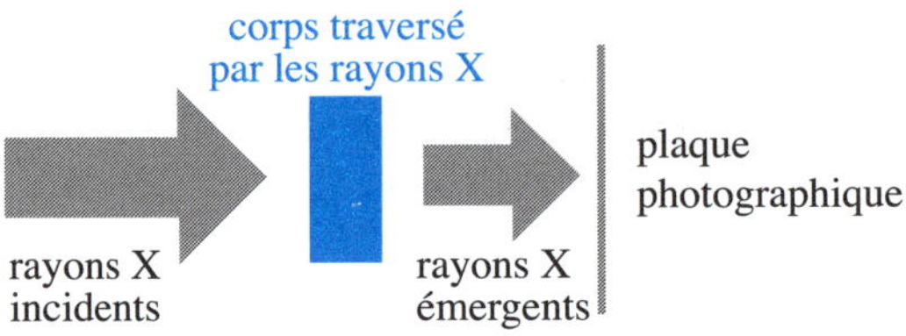

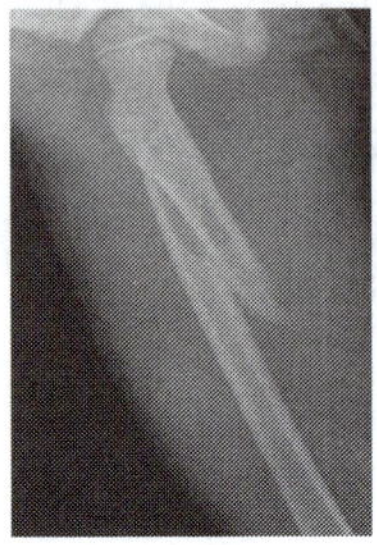

Moins les rayons X sont absorbés, plus ceux qui émergent du corps du patient sont intenses et plus ils impressionnent la plaque photographique située derrière le patient, donc plus celle-ci noircira.
C'est la raison pour laquelle les os apparaissent blancs et les muscles gris.

SAVOIR-FAIRE

1. Extraire des informations d'un électrocardiogramme

■ Comment mesurer la période des battements cardiaques sur un électrocardiogramme ?

EXEMPLE : on étudie le signal électrique provenant de l' électrocardiogramme suivant :

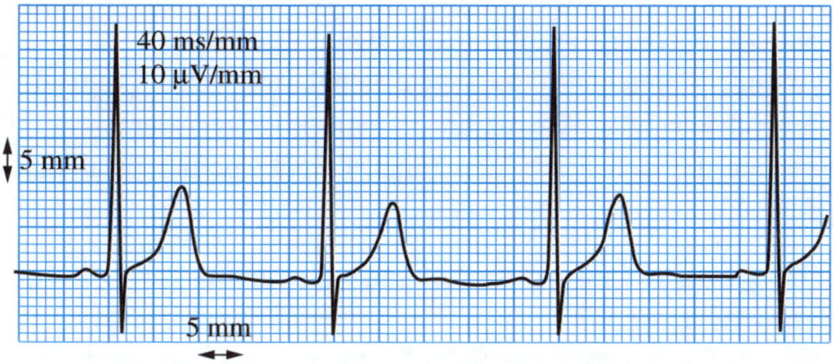

Il faut bien repérer le motif qui se répète sur l'enregistrement, puis mesurer sa durée *T* (ou période) en utilisant l'échelle horizontale fournie sur l'électrocardiogramme.

Pour accroître la précision du résultat, il faut mesurer la valeur de plusieurs périodes pour en déduire la valeur d'une seule période.

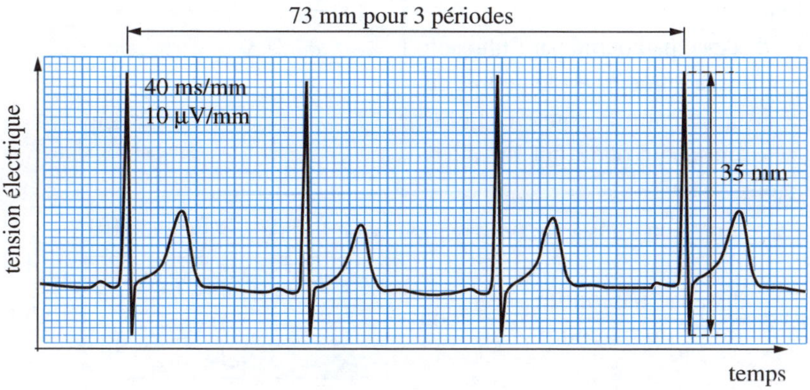

3 périodes mesurent 73 mm sur l'enregistrement.

Compte tenu de l'échelle de 40 ms/mm fournie, ces 3 périodes valent :

$$73 \times 40 = 2\,920 \text{ ms} = 2{,}92 \text{ s}.$$

La période des battements cardiaques est donc :

$$T = \frac{2{,}92}{3} = 0{,}973 \text{ s}.$$

■ **Comment en déduire la fréquence et le rythme cardiaques ?**

La fréquence est calculée en utilisant la relation $f = \frac{1}{T}$ soit :

$$f = \frac{1}{0,973} = 1,03\ \text{Hz}.$$

C'est-à-dire que le cœur bat au rythme de 1,03 pulsation chaque seconde.

Le **rythme cardiaque** est le nombre de pulsations par minute.

Il est obtenu en multipliant la fréquence par 60 puisque 1 min = 60 s. Le rythme cardiaque est donc : $60 \times 1,03 = 61,8$ pulsations / minute

■ **Comment mesurer l'amplitude du signal électrique ?**

Il faut mesurer l'amplitude crête à crête en utilisant l'échelle verticale.

Cette amplitude crête à crête mesure 35 mm sur l'enregistrement.

Compte tenu de l'échelle de 10 µV/mm, l'amplitude du signal vaut donc 350 µV.

2. Échographie : comment passer d'une mesure de temps à une distance ?

■ Lors d'une échographie, à quelle distance se trouve l'obstacle qui a provoqué l'écho de l'ultrason ?

■ Le signal ultrasonore émis par la sonde émettrice-réceptrice (E/R) placée sur la peau du patient, revient vers cette sonde au bout d'une durée Δt, après avoir subi une réflexion sur l'obstacle.

La distance parcourue par l'ultrason pendant la durée Δt est le double de la distance entre la sonde et l'obstacle puisque l'onde fait un aller-retour.

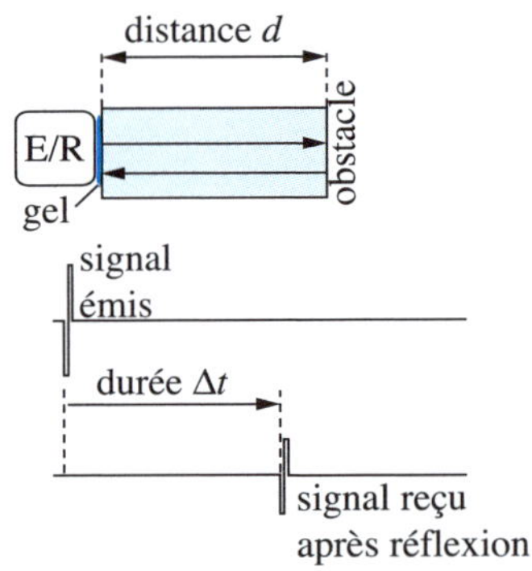

La célérité (ou vitesse de propagation) v de l'onde s'exprime ainsi :

$$v = \frac{\text{distance parcourue}}{\text{durée du parcours}} = \frac{2d}{\Delta t} \text{ donc}$$

$d = \frac{v \times \Delta t}{2}$	v en $\text{m}\cdot\text{s}^{-1}$; Δt en s ; d en m

EXEMPLE : La durée mesurée est $1,0 \times 10^{-4}$ s.

Si on admet que la célérité ultrasonore est voisine de celle du son dans l'eau, soit $v = 1\,500\ \text{m}\cdot\text{s}^{-1}$, alors la distance entre la sonde et l'obstacle vaut :

$$d = \frac{v \times \Delta t}{2} = \frac{1\,500 \times 1,0 \times 10^{-4}}{2} = 7,5 \times 10^{-2}\ \text{m} = 7,5\ \text{cm}.$$

EXERCICES D'APPLICATION

1 QCM « TENSION PÉRIODIQUE » | ★ | 10 min | ▸ P. 145

Dans le questionnaire à choix multiple (QCM) suivant, indiquer pour chaque proposition, la (ou les) réponse(s) exacte(s).

1. L'unité internationale de tension électrique est :

a. l'ampère. **b.** le newton. **c.** le volt.

2. Une tension (ou signal électrique) est dite périodique si :

a. elle n'est pas très fréquente.

b. elle se répète identique à elle-même à intervalles de temps réguliers.

c. elle est intermittente.

d. elle est continue.

3. La période peut s'exprimer en :

a. seconde. **b.** milliseconde. **c.** hertz. **d.** kilohertz.

4. La fréquence d'une tension périodique est :

a. la durée qui sépare deux répétitions du signal.

b. le nombre de périodes par seconde.

c. l'inverse de la période.

5. La fréquence peut s'exprimer en :

a. seconde. **b.** milliseconde. **c.** hertz. **d.** kilohertz.

2 QCM « ONDES SONORES ET ULTRASONORES » | ★ | 10 min | ▸ P. 145

Dans le questionnaire à choix multiple (QCM) suivant, indiquer pour chaque proposition, la (ou les) réponse(s) exacte(s).

1. Une onde sonore ne peut pas se propager dans :

a. l'air. **b.** le vide. **c.** les liquides. **d.** les solides.

2. Les sons inaudibles de forte fréquence sont des :

a. infrasons. **b.** infrarouges. **c.** ultraviolets. **d.** ultrasons.

3. La vitesse de propagation d'une onde est aussi appelée :

a. célérité. **b.** fréquence. **c.** période. **d.** longueur d'onde.

4. Les sons et les ultrasons se propagent :

a. plus vite dans l'air que dans l'eau.

b. aussi vite dans l'air que dans l'eau.

c. moins vite dans l'air que dans l'eau.

5. Les sons et les ultrasons se propagent :

a. plus vite que la lumière. **b.** aussi vite que la lumière. **c.** moins vite que la lumière.

6. Les ultrasons sont utilisés en médecine pour :

a. les radiographies. **b.** les fibroscopies. **c.** les échographies.

3 QCM « ONDES ÉLECTROMAGNÉTIQUES » | ★★ | 10 min | ▸ P. 145

Dans le questionnaire à choix multiple (QCM) suivant, indiquer pour chaque proposition, la (ou les) réponse(s) exacte(s).

1. Une onde électromagnétique peut se propager dans :

a. l'air. **b.** le vide. **c.** les liquides. **d.** les solides.

2. Une onde électromagnétique se propage dans l'air à :

a. $340\ km \cdot h^{-1}$.

b. $300\ 000\ km \cdot h^{-1}$.

c. $340\ m \cdot s^{-1}$.

d. $300\ 000\ m \cdot s^{-1}$.

e. $300\ 000\ 000\ m \cdot s^{-1}$.

f. $3 \times 10^8\ m \cdot s^{-1}$.

3. Dans la liste suivante, les ondes qui ne font pas partie des ondes électromagnétiques sont :

a. les rayons X. **b.** la lumière visible. **c.** les infrarouges.

d. les ultrasons. **e.** les ultraviolets. **f.** les infrasons.

4. Les ondes électromagnétiques utilisées en radiographie sont :

a. des ultraviolets. **b.** des infrarouges.

c. des rayons X. **d.** des rayons laser.

EXERCICES D'ENTRAÎNEMENT

4 FIBRE OPTIQUE | ★★ | 10 min | ▸ P. 145

Trois rayons lumineux ont été tracés pour illustrer la propagation de la lumière dans le cœur d'une fibre optique.

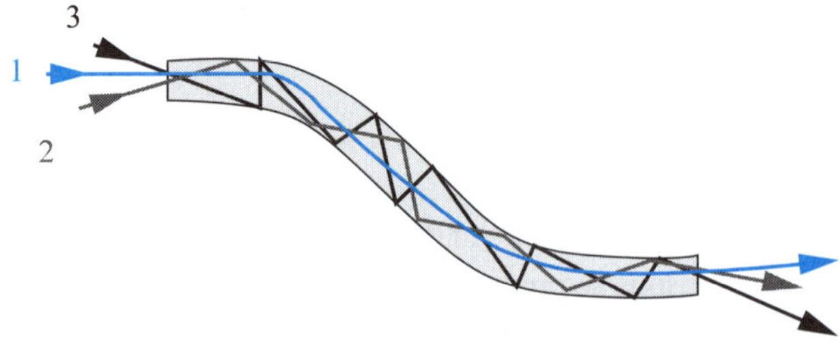

Un seul de ces tracés est convenable.
Lequel ?
Une réponse argumentée est attendue.

5 POINTS COMMUNS ET DIFFÉRENCES | ★★ | 15 min | ▸ P. 146

Deux signaux périodiques ont été enregistrés avec un oscilloscope réglé de telle manière que les échelles de temps et de tension soient identiques pour les deux signaux.

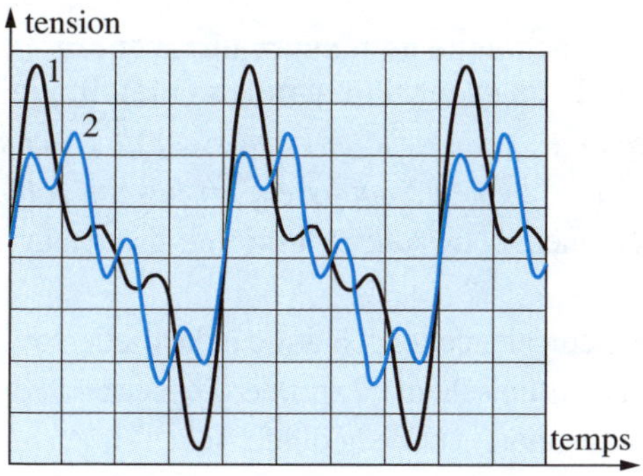

1 Quelles sont les caractéristiques communes de ces deux signaux ?

2. Quelles sont leurs différences ?

3. Pourquoi est-il important de savoir que les échelles sont identiques pour les deux signaux ?

6 MESURE ULTRASONORE D'UNE ÉPAISSEUR | ★★★ | 20 min | ▸ P. 146

Les ultrasons trouvent de multiples applications et pas seulement médicales.
Ainsi dans l'aéronautique, pour mesurer l'épaisseur de grands panneaux rectangulaires (de plusieurs mètres de côté) en alliage d'aluminium servant à la construction du fuselage d'un avion, le pied à coulisse n'est pas utilisable.

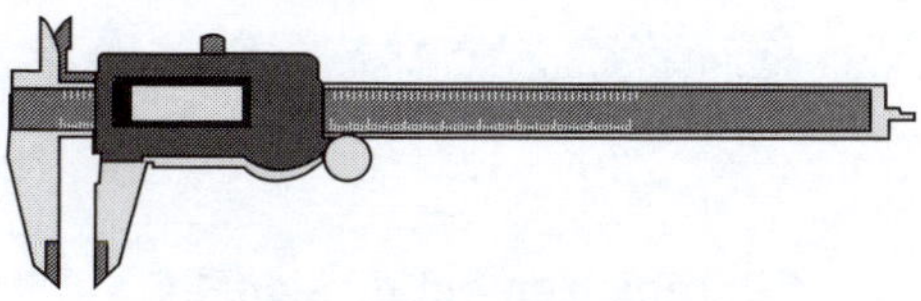

Pied à coulisse numérique

On emploie alors une méthode ultrasonore.
Une brève impulsion ultrasonore est émise par un émetteur plaqué sur la surface du panneau.
L'ultrason se propage dans le matériau puis revient.
Dans un alliage d'aluminium, la célérité ultrasonore est $6,4\ \mathrm{km \cdot s^{-1}}$.
L'émetteur joue aussi le rôle de récepteur ; le temps Δt entre émission et réception de l'ultrason peut être facilement mesuré grâce à un dispositif électronique non représenté sur le schéma de principe de la technique.

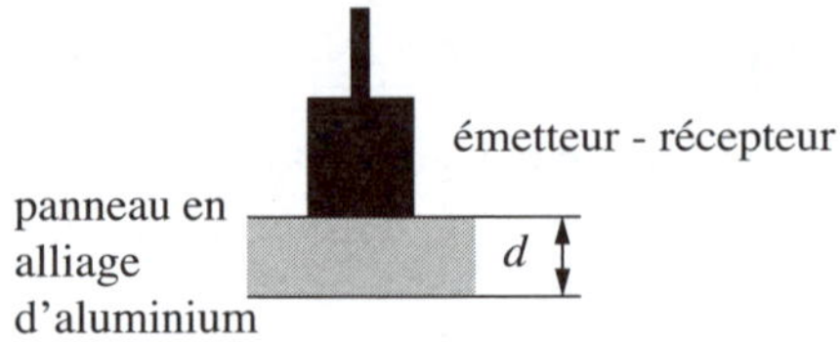

Technique de mesure ultrasonore de l'épaisseur d'un panneau métallique

1. Justifier la phrase : « … *pour mesurer l'épaisseur de grands panneaux* […] *en alliage d'aluminium* […] *le pied à coulisse n'est pas utilisable.* »

2. Nommer le phénomène physique à l'origine du retour de l'ultrason vers l'émetteur.

À quelle technique médicale, cette technique industrielle vous fait-elle penser ?

3. En justifiant à l'aide d'un schéma, exprimer l'épaisseur d du panneau en fonction de la célérité ultrasonore v et de la durée Δt.

4. Sachant que la célérité ultrasonore dans un alliage d'aluminium est $6,4\ \text{km} \cdot \text{s}^{-1}$, en déduire l'épaisseur du panneau si $\Delta t = 6,3\ \mu\text{s}$.

7 COMPARAISON DE SIGNAUX ÉLECTRIQUES ★★★ 20 min ▸ P. 146

Deux signaux électriques (nommés A et B) ont été enregistrés pendant 25 ms. Les enregistrements obtenus sont les suivants :

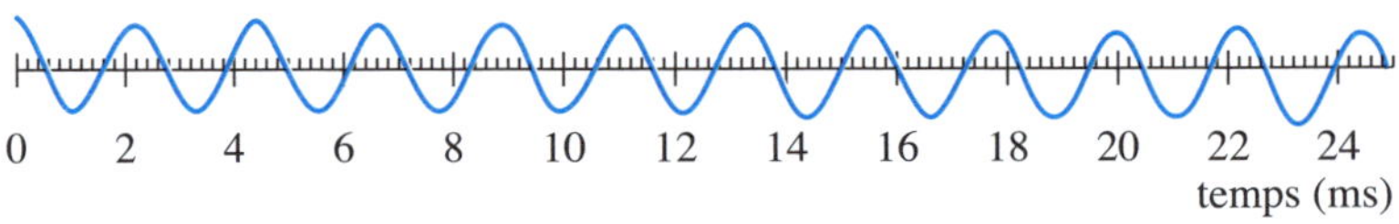

Enregistrement du signal A

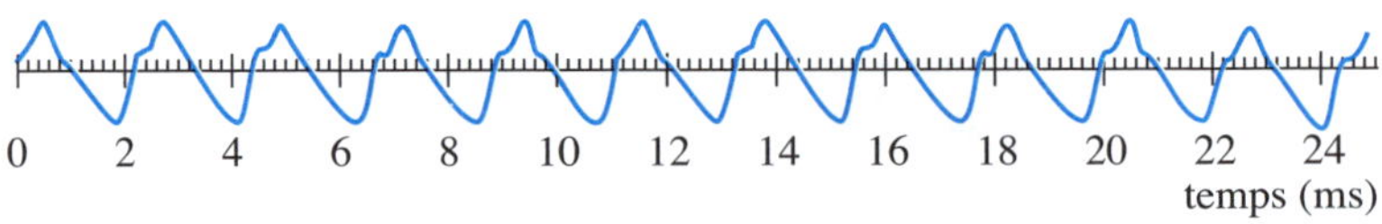

Enregistrement du signal B

Les questions suivantes doivent être traitées en construisant une argumentation s'appuyant d'une part sur des connaissances et, d'autre part, sur des informations à extraire des enregistrements.

1. Ces signaux électriques sont-ils périodiques ?

2. Ces deux signaux ont-ils la même période ? la même fréquence ?

3. Qu'est-ce qui différencie ces deux signaux ?

4. Quelle méthode faut-il mettre en œuvre pour déterminer avec précision la fréquence des signaux ?

5. La fréquence du signal B est-elle égale, supérieure ou inférieure à un demi-kilohertz ?

EXERCICE D'APPROFONDISSEMENT

8 RÉFLEXION ULTRASONORE AU LABORATOIRE ★★★★ 40 min ▸ P. 147

Pour mettre en évidence le phénomène de réflexion des ultrasons, utilisé en imagerie échographique et en technique sonar, des élèves ont conçu un dispositif dans le cadre de travaux personnels encadrés (TPE).

Un émetteur d'ultrasons E et un récepteur R sont placés côte à côte dans une cuve parallélépipédique de longueur D, remplie d'eau.

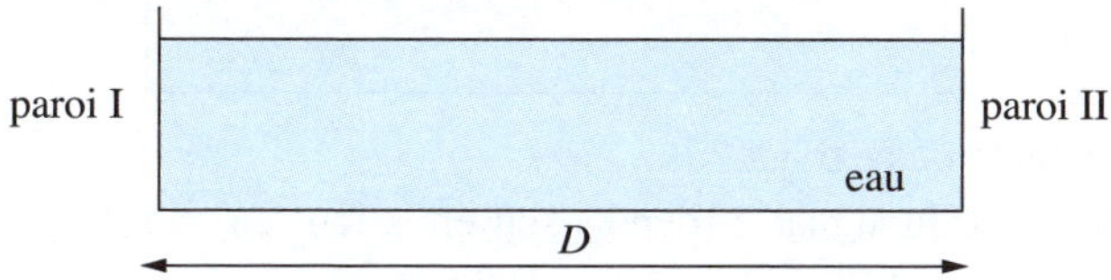

Vue de profil de la cuve remplie d'eau

Vue de dessus du dispositif

Indication : le positionnement du récepteur ne lui permet de capter que les ondes se propageant de la paroi I vers la paroi II (c'est-à-dire de gauche à droite sur le croquis).

L'émetteur est réglé pour produire une onde de brève durée (ou signal) se propageant vers la paroi I située à la distance *d*. Un oscilloscope permet de visualiser le signal émis par E et de constater que trois signaux (notés 1, 2 et 3) sont reçus par R.

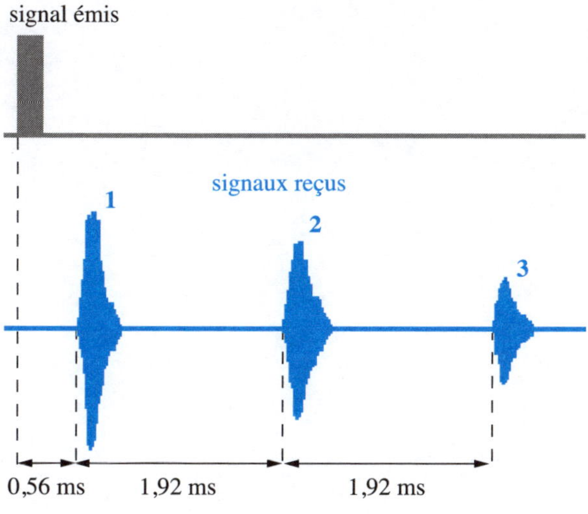

La durée séparant l'émission par E de la réception par R du signal 1 est $\Delta t_1 = 0,56$ ms.

La même durée $\Delta t_2 = 1,92$ ms s'écoule entre les réceptions des signaux 1 et 2 que celle des signaux 2 et 3.

1. Donner deux arguments permettant d'affirmer que le signal 2 s'est propagé sur une plus longue distance que le signal 1 avant d'être capté par R.

2. Décrire le trajet du signal 1 en complétant le croquis suivant où figure en pointillés la ligne de positionnement de E et R.

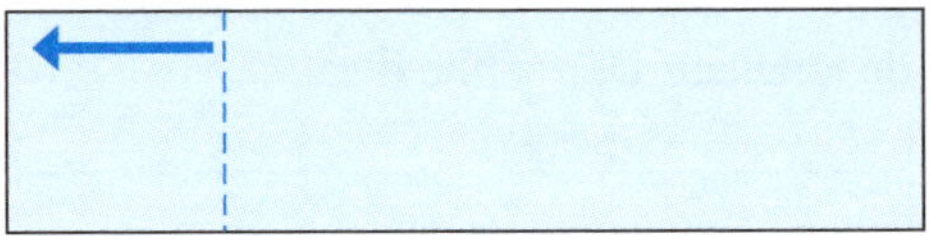

Quelle est la durée de ce trajet ?

3. Décrire le trajet du signal 2 (depuis son émission) en complétant le croquis précédent.

Quelle est la durée de ce trajet ?

4. La célérité de l'onde dans l'eau est $v = 1,50 \text{ km} \cdot \text{s}^{-1}$.

Déterminer les longueurs d et D en expliquant la démarche à l'aide du schéma précédent.

5. Il s'écoule la même durée de 1,92 ms entre les réceptions successives des signaux 1 et 2 qu'entre celles des signaux 2 et 3.

En déduire le trajet du signal 3 dans la cuve.

6. Quelles sont les distances d_1, d_2 et d_3 parcourues respectivement par les signaux 1, 2 et 3 dans la cuve à eau ?

CONTRÔLE

9 ONDES ÉLECTROMAGNÉTIQUES ET MÉDECINE ★★★ 40 min ▸ P. 148

Cet exercice comporte six documents relatifs à des techniques médicales utilisant des ondes électromagnétiques.

Les réponses aux questions suivantes seront rédigées de manière argumentée en s'appuyant d'une part sur des connaissances, et d'autre part sur des informations à extraire des documents fournis ci-après.

1. Les sept catégories d'ondes électromagnétiques dont il est question dans le **Doc. 1** ont été regroupées sur le graphe suivant.

Indiquer à quelle catégorie d'onde correspond chacune des zones de A à G.

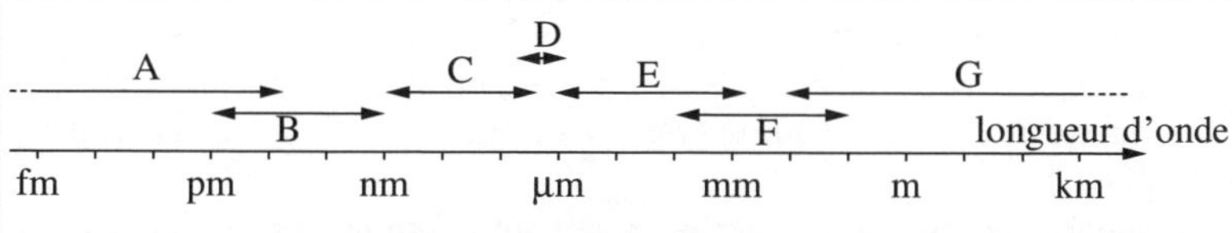

2. Quelles sont les ondes électromagnétiques de plus forte fréquence ?

3. Quelle est la nature des ondes électromagnétiques utilisées en thermographie ?

4. Les os contiennent les éléments phosphore P et calcium Ca, tandis que les muscles contiennent principalement les éléments hydrogène H, carbone C, oxygène O et azote N.

Justifier la phrase du **Doc. 4** : « *…les clichés radiographiques permettent une observation fine du squelette* ».

5. Expliquer pourquoi le personnel médical travaillant dans les unités radiologiques se protège derrière des écrans plombés au moment du fonctionnement des sources de rayons X.

Doc. 1. Les sept catégories d'ondes électromagnétiques

Les ondes électromagnétiques sont classées en sept grandes catégories en fonction de leur longueur d'onde.

La lumière visible a une longueur d'onde comprise entre environ 400 et 800 nm.

Son spectre est classiquement décrit par sept couleurs, dans l'ordre décroissant des longueurs d'onde : le rouge, l'orange, le jaune, le vert, le bleu, l'indigo et le violet. Les ultraviolets et les infrarouges côtoient le visible.

Les rayons X découverts en 1895 par le scientifique allemand Wilhelm Röntgen, ont une longueur d'onde comprise typiquement entre un picomètre et un nanomètre, tandis que les rayons gamma d'origine nucléaire ont une longueur d'onde encore plus faible. Les ondes radio sont les ondes électromagnétiques de plus grande longueur d'onde. Les micro-ondes sont caractérisées par une longueur d'onde de l'ordre du millimètre ou du centimètre.

Doc. 2. Relation entre fréquence et longueur d'onde

La longueur d'onde λ d'une onde électromagnétique est reliée à sa fréquence f par la relation :

$$\lambda = \frac{c}{f}$$

où $c = 3 \times 10^8\ m \cdot s^{-1}$ est la célérité de la lumière dans le vide.

Doc. 3. La thermographie

Le corps humain, comme tout autre corps chaud, émet des ondes électromagnétiques. Ces ondes ont typiquement une fréquence d'environ 3×10^{13} Hz.

La thermographie est une technique d'imagerie médicale permettant de mettre en évidence les différences de température au niveau de la peau en captant ces ondes à l'aide d'un détecteur capable d'en mesurer leur intensité et de retranscrire l'information sous forme d'une image colorisée où chaque gamme de couleur correspond à un domaine de température.

Cette technique permet d'assurer le suivi d'actes médicaux tels que les greffes, ou d'établir des diagnostics lorsque le système vasculaire du patient a été touché par une brûlure.

La thermographie est aussi utilisée dans d'autres domaines que la médecine, pour des diagnostics d'isolation thermique des bâtiments par exemple.

Doc. 4. Radiographie et absorption des rayons X

Lors d'une radiographie, un faisceau de rayons X traverse le corps du patient ; il est plus ou moins absorbé selon la nature de l'organe traversé.

En effet, l'absorption des rayons X par la matière augmente avec le numéro atomique de l'élément chimique traversé.

C'est grâce à cette propriété des rayons X que les clichés radiographiques permettent une observation fine du squelette.

Doc. 5. Numéro atomique de quelques éléments

Élément	H	C	N	O	Al	P	Ca	Cu	Ag	Pb
Z	1	6	7	8	13	15	20	29	47	82

Doc. 6. Dangerosité des ondes électromagnétiques

La dangerosité d'une exposition à une onde électromagnétique dépend de la dose reçue mais surtout du type d'onde électromagnétique.

Plus la longueur d'onde est courte, plus l'onde électromagnétique est susceptible de provoquer des lésions sur les cellules.

Ainsi les ondes radio et la lumière visible sont sans danger.

Au contraire, à dose répétée ou prolongée, les rayons X peuvent provoquer des lésions cellulaires irréversibles et engendrer l'apparition de tumeurs cancéreuses.

CORRIGÉS

1 **1.** L'unité internationale de tension électrique est le volt (**réponse c**).
2. Une tension est dite périodique si elle se répète identique à elle-même à intervalles de temps réguliers (**réponse b**).
3. La période est un temps.
Elle peut donc s'exprimer en secondes (**réponse a**) ou millisecondes (**réponse b**).
L'unité internationale de période est la seconde.
4. La fréquence d'une tension périodique est le nombre de périodes par seconde (**réponse b**), c'est aussi l'inverse de la période (**réponse c**).
5. La fréquence peut s'exprimer en hertz (**réponse c**) ou kilohertz (**réponse d**).
L'unité internationale de fréquence est le hertz.

2 **1.** Une onde sonore ne peut pas se propager dans le vide (**réponse b**).
2. Les sons inaudibles de forte fréquence sont des ultrasons (**réponse d**)
3. La vitesse de propagation d'une onde est aussi appelée célérité (**réponse a**).
4. Les sons et les ultrasons se propagent moins vite dans l'air que dans l'eau (**réponse c**).
5. Les sons et les ultrasons se propagent moins vite que la lumière (**réponse c**).

Dans l'air, les sons et les ultrasons se propagent près d'un million de fois moins vite que la lumière (onde électromagnétique).

6. Les ultrasons sont utilisées en médecine pour les échographies (**réponse c**).

3 **1.** Une onde électromagnétique peut se propager dans l'air (**réponse a**), le vide (**réponse b**), les liquides (**réponse c**) et les solides (**réponse d**).
Toutes les catégories d'ondes électromagnétiques ne peuvent pas se propager dans tous les milieux.
Ainsi, la lumière visible se propage dans le vide et dans les milieux transparents (par exemple, l'air, l'eau, le verre) mais pas dans les milieux opaques (par exemple, les métaux).
2. Une onde électromagnétique se propage à $300\,000\,000\ \text{m}\cdot\text{s}^{-1}$ dans l'air (**réponse e**), c'est-à-dire $3\times10^{8}\ \text{m}\cdot\text{s}^{-1}$ (**réponse f**).
3. Les ultrasons (**réponse d**) et les infrasons (**réponse f**) ne sont pas des ondes électromagnétiques.
4. Les ondes électromagnétiques utilisées en radiographie sont des rayons X (**réponse c**).

4 La lumière se propage en ligne droite, le tracé 1 est courbe, il ne peut donc pas convenir.
La lumière se propage dans la fibre par une suite de réflexions totales. Chaque réflexion s'effectue de telle manière que l'angle incident et l'angle réfléchi sont égaux.
Le tracé exact est donc le tracé 2.

5 **1.** Les signaux 1 et 2 ont la même période (correspondant sur l'oscillogramme à quatre divisions) et donc la même fréquence.
2. Le signal 1 a une amplitude plus grande que le signal 2.
Par ailleurs les deux signaux n'ont pas la même forme.
3. Les périodes et les amplitudes ne seraient pas comparables directement si les échelles étaient différentes pour les signaux 1 et 2.

6 **1.** Un pied à coulisse permettrait de mesurer l'épaisseur de la plaque à proximité d'un bord, à quelques centimètres maximum, mais pas au-delà. Pour vérifier l'épaisseur du panneau loin du bord, il est nécessaire de disposer d'une autre technique.
2. L'ultrason se réfléchit sur la deuxième face du panneau puis revient. Ce phénomène de réflexion ultrasonore est aussi à l'origine de l'échographie en médecine.
3. L'ultrason met le temps Δt pour parcourir un aller-retour dans le matériau, c'est-à-dire une distance $2d$.

La célérité ultrasonore est $v = \dfrac{2d}{\Delta t}$ donc $d = \dfrac{v\Delta t}{2}$.

4. $v = 6,4\ \text{km}\cdot\text{s}^{-1} = 6,4\times10^3\ \text{m}\cdot\text{s}^{-1}$

et $\Delta t = 6,3\ \mu\text{s} = 6,3\times10^{-6}\ \text{s}$ donc :

$$d = \frac{v\Delta t}{2} = \frac{6,4\times10^3\times6,3\times10^{-6}}{2}$$
$$= 2,2\times10^{-2}\ \text{m} = 2,2\ \text{cm}.$$

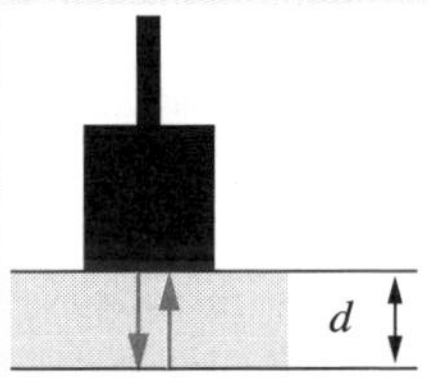

Attention aux unités : v en $\text{m}\cdot\text{s}^{-1}$ et Δt en s pour obtenir d en m.

7 **1.** Ces signaux sont périodiques car on constate sur les enregistrements qu'ils se répètent identiques à eux-mêmes à intervalles de temps réguliers.
2. Ces deux signaux ont la même période. En effet, sur chacun des enregistrements de 25 ms, on observe qu'il y a autant de motifs qui se répètent (un peu plus de 11).
Ces signaux A et B ayant la même période, ils ont aussi la même fréquence puisque la fréquence est le nombre de périodes en une seconde.
On ne sait pas si A et B ont des amplitudes différentes car on ne dispose pas de l'échelle verticale des enregistrements.
3. Ces deux signaux se différencient par leur forme.

Le signal A est sinusoïdal.

4. Pour déterminer la fréquence, il faut mesurer la période avec le maximum de précision. Pour y parvenir, il faut mesurer sur l'enregistrement B la valeur du plus grand nombre possible de périodes.
5. Dix périodes valent 22,2 ms donc la période vaut : $T = 2,22\ \text{ms} = 2,22\times10^{-3}\ \text{s}$.

La fréquence est donc $f = \dfrac{1}{T} = \dfrac{1}{2,22\times10^{-3}} = 450\ \text{Hz}$.

Cette valeur est inférieure à 0,5 kHz (ou 500 Hz).

8 **1.** Deux faits prouvent que le signal 2 s'est propagé sur une distance plus longue que le signal 1 : il est capté avec un retard de 1,92 ms et son amplitude est plus faible.
2. Le signal émis par E se réfléchit sur la paroi I puis revient vers le récepteur R. La durée de ce trajet est $\Delta t_1 = 0{,}56$ ms.

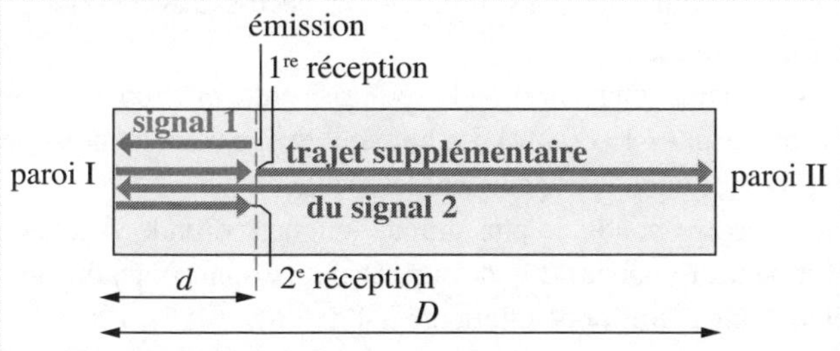

3. Après sa première réflexion sur la paroi I, le signal continue jusqu'à la paroi II où il se réfléchit une seconde fois, puis il subit une troisième réflexion (sur la paroi I) avant d'être capté à nouveau par le récepteur.
La durée totale de ce trajet est : $\Delta t_1 + \Delta t_2 = 0{,}56 + 1{,}92 = 2{,}48$ ms.
4. Le signal 1 a parcouru la distance $2d$ en un temps $\Delta t_1 = 0{,}56$ ms.

La célérité ultrasonore s'exprime ainsi : $v = \dfrac{2d}{\Delta t_1}$ donc $d = \dfrac{v\Delta t_1}{2}$.

Avec $v = 1{,}50 \text{ km} \cdot \text{s}^{-1} = 1{,}50 \times 10^3 \text{ m} \cdot \text{s}^{-1}$ et $\Delta t_1 = 0{,}56 \text{ ms} = 0{,}56 \times 10^{-3}$ s on obtient alors :

$$d = \frac{v\Delta t_1}{2} = \frac{(1{,}50 \times 10^3) \times (0{,}56 \times 10^{-3})}{2} = 0{,}42 \text{ m} = 42 \text{ cm}$$

Par rapport au signal 1, le signal 2 parcourt un trajet supplémentaire de longueur $2D$ en un temps $\Delta t_2 = 1{,}92$ ms.
Avec un raisonnement similaire à celui qui vient d'être exposé, on peut écrire :

$$D = \frac{v\Delta t_2}{2} \text{ soit } D = \frac{(1{,}50 \times 10^3) \times (1{,}92 \times 10^{-3})}{2} = 1{,}44 \text{ m}.$$

Ne pas oublier d'utiliser les unités internationales lors des calculs.
5. Le signal ultrasonore 3 est reçu 1,92 ms après le signal 2.
Or, cette durée correspond à la propagation de l'onde sur la distance $2D$ (c'est-à-dire un aller-retour dans la cuve).
Par conséquent, le signal 3 parcourt un aller-retour de plus que le signal 2, c'est-à-dire qu'il se réfléchit une nouvelle fois sur la paroi 2 puis sur la paroi 1 avant d'être capté par le récepteur.

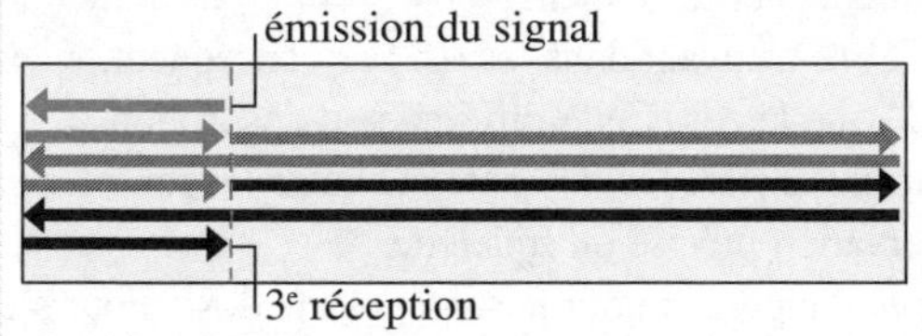

6. La distance parcourue par le signal 1 est : $d_1 = 2d = 2 \times 0,42 = 0,84$ m.
Pour le signal 2, cette distance est : $d_2 = d_1 + 2D = 0,84 + 2 \times 1,44 = 3,72$ m.
Pour le signal 3, cette distance est : $d_3 = d_2 + 2D = 3,72 + 2 \times 1,44 = 6,60$ m.

9 1. Le **Doc. 1** fournit toutes les informations nécessaires pour identifier chaque type d'onde sur le graphe.
La lumière visible a une longueur d'onde comprise entre environ 400 et 800 nm, soit un peu moins de 1 µm (= 1 000 nm). La lumière visible correspond donc à D.
Les infrarouges et les ultraviolets côtoient le visible.
De plus, le rouge correspond à la plus grande longueur d'onde visible donc E est la zone des infrarouges (longueur d'onde supérieure à 800 nm), tandis que C est celle des ultraviolets (longueur d'onde inférieure à 400 nm).
Les rayons X ont une longueur d'onde comprise entre 1 pm et 1 nm, il s'agit du domaine B. Les rayons gamma ont une longueur d'onde encore plus faible : zone A.
Les ondes radio sont les ondes électromagnétiques de plus forte longueur d'onde, elles se situent donc en zone G sur le schéma.
Les micro-ondes de longueur d'onde de l'ordre du millimètre ou du centimètre sont situées en zone F entre les infrarouges et les ondes radio.

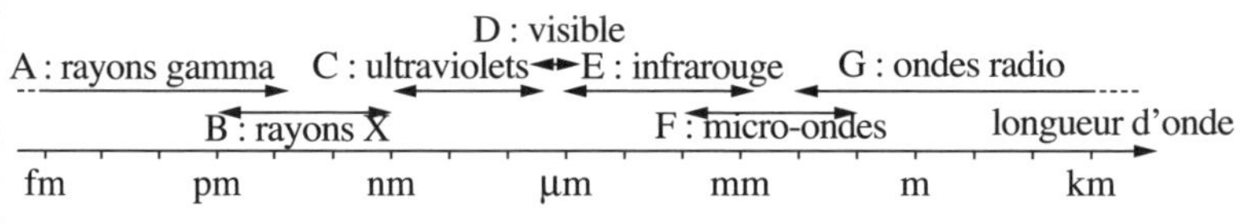

2. La relation (**Doc.2**) : $\lambda = \frac{c}{f}$ montre que la fréquence et la longueur d'onde varient en sens inverse. C'est-à-dire que les petites longueurs d'onde correspondent aux grandes fréquences et inversement. Donc d'après le diagramme de la question précédente, les rayons gamma sont les ondes électromagnétiques de plus forte fréquence.
3. Les ondes analysées en thermographie ont typiquement une fréquence d'environ 3×10^{13} Hz (**Doc. 3**).

La relation $\lambda = \frac{c}{f}$ permet de calculer la valeur de la longueur d'onde :

$$\lambda = \frac{3 \times 10^8}{3 \times 10^{13}} = 10^{-5} \text{ m} = 10 \text{ µm}$$

D'après le graphe du **Doc. 1**, il s'agit donc d'infrarouges.
4. Les muscles contiennent des éléments (H, C, N et O) de numéro atomique inférieur aux éléments (P, Ca) se trouvant dans les os. Par conséquent, les muscles absorbent moins les rayons X que les os. Cette différence d'absorption se traduit sur le cliché radiographique par une différence de contraste entre les muscles et les os. Cela permet donc une observation précise du squelette.
5. Les rayons X sont dangereux pour la santé à forte dose. Pour s'en protéger, il faut donc se placer derrière un écran absorbant ces rayons. C'est le plomb qui est le plus adapté pour absorber fortement les rayons X car son numéro atomique est élevé (82).

8 Des molécules au service de la santé

Les médicaments que nous utilisons sont élaborés à partir d'extraits naturels ou de composés de synthèse.
Les molécules contenues dans ces médicaments possèdent des propriétés pharmacologiques (antalgique, anti-inflammatoire...) préalablement étudiées et testées par les laboratoires

I DES ATOMES AUX MOLÉCULES

1. Définition

Une molécule est un édifice électriquement neutre, formé d'un nombre limité d'atomes liés les uns aux autres.

2. Les liaisons de covalence

Une liaison de covalence correspond à la mise en commun de deux électrons par deux atomes au sein d'une molécule, chaque atome fournissant un électron, elle est schématisée par un trait : —.

Certains atomes peuvent se lier, une fois, deux fois ou encore trois fois à un autre atome ce qui conduit à des liaisons simples, doubles ou triples représentées par un simple, un double ou un triple trait : — ; = ; ≡.
Les liaisons covalentes permettent aux atomes de gagner le nombre d'électrons dont ils ont besoin pour satisfaire à la règle du duet ou de l'octet.

Les règles du duet et de l'octet ont été énoncées dans le chapitre 4.

3. Nombre de liaisons par atome

Le nombre de liaisons que peut former un atome est égal au nombre d'électrons qu'il doit acquérir pour compléter sa couche externe à un octet d'électrons (ou un duet pour l'atome d'hydrogène).

EXEMPLE :

Atome	Symbole	Nombre de liaisons
hydrogène	H	1
carbone	C	4
oxygène	O	2
azote	N	3

La méthode de détermination du nombre de liaisons pour un atome est précisée dans le savoir-faire 1.

II REPRÉSENTATION DES MOLÉCULES

Différentes représentations sont utilisées pour décrire une molécule et sa structure.

1. Formule brute d'une molécule

Une molécule est symbolisée par sa **formule brute**, construite à partir du symbole des atomes et de leurs nombres respectifs indiqués en indice.

EXEMPLE : La molécule de paracétamol, de formule brute $C_8H_9O_2N$, est un assemblage de huit atomes de carbone C, neuf atomes d'hydrogène H, deux atomes d'oxygène O et un atome d'azote N.

2. Formules développée et semi-développée d'une molécule

La **formule développée** indique l'enchaînement des atomes et toutes les liaisons entre atomes. Dans la **formule semi-développée** les liaisons concernant l'hydrogène ne sont pas représentées.

Formule brute et nom	Modèle moléculaire	Formule développée	Formule semi-développée
C_3H_8 propane		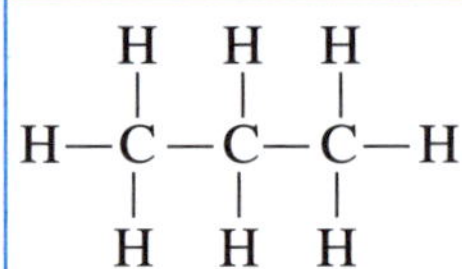	$CH_3-CH_2-CH_3$
$C_8H_9O_2N$ paracétamol	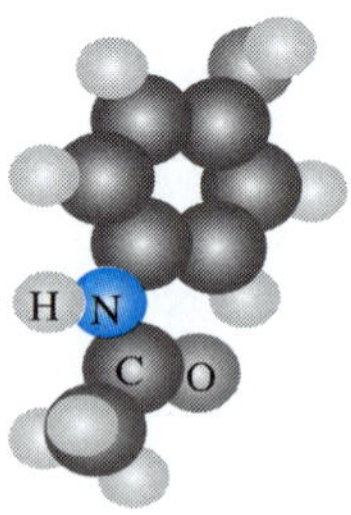	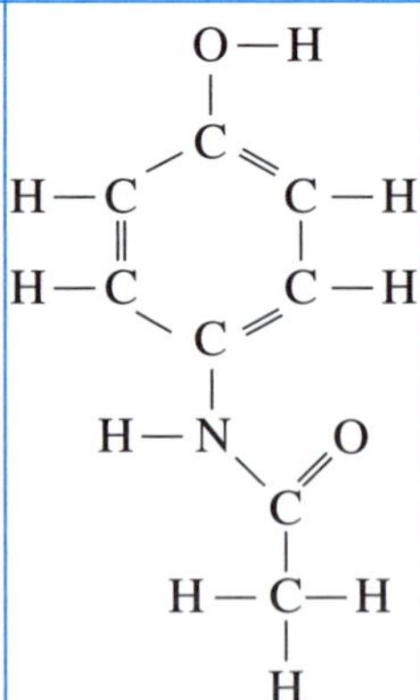	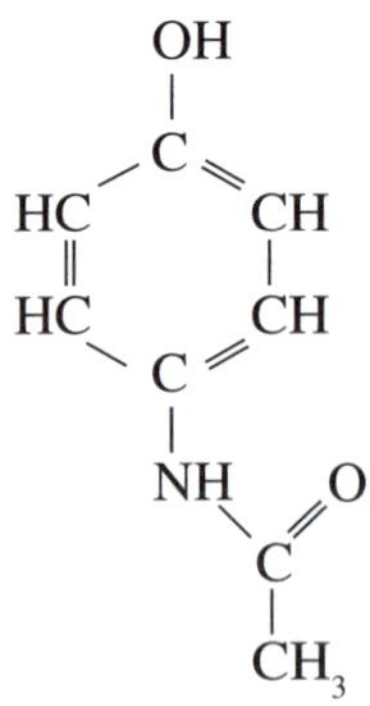

La détermination de la formule d'une molécule à partir d'un modèle moléculaire est détaillée dans le savoir-faire 2 et celle de la formule développée à partir de la formule brute dans le savoir faire 3.

3. Des molécules isomères

Des molécules de même formule brute qui ont des enchainements d'atomes différents sont des **isomères**.

Des isomères ont des noms et des propriétés physiques et chimiques différentes.

EXEMPLES :

Les quatre molécules suivantes sont des isomères de $C_4H_{10}O$.

$CH_3-CH_2-CH_2-CH_2-$**OH**	CH_3-CH_2-**O**$-CH_2-CH_3$
$CH_3-CH_2-CH-CH_3$ $\quad\quad\quad\quad\;\;|$ **OH** (sur le CH)	$CH_3-CH-CH_2-$**OH** $\quad\quad\;|$ $\mathbf{CH_3}$ (sur le CH)

III AUTOUR DES MÉDICAMENTS

1. Formulation d'un médicament

Un médicament est un mélange de plusieurs espèces chimiques :

- le **principe actif** est une molécule qui, dans un médicament, possède un effet thérapeutique ;
- les **excipients** sont d'autres composés dépourvus d'activité pharmacologique qui permettent une plus grande efficacité, une meilleure absorption et une meilleure tolérance du principe actif.

La composition détaillée du médicament constitue sa **formulation**.

2. Le principe actif

Le principe actif peut être une espèce chimique naturelle extraite de la nature, ou encore une espèce chimique synthétique fabriquée en laboratoire.

Certaines espèces synthétiques sont identiques à des espèces naturelles.

D'autres n'existent pas dans la nature, elles ont été inventées par les chimistes, on parle alors d'espèces artificielles.

Un même principe actif peut être associé à différents excipients.

C'est le cas pour les médicaments génériques.

3. Propriétés thérapeutiques et groupes caractéristiques d'une molécule

Les molécules utilisées pour leurs vertus thérapeutiques comportent des groupes d'atomes leur conférant des propriétés chimiques spécifiques.

Ces groupes d'atomes sont appelés **groupes caractéristiques**.

Hydroxyle	Carboxyle	Ester	Amine	Amide
$-\mathrm{OH}$	$-\mathrm{C}(=\mathrm{O})-\mathrm{OH}$	$-\mathrm{C}(=\mathrm{O})-\mathrm{O}-$	$-\mathrm{NH_2}$	$-\mathrm{C}(=\mathrm{O})-\mathrm{NH}-$

Quelques groupes caractéristiques

Des molécules qui possèdent le même groupe caractéristique forment une famille chimique.

Une molécule qui contient le groupe caractéristique hydroxyle ($-\mathrm{OH}$) appartient à la famille des alcools.

La famille des acides carboxyliques correspond à une molécule qui contient le groupe carboxyle.

Les groupes caractéristiques seront toujours donnés, il suffit de savoir les repérer sur une molécule.

EXEMPLE : La molécule d'acide lactique présente le groupe **$-\mathrm{COOH}$** soit **le groupe carboxyle** et un groupe **$-\mathrm{OH}$** soit **le groupe hydroxyle.**

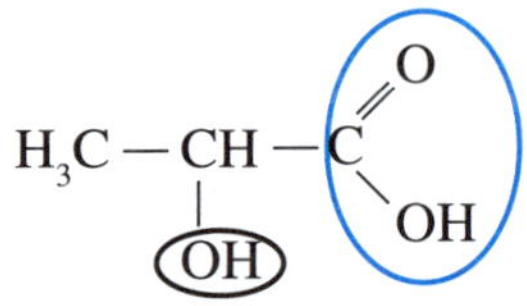

Cette molécule fait partie de la famille des acides carboxyliques et des alcools. Ses propriètés chimiques sont liées en présence de ces deux groupes caractéristiques.

SAVOIR-FAIRE

1. Déterminer le nombre de liaisons engendrées par un atome

■ **Étape 1** : écrire la structure électronique de l'atome à partir de son numéro atomique Z.
■ **Étape 2** : en déduire ensuite le nombre d'électrons de sa couche externe.
■ **Étape 3** : déterminer le nombre d'électrons qu'il doit acquérir pour satisfaire à la règle de l'octet ou du duet.
■ **Étape 4** : ce nombre correspond au nombre de liaisons qu'il engendrera.

EXEMPLES :

• L'hydrogène H a pour numéro atomique $Z = 1$.
Sa structure électronique est $(K)^1$. Il se lie **une fois** car il lui manque un électron pour acquérir la configuration en duet $(K)^2$.
• Le carbone C a pour numéro atomique $Z = 6$.
Sa structure électronique est $(K)^2(L)^4$. Il se lie **quatre fois** car il lui manque quatre électrons pour obtenir la structure en octet $(K)^2(L)^8$.
• L'azote N a pour numéro atomique $Z = 7$.
Sa structure électronique est $(K)^2(L)^5$. Il se lie **trois fois** car il lui manque trois électrons pour acquérir la configuration en octet $(K)^2(L)^8$.
• L'oxygène O a pour numéro atomique $Z = 8$.
Sa structure électronique est $(K)^2(L)^6$. Il se lie **deux fois** car il lui manque deux électrons pour acquérir la structure en octet $(K)^2(L)^8$.

2. Déterminer la formule développée d'une molécule à partir de son modèle moléculaire

EXEMPLES :

• Au regard du modèle, la molécule de propane est constituée d'atomes de carbone et d'hydrogène. Le squelette carboné est constitué d'un enchainement de 3 atomes de carbone reliés par des liaisons simples:

C—C—C

Chaque atome de carbone se situant à l'extrémité est lié à 3 atomes d'hydrogène, le carbone central à 2 atomes d'hydrogène.
Les règles de l'octet et du duet sont respectées puisque chaque carbone est lié quatre fois et chaque hydrogène une seule fois.

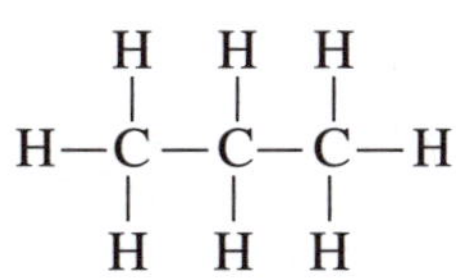

• La molécule de paracétamol est constituée d'atomes de carbone, d'hydrogène, d'oxygène et d'azote.

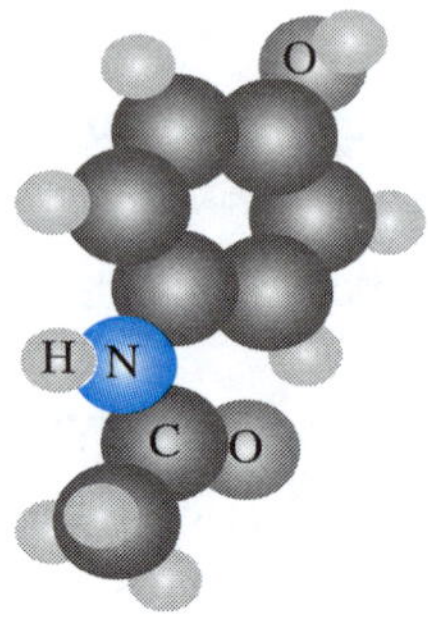

Tout d'abord, il s'agit d'écrire la formule en mettant une liaison simple entre tous les atomes qui apparaissent liés entre eux dans le modèle moléculaire.

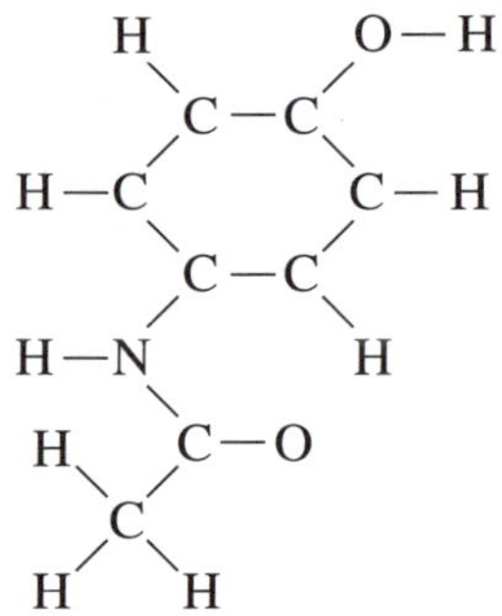

Il faut ensuite ajouter les liaisons manquantes pour que les atomes d'oxygène, d'azote et de carbone soient respectivement liés : 2 fois, 3 fois et 4 fois, sans pour autant que les atomes d'hydrogène ne soient liés plus d'une fois.

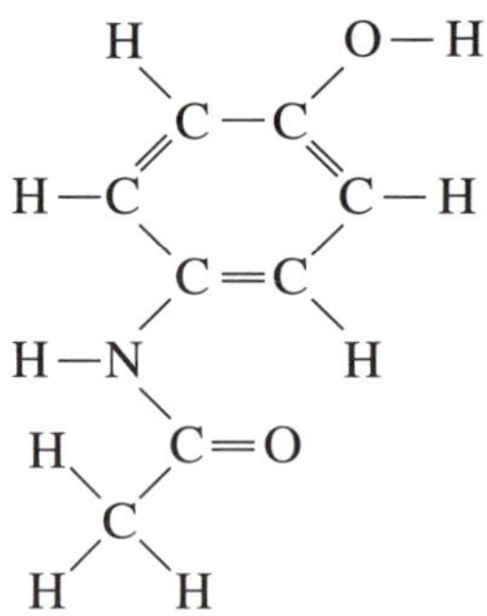

ou

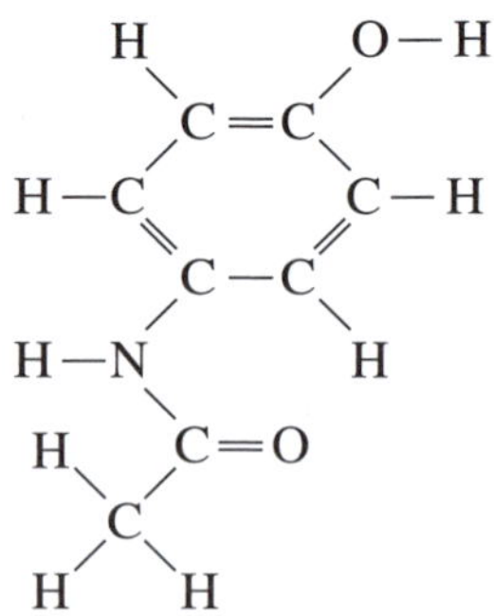

3. Déterminer la formule développée d'une molécule à partir de sa formule brute

■ Un composé de la famille des alcools (contenant le groupe caractéristique —OH) a pour formule brute C_3H_8O.

Comment déterminer la ou les formules développées possibles ?

■ Tout d'abord il faut connaitre le nombre de liaisons que doivent engendrer le carbone, l'hydrogène et l'oxygène.

Il faut ensuite dessiner les atomes et les relier entre eux en respectant leur nombre de liaisons.

Le squelette carboné est ici constitué de 3 atomes de carbone : C—C—C

Le groupe caractéristique hydroxyle —OH va être fixé sur un atome de carbone : soit le premier (le dernier C est équivalent au premier) ou bien le central.

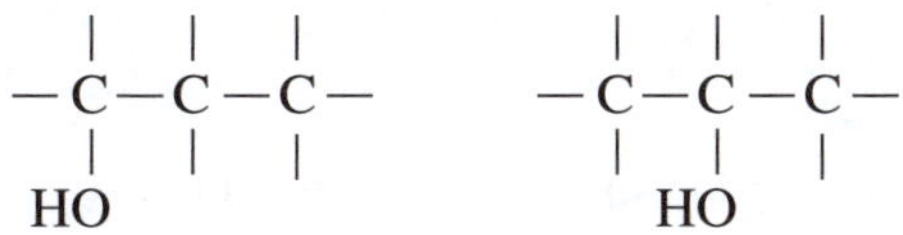

On compléte ensuite avec les atomes d'hydrogène.

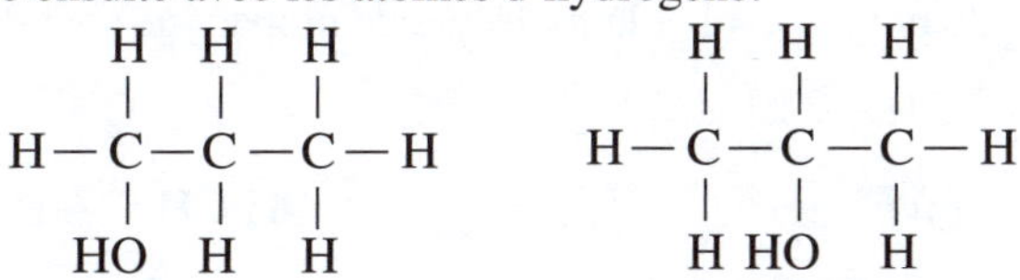

Deux enchaînements atomiques sont possibles, correspondant à deux molécules isomères.

EXERCICES D'APPLICATION

1 VRAI OU FAUX ? (1) | ★ | 15 min | ▸ P. 164

▸ P. 164

Indiquer si chaque affirmation suivante est vraie ou fausse.
Dans le cas d'une affirmation fausse, la reformuler pour qu'elle devienne vraie.

1. Dans la formulation d'un médicament on ne trouve que des excipients.

2. Dans l'excipient on trouve une molécule qui possède un effet thérapeutique.

3. Tous les médicaments dérivent de composés naturels.

4. Une molécule est constituée de plusieurs atomes liés entre eux.

5. Le nombre de liaisons dont peut s'entourer un atome est égal au nombre d'électrons de sa couche externe.

2 VRAI OU FAUX ? (2) | ★ | 15 min | ▸ P. 164

▸ P. 164

Indiquer si chaque affirmation suivante est vraie ou fausse.
Dans le cas d'une affirmation fausse, la reformuler pour qu'elle devienne vraie.

1. La molécule de propan-2-ol et la molécule de propanone sont des isomères.

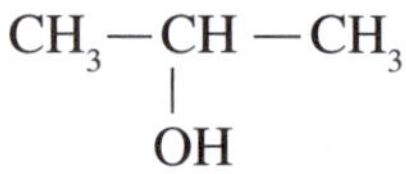

propan-2-ol

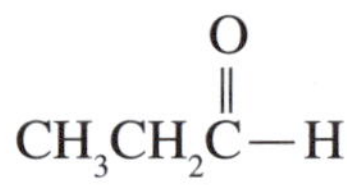

propanone

2. L'eugénol, composant principal de l'huile essentielle des clous de girofle, est utilisé dans certains produits des domaines médical et dentaire en raison de ses propriétés antalgique et antiseptique ; c'est un anesthésiant local.

a. La formule brute de l'eugénol est $C_{10}H_{11}O_2$.

b. La molécule d'eugénol contient le groupe caractéristique carboxyle.

Données : formule de l'eugénol et groupes caractéristiques

<table>
<tr><th>L'eugénol</th><th>Groupe hydroxyle</th></tr>
<tr><td rowspan="3">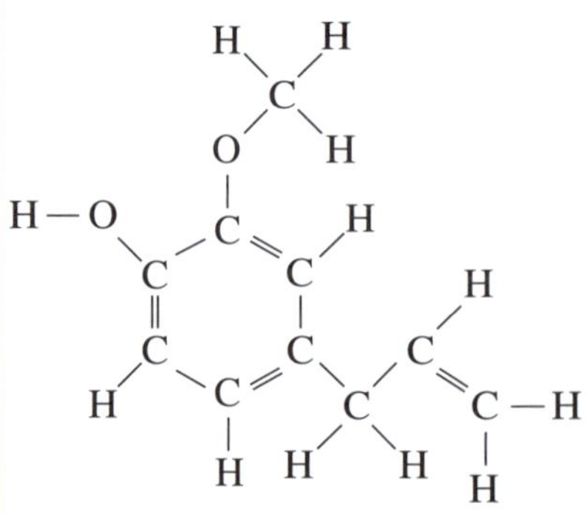</td><td>—OH</td></tr>
<tr><td>Groupe carboxyle</td></tr>
<tr><td>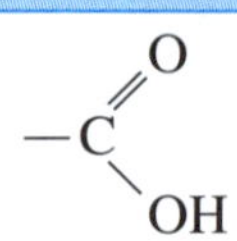</td></tr>
</table>

3 REPRÉSENTER DES MOLÉCULES

★★ | 15 min | ▸ P. 164

Donner la formule brute, la formule développée et la formule semi-développée des molécules de benzaldéhyde et d'acide acétique dont les modèles moléculaires compacts sont donnés ci-dessous :

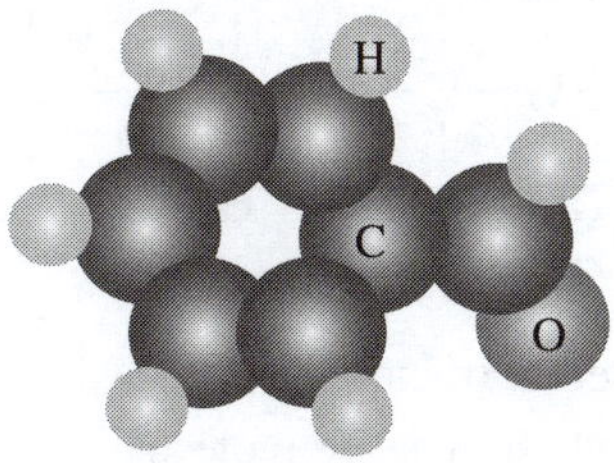

Benzaldéhyde

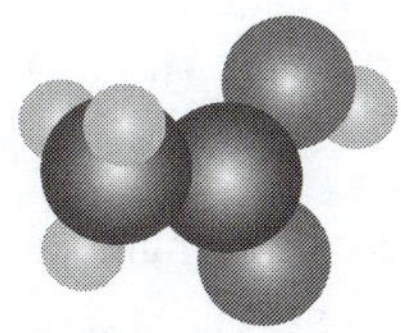

Acide acétique

EXERCICES D'ENTRAÎNEMENT

4 LA MÊME MOLÉCULE ?

★★ | 15 min | ▸ P. 165

1. Beaucoup de médicaments contiennent un excipient de formule brute C_2H_6O contenant le groupe hydroxyle, caractéristique de la famille des alcools. Déterminer la formule développée de cet alcool sachant que sa molécule ne contient que des liaisons simples. Expliquer votre démarche.

2. Dans une revue, on apprend que la molécule C_2H_6O est un biocarburant de la famille des éthers.

Il est issu de la transformation de matières végétales et assimilé à une source d'énergie renouvelable.

Déterminer la formule développée de cet éther.

Expliquer votre démarche.

3. Que peut-on dire des deux molécules étudiées dans les questions précédentes ? Justifier votre réponse.

Donnée : groupes caractéristiques

hydroxyle	carboxyle	éther	aldéhyde	cétone
—OH	—C(=O)—OH	C—O—C	—C(=O)—H	—C(=O)—

On rappelle que l'atome de carbone engendre 4 liaisons, l'atome d'hydrogène une seule liaison et l'atome d'oxygène deux liaisons.

5 SUCRES

★★ | 15 min | ▸ P. 165

Le glucose et le fructose sont des sucres dont les formules développées sont données ci-dessous.

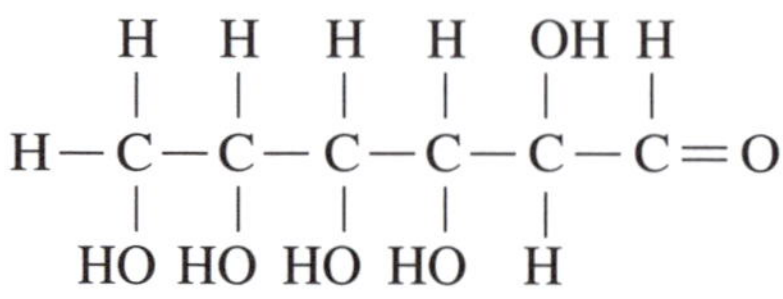

Glucose

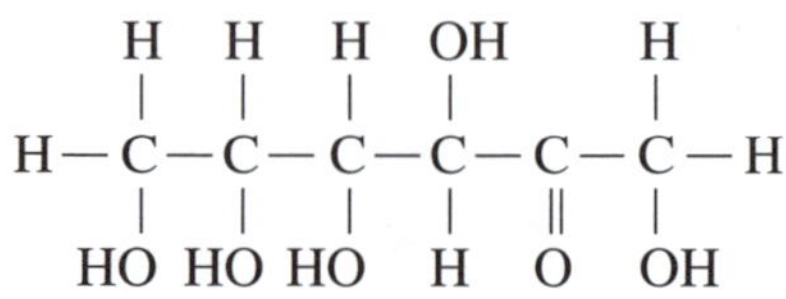

Fructose

1. Déterminer les formules brutes du glucose et du fructose.
2. Identifier les groupes caractéristiques présents sur chaque molécule.
3. À quelles familles appartiennent-ils ?
4. Peut-on dire que ces deux sucres sont isomères ?

Donnée : groupes caractéristiques

Groupe	—OH	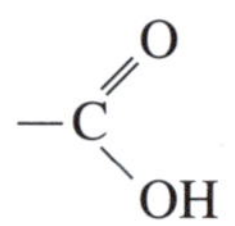	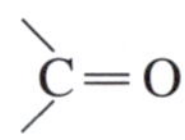	
Nom	hydroxyle	carboxyle	carbonyle	
Famille	alcool	acide carboxylique	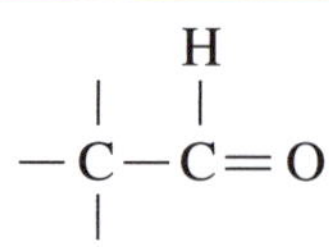 aldéhyde	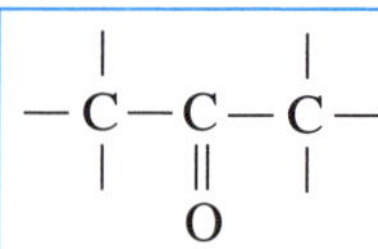 cétone

6 DE LA FORMULE BRUTE À LA FORMULE DÉVELOPPÉE

★★ | 20 min | ▸ P. 165

1. Au sein d'une molécule, de combien de liaisons s'entourent les atomes d'hydrogène ($Z = 1$), de carbone ($Z = 6$), d'azote ($Z = 7$) et d'oxygène ($Z = 8$). Justifier.

2. Déterminer la formule développée des molécules suivantes :
méthane CH_4 ;
éthane C_2H_6 ;
méthanol CH_4O ;
méthanamine CH_5N.

7 A PROPOS DE MÉDICAMENTS

★★★ 40 min ▸ P. 166

Un médicament générique est un médicament identique ou équivalent à celui d'une marque (appelé *médicament princeps*), mais produit et vendu sous sa **D**énomination **C**ommune **I**nternationale (DCI, nom chimique de la substance).
La substance active qui fait tout leur intérêt a été utilisée pendant de nombreuses années sur un très large panel de patients, ce sont des médicaments de confiance qui soignent bien, en toute sécurité, et ils ont l'obligation légale d'être aussi efficaces que l'original.
Ces médicaments génériques peuvent être produits après expiration du brevet, ou en l'absence de brevet.
La posologie, les indications et contre-indications, les effets secondaires et les garanties d'innocuité sont les mêmes.
En revanche, un médicament générique est, en général, vendu à un prix moindre.

Répondre aux questions suivantes à l'aide des documents ci-après.

1. Qu'est-ce qu'un médicament générique ?
2. Les compositions de quelques médicaments sont données dans le **Doc. 1**. Parmi ces médicaments, identifier les médicaments princeps et les médicaments génériques correspondants s'ils existent.
3. Les médicaments princeps et générique possèdent-ils les mêmes excipients ? Justifier.
4. Si la dose prescrite par un médecin est de 3 comprimés de Primpéran® par jour, quelle rectification de l'ordonnance devra opérer un pharmacien pour substituer le Primpéran® par l'Anausin métoclopramide ?
5. La molécule d'ibuprofène possède un seul groupe caractéristique, le groupe carboxyle que l'on trouve également sur la molécule d'aspirine.
Le principe actif du Doliprane® ne possède pas le groupe carboxyle mais deux autres groupes.
À partir de ces informations identifier et nommer les trois molécules du **Doc. 2**, en expliquant votre démarche.
6. Nommer le deuxième groupe caractéristique présent sur la molécule d'aspirine.
7. Identifier et nommer les groupes caractéristiques présents sur la molécule du principe actif du Doliprane®.
8. Les trois molécules étudiées dans les questions **5**, **6** et **7** sont-elles isomères ? Justifier votre réponse.

Doc. 1. Notices de quelques médicaments

PRIMPERAN COMPRIME 10 mg

Principe actif : Chlorhydrate de Métoclopramide 10 mg
Autres composants : cellulose, amidon de maïs, silice anhydre, stéarate de magnésium.

IBUPROFENE MYLAN

Forme : comprimé
Composition : Ibuprofène 400mg
Autres composants : lactose, cellulose, amidon de maïs, stéarate de magnésium

ADVIL 400 mg

Forme : comprimé
Composition : Ibuprofène 400mg
Autres composants : saccharose, amidon, carbonate de calcium, polysorbate

DOLIPRANE 2,4% sans sucre

Forme : Suspension buvable
Composition : Paracétamol 2,4g pour 100mL
Autres composants : Acide malique, maltitol liquide, sorbitol, acide citrique, hydroxybenzoate d' éthyle.

ANAUSIN METOCLOPRAMIDE 15mg

Principe actif : Chlorhydrate de Métoclopramide 15 mg
Autres composants : lactose, hydroxyéthylcellulose, alcool cétostéarylique, stéarate de magnésium, talc.

Doc. 2. Trois molécules

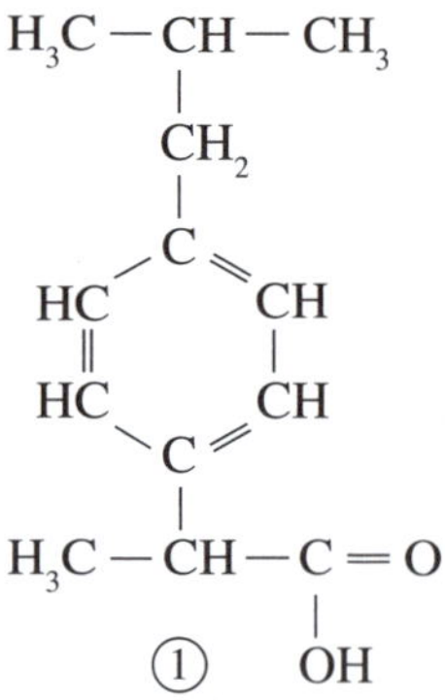
①

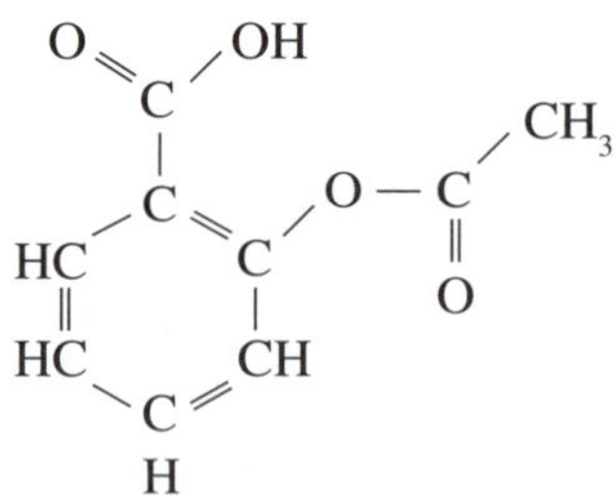
②

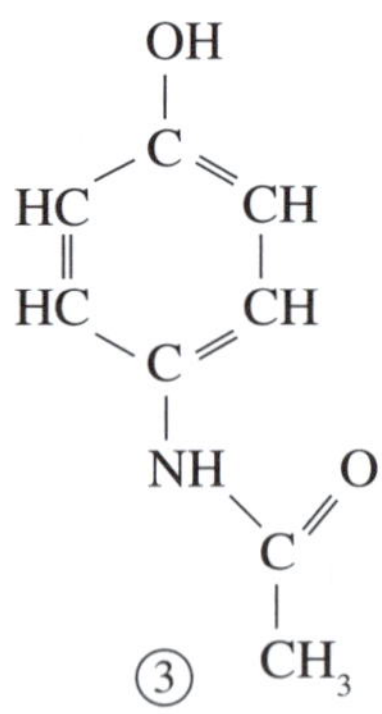
③

Doc. 3. Groupes caractéristiques

Carboxyle	Hydroxyle	Ester	Amine	Amide
$-\mathrm{C}(=\mathrm{O})-\mathrm{OH}$	$-\mathrm{OH}$	$-\mathrm{C}(=\mathrm{O})-\mathrm{O}-$	$-\mathrm{NH_2}$	$-\mathrm{C}(=\mathrm{O})-\mathrm{NH}-$

EXERCICES D'APPROFONDISSEMENT

8 DE LA CRÉATIVITÉ ★★★★ 30 min ▸ P. 167

La créativité n'est pas réservée aux artistes.
Mettez vos neurones de scientifique imaginatif en action pour rechercher la formule développée de chacun des 9 isomères de formule brute C_3H_6O.
Si, si ! Il y en a bien 9, mais pas plus…

9 CLOZAPINE ET ISOCLOZAPINE ★★★ 15 min ▸ P. 168

La clozapine est un neuroleptique comme l'isoclozapine, mais leur activité biologique est bien différente puisqu'ils n'agissent pas sur les mêmes récepteurs.

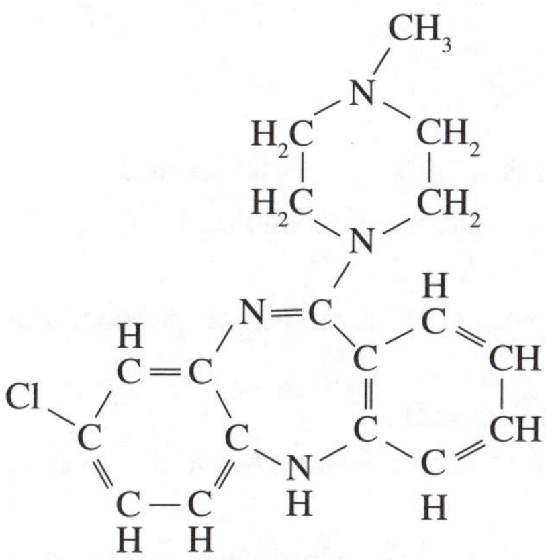

Clozapine

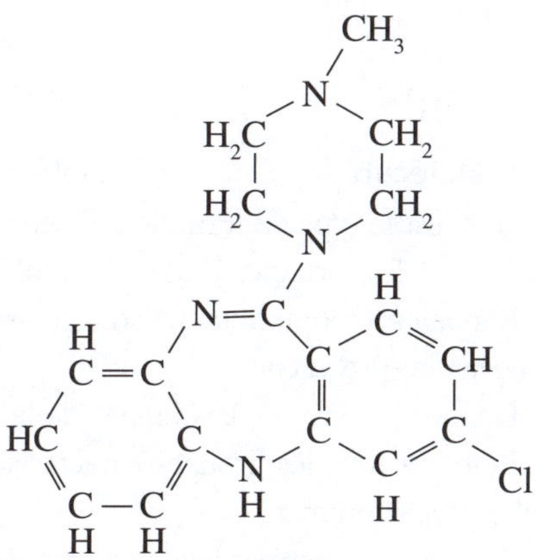

Isoclozapine

1. Rappeler le nombre de liaisons que doit engendrer le carbone, l'hydrogène, l'azote et l'atome de chlore.

2. Déterminer la formule brute de chaque molécule.

3. Pourquoi ces deux molécules n'agissent-elles pas sur les mêmes récepteurs ?

Donnée :

Atome	H	C	N	Cl
Z	1	6	7	17

10 LES MOLÉCULES DU SYNTHOL

★★★★ | 25 min | ▸ P. 168

Le Synthol® est un antalgique et antiseptique à usage local et buccal vendu en France depuis 1925. Sous forme liquide, on l'utilise en bain de bouche et en application sur la peau, par exemple au moyen de compresses.
Sa formulation comporte du levomenthol, du vératrole, du résorcinol et de l'acide salicylique.
On veut identifier les formules de l'acide salicylique, du résorcinol et du vératrole qui entrent dans la composition du Synthol®.

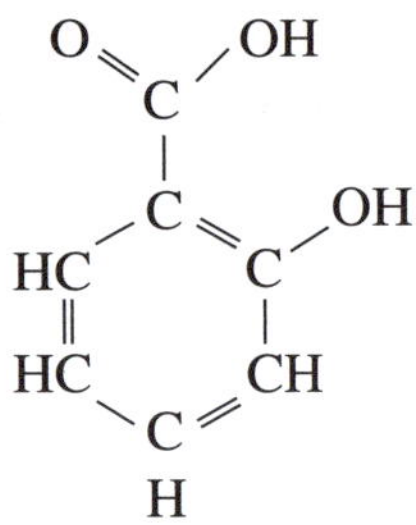

Molécule A

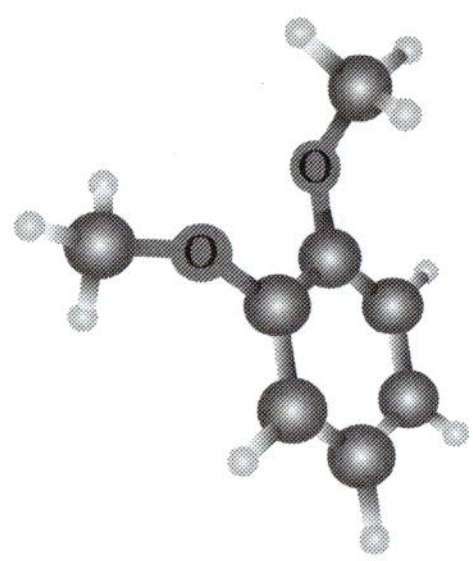

Molécule B

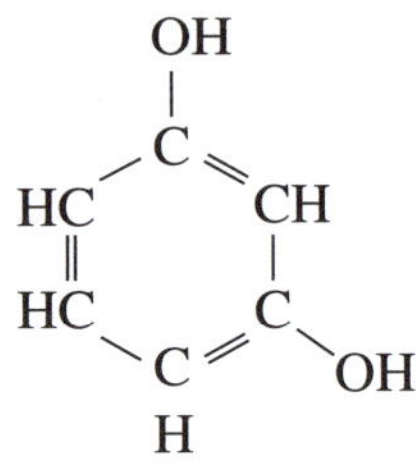

Molécule C

1. Quel est le type de formule utilisée pour représenter les molécules A et C ?
2. Donner les formules brutes des molécules A et C.
3. Rappeler le nombre de liaisons dont s'entourent les atomes de carbone, d'hydrogène et d'oxygène.
4. Donner la formule développée de la molécule B.
5. Entourer tous les groupes caractéristiques présents sur chacune de ces molécules et les nommer.
6. Sachant que l'acide salicylique possède le groupe caractéristique carboxyle, et que le résorcinol possède deux groupes hydroxyle, nommer les molécules A, B et C.

Données : numéros atomiques de quelques atomes et groupes caractéristiques

Atome	H	C	N	Cl
Z	1	6	7	17

Hydroxyle	Carboxyle	Éther	Ester	Amine
—OH	—C(=O)—OH	C—O—C	—C(=O)—O—	$-NH_2$

CONTRÔLE

11 LE CLARADOL

★★ | 20 min | ▸ P. 169

Le Claradol® est un médicament antalgique qui contient deux principes actifs, la caféine et le paracétamol.

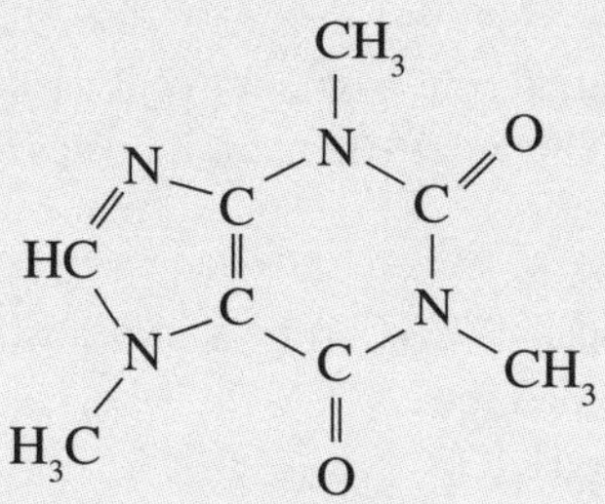

Caféine

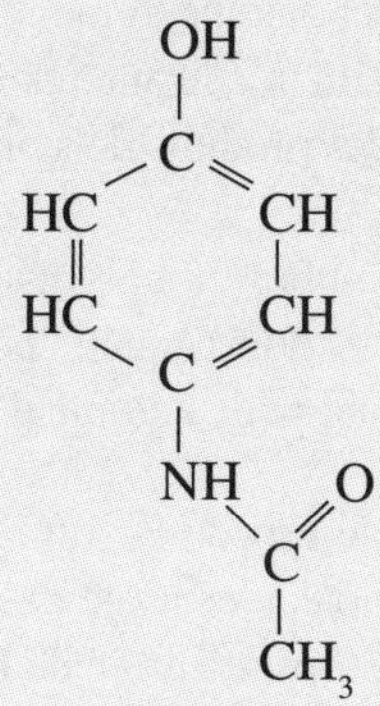

Paracétamol

1. Donner la formule brute de la caféine.
2. Donner la formule brute du paracétamol.
3. Quel groupe caractéristique retrouve-t-on en commun sur ces deux molécules ?
4. Identifier un autre groupe caractéristique sur la molécule de paracétamol.
5. Identifier les groupes caractéristiques sur la molécule A ci-contre.
6. La molécule A est-elle isomère de la caféine ?
7. La molécule A est-elle isomère du paracétamol ?
8. Peut-on remplacer le paracétamol par la molécule A dans un médicament ?
Justifier votre réponse.

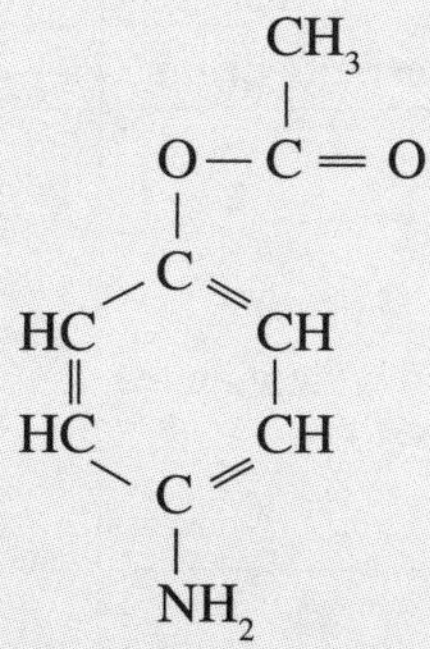

molécule A

Donnée : groupes caractéristiques

Hydroxyle	Carboxyle	Ester	Amine	Amide
$-OH$	$-C(=O)-OH$	$-C(=O)-O-$	$-NH_2$	$-C(=O)-NH-$

CORRIGÉS

1 1. **Faux.** Dans la formulation d'un médicament on trouve un principe actif et des excipients.
2. **Faux.** Les excipients n'ont pas d'effet thérapeutique, c'est le principe actif qui possède un effet thérapeutique.
3. **Faux.** Certains médicaments dérivent de composés naturels d'autres sont fabriqués, ce sont des produits de synthèse.
4. **Vrai.**
5. **Faux.** Le nombre de liaisons dont peut s'entourer un atome est égal au nombre d'électrons qu'il doit acquérir pour compléter sa couche externe à un octet d'électrons (ou un duet pour l'atome d'hydrogène).

2 1. **Faux.** le propan-2-ol (C_3H_8O) et le propanal (C_3H_6O) ne sont pas isomères car ces deux molécules n'ont pas la même formule brute.
2. a. **Faux.** La formule brute de l'eugénol est $C_{10}H_{12}O_2$.
b. **Faux.** L'eugénol contient le groupe caractéristique hydroxyle —OH.

3

	Benzaldéhyde	Acide acétique
Formule brute	C_7H_6O	$C_2H_4O_2$
Formule développée	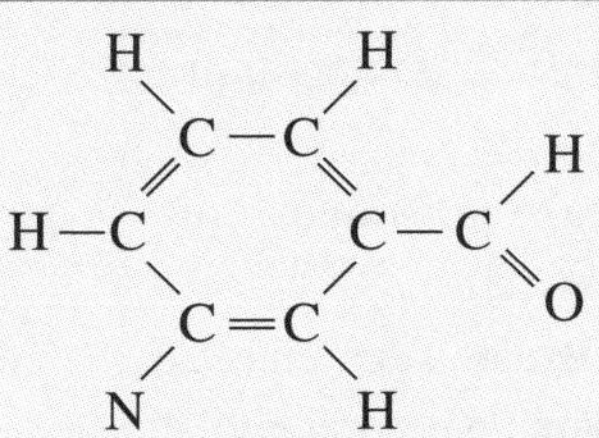	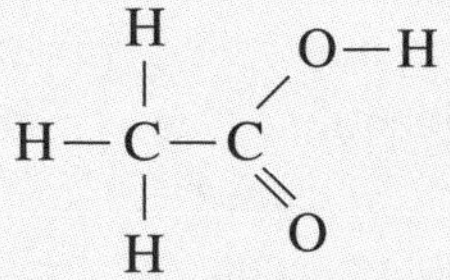
Formule semi-développée	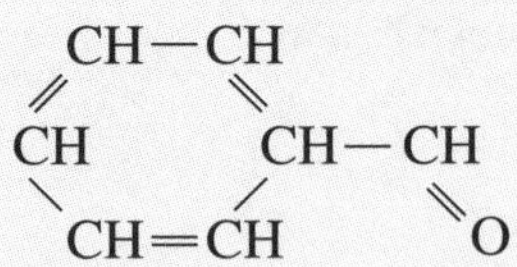	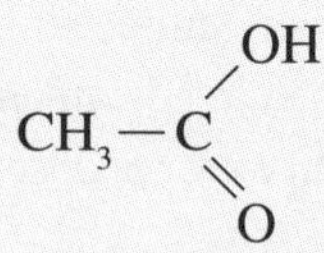

Pour trouver la **formule brute**, il suffit de compter les atomes sur le modèle moléculaire.
Pour déterminer la **formule développée**, il faut observer l'enchaînement des atomes sur le modèle moléculaire et appliquer les règles du duet et de l'octet :
- 1 liaison par atome d'hydrogène,
- 4 liaisons par atome de carbone,
- 2 liaisons par atome d'oxygène.

La **formule semi-développée** est déduite de la formule développée, on ne représente pas les liaisons avec H.

4 **1.** Le groupe caractéristique présent dans un alcool est le groupe hydroxyle (indiqué dans le texte) ; il s'agit de — OH.

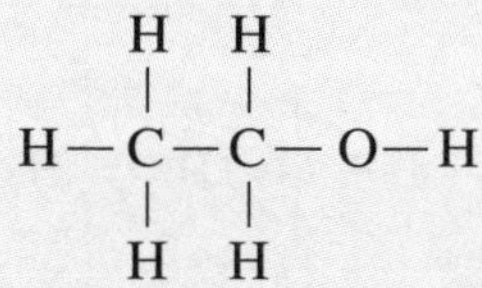

Sachant qu'il faut respecter le nombre de liaisons qu'engendre chaque atome (4 liaisons pour C, 2 liaisons pour O et 1 liaison pour H) et que le groupe hydroxyle doit être présent, un seul enchainement atomique est possible.

2. Un autre enchainement est possible.
L'oxygène peut être lié à deux carbones au lieu d'être lié à un carbone et un hydrogène.

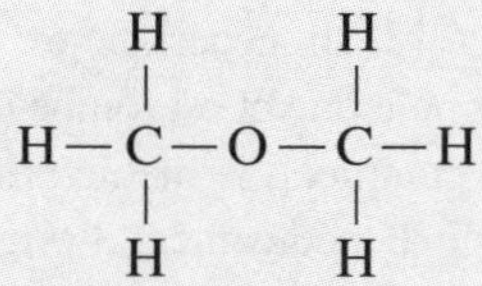

3. Ces deux molécules ont la même formule brute mais l'enchainement des atomes est différent, il s'agit de deux isomères.
En effet, elles possèdent des groupes caractéristiques différents (hydroxyle et éther), elles auront des propriétés très différentes, ce ne sont pas les mêmes molécules.

5 **1.** La formule brute du glucose et du fructose est $C_6H_{12}O_6$.
2. Sur le glucose et le fructose on identifie 5 groupes hydroxyle et un groupe carbonyle.
3. Le glucose fait partie de la famille des alcools et des aldéhydes.
Le fructose fait partie de la famille des alcools et des cétones.
4. Ces deux molécules ont la même formule brute mais l'enchaînement des atomes est différent : ce sont des isomères.

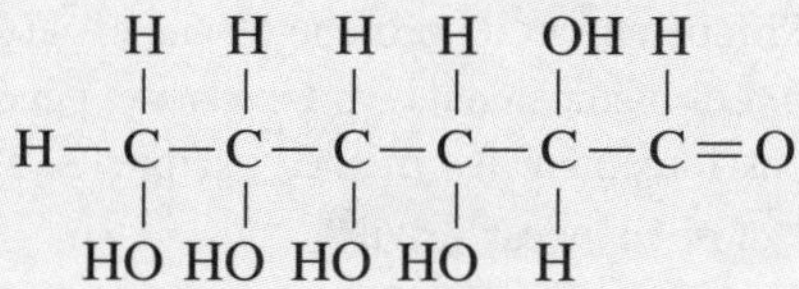

Glucose

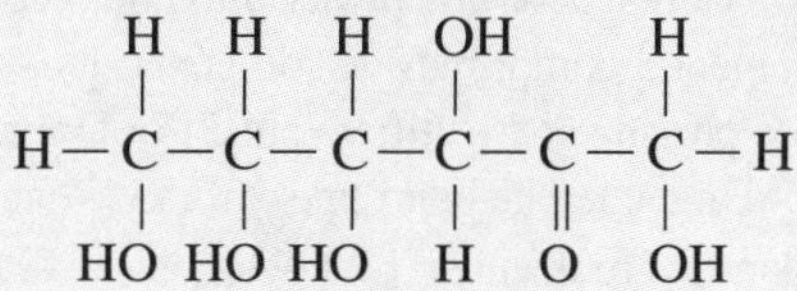

Fructose

6 **1.** Selon la règle du duet, l'hydrogène H (avec $Z = 1$ et $(K)^1$) se lie une fois car il lui manque un électron pour obtenir la structure saturée $(K)^2$.
Selon la règle de l'octet :
- le carbone C (avec $Z = 6$ et $(K)^2(L)^4$) se lie quatre fois car il lui manque quatre électrons pour avoir la structure saturée $(K)^2(L)^8$.
- l'azote N (avec $Z = 7$ et $(K)^2(L)^5$) se lie trois fois car il lui manque trois électrons pour obtenir la structure saturée $(K)^2(L)^8$.
- l'oxygène O (avec $Z = 8$ et $(K)^2(L)^6$) se lie deux fois car il lui manque deux électrons pour obtenir la structure saturée $(K)_2(L)^8$.

2. Pour déterminer la formule développée de chaque molécule, on recherche l'enchaînement des atomes qui permet de respecter les règles décrites à la question précédente : une liaison par hydrogène ; 4 liaisons par carbone ; 3 liaisons par azote ; 2 liaisons par oxygène.

CH_4	C_2H_6	CH_4O	CH_5N
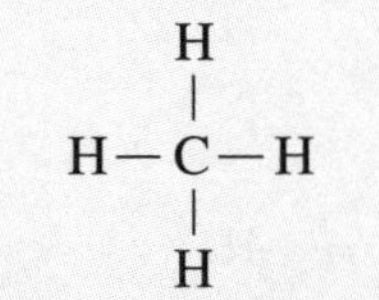	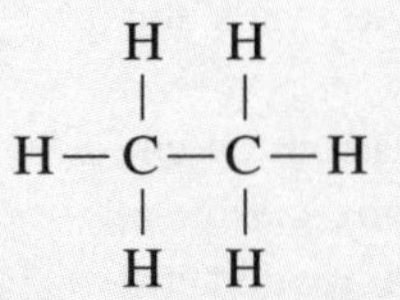	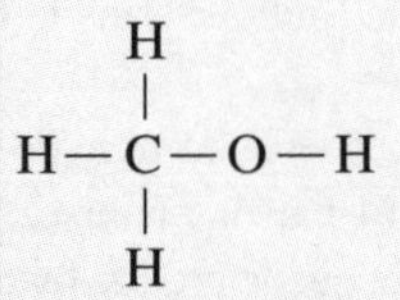	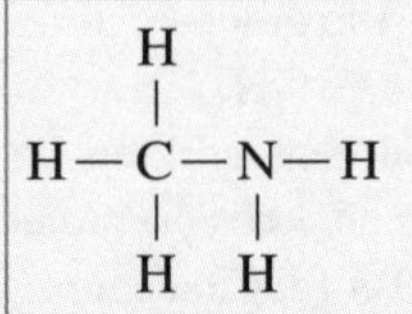

7 **1.** Un générique est la copie d'un médicament de marque (appelé « princeps ») dont le brevet est tombé dans le domaine public.

Il comprend le même principe actif ; il comporte exactement les mêmes propriétés que le médicament d'origine.

Son prix correspondant uniquement au coût de sa fabrication et de sa distribution ; il est donc moins cher que le médicament de marque.

2. Le Primpéran®, l'Advil® et le Doliprane® sont des médicaments d'origine (princeps) on les reconnait car le nom est différent du principe actif ce qui n'est pas le cas pour les génériques. Par conséquent, Anausin métoclopramide est le générique de Primpéran® et Ibuprofène Mylan est le générique d'Advil®.

3. Les médicaments « princeps » et générique possèdent le même principe actif mais pas forcément les mêmes excipients. Par exemple, Ibuprofène Mylan contient du lactose mais pas Advil®.

4. Un comprimé de Primpéran® contient 10 mg de principe actif alors que son générique en contient 15 mg.

De ce fait pour une prescription de 3 comprimés (soit 30 mg) par jour il faudra seulement 2 comprimés de son générique.

Le pharmacien rectifiera ainsi l'ordonnance.

5. On recherche le groupe carboxyle dans les molécules du document 3. Il est présent dans les molécules ① et ②.

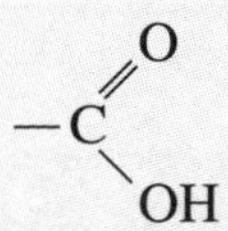

La molécule ① n'a pas d'autres groupes caractéristiques, il s'agit donc de l'ibuprofène. La molécule ② est donc l'aspirine puisque le principe actif du Doliprane ne possède pas ce groupe.

Le paracétamol est le principe actif du Doliprane, il correspond à la molécule ③.

6.

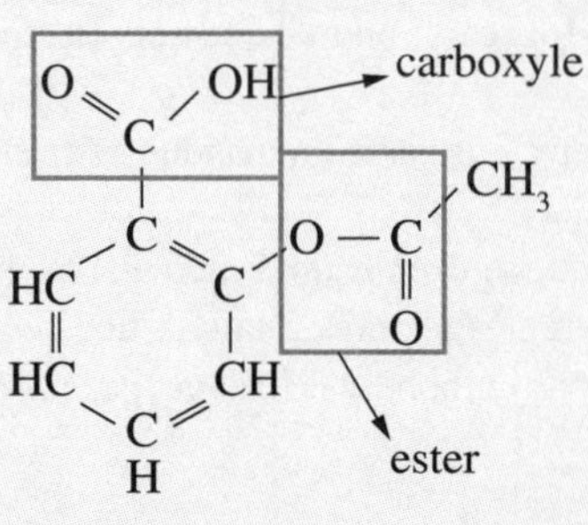

7.

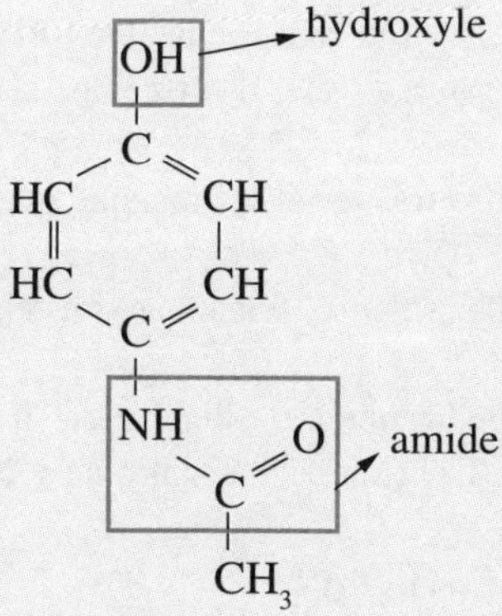

8. En comparant le nombre d'atomes d'oxygène sur les molécules, on voit immédiatement que l'aspirine ne peut être isomère de l'ibuprofène.
De plus le paracétamol possède un atome d'azote que n'a pas l'ibuprofène donc ces trois molécules ne peuvent être isomères.
La formule brute de chaque molécule est donc différente.

① ibuprofène	② aspirine	③ paracétamol
2 atomes d'oxygène O	3 atomes d'oxygène O	2 atomes d'oxygène O + 1 atome d'azote N
$C_{13}H_8O_2$	$C_9H_8O_3$	$C_8H_9O_2N$

8 Les formules développées des neuf isomères de formule brute C_3H_6O sont :

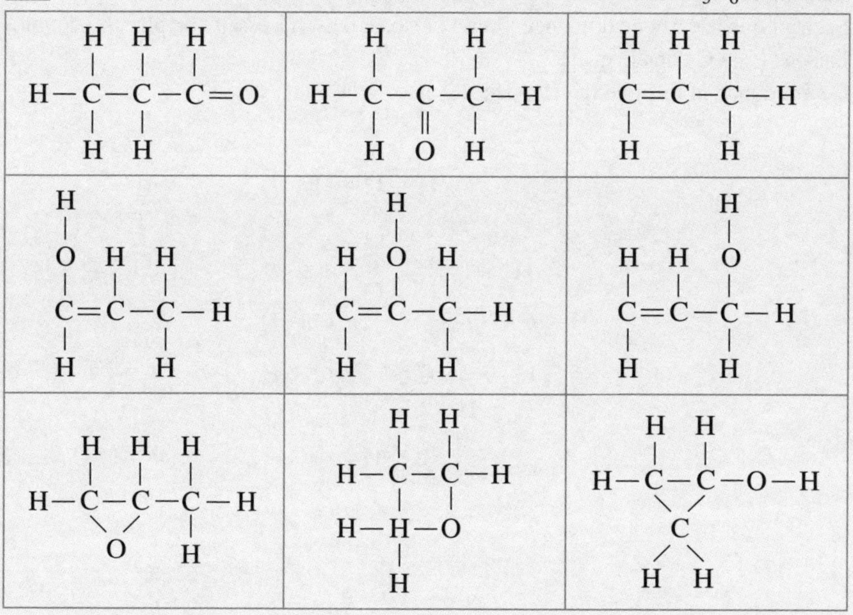

9 **1.** Selon la règle du duet, l'hydrogène H (avec $Z = 1$ et $(K)^1$) se lie une fois car il lui manque un électron pour obtenir la structure saturée $(K)^2$. Il forme une seule liaison.
Le carbone C (avec $Z = 6$ et $(K)^2(L)^4$) se lie quatre fois car il lui manque quatre électrons pour satisfaire à la règle de l'octet.
L'azote N (avec $Z = 7$ et $(K)^2(L)^5$) engendre 3 liaisons car il lui manque trois électrons pour obtenir la structure saturée (K)2(L)8.
Le chlore Cl (avec $Z = 17$ et $(K)^2(L)^8(M)^7$) engendre une seule liaison car il lui manque un électrons pour obtenir la structure $(K)^2(L)^8\ (M)^8$ et satisfaire ainsi à la règle de l'octet.
2. Ces deux molécules ont la même formule brute, $C_{18}H_{19}N_4Cl$.
3. Ces deux molécules ont la même formule brute mais l'atome de chlore ne se trouve pas à la même place sur chacune des molécules.
Elles sont dites isomères.
C'est pourquoi elles n'ont pas les mêmes propriétés biologiques, elles n'agissent pas sur les mêmes récepteurs.

10 **1.** Les molécules A et C sont représentées en formule semi-développée.
2. En comptabilisant tous les atomes, on détermine la formule brute de chaque molécule : $C_7H_6O_3$ pour A et $C_6H_6O_2$ pour C.
3. Le carbone engendre toujours 4 liaisons, l'hydrogène une seule liaisons et l'oxygène deux liaisons.
4. On commence par établir le squelette carboné, puis on indique les atomes auxquels sont liés ces carbones.
Sachant que le carbone doit engendrer 4 liaisons, il est nécessaire de placer 3 doubles liaisons C = C dans le cycle.
Ce qui donne la formule développée suivante.

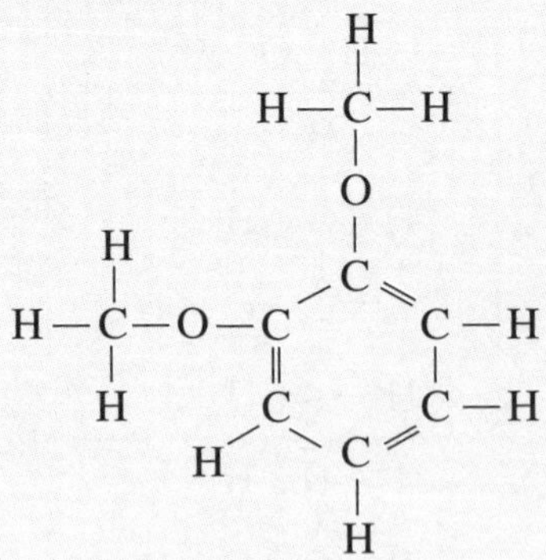

5.

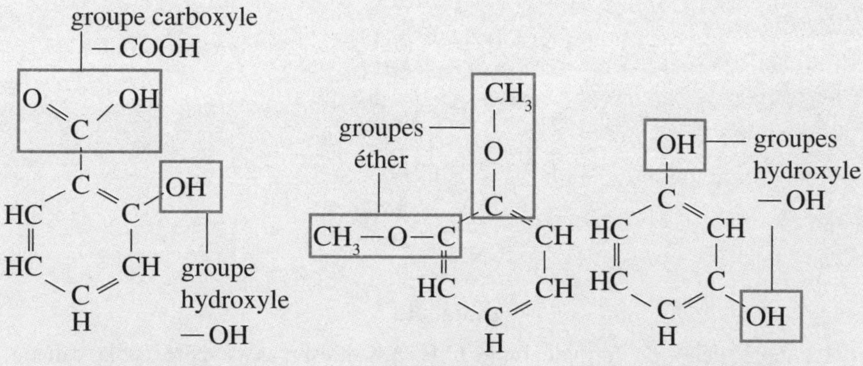

Molécule A **Molécule B** **Molécule C**

6. Seule la molécule A possède un groupe carboxyle, il s'agit de l'acide salicylique. La molécule C est le résorcinol car elle possède deux groupes hydroxyle. La molécule B est donc le vératrole.

11 **1.** La formule brute de la caféine est $C_8H_{10}O_2N_4$.

2. La formule brute du paracétamol est $C_8H_9O_2N$.

3. Ces deux molécules possédent un groupe amide :

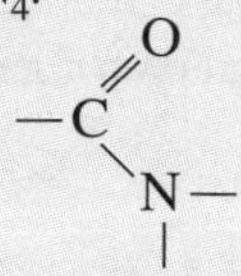

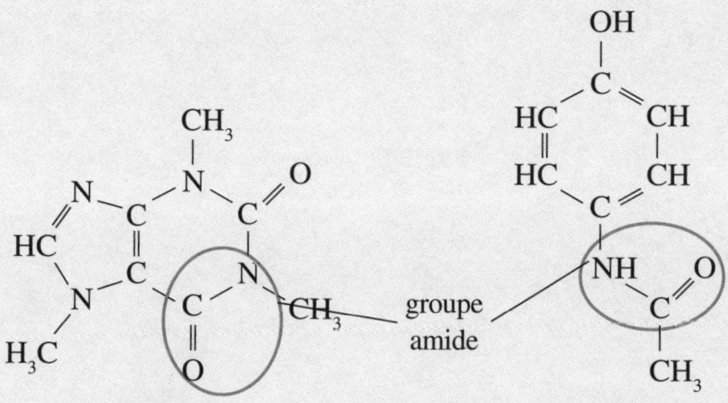

Caféine **Paracétamol**

4. Sur le paracétamol on trouve également le groupe hydroxyle —OH.

5. La molécule A présente un groupe ester et un groupe amine.

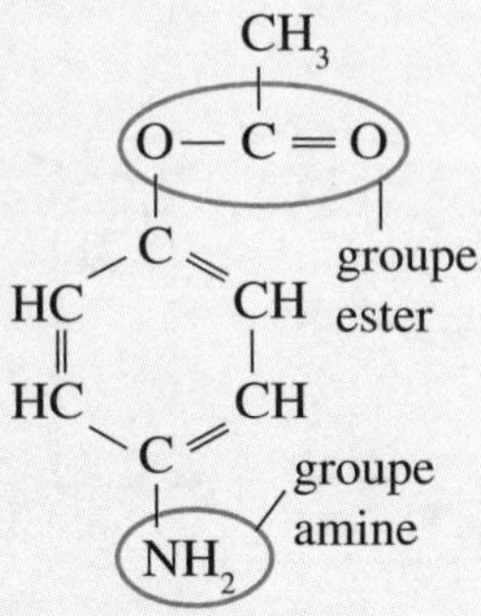

molécule A

6. La molécule A de formule brute $C_8H_9O_2N$ n'est pas isomère de la caféine puisqu'elles n'ont pas les mêmes formules brutes.
7. La molécule A est isomère du paracétamol, ces deux molécules ont même formule brute.
8. On ne peut remplacer le paracétamol par la molécule A bien qu'elles soient isomères.
Elles diffèrent par leurs groupes caractéristiques qui confèrent à chaque molécule des propriétés thérapeutiques particulières.

9

Extraction, séparation, identification et synthèse d'espèces chimiques

Le chimiste cherche à produire des espèces chimiques utilisables en tant que médicaments.
Pour cela, il met en œuvre des techniques variées pour extraire ces substances directement à partir de plantes ou bien pour les synthétiser à partir d'autres espèces chimiques.
Il lui faut aussi séparer et identifier les espèces chimiques recherchées.

I CARACTÉRISTIQUES PHYSIQUES D'UNE ESPÈCE

Chaque espèce chimique possède ses propres caractéristiques physiques (températures de changement d'état, densité, indice de réfraction, solubilité ...), ces propriétés permettent d'identifier l'espèce.
Elles doivent aussi être prises en considération pour choisir les techniques de synthèse et de séparation impliquant cette substance.

1. Températures de changement d'état

Selon la température et la pression, une espèce peut être à l'état solide, liquide ou gazeux.
Pour une pression donnée, le changement d'état d'une espèce chimique a lieu à une température fixe, appelée **température de changement d'état :** température d'ébullition $T_{éb}$ et température de fusion T_f .

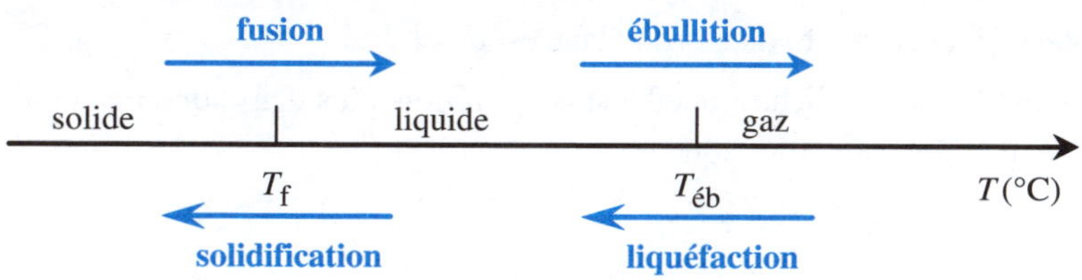

À la même pression, les deux changements d'états inverses (par exemple, fusion et solidification) d'une espèce chimique ont lieu à la même température.

Certains changements d'état peuvent porter deux noms différents :
- ébullition ou vaporisation pour le passage de l'état liquide à l'état gazeux ;
- liquéfaction ou condensation pour le passage de l'état gazeux à l'état liquide.

EXEMPLES :
- À la pression atmosphérique, l'eau est liquide entre $T_f = 0$ °C et $T_{éb} = 100$ °C. Elle est à l'état de vapeur si la température est supérieure à 100 °C.
- Le cyclohexane a une température de fusion de 6,5 °C et une température d'ébullition de 80 °C. À température ambiante (20 °C) il est liquide.

2. Masse volumique et densité

Masse volumique d'une espèce chimique

La masse volumique d'une espèce chimique est le rapport de la masse *m* d'un échantillon de cette espèce par le volume *V* de cet échantillon.

$\rho = \frac{m}{V}$	*m* en kg ; *V* en m^3 ; ρ en $kg \cdot m^{-3}$

Il faut connaître la valeur de la masse volumique de l'eau :

$$\rho_{eau} = 1{,}0 \cdot 10^3\ kg \cdot m^{-3} = 1{,}0\ kg \cdot L^{-1} = 1{,}0\ g \cdot cm^{-3} = 1{,}0\ g \cdot mL^{-1}$$

Densité

La densité *d* d'une espèce chimique solide ou liquide est le rapport de sa masse volumique ρ par la masse volumique de l'eau ρ_{eau}.

$d = \frac{\rho}{\rho_{eau}}$	ρ et ρ_{eau} exprimées avec la même unité ; *d* sans unité

La densité est donc un nombre sans unité permettant de comparer la masse d'un volume d'une espèce chimique à la masse d'un même volume d'eau.

EXEMPLE : La densité du dichlorométane est $d = 1{,}34$.

Cela signifie que le dichlorométhane est 1,34 fois plus dense que l'eau ou bien encore que sa masse volumique est :

$$\rho = 1,34 \cdot 10^3\ kg \cdot m^{-3} = 1,34\ kg \cdot L^{-1} = 1,34\ g \cdot cm^{-3}$$

3. Solubilité et miscibilité

■ La **solubilité** d'une espèce chimique caractérise son aptitude à se dissoudre dans un solvant. Elle est très variable selon le solvant.

Une espèce passe spontanément d'un solvant où elle est peu soluble à un solvant où elle est plus soluble. C'est sur cette propriété que s'appuie la technique d'extraction d'une espèce par un solvant.

EXEMPLE : La solubilité du sel dans l'eau est très grande tandis que sa solubilité dans l'huile est très faible. Cela signifie que le sel se dissout en grande quantité dans l'eau mais qu'il se dissout mal dans l'huile.

■ La **miscibilité** désigne usuellement la capacité de divers liquides à se mélanger.

EXEMPLES :

- L'éthanol est un liquide miscible à l'eau (ils forment une seule phase).
- Le cyclohexane à une solubilité nulle dans l'eau, il n'est pas miscible à l'eau (ils forment deux phases).

II EXTRACTION D'UNE ESPÈCE CHIMIQUE

1. Définition

Une extraction consiste à « faire sortir » (c'est-à-dire extraire) une espèce chimique d'un produit (naturel ou synthétique) constitué d'un mélange de plusieurs espèces.

2. Extraction par solvant

Une espèce chimique présente dans un produit solide ou liquide peut être extraite à l'aide d'un solvant à condition d'y être soluble.

■ **Extraction à partir d'un solide**

On immerge le produit naturel solide (feuilles, racines, fleurs, fruits...) dans un solvant de manière à laisser les espèces chimiques y migrer :

- si le solvant est froid, la technique se nomme **macération** ;
- si le solvant est chaud, on parle d'**infusion** ;
- si le solvant initialement froid est porté à ébullition, il s'agit d'une **décoction**.

Le principal remède contre le paludisme, la quinine est extraite des écorces de quinquina (*Cinchona succirubra*, de la famille des Rubiaceae).

■ **Extraction à partir d'un liquide**

Lorsqu'une espèce chimique est en solution dans l'eau, on utilise un solvant organique pour l'extraire.

L'espèce passe de l'eau dans le solvant, on parle d'extraction liquide-liquide.

Pour que l'extraction d'une espèce chimique dans l'eau soit efficace deux conditions doivent être remplies :

- il faut que cette espèce **soit plus soluble dans le solvant** extracteur que dans l'eau ;
- le **solvant extracteur ne doit pas être miscible avec l'eau**, c'est-à-dire qu'il ne doit pas pouvoir se mélanger à l'eau.

À l'issue de l'extraction, l'espèce chimique est dissoute dans le solvant organique constituant la **phase organique**, l'autre phase est la **phase aqueuse** (eau).

Les notions de densité et de solubilité sont précisées au paragraphe I.

Au laboratoire, l'extraction s'effectue dans une ampoule à décanter en trois étapes :

- ajout du solvant organique,
- agitation et dégazage fréquent
- décantation.

La position relative des deux phases (organique et aqueuse) dépend de la **densité** du solvant organique utilisé.

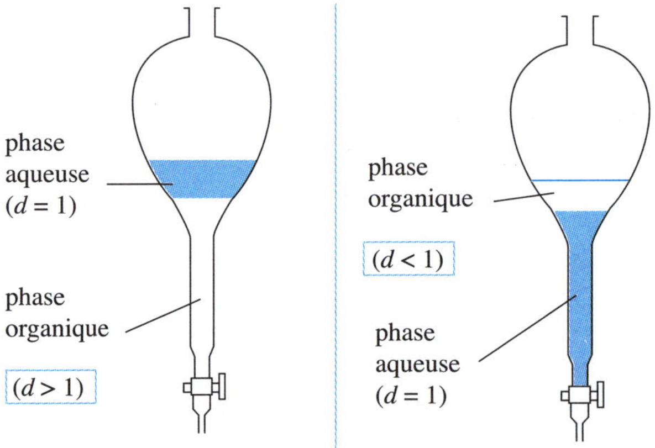

Phase organique plus dense que l'eau | **Phase organique moins dense que l'eau**

La technique de choix du solvant extracteur pour réaliser une extraction liquide-liquide est détaillé dans le savoir-faire 1.

3. Entraînement à la vapeur ou hydrodistillation

L'hydrodistillation ou entraînement à la vapeur est une technique très ancienne permettant d'extraire certaines espèces chimiques odorantes d'un produit naturel (écorce d'orange, lavande, clou de girofle…)

■ Dispositif de laboratoire

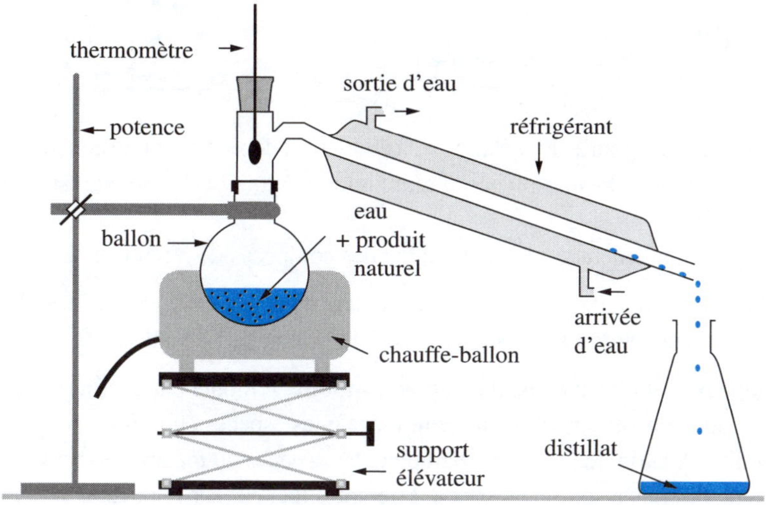

■ Principe

On fait bouillir dans un ballon le produit naturel avec l'eau.

La vapeur entraîne les espèces chimiques.

La condensation de ces vapeurs dans un réfrigérant fournit un distillat constitué de deux liquides non miscibles.

La phase supérieure du distillat est la phase organique constituée des espèces chimiques extraites (appelée huile essentielle, essence ou extrait).

EXEMPLE : On extrait par hydrodistillation différents principes actifs présents dans des feuilles, bourgeons ou racines.

III IDENTIFICATION D'UNE ESPÈCE CHIMIQUE PAR CHROMATOGRAPHIE

La chromatographie permet de **séparer** et d'**identifier** les différentes espèces chimiques présentes dans un mélange, en utilisant la différence de solubilité de ces espèces dans un solvant appelé **éluant**.

1. Principe et mise en œuvre

Étape 1 : dépôt **Étape 2 :** début d'élution **Étape 3 :** fin d'élution

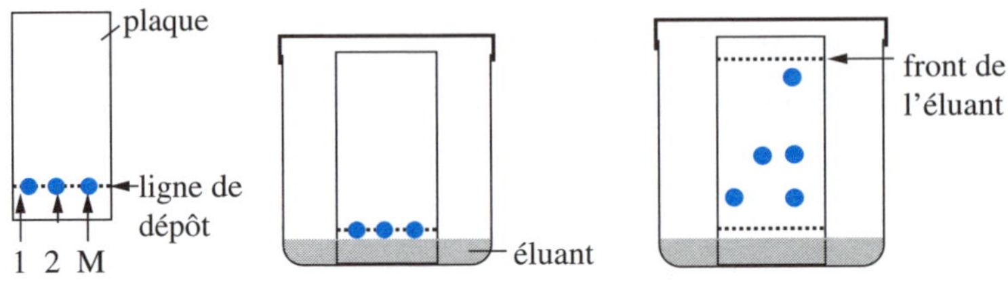

■ **Étape 1 :** une goutte du mélange M à étudier est déposée sur une couche mince de silice recouvrant une plaque d'aluminium. Cette couche solide est appelée **phase fixe**.
On dépose également sur la même ligne des composés de référence (1 et 2).

■ **Étape 2 :** la plaque est placée verticalement dans une cuve contenant l'**éluant**. La ligne de dépôt doit se situer au dessus du niveau de l'éluant.

■ **Étape 3 :** cet éluant constitue la **phase mobile**, il monte par capillarité le long de la plaque en entraînant de manière inégale les espèces chimiques suivant leur solubilité. À la fin de la chromatographie, les espèces du mélange M et des composés de référence sont localisées à différentes hauteur sur la plaque.

Si les espèces sont colorées, le résultat de la chromatographie est immédiatement visible. Si ces espèces sont incolores, il faut procéder à une **révélation** pour les rendre visibles.
La révélation consiste à faire apparaitre les différentes taches. Sous une lampe UV par exemple, ou bien encore en vaporisant la plaque avec une substance adéquate…

2. Exploitation du chromatogramme

Il y a séparation des constituants du mélange qui peuvent être identifiés en comparant leurs déplacements avec ceux d'espèces chimiques de référence.
Au cours d'une chromatographie, deux espèces migrant au même niveau sont probablement identiques.
On peut alors identifier des espèces présentes dans un mélange, ou vérifier la pureté d'une espèce chimique.
Dans le chromatogramme précédent on peut identifier la présence des composés 1 et 2 dans le mélange M.
Mais ce mélange contient également une troisième espèce.

La méthode d'interprétation d'un chromatogramme est détaillée dans le savoir-faire 2.

IV LA SYNTHÈSE D'ESPECES CHIMIQUES

1. Définitions

La synthèse d'une espèce chimique est sa fabrication à partir d'autres espèces chimiques appelées **réactifs**.
L'espèce chimique synthétisée (ou espèce synthétique) est le **produit** ou l'un des produits de la transformation chimique entre les réactifs.

L'espèce chimique synthétisée peut être parfaitement identique à une espèce naturelle ou être une espèce n'existant pas dans la nature.

2. Nécessité de la chimie de synthèse

L'insuffisance des produits naturels, l'extraction des produits naturels trop coûteuse et les besoins en produits spécifiques dans le domaine de la santé imposent le recours à la synthèse chimique.

Pour des raisons économiques, pour l'amélioration des performances et également pour répondre à de nouveaux besoins la chimie de synthèse est nécessaire.

3. Quelques techniques expérimentales.

Une synthèse s'effectue en plusieurs étapes.
Chaque étape utilise différentes techniques expérimentales comme, par exemple :
- un **chauffage à reflux** si la transformation chimique a lieu à température élevée avec des réactifs liquides et ou solides ;
- une **extraction** si l'espèce synthétisée est mélangée à d'autres espèces dans une phase liquide (voir paragraphe II) ;
- une **filtration** si l'espèce synthétisée est solide.
- une **distillation** si le mélange des deux liquides est homogène et qu'ils possèdent des températures d'ébullition différentes.

Une fois isolée, l'espèce chimique synthétisée doit être identifiée en déterminant certaines de ses caractéristiques physiques : température de changement d'état, densité, indice de réfraction (voir paragraphe I)… ou en la comparant à une espèce de référence par chromatographie (voir paragraphe III).

■ Le chauffage à reflux

Le chauffage à reflux dont le dispositif est schématisé ci-dessous, permet d'élever la température de réactifs pendant une longue durée, tout en évitant la perte de matière par évaporation.

En effet, les espèces devenues gazeuses lors du chauffage se condensent dans le réfrigérant vertical et refluent à l'état liquide dans le ballon.

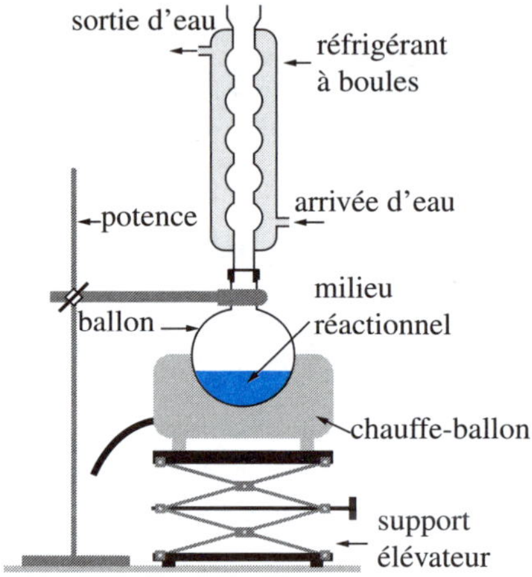

■ L'extraction

Voir le paragraphe II.

■ La filtration

Pour séparer une phase solide d'une phase liquide, il faut filtrer.

Deux méthodes de filtration sont possibles :

- avec un **entonnoir** équipé d'un papier filtre (méthode la plus classique) ;

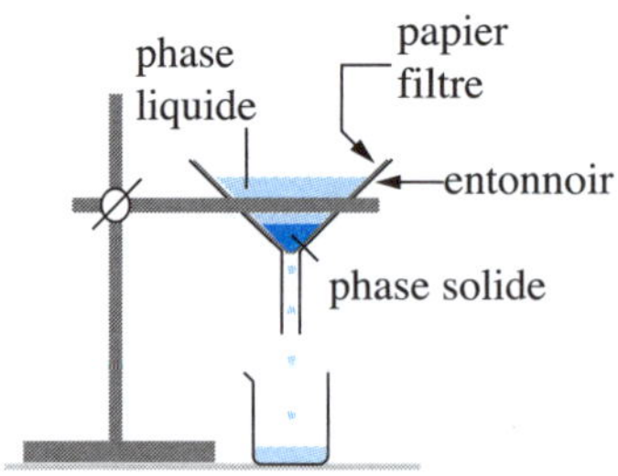

- avec un **Büchner** placé sur un système d'aspiration (fiole à vide et trompe à eau).

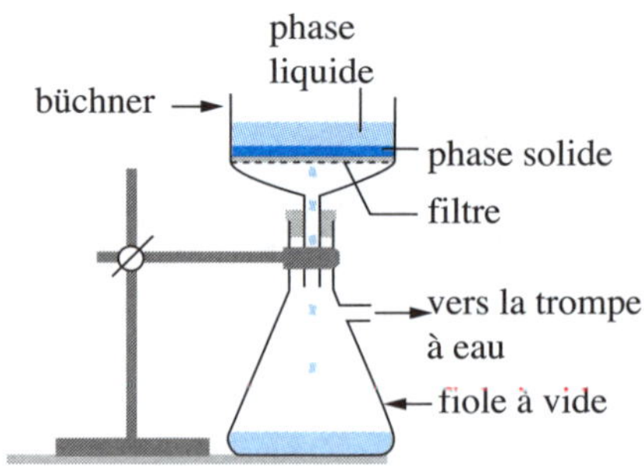

La filtration à l'aide d'un Büchner est plus rapide et plus efficace que la filtration avec un entonnoir.

La distillation

Le principe de la distillation est très simple : on chauffe un mélange de liquides : le plus **volatile** s'évapore le premier.

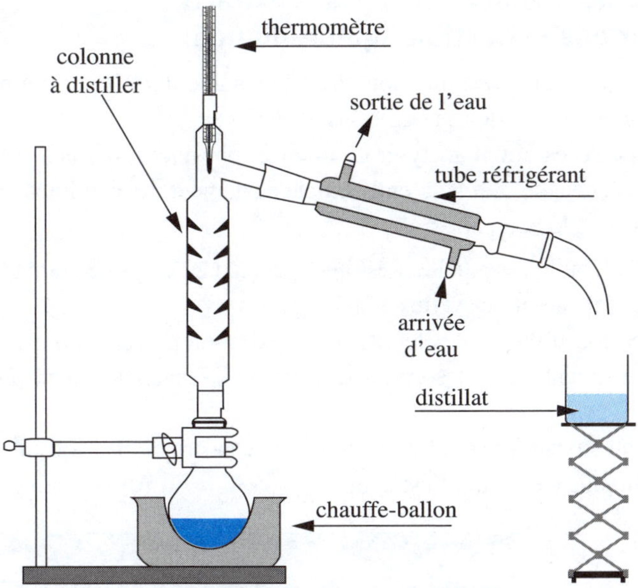

Le mélange est placé dans le ballon.

Les vapeurs formées montent dans la colonne à distiller, elles sont essentiellement formées **du liquide dont la température d'ébullition est la plus faible**.

Le thermomètre indique la température des vapeurs qui distillent.

Les vapeurs se condensent dans le tube réfrigérant grâce à la circulation d'eau froide.

Le liquide recueilli à la sortie, dans le bécher prévu à cet effet, est appelé **distillat**.

SAVOIR-FAIRE

1. Comment choisir un solvant extracteur pour une extraction liquide-liquide

L'espèce chimique à extraire doit être très soluble dans le solvant d'extraction et ce dernier ne doit pas être miscible à l'eau.
Il est donc nécessaire d'analyser les données physiques fournies : solubilité, miscibilité, densité… Il faut tenir compte également des conditions de sécurité pour faire le bon choix.

EXEMPLE : L'huile essentielle d'estragon, contenant l'espèce chimique nommée estragol, aurait des vertus antiallergiques.
Après hydrodistillation des feuilles d'estragon, on procède à une extraction de l'huile essentielle par solvant de manière à séparer les deux phases du distillat.
Le tableau suivant donne des informations concernant des solvants et l'espèce chimique à extraire, l'estragol.

	Eau	Éthanol	Dichloro-méthane	cyclohexane
Densité	1	0,80	1,48	0,78
Solubilité de l'estragol	peu soluble	très soluble	très soluble	très soluble
Miscibilité à l'eau	-	oui	non	non
Pictogramme de sécurité	-	 F	 Xn	 F

Le choix du solvant doit respecter certaines conditions.
- L'espèce chimique à extraire, l'estragol, doit être **très soluble** dans le solvant d'extraction.

D'après le tableau précédent, l'estragol est très soluble dans l'éthanol, le dichlorométhane et le cyclohexane.
- La deuxième condition à remplir est que le solvant ne soit pas miscible à l'eau. L'éthanol est miscible à l'eau, il ne peut donc pas être retenu.
- Au regard des pictogrammes de sécurité, on écarte le dichlorométhane nocif pour la santé.

On choisira donc le cyclohexane qu'il faudra cependant utiliser loin de toute flamme compte tenu de son caractère inflammable.

2. Comment interpréter un chromatogramme ?

EXEMPLE : On souhaite analyser par chromatographie sur couche mince des essences de girofle et de giroflier.

Sur une plaque de silice sensible aux UV, les dépôts de quatre solutions dans le solvant dichlorométhane ont été effectués :

- une solution d'eugénol : E ;
- une solution d'acétate d'eugényle : O ;
- une solution de l'essence de girofle obtenue à partir des clous de girofle : C ;
- une de l'essence de giroflier obtenue à partir des feuilles et rameaux du giroflier : F.

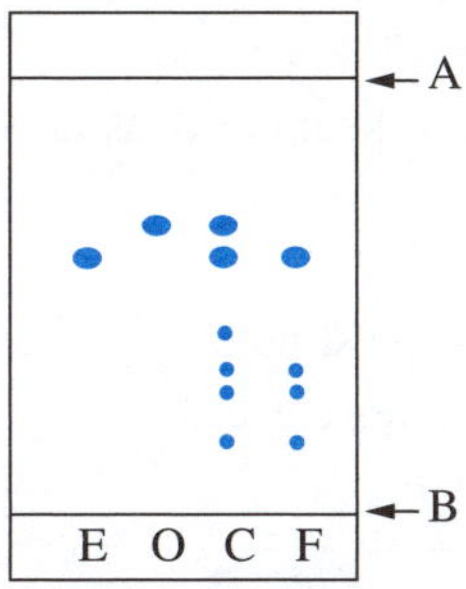

Tout d'abord, il est important de bien repérer la ligne de dépôt (B) et le front du solvant (A) ainsi que les produits de référence (E et O) et les dépôts à analyser (C et F). Après révélation, on obtient le chromatogramme suivant :

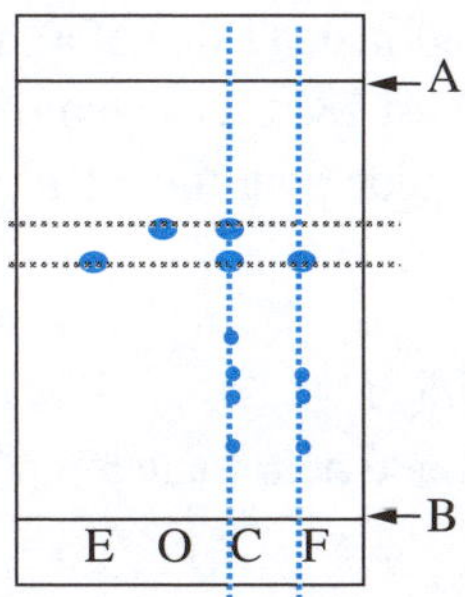

Une lecture horizontale et une lecture verticale sont nécessaires à l'interprétation du chromatogramme.

- *Lecture verticale* : l'essence C présente après élution plusieurs taches (6), il s'agit d'un mélange.

De même pour l'essence F.

En revanche, les espèces E et O sont pures elles ne présentent qu'une seule tache.

- *Lecture horizontale* : les taches au même niveau correspondent au même constituant, par conséquent : l'essence C contient de l'eugénol E et de l'acétate d'eugényle O, l'essence F contient de l'eugénol.

EXERCICES D'APPLICATION

1 QCM « SOLUBILITÉ ET MISCIBILITÉ » | ★ | 5 min | ▸ P. 193

Dans le questionnaire à choix multiple (QCM) suivant, indiquer pour chaque proposition, la (ou les) réponse(s) exacte(s).

1. Lorsque deux liquides ne se mélangent pas, on dit qu'ils sont :

a. solubles.

b. insolubles.

c. miscibles.

d. non miscibles.

2. Lorsqu'une espèce A ne se dissout pas dans un solvant S, on dit que :

a. S est insoluble dans A.

b. A est insoluble dans S.

c. la solubilité de A dans S est quasi-nulle.

d. la solubilité de A dans S est très élevée.

e. S est un bon solvant pour A.

2 QCM « CHANGEMENT D'ÉTAT » | ★★ | 5 min | ▸ P. 193

Dans le questionnaire à choix multiple (QCM) suivant, indiquer pour chaque proposition, la (ou les) réponse(s) exacte(s).

À la pression atmosphérique normale (1 013 hPa), la température d'ébullition de l'éthanol (ou alcool éthylique) est 78 °C et sa température de fusion est – 95 °C.

1. À 1 013 hPa, l'alcool est liquide pour toute température :

a. inférieure à – 95 °C.

b. supérieure à 78 °C.

c. comprise entre – 95 °C et 78 °C.

2. À 1 013 hPa, l'alcool est solide pour toute température :

a. inférieure à – 95 °C.

b. supérieure à 78 °C.

c. comprise entre – 95 °C et 78 °C.

3. À 1 013 hPa et 78 °C, l'alcool peut passer :

a. de l'état solide à l'état liquide.

b. de l'état liquide à l'état solide.

c. de l'état liquide à l'état gazeux.

d. de l'état gazeux à l'état liquide.

3 QCM « MASSE VOLUMIQUE ET DENSITÉ » ★★ 10 min ▶ p. 193

Dans le questionnaire à choix multiple (QCM) suivant, indiquer pour chaque proposition, la (ou les) réponse(s) exacte(s).

1. Un litre d'eau pèse :

a. 1 g. **b.** 1 kg. **c.** 10^3 g. **d.** 10^3 mg.

2. La masse volumique de l'eau est :

a. $1\ kg \cdot L^{-1}$. **b.** $1\ g \cdot L^{-1}$. **c.** $1\ g \cdot cm^{-3}$. **d.** $1\ kg \cdot dm^{-3}$. **e.** $1\ g \cdot mL^{-1}$.

3. La densité de l'eau est :

a. égale à 1. **b.** supérieure à 1. **c.** inférieure à 1.

4. La densité du cyclohexane vaut 0,78 donc ce liquide est :

a. moins dense que l'eau.

b. plus dense que l'eau.

c. plus dense que l'éther éthylique de masse volumique $710\ g \cdot L^{-1}$.

4 LE PRINCIPE DU CHAUFFAGE À REFLUX ★★ 15 min ▶ p. 193

1. Nommer les parties ①, ② et ③ du dispositif de chauffage à reflux schématisé ci-dessous.

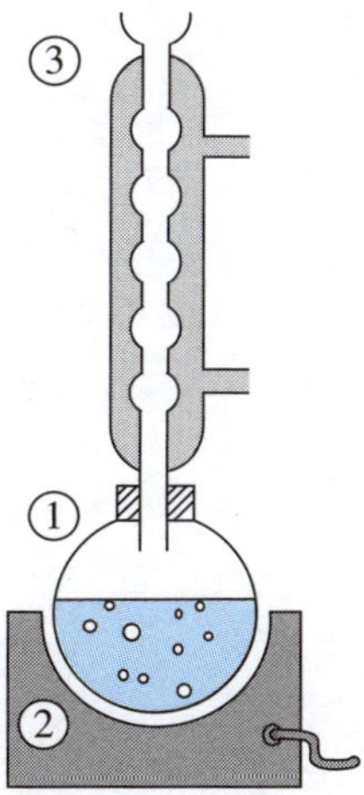

2. Recopier et compléter la figure précédente :

- en précisant par où arrive et par où sort l'eau de refroidissement ;
- en coloriant la zone où circule ce liquide.

3. Recopier et compléter le texte suivant :

Les espèces gazeuses ont un mouvement ………… dans le réfrigérant. Elles se ………….. sur la paroi ………….. du réfrigérant et elles redescendent dans le ballon à l'état …………... C'est le processus de ………………………

4. Pourquoi est-il important de ne pas couper la circulation d'eau froide durant la toute la durée du chauffage à reflux ?

5. Où se trouvent les produits formés lors d'une synthèse chimique effectuée à l'aide de ce dispositif ?

5 HYDRODISTILLATION | ★★ | 15 min | ▸ P. 194

1. Légender le schéma du montage d'hydrodistillation.
2. Préciser le sens de circulation de l'eau dans le réfrigérant.
3. Rappeler le principe d'une hydrodistillation.
4. À partir de quel moment va-t-on commencer à recueillir le distillat ?

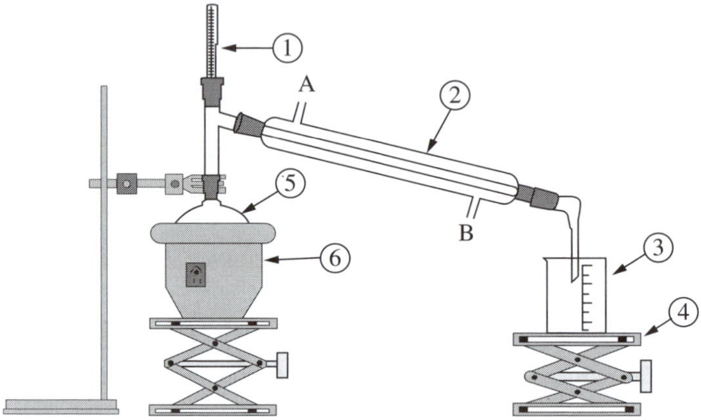

EXERCICES D'ENTRAÎNEMENT

6 INDIGO

★★ | 30 min | ▸ P. 194

Un expérimentateur verse 10 mL d'une solution aqueuse d'indigo dans un erlenmeyer puis il rajoute 10 mL de dichlorométhane.

Il agite longuement puis il laisse reposer.

1. Que signifie l'adjectif « aqueuse » qualifiant la solution d'indigo ?

2. Parmi les trois schémas suivants, quel est celui qui représente la situation à la fin de l'expérience ?

Justifier clairement et mettre les légendes nécessaires sur le schéma retenu.

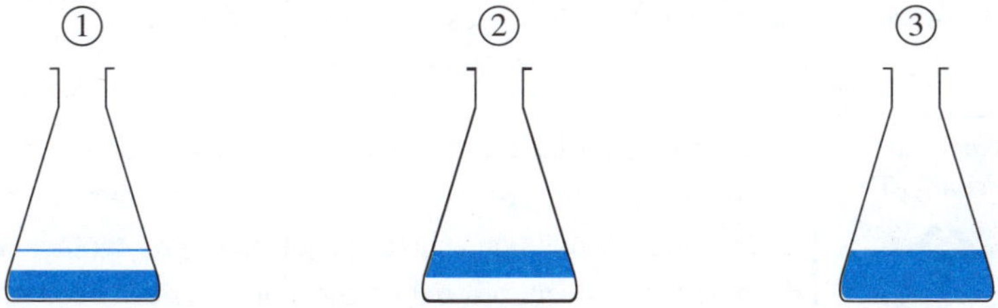

3. Comment se nomme l'opération réalisée par l'expérimentateur ?

Quelles sont les deux propriétés du dichlorométhane qui l'ont rendue possible ?

4. Comment peut-on récupérer la phase contenant l'indigo ?

Nommer le dispositif utilisé pour cette opération.

5. Comment procèderait-on pour éliminer le solvant contenant l'indigo ? Justifier.

Dans quel état obtiendrait-on l'indigo à la fin de cette opération ?

Données :

Le dichlorométhane est un liquide organique, non miscible avec l'eau, de densité $d = 1{,}33$, de température de fusion $T_f = -95$ °C et de température d'ébullition $T_{éb} = 40$ °C.

L'indigo est un colorant solide bleu, beaucoup plus soluble dans le dichlorométhane que dans l'eau.

7 PROBLÈME À LA LIVRAISON ! ★★ 15 min ▸ P. 195

Un technicien de laboratoire vient de recevoir une livraison.
Malheureusement, les étiquettes de 2 flacons sont arrachées. D'après la facture et après quelques recherches, il dispose des quelques informations suivantes :

① Acide benzoïque	② Acide citrique
Température de fusion : 122 °C $d = 1,3$ Très soluble dans l'eau et l'éther. Bonne solubilité dans l'éthanol. L'acide benzoïque est un conservateur alimentaire 	Température de fusion : 153 °C $d = 1,6$ Soluble dans l'eau, l'alcool et l'éther. L'acide citrique est utilisé dans la préparation des boissons pour donner un goût de citron. 

Nocif Xn Irritant Xi 	Produits qui, par inhalation, ingestion ou pénétration cutanée en petites quantités, entraînent la mort ou des effets aigus ou chroniques. Produits non corrosifs qui, en cas de contact ou d'inhalation, peuvent provoquer une irritation de la peau et des voies respiratoires, une inflammation des yeux.

Proposer au technicien une méthode expérimentale permettant de différencier ces deux produits et de les identifier. Vous rédigerez votre réponse de manière argumentée en précisant : le matériel nécessaire, les conditions opératoires, la ou les expériences à réaliser, les résultats attendus.

8 SYNTHÈSE DE L'ACÉTATE DE BENZYLE ★★ 20 min ▸ P. 195

L'acétate de benzyle est l'un des constituants de l'essence de jasmin. Cette espèce chimique peut-être synthétisée par réaction entre l'acide acétique et l'alcool benzylique. Au cours de cette transformation chimique, il se forme aussi de l'eau.
Pour réaliser cette synthèse au laboratoire, on chauffe à reflux pendant quelques dizaines de minutes un mélange d'acide acétique, d'alcool benzylique et quelques gouttes d'acide sulfurique concentré. L'acide sulfurique n'est pas un réactif mais un catalyseur de la réaction.

1. Quels sont les réactifs ? Quels sont les produits de la réaction ?

2. L'espèce synthétique nommée acétate de benzyle est-elle différente de l'acétate de benzyle extraite de l'essence naturelle de jasmin ?

3. L'odeur de l'acétate de benzyle est-elle identique celle de l'essence de jasmin ?

4. Quel est l'intérêt du dispositif de chauffage à reflux ?

5. L'acide sulfurique permet la catalyse de la réaction. Rechercher la définition du mot « catalyse ».

EXERCICES D'APPROFONDISSEMENT

9 SAPONIFICATION

★★★ 40 min ▸ P. 195

Le protocole suivant décrit la synthèse d'un savon, nommée saponification.

■ **1re étape :** chauffage à reflux

Dans un ballon, verser 20 mL de solution aqueuse très concentrée de soude (ou hydroxyde de sodium), puis 10 g d'huile d'olive et enfin 20 mL d'éthanol (alcool).

L'éthanol n'est pas un réactif mais il est indispensable à l'homogénéisation du mélange. Après adaptation d'un réfrigérant vertical à eau sur le ballon, porter à ébullition (à l'aide d'un chauffe-ballon) durant 30 min. Au bout de ces 30 min., toute l'huile a été consommée mais il reste encore de la soude.

■ **2e étape :** relargage

Verser le contenu du ballon dans un verre à pied contenant environ 100 mL de solution saturée de chlorure de sodium, tout en agitant vivement. Le savon formé (oléate de sodium) insoluble dans la solution de chlorure de sodium, précipite et se rassemble à la surface sous forme d'un solide grumeleux blanc jaunâtre. Toutes les autres espèces chimiques sont solubles : le glycérol formé en même temps que le savon, la soude en excès et l'éthanol.

1. Les quantités de liquides préconisées sont toutes mesurées avec des éprouvettes graduées. Quel est le volume d'huile nécessaire ?

2. Pourquoi est-il indispensable de porter gants et lunettes pour préparer le mélange ?

3. Expliquer pourquoi l'éthanol permet d'homogénéiser le mélange.

4. Pourquoi ne faut-il pas utiliser un bec Bunsen pour chauffer le ballon ?

5. Que se passerait-il si le chauffage était réalisé sans réfrigérant à eau?

6. Quels sont les réactifs et les produits de la saponification ?

7. Quel est l'autre nom d'une solution aqueuse de chlorure de sodium ?

8. Citer toutes les espèces chimiques présentes dans la phase aqueuse à la fin du relargage.

9. Proposer une méthode pour isoler le savon après le relargage.
Quel est le matériel nécessaire ?

Données :

Soude concentrée	Huile	Éthanol
Solution aqueuse à 300 g·L^{-1}. 	$d = 0{,}90$ Non miscible avec l'eau. Miscible avec l'éthanol.	Miscible avec l'huile et avec l'eau. 

10 SYNTHÈSE DE LA LIDOCAÏNE

★★★ | 40 min | ▸ P. 196

La lidocaïne est un anesthésique très utilisé en pédiatrie. On s'intéresse aux différentes étapes de sa synthèse.

Dans un ballon de 100 mL, on introduit à la date $t_1 = 0$ min une masse $m_1 = 4{,}0$ g de N-chloroacétyl-2,6-diméthylaniline à l'état solide que l'on notera A pour simplifier et un volume $V_2 = 10{,}0$ mL de diéthylamine (notée B). On ajoute un volume $V_3 = 50$ mL de toluène jouant le rôle de solvant pour toutes les espèces chimiques du mélange réactionnel. À l'aide d'un réfrigérant, on chauffe à reflux ce mélange.

L'équation de la synthèse est :

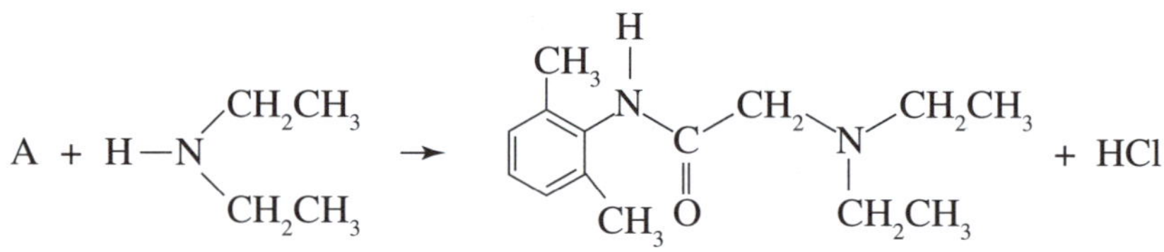

B **lidocaine**

Pour suivre la formation de la lidocaïne, on réalise quatre prélèvements ①, ②, ③ et ④ du mélange réactionnel aux instants : $t_1 = 0$ min, $t_2 = 20$ min, $t_3 = 60$ min, $t_4 = 90$ min. Ces quatre prélèvements sont placés au fur et à mesure dans une enceinte à basse température. Ainsi, la composition de chacun des prélèvements en attente reste constante.

Le dernier prélèvement étant effectué, on réalise la chromatographie de chacun des prélèvements sur une même plaque de silice. On obtient le chromatogramme suivant où seuls le réactif A et la lidocaïne apparaissent.

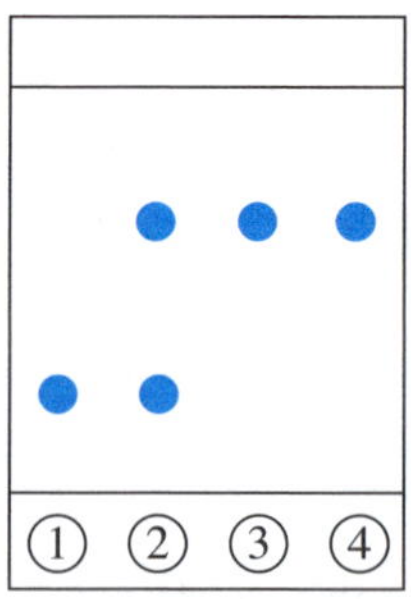

La réaction étant terminée, on extrait la lidocaïne en deux étapes :

- **1re étape :** on extrait le produit à l'aide d'une solution d'acide chlorhydrique de concentration 3 mol·L^{-1} puis d'une solution d'hydroxyde de potassium à 6 mol·L^{-1}.
- **2e étape :** on extrait la lidocaïne présente dans la phase aqueuse à l'aide de pentane.
- **3e étape :** on récupère cette phase organique puis on élimine les traces d'eau. On évapore le pentane afin que le produit cristallise.

Données :

Substance	Masse molaire ($g \cdot mol^{-1}$)	Température d'ébullition (°C)	Température de fusion (°C)	Masse volumique ($g \cdot mL^{-1}$)
toluène	92,0	110	– 93	0,865
B dièthylamine	73,0	55	– 50	0,707
lidocaïne	234,3	180	68	
A	197,7			
pentane	72,0	36	– 129	0,63

Groupes caractéristiques :

Hydroxyle	Carboxyle	Ester	Amine	Amide
$-OH$	$-C(=O)-OH$	$-C(=O)-O-$	$-NH_2$	$-C(=O)-NH-$

1. Recopier la formule de la lidocaïne et entourer le groupe caractéristique amide.

2. a. Indiquer parmi les montages suivants celui qui représente un chauffage à reflux.

Montage (1)

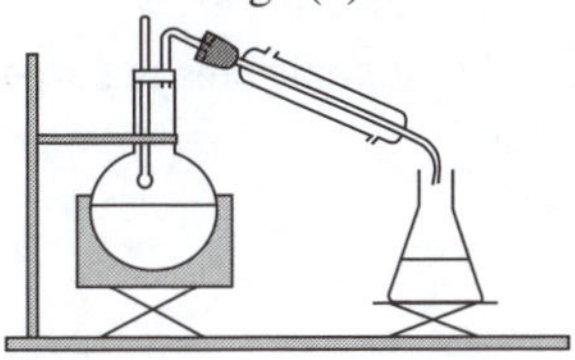

Montage (2)

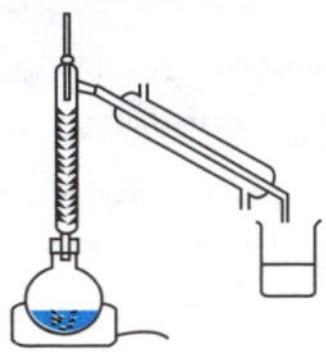

Montage (3)

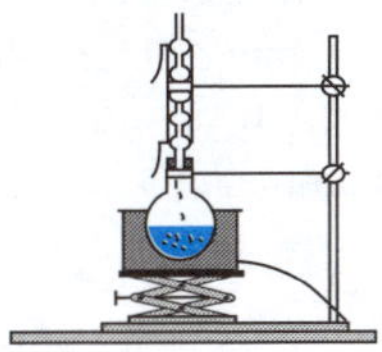

b. Quel est l'intérêt de ce type de montage ?

3. a. Analyser le chromatogramme aux différentes dates t_1, t_2, t_3 et t_4.

b. D'après l'analyse précédente, à partir de quelle date peut-on considérer avec certitude que la réaction est terminée ?

4. Pendant la deuxième étape une extraction liquide-liquide est réalisée à l'aide du pentane.

a. Que peut-on dire de la solubilité de la lidocaïne vis-à-vis du pentane et de l'eau ?

b. Le pentane est-il miscible ou non miscible à l'eau ?

c. Préciser la verrerie employée pour réaliser cette extraction.

d. Faire un schéma légendé de la situation expérimentale avant et après extraction.

5. La dernière étape consiste à évaporer le solvant. Quelle gamme de température choisir afin d'évaporer la totalité du pentane et cristalliser la lidocaïne ? Justifier.

CONTRÔLE

11 L'ESSENCE DE LAVANDE

★★★ | 60 min | ▸ p. 197

Répondre aux questions suivantes en extrayant les informations nécessaires des documents fournis, en mobilisant vos connaissances et en rédigeant de manière argumentée.

Doc. 1. L'huile essentielle de lavande.

Elle est calmante, utile contre les insomnies, l'anxiété et les maux de tête.

Elle est aussi cicatrisante pour les plaies, les brûlures, les piqûres d'insectes et bénéfiques pour les problèmes de peau en général, acné et dermatoses.

L'huile essentielle de lavande est très utilisée et provient de l'hydrodistillation des fleurs de lavande, plante cultivée principalement dans les régions méditerranéennes.

Elle est constituée de plusieurs dizaines d'espèces chimiques dont les deux principales sont l'acétate de linalyle et le linalol.

Doc. 2. Extraction

Les anciens alambics possédaient des chaudières de petite capacité (200 à 500 L) ; mobiles, ils permettaient d'effectuer les distillations sur les lieux mêmes de culture de lavande.

Les fleurs de lavande sont déposées sur une grille placée dans un récipient.

Une chaudière fournit de la vapeur d'eau.

Cette vapeur traverse les fleurs et se charge de leur essence.

Le mélange obtenu passe ensuite par le col de cygne de l'alambic puis le serpentin où, en se refroidissant, il se condense dans l'essencier.

L'alambic dit « à feu nu » est schématisé ci-dessous.

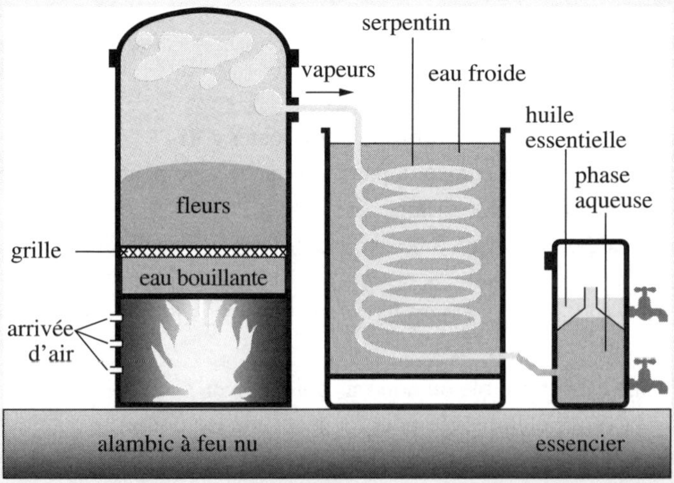

Doc. 3. Constituants de l'huile essentielle de lavande

L'huile essentielle de lavande est un mélange liquide complexe de plusieurs dizaines de constituants, dont les deux principaux sont le linalol de formule brute $C_{10}H_{18}O$ et l'éthanoate de linalyle.

a.

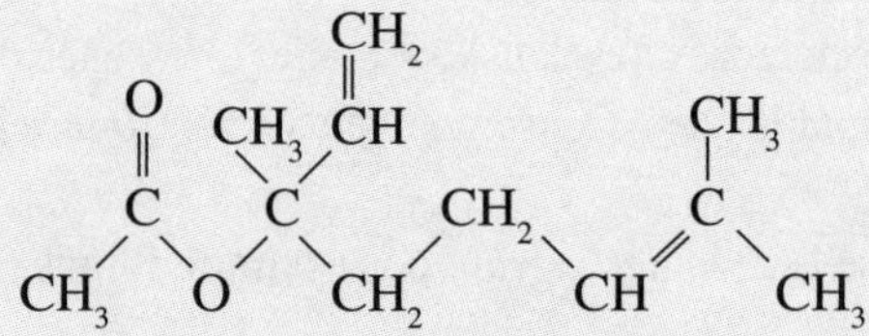

b.

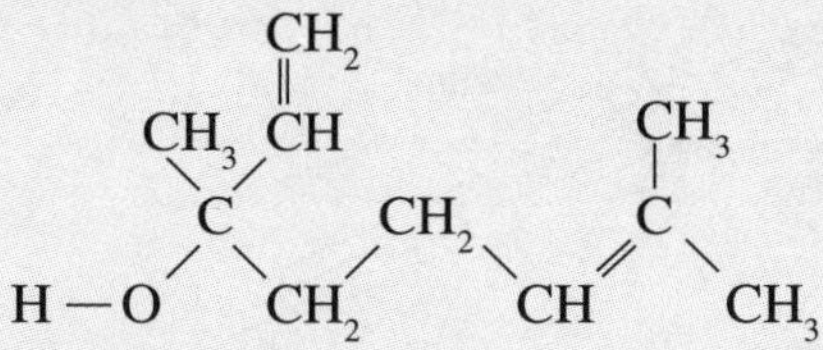

Doc. 4. Groupes caractéristiques

Hydroxyle	Carboxyle	Ester	Amine	Amide
$-OH$	$-C(=O)-OH$	$-C(=O)-O-$	$-NH_2$	$-C(=O)-NH-$

Doc. 5. Analyse par chromatographie :

Afin d'analyser l'huile essentielle obtenue, on réalise une chromatographie sur couche mince. On obtient le chromatogramme ci-dessous avec les dépôts suivants :

- en A : linalol,
- en B : éthanoate de linalyle,
- en C : essence de lavande.

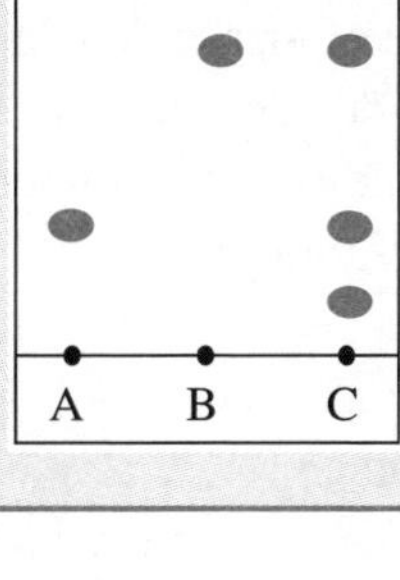

Partie A. Obtenir l'huile essentielle de lavande

1. Comment est produite la vapeur d'eau dans les anciens alambics et quel est son rôle ? Comment se nomme ce procédé d'extraction ?
2. Quel est le rôle du serpentin ? Pourquoi est-il immergé dans l'eau froide ? Pourquoi n'est-il pas constitué d'un tube rectiligne ?
3. Deux phases liquides sont recueillies dans l'essencier ; l'essence de lavande étant à la surface. Quels sont les deux renseignements scientifiques découlant de cette observation ?
4. Au laboratoire on utilise le montage suivant pour extraire l'huile essentielle de lavande.

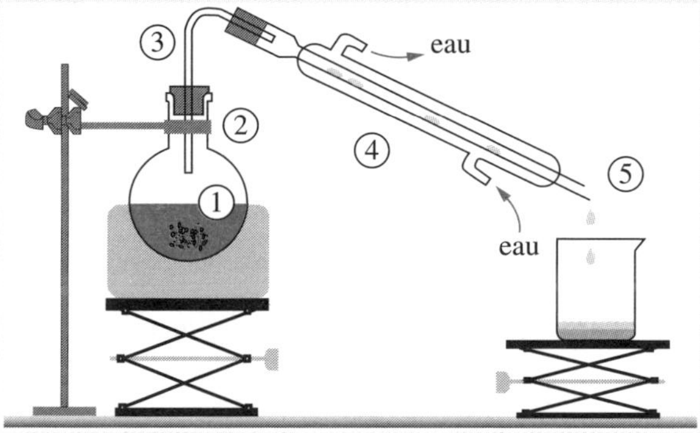

Légender le schéma du montage avec les termes suivants :
ballon, réfrigérant, distillat, bécher, chauffe- ballon, support élévateur, pierre ponce + plantes + eau.

5. Qu'est-ce qui est analogue à la chaudière dans le montage de laboratoire ? Quelle verrerie de ce montage joue le rôle du serpentin ?
6. Quelle verrerie de laboratoire est analogue à l'essencier ?

Partie B. Séparation de l'huile essentielle de lavande au laboratoire

1. Le distillat contient-il autre chose que l'huile essentielle ?
2. Comment récupérer l'huile essentielle, argumenter votre réponse ?
3. Schématiser la situation.

Partie C. Constituants de l'huile essentielle

1. Quelle est la formule semi-développée de la molécule de linalol ?
2. En déduire la formule brute de l'acétate de linalyle.
3. Outre leur formule brute, qu'est-ce qui différencie ces deux molécules ?

Partie D. Analyse chromatographique.

1. Qu'est-ce qu'un éluant ? Quel est son rôle dans la chromatographie ?
2. Comment se nomme l'opération consistant à placer la plaque dans des vapeurs de diiode ou sous la lampe UV ?
3. Interpréter le chromatogramme en argumentant votre réponse.

CORRIGÉS

1 **1.** Lorsque deux liquides ne se mélangent pas, on dit qu'ils sont non miscibles (**réponse d**).

2. Lorsqu'une espèce A ne se dissout pas dans un solvant S, on dit que A est insoluble dans S (**réponse b**) ou que la solubilité de A dans S est quasi-nulle (**réponse c**).

2 **1.** À 1 013 hPa, l'alcool est liquide pour toute température comprise entre -95 °C et 78 °C (**réponse c**).

2. À 1 013 hPa, l'alcool est solide pour toute température inférieure à -95 °C (**réponse a**)

3. À 1 013 hPa et 78 °C, l'alcool peut passer de l'état liquide à l'état gazeux (**réponse c**) ou de l'état gazeux à l'état liquide (**réponse d**).

3 **1.** Un litre d'eau pèse 1 kg (**réponse b**) ou 10^3 g (**réponse c**).

2. La masse volumique de l'eau est $1\ \text{kg} \cdot \text{L}^{-1}$ (**réponse a**) ou $1\ \text{g} \cdot \text{cm}^{-3}$ (**réponse c**) ou $1\ \text{kg} \cdot \text{dm}^{-3}$ (**réponse d**) ou $1\ \text{g} \cdot \text{mL}^{-1}$ (**réponse e**).

3. La densité de l'eau est égale à 1 (**réponse a**).

4. La densité du cyclohexane est 0,78 donc ce liquide est moins dense que l'eau (**réponse a**).

Il est plus dense que l'éther éthylique de masse volumique $710\ \text{g} \cdot \text{L}^{-1}$, c'est-à-dire de densité $d = \dfrac{\rho}{\rho_{eau}} = \dfrac{710}{1000} = 0{,}71$ (**réponse c**).

Pour utiliser la relation $d = \dfrac{\rho}{\rho_{eau}}$, ne pas oublier d'exprimer ρ et ρ_{eau} avec la même unité

4 **1.** Sur le ballon ①, disposé dans un chauffe-ballon ② est adapté un réfrigérant vertical à boules ③.

2. L'arrivée d'eau s'effectue par le bas du réfrigérant et la sortie par le haut.

De cette manière, l'eau circule lentement dans la paroi creuse du réfrigérant.

Si on inversait arrivée et sortie, cela ne serait pas très grave mais l'écoulement de l'eau serait beaucoup plus rapide et turbulent.

3. Les espèces gazeuses ont un mouvement *ascendant* dans le réfrigérant.

Elles *se condensent (se liquéfient)* sur la paroi *froide* du réfrigérant et elles redescendent dans le ballon à l'état *liquide*.

C'est le processus de *reflux*.

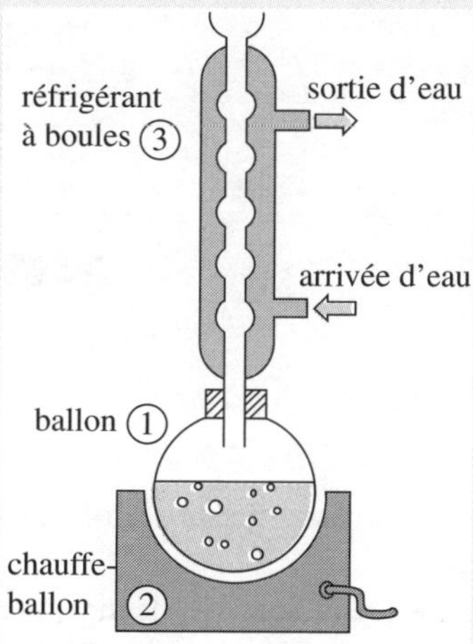

4. Si on coupe la circulation d'eau froide, celle-ci se réchauffe petit à petit au contact des espèces gazeuses et elle n'assure plus son rôle de liquide de refroidissement. Les vapeurs peuvent alors s'échapper par le haut du réfrigérant.
5. Grâce à ce dispositif, les produits formés au cours de la synthèse ne s'échappent pas. Ils se retrouvent dans le ballon mélangés aux réactifs qui n'ont pas été transformés.

5 1. ① Thermomètre.
② Réfrigérant.
③ Bécher contenant le distillat.
④ Support élévateur.
⑤ Ballon contenant l'eau et la substance naturelle.
⑥ Chauffe-ballon.
2. L'eau circule de B (entrée de l'eau froide) vers A (sortie d'eau) dans le réfrigérant.
3. Lors d'une hydrodistillation, la vapeur d'eau entraîne les espèces à extraire.
La condensation de ces vapeurs dans un réfrigérant fournit un distillat constitué généralement de deux liquides non miscibles : l'eau et l'huile essentielle.
4. On commence à recueillir le distillat à partir du moment où on a atteint la température d'ébullition de l'eau soit 100 °C. La vapeur d'eau entraîne les espèces chimiques.

6 1. La solution aqueuse d'indigo est de l'eau dans laquelle est dissous l'indigo (colorant bleu).
2. Le dichlorométhane et l'eau sont non miscibles donc il y a deux phases liquides dans l'erlenmeyer.
Durant l'agitation, l'indigo migre vers le solvant dans lequel il est le plus soluble ; c'est-à-dire que ce colorant bleu passe de l'eau vers le dichlorométhane.
Par ailleurs, comme le dichlorométhane est plus dense que l'eau, la phase organique bleue se trouve au fond de l'erlenmeyer.
Le schéma à retenir est donc le ①.

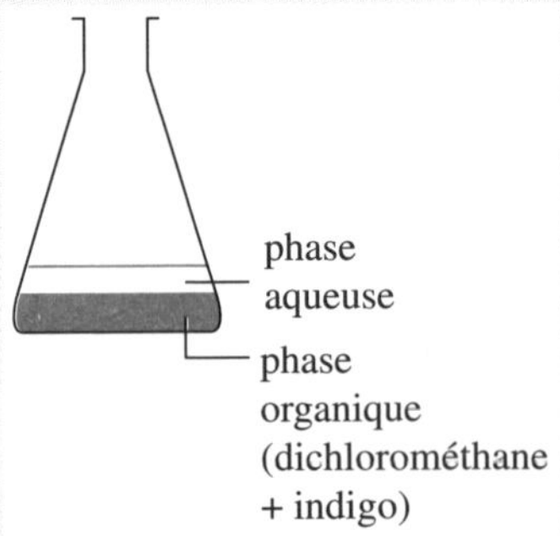

3. L'opération effectuée par l'expérimentateur est l'extraction de l'indigo par un solvant.
Elle est réalisable avec le dichlorométhane car ce liquide organique est :
- un meilleur solvant pour l'indigo que l'eau car il y est plus soluble ;
- non miscible avec l'eau.

4. Pour recueillir la phase organique contenant l'indigo, il faut verser le contenu de l'erlenmeyer dans une ampoule à décanter. En ouvrant le robinet, on recueillera aisément la phase organique bleue (phase la plus dense).
5. Le dichlorométhane a une faible température d'ébullition (40 °C). Il suffirait de chauffer légèrement la phase organique pour provoquer la vaporisation complète du solvant. De cette manière, on pourrait disposer d'indigo sous forme de poudre puisque ce colorant est un solide à température ambiante.

7 Au regard des informations, on constate qu'à température ambiante (20 °C) les deux composés(acide benzoïque et acide citrique) sont à l'état solide car les températures de fusion sont bien supérieures à 20 °C (122 °C et 153 °C).
Il s'agit de deux solides donc pour les différencier, on peut mesurer leur point de fusion grâce à un banc Köfler. Ainsi, le premier qui passera à l'état liquide sera l'acide benzoïque car il possède la température de fusion la plus faible.
On peut également réaliser une chromatographie sur couche mince. Il faut, pour cela, commencer à dissoudre chaque échantillon dans un peu de solvant (éthanol par exemple), réaliser les dépôts sur la plaque et ajouter deux dépôts correspondants aux deux produits de référence : le conservateur et l'acide citrique.
Après élution avec un éluant approprié puis révélation, on pourra identifier chacun des composés puisqu'ils migreront au même niveau que leur référence.

8 **1.** Les réactifs sont l'acide acétique et l'alcool benzylique.
Les produits formés sont l'acétate de benzyle et l'eau.
2. L'acétate de benzyle synthétisée ou l'acétate de benzyle naturelle sont parfaitement identiques.
3. L'acétate de benzyle est une seule espèce chimique tandis que l'essence de jasmin est un mélange de plusieurs constituants, dont l'acétate de benzyle.
Le parfum de l'acétate de benzyle est donc différent de celui de l'essence de jasmin, résultant d'une combinaison complexe de plusieurs espèces odorantes.
4. Le chauffage à reflux permet de chauffer longuement un mélange réactionnel liquide sans perdre ni réactifs, ni produits de réaction par évaporation.
5. La catalyse est l'accélération d'une transformation chimique grâce à une espèce chimique appelée catalyseur.

9 **1.** La densité de l'huile est $d = 0,90$ donc sa masse volumique vaut :

$$\rho = d\rho_{eau} \text{ avec } \rho_{eau} = 1\ g \cdot mL^{-1} \text{ soit } \rho = 0,90\ g \cdot mL^{-1}.$$

$\rho = \dfrac{m}{V}$ donc le volume correspondant à la masse $m = 10$ g d'huile s'exprime ainsi :

$$V = \frac{m}{\rho} \text{ avec } m \text{ en g, } \rho \text{ en } g \cdot mL^{-1} \text{ et V en mL}$$

Soit :

$$V = \frac{10}{0,90} = 11\ mL.$$

2. La soude concentrée est une solution corrosive comme l'indique le pictogramme de danger.
Il faut donc se protéger de tout contact avec la peau et les yeux en portant des gants et des lunettes.

3. L'alcool (éthanol) est miscible à la fois avec l'eau (solvant de la solution aqueuse de soude) et l'huile.
Sa présence permet donc d'homogénéiser le mélange des deux liquides non miscibles que sont l'huile et l'eau.
4. L'alcool est un liquide inflammable.
Si on chauffait avec la flamme d'un bec Bunsen, les vapeurs d'alcool risqueraient de s'enflammer.
5. Si on portait à ébullition durant 30 minutes le contenu du ballon sans y adapter un réfrigérant vertical à eau, les vapeurs d'eau, d'alcool et d'huile s'échapperaient jusqu'à disparition complète de ces espèces.
6. La lecture du mode opératoire permet d'affirmer que les réactifs sont l'huile et la soude et que les produits de la saponification sont le savon et le glycérol.
7. Une solution aqueuse de chlorure de sodium est tout simplement de l'eau salée.
8. La phase aqueuse contient de l'eau (solvant), du chlorure de sodium (sel), de la soude (réactif restant en excès), du glycérol (produit formé en même temps que le savon) et de l'éthanol.
9. Il suffit de filtrer pour récupérer le savon (phase solide).
Cette opération nécessite un entonnoir et un papier filtre ou un Büchner relié à un système d'aspiration (voir le paragraphe IV.3 du cours).

10 1.

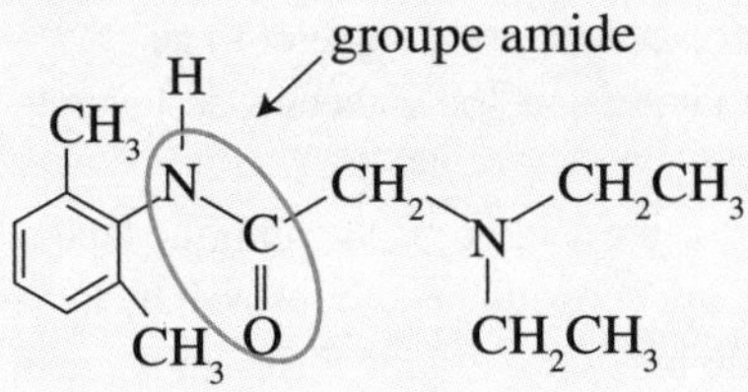

2. a. Le montage (3) représente un chauffage à reflux.
b. Le chauffage à reflux permet d'augmenter la température, favorisant la formation du produit et sans perdre de matière puisque les vapeurs se condensent sur les parois froides du réfrigérant.
3. a. À la date $t_1 = 0$ min seul le composé A apparait sur le chromatogramme, ce qui est logique puisque la réaction n'a pas débuté.
À la date t_2, le composé A est toujours présent et il apparaît une deuxième tache correspondant au produit formé lors de la synthèse c'est-à-dire la lidocaine.
Aux dates t_3 et t_4, la tache correspondant au réactif A a disparu.
Le réactif A est totalement consommé, il n'y a plus que la tache correspondant à la lidocaine dans le milieu réactionnel.
b. La réaction est donc terminée au bout de 60 minutes puisque tout le réactif est consommé.
4. a. La lidocaine est plus soluble dans le pentane que dans l'eau puisque l'extraction est possible.
b. Le pentane est non miscible à l'eau, c'est la raison pour laquelle les deux phases sont séparables.

c. On utilise une ampoule à décanter pour réaliser cette extraction.
d. Le pentane a une masse volumique inférieure à celle de l'eau, il est donc moins dense. La phase organique se trouvera au dessus de la phase aqueuse.
Au début la lidocaïne est dans la phase aqueuse et suite à l'extraction elle est passée dans la phase organique car elle y est plus soluble.

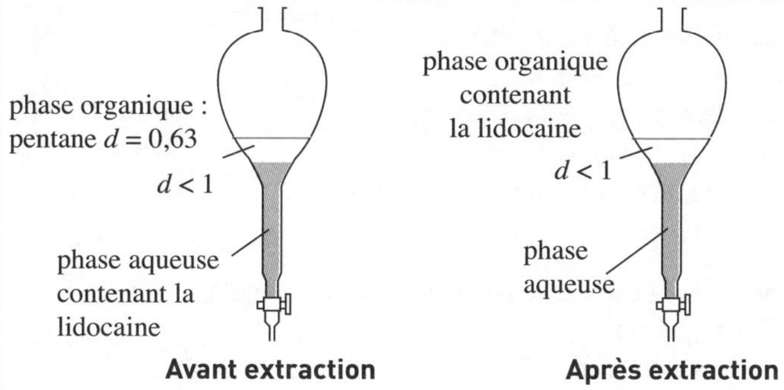

5. Pour évaporer la totalité du pentane la température doit être supérieure à la température d'ébullition du pentane, soit $T > 36$ °C.
Pour cristalliser la lidocaïne la température doit être inférieure à la température de fusion de la lidocaïne, soit $T < 68$ °C. La gamme de température est donc

$$36\ °C < T < 68\ °C$$

11 Partie A

1. L'eau se trouvant au fond de l'alambic est portée à ébullition grâce à l'énergie thermique dégagée par le feu. Elle se transforme donc en vapeur et peut ainsi « entraîner » les molécules odorantes constituant l'essence de lavande.
Ce procédé s'appelle entraînement à la vapeur ou hydrodistillation.
2. Le serpentin permet la condensation (ou liquéfaction) des vapeurs.
Son immersion dans l'eau permet un refroidissement plus efficace que dans l'air.
Sa forme hélicoïdale plutôt que rectiligne permet d'accroître la distance parcourue par les espèces chimiques avant de tomber dans l'essencier. Ainsi on évite qu'une partie de l'essence de lavande puisse s'échapper sous forme de vapeur à la sortie de l'alambic ; tout le distillat est récolté dans l'essencier sous forme liquide.
La condensation est donc plus efficace.
3. Deux phases liquides sont recueillies dans l'essencier donc cela signifie que l'essence de lavande et l'eau sont non miscibles.
Par ailleurs l'essence de lavande surnage donc elle est moins dense que l'eau, c'est-à-dire que sa densité est inférieure à 1.
4. ① ballon. ② pierre ponce + plantes + eau. ③ chauffe ballon.
④ réfrigérant. ⑤ distillat. ⑥ support élévateur
5. La chaudière dans le montage est analogue au système { ballon + chauffe ballon }.
Le réfrigérant joue le rôle de serpentin. Il permet de condenser les vapeurs.
6. L'essencier muni de robinets permet de séparer l'huile de l'eau ; au laboratoire l'ampoule à décanter joue le même rôle.

Partie B

1. Le distillat contient l'huile essentielle mais aussi de l'eau.
2. L'huile essentielle est non miscible à l'eau, c'est la raison pour laquelle il se forme deux phases.
L'huile essentielle étant moins dense, elle se trouve au dessus.
L'ampoule à décanter permet de séparer l'huile de la phase aqueuse.
3. On obtient le schéma ci-contre :

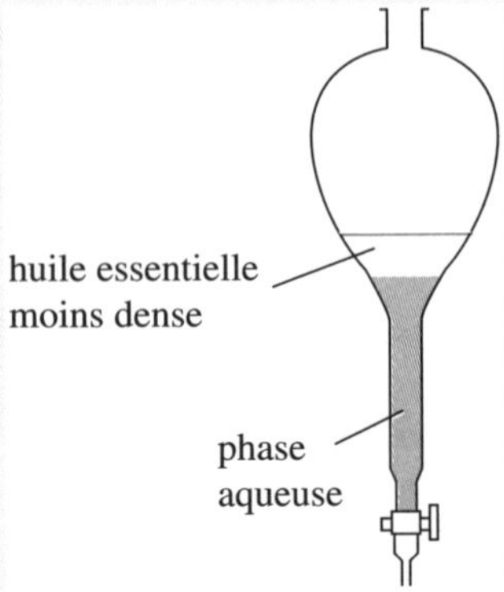

Partie C

1. La formule semi-développée de la molécule de linalol est la b qui correspond à la formule brute $C_{10}H_{18}O$.
2. La molécule a est l'acétate de linalyle de formule brute $C_{12}H_{20}O_2$.
3. Ces deux molécules ont des groupes caractéristiques différents, le linalol possède un groupe hydroxyle alors que l'acétate de linalyle possède un groupe ester.

a. Acétate de linalyle

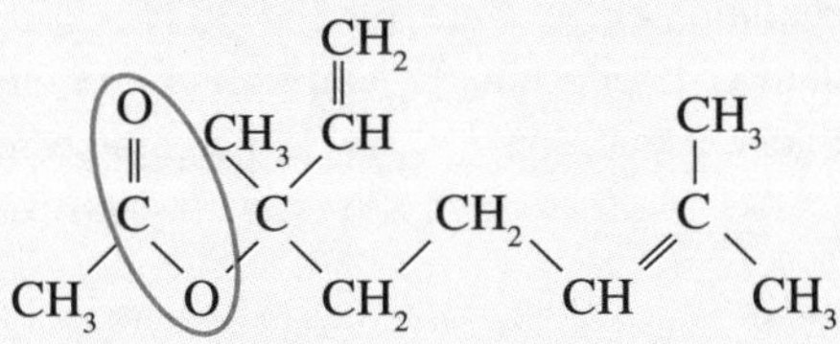

b. Linalol

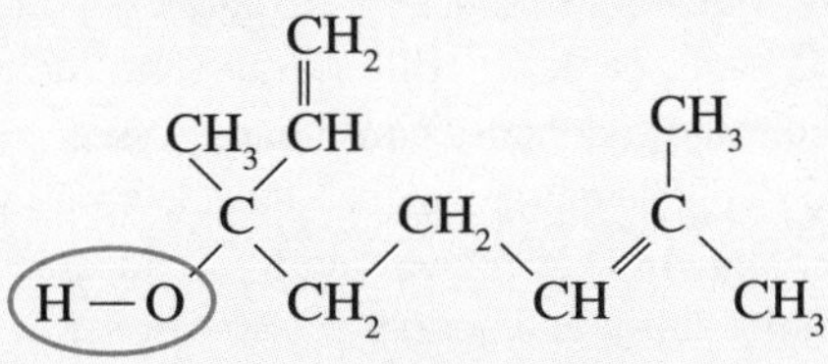

Partie D

1. Un éluant est un solvant utilisé pour une chromatographie.
En montant par capillarité le long de la plaque de silice, il entraîne les espèces chimiques mais de façon inégale, suivant leur solubilité et par conséquent il les sépare.
2. En plaçant la plaque de silice dans des vapeurs de diiode ou sous lampe UV on rend visibles les espèces incolores.
Cette opération se nomme révélation.
3. Le chromatogramme met en évidence la présence de quatre constituants dans l'huile essentielle de lavande.
Deux de ces espèces ont migré de manière identique aux espèces de référence A et B, ce sont donc du linalol et de l'acétate de linalyle.
L'essence de lavande contient donc bien du linalol et de l'acétate de linalyle, comme indiqué dans le Doc.1 ce sont les deux principales espèces de l'essence de lavande.

10 Une unité pour le chimiste : la mole

À notre échelle, qualifiée de macroscopique, nous manipulons des échantillons de matière renfermant un nombre gigantesque d'entités chimiques microscopiques (atomes, molécules ou ions). L'utilisation de très grands nombres n'étant pas facile, les chimistes effectuent un changement d'échelle et introduisent une nouvelle grandeur macroscopique appelée la quantité de matière et son unité la mole.

I L'UNITÉ DE QUANTITÉ DE MATIÈRE : LA MOLE

1. La mole

Pour dénombrer les atomes, molécules ou ions contenus dans un échantillon de matière, le chimiste constitue virtuellement des lots ou **paquets** qu'il appelle **moles**.

Une mole (symbole : mol) d'un corps pur contient $6,02 \times 10^{23}$ entités chimiques (atomes, molécules ou ions) toutes identiques.

EXEMPLES :

- Une mole de fer contient $6,02 \times 10^{23}$ atomes de fer Fe.
- Une mole de glucose renferme $6,02 \times 10^{23}$ molécules $C_6H_{12}O_6$.

2. La constante d'Avogadro

La constante d'Avogadro est le nombre d'entités chimiques (atome, molécule ou ions) contenues dans une mole :

$$N_A = 6,02 \times 10^{23}\ \text{mol}^{-1}$$

Cette constante n'a pas été choisie au hasard : elle correspond au nombre d'atomes de carbone contenus dans 12 g de l'isotope 12 du carbone ($^{12}_{6}C$).
Le chimiste passe ainsi du niveau microscopique (atome molécule et ion), dans lequel il ne peut effectuer aucune mesure, au niveau macroscopique (mole d'atomes, de molécules et d'ions), dans lequel il peut mesurer les masses et les volumes correspondants.

COURS

3. Quantité de matière ou nombre de moles

La **quantité de matière** d'une espèce chimique représente le **nombre de moles** contenues dans un échantillon de cette espèce.

Un échantillon d'un corps pur, constitué de N entités chimiques toutes identiques, contient la quantité de matière n exprimée par la relation :

$n = \dfrac{N}{N_A}$	n en mole (mol) ; N sans unité ; N_A constante d'Avogadro en mol^{-1}.

Relation équivalente : $N = nN_A$

EXEMPLE : Un échantillon de $n = 1,6$ mol de glucose contient

$N = nN_A = 1,6 \times 6,02 \times 10^{23} = 9,6 \times 10^{23}$ molécules de glucose.

II LA MASSE MOLAIRE

La masse molaire notée M est la masse d'une mole d'entités chimiques, elle s'exprime en $g \cdot mol^{-1}$.

1. La masse molaire atomique

La masse molaire atomique d'un élément est la masse d'une mole d'atomes de cet élément.

EXEMPLES :

- $M(\text{H}) = 1,0 \text{ g} \cdot \text{mol}^{-1}$;
- $M(\text{C}) = 12,0 \text{ g} \cdot \text{mol}^{-1}$;
- $M(\text{O}) = 16,0 \text{ g} \cdot \text{mol}^{-1}$;
- $M(\text{I}) = 126,9 \text{ g} \cdot \text{mol}^{-1}$.

Toutes les masses molaires atomiques sont répertoriées dans la classification périodique située en fin d'ouvrage.

2. La masse molaire moléculaire

La masse molaire moléculaire d'une espèce est la masse d'une mole de molécules. Elle se calcule en faisant la somme des masses molaires des atomes constituant la molécule.

EXEMPLE : La masse molaire de l'aspirine de formule brute $C_9H_8O_4$ est :

$$M(C_9H_8O_4) = 9M(\text{C}) + 8M(\text{H}) + 4M(\text{O})$$
$$= 9 \times 12,0 + 8 \times 1,0 + 4 \times 16,0$$
$$= 180,0 \text{ g} \cdot \text{mol}^{-1}$$

3. La masse molaire ionique

La masse molaire ionique est la masse d'une mole d'ions.
Elle se calcule en faisant la somme des masses molaires des atomes constituant l'ion.
En effet, la masse de l'électron est très négligeable devant la masse d'un atome (voir chapitre 3).

La technique de calcul d'une masse molaire moléculaire ou ionique est explicitée dans le savoir faire 1.

III CALCUL D'UNE QUANTITÉ DE MATIÈRE

1. Calcul d'une quantité de matière à partir d'une masse

La quantité de matière n contenue dans une masse m d'un corps pur **solide**, **liquide** ou **gazeux** se calcule à l'aide de la relation :

$n = \dfrac{m}{N}$	n en mol ; m en g ; M en $g \cdot mol^{-1}$.

Relation équivalente : $m = nM$

EXEMPLE : Un comprimé dosé à $500\ mg = 5,00 \times 10^{-1}$ g d'aspirine, de masse molaire $M = 180,0\ g \cdot mol^{-1}$, contient :

$$n = \frac{m}{M} = \frac{5,00 \times 10^{-1}}{180,0} = 2,78 \times 10^{-3} \text{ mol d'aspirine (ou acide acétylsalicylique).}$$

2. Calcul d'une quantité de matière à partir d'un volume

Le calcul de la quantité de matière n contenue dans un volume V d'une espèce chimique **solide** ou **liquide** nécessite de connaître la masse volumique ρ de cette espèce chimique ainsi que sa masse molaire M.

$n = \dfrac{m}{M} = \dfrac{\rho V}{M}$	ρ : masse volumique en $g \cdot cm^{-3}$; V : volume de l'échantillon en cm^3 ; M : masse molaire de l'espèce chimique en $g \cdot mol^{-1}$.

La détermination d'une quantité de matière est détaillé dans le savoir faire 2.

IV PRÉLEVER UNE QUANTITÉ DE MATIÈRE AU LABORATOIRE

1. Peser un solide

Pour prélever n moles d'une espèce chimique solide de masse molaire M, il faut peser une masse m :

$$\boxed{m = nM}$$

La pesée se fait à l'aide d'une balance électronique :

- **1re étape :** tarer la balance.

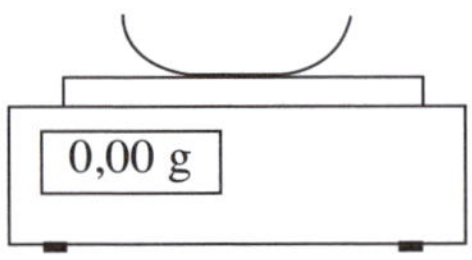

- **2e étape :** déposer le solide puis lire la masse.

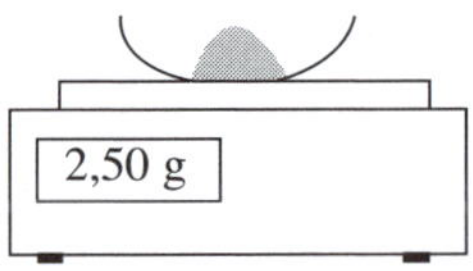

2. Mesurer le volume d'un liquide

Pour prélever n moles d'un liquide pur de masse molaire M et de masse volumique ρ, il faut verser un volume V :

$$\boxed{V = \frac{m}{\rho} = \frac{nM}{\rho}}$$

Suivant la verrerie utilisée pour mesurer le volume V, la précision ne sera pas la même :

Fiole jaugée	Pipette jaugée	Burette graduée	Pipette graduée	Éprouvette graduée
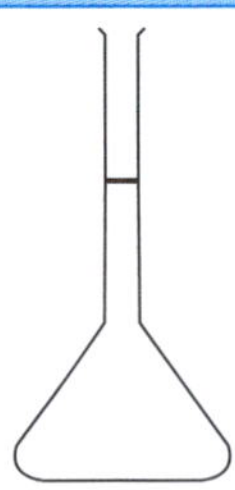		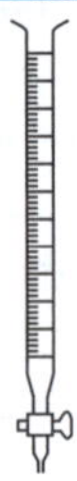		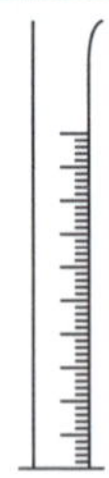

La verrerie jaugée est plus précise qu'une verrerie graduée.
La burette graduée et la pipette graduée sont plus précises qu'une éprouvette graduée.

SAVOIR-FAIRE

1. Calculer une masse molaire

■ Masse molaire moléculaire

• La molécule d'alanine est un acide α-aminé qui entre dans la composition des protéines, comment déterminer sa masse molaire à partir de sa formule développée ?

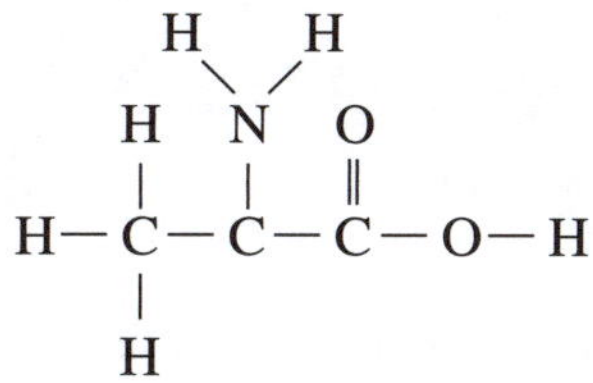

• Dans un premier temps, il est nécessaire de déterminer la formule brute du composé (revoir le paragraphe II.1 du cours du chapitre 8) : $C_3H_7O_2N$.

• Dans un deuxième temps, il faut rechercher les masses molaires atomiques des atomes présents.

Pour cela on peut se reporter à la classification périodique ou aux données généralement fournies en fin d'exercice.

$M(\text{H}) = 1{,}0\ \text{g}\cdot\text{mol}^{-1}$; $M(C) = 12{,}0\ \text{g}\cdot\text{mol}^{-1}$;

$M(\text{O}) = 16{,}0\ \text{g}\cdot\text{mol}^{-1}$; $M(N) = 14{,}0\ \text{g}\cdot\text{mol}^{-1}$.

• On peut alors déterminer la masse molaire moléculaire de l'alanine, elle se calcule en faisant la somme des masses molaires des atomes constituant la molécule soit :

$$M(\text{C}_3\text{H}_7\text{O}_2\text{N}) = 3M(\text{C}) + 7M(\text{H}) + 2M(\text{O}) + M(\text{N})$$

$$M(\text{C}_3\text{H}_7\text{O}_2\text{N}) = 3\times 12{,}0 + 7\times 1{,}0 + 2\times 16{,}0 + 14{,}0 = 89{,}0\ \text{g}\cdot\text{mol}^{-1}$$

■ Masse molaire ionique

• Pour un ion monoatomique la masse molaire *n*'est autre que la masse molaire de l'atome, puisque la masse des électrons est négligeable devant celle des nucléons (voir le chapitre 3).

EXEMPLE : Pour l'ion iodure I^-:

$M(\text{I}^-) = M(\text{I}) = 126{,}9\ \text{g}\cdot\text{mol}^{-1}$

• Pour un ion polyatomique, elle se calcule en faisant la somme des masses molaires des atomes constituant l'ion.

EXEMPLE : Pour l'ion carbonate CO_3^{2-} :

$M(\text{CO}_3^{2-}) = M(\text{C}) + 3M(\text{O}) = 12{,}0 + 3\times 16{,}0 = 60{,}0\ \text{g}\cdot\ \text{mol}^{-1}$

COURS

2. Calculer une quantité de matière à partir d'un volume

■ Connaitre les relations entre masse, volume et quantité de matière

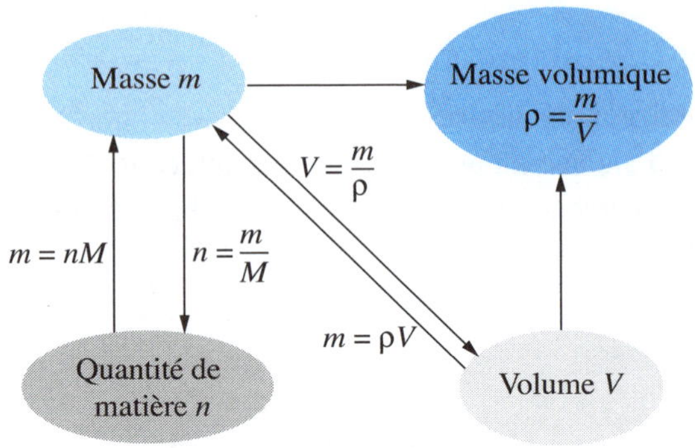

■ Calculer une quantité de matière à partir d'un volume

• Dans un premier temps, on calcule la masse m du volume V de l'espèce chimique grâce à la relation :

$$m = \rho V$$

avec m en kg, ρ en $kg \cdot m^{-3}$ et V en m^3.

ou avec m en g, ρ en $g \cdot L^{-1}$ et V en L.

• Dans un deuxième temps, on en déduit la quantité de matière à partir de la masse m, on utilise la relation :

$$n = \frac{m}{M}$$

EXEMPLE : Une bille pleine en cuivre (avec $M(\text{Cu}) = 63,5\ g \cdot mol^{-1}$ et $\rho_{Cu} = 8,89\ g \cdot\ cm^{-3}$) de volume $V = 2,00\ cm^3$ à une masse m égale à :

$$M = \rho_{Cu} V = 2,00 \times 8,89 = 17,8\ g.$$

Elle contient la quantité de matière :

$$n = \frac{m}{M(\text{Cu})} = \frac{17,8}{63,5} = 0,280\ \text{mol}.$$

Attention aux unités !

EXERCICES D'APPLICATION

1 QCM « QUANTITÉ DE MATIÈRE » ★★ 15 min ▸ P. 210

Pour chaque proposition, indiquer la (ou les) bonne(s) réponse(s).

1. L'unité de quantité de matière est :

a. le gramme. **b.** la mole. **c.** le litre.

2. Dans une mole d'atomes, il y a :

a. $6,02 \times 10^{-23}$ atomes. **b.** $6,02 \times 10^{23}$ atomes. **c.** 602×10^{21} atomes.

3. La constante d'Avogadro vaut :

a. $6,02 \times 10^{-23}$ mol^{-1}. **b.** $6,02 \times 10^{23}$. **c.** $6,02 \times 10^{23} mol^{-1}$.

4. La masse molaire atomique s'exprime en :

a. g. **b.** $mol \cdot g^{-1}$. **c.** $g \cdot mol^{-1}$.

5. La masse molaire moléculaire correspond à la masse de :

a. $6,02 \times 10^{-23}$ molécules.

b. une mole de molécules.

c. $6,02 \times 10^{23}$ molécules.

6. La masse m d'une espèce chimique, sa quantité de matière n et sa masse molaire M sont reliées par :

a. $n = M \times m$. **b.** $n = \frac{m}{M}$. **c.** $m = M \times n$.

7. Deux verres de montre contiennent la même masse m de soufre et de cuivre dont les masses molaires respectives sont $M(S) = 32\ g \cdot mol^{-1}$ et $M(Cu) = 64\ g \cdot mol^{-1}$.

Les quantités de matière $n(S)$ et $n(Cu)$ sont telles que :

a. $n(S) = n(Cu)$.

b. $n(S) = 2n(Cu)$.

c. $2n(S) = n(Cu)$.

2 QUANTITÉ DE MATIÈRE ET MASSE ★★ 15 min ▸ P. 210

1. À l'aide de la classification périodique située à la fin du livre, compléter le tableau suivant :

Espèce moléculaire	Formule brute	Masse molaire moléculaire ($g \cdot mol^{-1}$)
dioxygène		
	Cl_2	
saccharose	$C_{12}H_{22}O_{11}$	

2. Calculer la masse correspondant à $2,3 \times 10^{-4}$ mol de chacun des composés précédents.

3 MASSE MOLAIRE | ★★ | 15 min | ▸ P. 210

1. La masse molaire de la vitamine C vaut 176 $g \cdot mol^{-1}$.
Retrouver sa formule brute parmi les formules suivantes :
a. C_3H_6O. **b.** $C_6H_8O_6$. **c.** $C_{12}H_{22}O_{11}$.
2. Quelle est la quantité de matière de vitamine C contenue dans un comprimé dosé à 500 mg ?
Données :
$M(H) = 1,0\ g \cdot mol^{-1}$; $M(C) = 12,0\ g \cdot mol^{-1}$; $M(O) = 16,0\ g \cdot mol^{-1}$.

EXERCICES D'ENTRAÎNEMENT

4 UN QUART DE MOLE D'ÉTHANOL | ★★ | 15 min | ▸ P. 211

Un expérimentateur souhaite disposer de 0,250 mol d'alcool (ou éthanol) C_2H_6O.
1. Quel volume d'alcool doit-il prélever ?
2. Quelle verrerie peut-il utiliser ?
Données : $M(H) = 1,0\ g \cdot mol^{-1}$; $M(C) = 12,0\ g \cdot mol^{-1}$;
$M(O) = 16,0\ g \cdot mol^{-1}$; masse volumique de l'éthanol : $\rho = 790\ g \cdot L^{-1}$

5 UNE CUILLERÉE D'HUILE | ★★★ | 20 min | ▸ P. 211

Une huile d'olive de densité $d = 0,89$ est constituée essentiellement d'oléine de formule $C_{57}H_{104}O_6$.
1. Quelle est la masse volumique de l'huile ?
2. Déterminer la masse m d'une cuillerée de 10 mL d'huile d'olive.
3. Déterminer la quantité de matière n et le nombre N de molécules contenues dans la cuillerée d'huile d'olive.
4. Combien d'atomes contient cette cuillerée d'huile ?
Données :
$M(H) = 1,0\ g \cdot mol^{-1}$; $M(C) = 12,0\ g \cdot mol^{-1}$; $M(O) = 16,0\ g \cdot mol^{-1}$;
constante d'Avogadro : $N_A = 6,02 \times 10^{23}\ mol^{-1}$.

6 PENDANT L'EFFORT ! | ★★★ | 20 min | ▸ P. 212

Au cours d'un effort, de l'acide lactique ($C_3H_6O_3$) se forme dans les muscles. Son accumulation a longtemps été considérée comme étant la cause des courbatures.
La molécule d'acide lactique contient deux groupes caractéristiques différents : un groupe carboxyle et un groupe hydroxyle.

Données :

$M(\text{H}) = 1,0\ \text{g} \cdot \text{mol}^{-1}$; $M(\text{C}) = 12,0\ \text{g} \cdot \text{mol}^{-1}$; $M(\text{O}) = 16,0\ \text{g} \cdot \text{mol}^{-1}$.

Masse volumique de l'acide lactique : $\rho = 1,24\ \text{g} \cdot \text{mL}^{-1}$

Hydroxyle	Carboxyle	Éther	Aldéhyde	Cétone
—OH	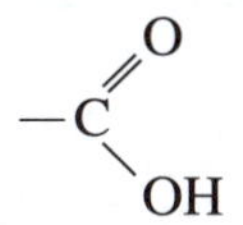	C—O—C	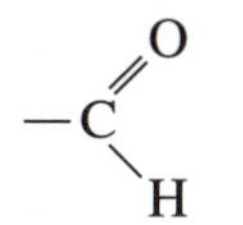	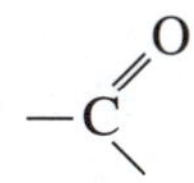

1. Parmi les trois molécules suivantes quelle est celle qui correspond à l'acide lactique ? Rédiger une réponse argumentée.

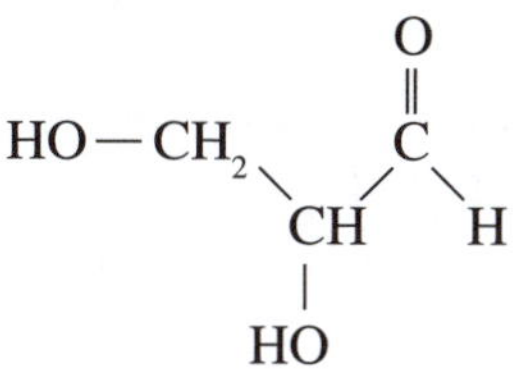

molécule A

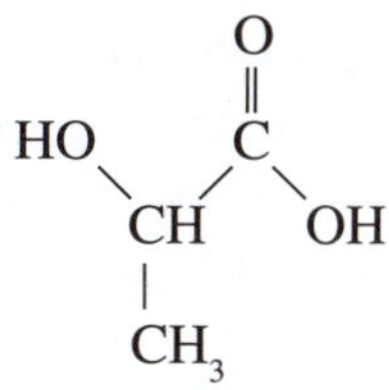

molécule B

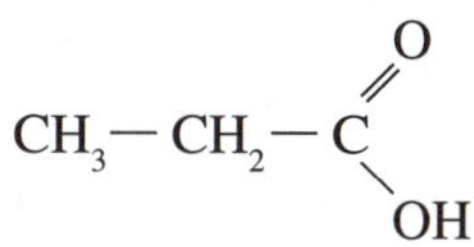

molécule C

2. Déterminer la masse molaire de l'acide lactique.

3. Calculer la masse d'un échantillon de volume $V = 30,0\ \text{mL}$ d'acide lactique.

4. En déduire la quantité de matière d'acide lactique contenue dans l'échantillon.

5. Déterminer le volume occupé par une mole d'acide lactique.

EXERCICES D'APPROFONDISSEMENT

7 UNE HISTOIRE DE *A*

★★★★ | 20 min | ▸ P. 212

1. À partir des données fournies en fin d'exercice, montrer qu'il est légitime de négliger la masse d'un électron devant celle d'un nucléon.

2. Calculer la masse M_n d'une mole de nucléons.

3. Montrer que la masse molaire atomique de l'isotope $^{A}_{Z}X$ vaut pratiquement $A\ \text{g} \cdot \text{mol}^{-1}$.

4. Dans la nature, il existe quatre isotopes stables du plomb dont les proportions sont fournies dans le tableau suivant.

Symbole du noyau	$^{204}_{82}\text{Pb}$	$^{206}_{82}\text{Pb}$	$^{207}_{82}\text{Pb}$	$^{208}_{82}\text{Pb}$
Abondance relative	1,4 %	24,1 %	22,1 %	52,4 %

a. Déterminer la masse molaire de l'élément plomb.

b. Comparer la valeur obtenue avec celle fournie dans la classification périodique située à la fin du livre.

Données :

$N_A = 6,02 \times 10^{23}\ \text{mol}^{-1}$;

masse d'un électron : $m_e = 9,11 \times 10^{-31}$ kg ;

masse d'un nucléon (proton ou neutron) : $m_n = 1,67 \times 10^{-27}$ kg.

8 PARFUM DE LAVANDE ★★★★ 40 min ▶ P. 213

Des savons sont parfumés à la lavande. Ce parfum est dû à la présence d'acétate de linalyle généralement obtenu par synthèse.

Cette synthèse peut-être réalisée au laboratoire en faisant réagir du linalol de formule $C_{10}H_{18}O$ et de l'anhydride éthanoïque de formule $C_4H_6O_3$.

On réalise cette synthèse en utilisant une quantité $n = 0,150$ mol de chacun des réactifs pour obtenir au maximum 0,150 mol d'acétate de linalyle.

1. Calculer les volumes des deux réactifs liquides nécessaires à cette synthèse. Détailler votre démarche.

2. Sachant que la masse de parfum obtenu est $m_{\text{exp(acétate de linalyle)}} = 28,8$ g, déterminer le rendement de la synthèse.

Données :

Masses molaires atomiques :

$M(\text{H}) = 1,0\ \text{g} \cdot \text{mol}^{-1}$; $M(\text{C}) = 12,0\ \text{g} \cdot \text{mol}^{-1}$; $M(\text{O}) = 16,0\ \text{g} \cdot \text{mol}^{-1}$

Constante d'Avogadro : $N_A = 6,02 \times 10^{23}\ \text{mol}^{-1}$;

Masse volumique du linalol : $\rho = 0,86\ \text{g} \cdot \text{mL}^{-1}$;

Masse volumique de l'anhydride éthanoïque : $\rho' = 1,08\ \text{g} \cdot \text{mL}^{-1}$.

Doc. 1. Formule de l'acétate de linalyle

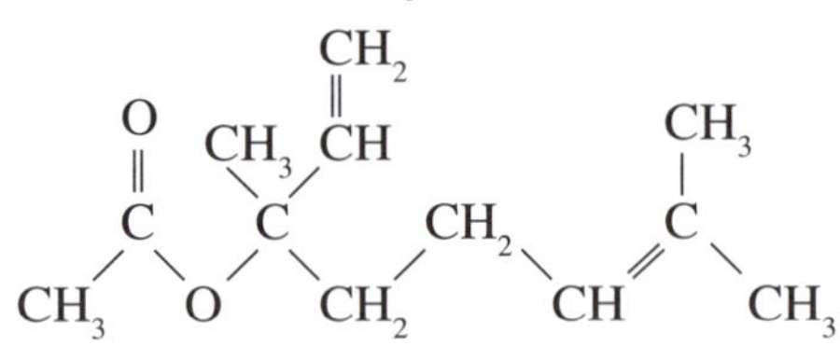

Doc. 2. Rendement d'une synthèse

Le rendement expérimental d'une synthèse, est le rapport entre la masse expérimentale de produit obtenu et la masse théorique maximale de produit que l'on peut obtenir. C'est aussi le rapport de la quantité de matière obtenue expérimentalement et la quantité de matière maximale théorique.

$$r = \frac{\text{masse de produit obtenu}}{\text{masse de produit théorique}} = \frac{m_{\text{exp}}}{m_{\text{théorique}}} = \frac{n_{\text{exp}}}{n_{\text{théorique}}}$$

CONTRÔLE

9 VRAI OU FAUX ? ★★★ 40 min ▸ P. 214

À chacune des affirmations suivantes, vous répondrez par vrai ou faux en argumentant votre choix à l'aide d'un raisonnement utilisant des définitions, les données fournies à la fin de l'exercice et des calculs seulement s'ils sont indispensables.

1. Une mole de zinc contient plus d'atomes qu'une mole de fer.
2. Une mole de zinc est plus lourde qu'une mole de fer.
3. Un atome de zinc est plus lourd qu'un atome de fer.
4. Un atome de zinc pèse environ 10^{-25} kg.
5. Une mole d'heptane contient plus d'atomes qu'une mole de glycérine.
6. La masse molaire de l'heptane est inférieure à celle de la glycérine.
7. La quantité de matière contenue dans 10,0 g d'heptane est 0,1 mol.
8. La quantité de matière correspondant à 1,0 L de glycérine est environ 14 mol.

Données :

Masses molaires atomiques :

$M(\text{H}) = 1,0 \text{ g} \cdot \text{mol}^{-1}$;

$M(\text{C}) = 12,0 \text{ g} \cdot \text{mol}^{-1}$;

$M(\text{O}) = 16,0 \text{ g} \cdot \text{mol}^{-1}$;

$M(\text{Fe}) = 55,8 \text{ g} \cdot \text{mol}^{-1}$;

$M(\text{Zn}) = 65,4 \text{ g} \cdot \text{mol}^{-1}$.

Constante d'Avogadro : $N_\text{A} = 6,02 \times 10^{23} \text{ mol}^{-1}$

Espèce chimique	Formule	État physique	Masse volumique ($\text{g} \cdot \text{L}^{-1}$)
zinc	Zn	solide	$7,1 \times 10^3$
fer	Fe	solide	$7,9 \times 10^3$
heptane	C_7H_{16}	liquide	$6,8 \times 10^2$
glycérine	$C_3H_8O_3$	liquide	$1,3 \times 10^3$

CORRIGÉS

1 **1.** L'unité de quantité de matière est la mole **(réponse b)**.

2. Dans une mole d'atomes, il y a $6,02 \times 10^{23}$ atomes ou 602×10^{21} atomes (**réponses b et c**).

3. La constante d'Avogadro vaut $6,02 \times 10^{23}$ mol^{-1} (**réponse c**).

4. La masse molaire atomique s'exprime en g · mol^{-1} (**réponse c**).

5. La masse molaire moléculaire correspond à la masse d'une mole de molécules soit : $6,02 \times 10^{23}$ molécules (**réponses b et c**).

6. La masse m d'une espèce chimique, sa quantité de matière n et sa masse molaire M sont reliées par $n = \frac{m}{M}$ ou $m = M \times n$ (**réponses b et c**).

7. Les quantités de matière $n(\text{S})$ et $n(\text{Cu})$ sont telles que $n(\text{S}) = 2n(\text{Cu})$ puisque $n(\text{S}) = \frac{m}{M(\text{S})}$ et $M(\text{S}) = \frac{M(\text{Cu})}{2}$ donc $n(\text{S}) = \frac{m}{\frac{M(\text{Cu})}{2}} = 2n(\text{Cu})$ (**réponse b**).

2 **1.**

Espèce moléculaire	Formule	Masse molaire moléculaire (g·mol^{-1})
dioxygène	O_2	$2 \times 16 = 32$
dichlore	Cl_2	$2 \times 35,5 = 71$
saccharose	$C_{12}H_{22}O_{11}$	$12 \times 12 + 22 \times 1 + 11 \times 16 = 342$

2. $m = nM$ avec $n = 2,3 \times 10^{-4}$ mol

Dioxygène : $(2,3 \times 10^{-4}) \times 32 = 7,4 \times 10^{-3}$ g

Dichlore : $(2,3 \times 10^{-4}) \times 71 = 1,6 \times 10^{-2}$ g

Saccharose : $(2,3 \times 10^{-4}) \times 342 = 7,9 \times 10^{-2}$ g

3 **1.** La masse molaire de :

C_3H_6O est $M = 3 \times 12 + 6 \times 1 + 16 \times 1 = 58$ g · mol^{-1}

$C_6H_8O_6$ est $M = 6 \times 12 + 8 \times 1 + 6 \times 16 = 176$ g · mol^{-1}

$C_{12}H_{22}O_{11}$ est $M = 12 \times 12 + 22 \times 1 + 11 \times 16 = 342$ g · mol^{-1}.

La formule brute de la vitamine C est donc $C_6H_8O_6$ car sa masse molaire vaut 176 g · mol^{-1} (**réponse b**).

2. Une masse de 500 mg de vitamine C correspond à la quantité de matière $n = \frac{m}{M}$ soit $n = \frac{0,500}{176} = 2,84 \times 10^{-3}$ mol.

4 **1.** La masse molaire de l'éthanol est :
$M(C_2H_6O) = 2M(C) + 6M(H) + M(O)$

$M(C_2H_6O) = 2 \times 12,0 + 6 \times 1,0 + 16,0 = 46,0 \text{ g mol}^{-1}$.
La masse d'éthanol correspondant à $n = 0,250$ mol vaut :
$m = nM = 0,250 \times 46,0 = 11,5$ g.
Le volume V d'éthanol à prélever se calcule à partir de la définition de la masse volumique : $\rho = \frac{m}{V}$ donc $V = \frac{m}{\rho} = \frac{11,5}{790} = 1,46 \times 10^{-2}$ L soit $V = 14,6$ mL.

Attention aux unités ! Le volume est obtenu en L puisque la masse est exprimée en g et la masse volumique en $g \cdot L^{-1}$.

2. La verrerie doit permettre de mesurer le volume $V = 14,6$ mL à 0,1 mL près. Pour cela, l'expérimentateur peut utiliser une burette graduée ou une pipette graduée. Une éprouvette graduée serait insuffisamment précise.

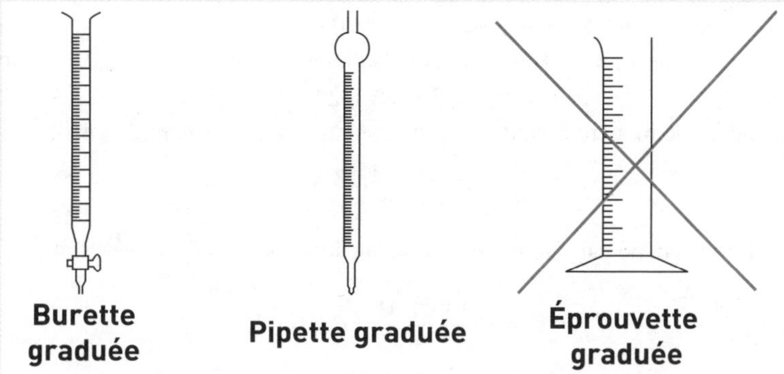

5 **1.** La densité de l'huile est $d = 0,89$ donc sa masse volumique vaut :

$$\rho = d\rho_{eau} \text{ avec } \rho_{eau} = 10^3 \text{ g} \cdot \text{L}^{-1} \text{ soit } \rho = 8,9 \times 10^2 \text{ g} \cdot \text{L}^{-1}.$$

Pour revoir la notion de densité, se reporter au paragraphe I.2 du cours du chapitre 9.

2. La masse d'un volume $V = 10 \text{ mL} = 10^{-2}$ L d'huile est :

$$m = \rho V = 8,9 \times 10^2 \times 10^{-2} = 8,9 \text{ g}.$$

3. La masse molaire de l'oléine est :
$M(C_{57}H_{104}O_6) = 57M(C) + 104M(H) + 6M(O)$ soit :

$M(C_{57}H_{104}O_6) = 57 \times 12,0 + 104 \times 1,0 + 6 \times 16,0 = 884,0 \text{ g} \cdot \text{mol}^{-1}$.
La quantité de matière d'huile se déduit des deux résultats précédents :

$$n = \frac{m}{M} = \frac{8,9}{884} = 1,0 \times 10^{-2} \text{ mol}.$$

Le nombre de molécules d'oléine est :
$N = nN_A = (1,0 \times 10^{-2}) \times (6,02 \times 10^{23}) = 6,0 \times 10^{21}$.

4. La molécule d'oléine $C_{57}H_{104}O_6$ est formée de 167 atomes donc la cuillerée d'huile contient : $167N = 167 \times 6,0 \times 10^{21} = 1,0 \times 10^{24}$ atomes, c'est-à-dire un million de milliards de milliards d'atomes.

6 **1.** D'après la formule brute de l'acide lactique $C_3H_6O_3$, cette molécule possède trois atomes d'oxygène, ce n'est pas le cas de la molécule C.
Les molécules A et B ont la même formule brute $C_3H_6O_3$ elles sont isomères.
Sachant que l'acide lactique possède un groupe caractéristique carboxyle et un groupe hydroxyle, l'acide lactique est la molécule B.

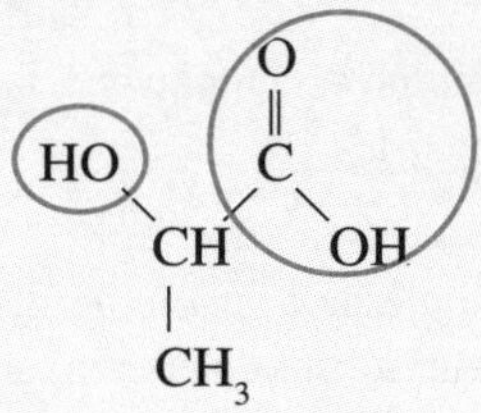

2. La masse molaire de l'acide lactique est $M = 3M(\text{C}) + 6M(\text{H}) + 3M(\text{O})$
Soit $M = 3 \times 12,0 + 6 \times 1,0 + 3 \times 16,0 = 90,0 \text{ g} \cdot \text{mol}^{-1}$.
3. Pour un volume $V = 30,0$ mL d'acide lactique la masse correspondante est :

$$m = V \times \rho = 30,0 \times 1,24 = 37,2 \text{ g}.$$

4. La quantité de matière d'acide lactique contenue dans l'échantillon est :

$$n = \frac{m}{M} = \frac{37,2}{90,0} = 4,13 \times 10^{-1} \text{ mol}$$

5. Le volume occupé par une mole d'acide lactique est $V = \frac{m}{\rho} = \frac{nM}{\rho}$ soit :

$$V = \frac{1,0 \times 90,0}{1,24} = 72,6 \text{ mL}.$$

7 **1.** Le rapport $\frac{m_n}{m_e} = \frac{1,67 \times 10^{-27}}{9,11 \times 10^{-31}} = 1,83 \times 10^3$ signifie que l'électron est presque 2 000 fois plus léger qu'un nucléon (proton ou neutron). Il est donc légitime de négliger la masse d'un électron vis-à-vis de celle d'un nucléon.
2. Une mole de nucléons est constituée de N_A nucléons.
Par conséquent, la masse molaire correspondante vaut :

$$\begin{aligned} M_n &= N_A m_n = (6,02 \times 10^{23}) \times (1,67 \times 10^{-27}) \\ &= 1,00 \times 10^{-3} \text{ kg} \cdot \text{mol}^{-1} = 1,00 \text{ g} \cdot \text{mol}^{-1}. \end{aligned}$$

3. La masse d'un atome est presque égale à celle de son noyau ${}^{A}_{Z}X$ puisque les Z électrons du cortège électronique ont une masse négligeable devant celle des A nucléons. La masse d'un atome (de noyau ${}^{A}_{Z}X$) est donc quasi-égale à A fois la masse d'un nucléon.
Par conséquent, la masse molaire atomique de l'isotope ${}^{A}_{Z}X$ est pratiquement identique à A fois la masse molaire $M_n = 1,00 \text{ g} \cdot \text{mol}^{-1}$, c'est-à-dire $A \text{ g} \cdot \text{mol}^{-1}$.

Pour revoir la structure atomique et la notion d'isotopie, se reporter au chapitre 3.

4. a. Selon le résultat précédent, les masses molaires des différents isotopes du plomb sont :
$M({}^{204}_{82}\text{Pb}) = 204\ \text{g}\cdot\text{mol}^{-1}$;
$M({}^{206}_{82}\text{Pb}) = 206\ \text{g}\cdot\text{mol}^{-1}$;
$M({}^{207}_{82}\text{Pb}) = 207\ \text{g}\cdot\text{mol}^{-1}$;
$M({}^{208}_{82}\text{Pb}) = 208\ \text{g}\cdot\text{mol}^{-1}$.
La masse molaire de l'élément plomb est la valeur moyenne des masses molaires des quatre isotopes compte-tenu des abondances relatives :

$$M(\text{Pb}) = \frac{1,4}{100}\times 204 + \frac{24,1}{100}\times 206 + \frac{22,1}{100}\times 207 + \frac{52,4}{100}\times 208$$

Soit : $M(\text{Pb}) = 207,2\ \text{g}\cdot\text{mol}^{-1}$.

b. Cette valeur correspond à l'indication de la classification périodique.
Ce constat aurait pu être fait pour n'importe quel autre élément : sa masse molaire atomique est toujours une moyenne des masses molaires de ses différents isotopes stables, compte-tenu des abondances relatives.

8 **1.** Dans un premier temps, il faut lire attentivement les différents documents fournis et extraire les informations utiles.
Les informations utiles sont : les formules brutes des deux réactifs, la quantité de matière utilisée 0,150 mol de chaque réactif, la masse volumique de chaque réactif.

- Pour le linalol de formule brute $C_{10}H_{18}O$, sa masse molaire est :

$$M = 10\times 12 + 18\times 1 + 1\times 16 = 154\ \text{g}\cdot\text{mol}^{-1}.$$

La quantité de matière est $n = 0,150$ mol correspondant à la masse $m = nM$ et au volume $V = \frac{m}{\rho} = \frac{nM}{\rho}$

D'où : $$V = \frac{nM}{\rho} = \frac{0,150\times 154}{0,86} = 27\ \text{mL}$$

- Pour l'anhydride éthanoïque de formule brute $C_4H_6O_3$, sa masse molaire est : $M' = 4\times 12 + 6\times 1 + 3\times 16 = 102\ \text{g}\cdot\text{mol}^{-1}$

D'où : $$V' = \frac{nM'}{\rho'} = \frac{0,150\times 102}{1,08} = 14,2\ \text{mL}$$

2. D'après la définition du rendement, il faut connaitre n_{exp} et $n_{\text{théorique}}$ qui représentent les quantités de matière du produit formé lors de la synthèse et de celui que l'on devrait obtenir s'il n'y avait aucune perte.
D'après le texte, il est indiqué qu'au maximum on doit obtenir $n_{\text{théorique}} = 0,150$ mol.
On sait que $m_{\text{exp(acétate de linalyle)}} = 28,8$ g.
Il faut donc déterminer la quantité de matière correspondante, pour cela il faut déterminer la masse molaire du produit.
À partir du **Doc. 1**, on obtient la formule brute de l'acétate de linalyle : $C_{12}H_{20}O_2$.
Sa masse molaire est donc :

$$M_{\text{acétate de linalyle}} = 12\times 12 + 20\times 1 + 2\times 16 = 196\ \text{g}\cdot\text{mol}^{-1}.$$

La quantité de matière correspondant à la masse de 28,8 g est :

$$n_{\text{exp(acétate de linalyle)}} = \frac{m_{\text{exp(acétate de linalyle)}}}{M_{\text{acétate de linalyle}}} = \frac{28,8}{196} = 1,47 \times 10^{-1} \text{ mol.}$$

Le rendement est donc $r = \dfrac{n_{\text{exp(acétate de lynalile)}}}{n_{\text{théo(acétate de lynalile)}}} = \dfrac{1,47 \times 10^{-1}}{0,150} = 0,98$ ou 98 %.

9 1. **Faux.** Par définition, une mole contient $6,02 \times 10^{23}$ entités chimiques microscopiques.
Une mole de zinc et une mole de fer renferment donc chacune $6,02 \times 10^{23}$ atomes, respectivement de zinc et de fer.
2. **Vrai.** La masse molaire (ou masse d'une mole) du zinc est supérieure à la masse molaire du fer : $M(\text{Zn}) = 65,4 \text{ g} \cdot \text{mol}^{-1} > M(\text{Fe}) = 55,8 \text{ g} \cdot \text{mol}^{-1}$.
3. **Vrai.** Puisque la masse molaire du zinc est supérieure à celle du fer, alors l'atome de zinc est plus lourd que l'atome de fer.
4. **Vrai.** Une mole de zinc, de masse $M(\text{Zn})$, renferme N_A atomes.
La masse d'un atome de zinc est alors :

$$m(\text{Zn}) = \frac{M(\text{Zn})}{N_A} = \frac{65,4}{6,02 \times 10^{23}} = 1,09 \times 10^{-22} \text{ g soit environ } 10^{-22} \text{ g ou } 10^{-25} \text{ kg.}$$

5. **Vrai.** Une mole d'heptane et une mole de glycérine renferment chacune le même nombre ($6,02 \times 10^{23}$ mol^{-1}) d'entités microscopiques : respectivement les molécules C_7H_{16} et $C_3H_8O_3$.
Comme par ailleurs, la molécule d'heptane C_7H_{16} est un assemblage de 23 atomes, pour seulement 14 dans le cas de la molécule de glycérine $C_3H_8O_3$, alors la mole d'heptane comporte davantage d'atomes que la mole de glycérine.
6. **Faux.**

$$M(C_7H_{16}) = 7M(\text{C}) + 16M(\text{H}) = 7 \times 12,0 + 16 \times 1,0 = 100,0 \text{ g} \cdot \text{mol}^{-1}$$

$$\begin{aligned} M(C_3H_8O_3) &= 3M(\text{C}) + 8M(\text{H}) + 3M(\text{O}) \\ &= 3 \times 12,0 + 8 \times 1,0 + 3 \times 16,0 \\ &= 92,0 \text{ g} \cdot \text{mol}^{-1} \end{aligned}$$

La masse molaire de l'heptane est supérieure à celle de la glycérine.
7. **Vrai.**

$$m(C_7H_{16}) = 10,0 \text{ g donc } n(C_7H_{16}) = \frac{m(C_7H_{16})}{M(C_7H_{16})} = \frac{10,0}{100,0} = 1,00 \times 10^{-1} \text{ mol.}$$

8. **Vrai.** La masse volumique de la glycérine est $\rho(C_3H_8O_3) = 1,3 \times 10^3 \text{ g} \cdot \text{L}^{-1}$, donc la masse d'un litre de glycérine est $m(C_3H_8O_3) = 1,3 \times 10^3$ g.
La quantité de matière correspondante vaut :

$$n(C_3H_8O_3) = \frac{n(C_3H_8O_3)}{M(C_3H_8O_3)} = \frac{1,3 \times 10^3}{92,0} = 14 \text{ mol.}$$

La pratique du sport

11 Solutions et concentrations

Pour réhydrater, apporter des vitamines ou des compléments énergétiques, on trouve des solutions parfaitement dosées destinées aux sportifs de haut niveau.
Ce sont des solutions aqueuses plus ou moins concentrées.
Mais comment prépare-t-on de telles solutions ?

I QU'EST-CE QU'UNE SOLUTION ?

1. Solvant, soluté, solution

- Une **solution** est un mélange liquide homogène de plusieurs constituants.
- Le **solvant** est le constituant majoritaire.

C'est un liquide capable de dissoudre une espèce chimique (solide, liquide ou gazeuse) appelée le **soluté**.

- La **solution** est le résultat de la **dissolution** du soluté dans le solvant.

2. Les différents types de solutions

- Une solution est **aqueuse** lorsque le solvant est l'eau.
- Une solution est **moléculaire** lorsque le soluté est dissous sous forme de molécules.

EXEMPLE : L'eau sucrée est une solution aqueuse moléculaire contenant des molécules de saccharose $C_{12}H_{22}O_{11}$.

- Une solution est **ionique** lorsque le soluté est dissous sous forme d'ions.

EXEMPLE : L'eau salée est une solution aqueuse ionique contenant des ions sodium Na^+ et des ions chlorure Cl^-.

- Une solution est **saturée** lorsque le soluté introduit n'est pas totalement dissous.

EXEMPLE : On peut dissoudre au maximum environ 400 g de sel dans un litre d'eau à 20 °C.

II QU'EST-CE QUE LA CONCENTRATION ?

On définit deux concentrations : la concentration massique et la concentration molaire.

1. Concentration massique

La **concentration massique c_A** d'une espèce A en solution est égale au quotient de la masse de A dissoute m_A par le volume V de la solution.

$c_A = \frac{m_A}{V}$	c_A en $g \cdot L^{-1}$; m_A en g ; V en L.

EXEMPLE : On fabrique 0,5 L d'eau sucrée par dissolution de 2,0 g de sucre.

$$c_A = \frac{m_A}{V} = \frac{2,0}{0,50} = 4,0 \text{ g} \cdot \text{L}^{-1}$$

La concentration massique de cette solution est $4,0 \text{ g} \cdot \text{L}^{-1}$.

2. Concentration molaire

La **concentration molaire C_A** d'une espèce A en solution est égale au quotient de la quantité de matière dissoute n_A par le volume V de la solution.

$C_A = \frac{n_A}{V}$	C_A en $mol \cdot L^{-1}$; n_A en mol ; V en L.

EXEMPLE : On fabrique 0,25 L d'eau sucrée par dissolution de 0,055 mol de sucre.

$$C_A = \frac{n_A}{V} = \frac{0,055}{0,25} = 0,22 \text{ mol} \cdot \text{L}^{-1}$$

La concentration molaire de cette solution est $0,22 \text{ mol} \cdot \text{L}^{-1}$.

3. Masse et quantité de matière de soluté

D'après les définitions précédentes, la masse m_A et la quantité de matière n_A de soluté présentes dans un volume V de solution sont :

$m_A = c_A V$	c_A en $g \cdot L^{-1}$; m_A en g ; V en L.

$n_A = C_A V$	C_A en $mol \cdot L^{-1}$; n_A en mol ; V en L.

EXEMPLE : Un volume $V = 0,35$ L d'eau sucrée de concentration $C_A = 1,2 \text{ mol} \cdot \text{L}^{-1}$ contient $n_A = C_A V = 1,2 \times 0,35 = 0,42$ mol de saccharose.

III COMMENT PREPARER UNE SOLUTION AQUEUSE DE CONCENTRATION DONNÉE ?

1. Verrerie utilisée pour préparer une solution

Pour préparer **précisément** une solution de concentration fixée, on utilise la verrerie de précision suivante :

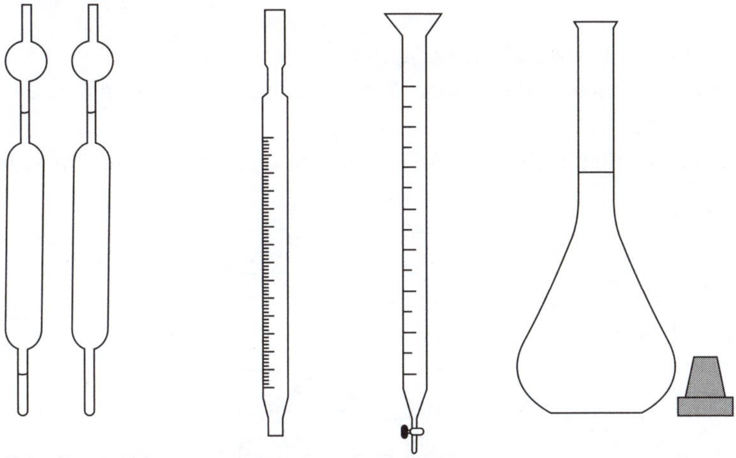

Pipette jaugée à 1 ou 2 traits de jauge — **Pipette graduée** — **Burette graduée** — **Fiole jaugée**

Les éprouvettes graduées sont moins précises que la verrerie précédente.
De même, l'indication des graduations présente sur un erlenmeyer ou un bécher est seulement indicative.

Pour des raisons de sécurité, **on ne pipette jamais à la bouche** mais à l'aide d'un pipeteur aussi appelé propipette.

2. Préparation par dissolution

■ Pour préparer un volume V de solution aqueuse de concentration C_A, il faut prélever une quantité de matière :

$$\boxed{n_A = C_A V}$$

Cette quantité de matière n_A, correspond à la masse :

$$\boxed{m_A = n_A M_A}$$

où M_A est la masse molaire de l'espèce A en $g \cdot mol^{-1}$.

■ On pèse à l'aide d'une balance la masse m_A.

On prépare la solution à l'aide d'une fiole jaugée de volume V.

Le savoir-faire 1 décrit les différentes étapes à suivre lors de la préparation d'une solution par dissolution.

3. Préparation par dilution

■ Pour diluer une solution aqueuse, il faut ajouter de l'eau à cette solution, ce qui permet d'obtenir une solution moins concentrée.

La solution avant dilution est appelée solution mère $S_{\text{mère}}$ et la solution diluée solution fille S_{fille}.

Au cours d'une dilution, la quantité de matière de soluté se conserve :

$$n_{\text{mère}} = n_{\text{fille}}$$

Comme $n = CV$ alors : $C_{\text{mère}}V_{\text{mère}} = C_{\text{fille}}V_{\text{fille}}$

Avec $V_{\text{mère}}$ le volume de solution mère à prélever et V_{fille} le volume de solution fille préparée.

■ **Le facteur de dilution** f est un nombre qui caractérise la dilution réalisée :

$$f = \frac{C_{\text{mère}}}{C_{\text{fille}}} = \frac{V_{\text{fille}}}{V_{\text{mère}}}$$

Pour préparer un volume V_{fille} de solution aqueuse de concentration C_{fille} à partir d'une solution de concentration $C_{\text{mère}}$, il faut en prélever un volume $V_{\text{mère}}$:

$$V_{\text{mère}} = \frac{C_{\text{fille}}V_{\text{fille}}}{C_{\text{mère}}}$$

■ Le matériel à utiliser pour réaliser une dilution est le suivant :

- une **pipette jaugée pour prélever le volume $V_{\text{mère}}$**,
- une **fiole jaugée de volume V_{fille}**.

Le matériel de précision est indispensable.

Le rapport $\frac{V_{\text{fiole}}}{V_{\text{pipette}}}$ doit être égal au facteur de dilution :

On a donc : $$f = \frac{V_{\text{fille}}}{V_{\text{mère}}} = \frac{V_{\text{fiole}}}{V_{\text{pipette}}}$$

Le savoir-faire 2 décrit les différentes étapes à suivre lors de la préparation d'une solution par dilution.

SAVOIR-FAIRE

1. Préparer une solution par dissolution

On veut préparer un volume V de solution de concentration C.
On doit donc peser la quantité de matière $n = CV$ soit la masse $m = nM$ ou $m = CVM$.
Il faut choisir une fiole jaugée de volume V.

① Poser la coupelle sur la balance, effectuer la tare.
Peser précisément la masse du soluté en se servant d'une spatule propre et sèche.

② Introduire le solide dans une fiole jaugée en se servant d'un entonnoir.

③ Rincer la coupelle et l'entonnoir avec l'eau distillée.

④ Remplir la fiole jaugée au 2/3 avec de l'eau distillée et agiter pour dissoudre complètement le solide.

⑤ Ajouter de l'eau distillée jusqu'au trait de jauge.
Vos yeux au niveau du trait de jauge pour ne pas faire d'erreur de parallaxe.
Boucher la fiole jaugée et agiter pour homogénéiser la solution.

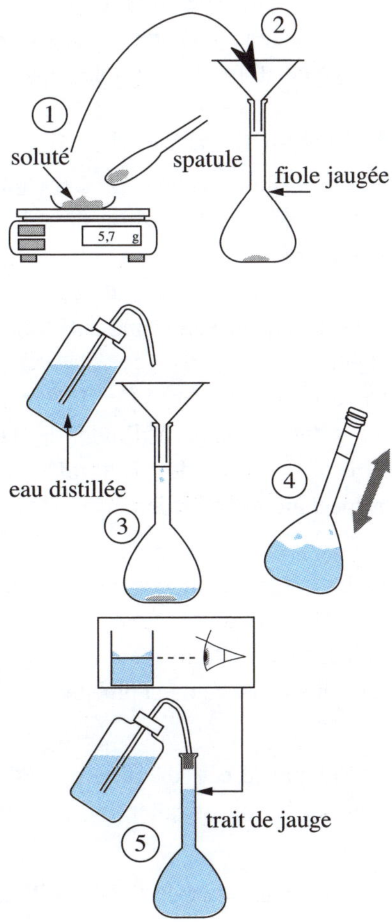

2. Préparer une solution par dilution

EXEMPLE : On veut préparer 100,0 mL de solution de concentration $C_2 = 1,0 \times 10^{-2}$ mol·L^{-1} à partir d'une solution de concentration $C_1 = 1,0 \times 10^{-1}$ mol·L^{-1}.

■ **1re étape :** choisir la verrerie pour préparer la solution.

Au cours d'une dilution la quantité de matière se conserve on a : $n_1 = n_2$ soit $C_1V_1 = C_2V_2$. On peut exprimer alors le facteur de dilution soit :

$$f = \frac{C_{\text{mère}}}{C_{\text{fille}}} = \frac{V_{\text{fille}}}{V_{\text{mère}}} \text{ ou } f = \frac{C_1}{C_2} = \frac{1,0 \times 10^{-1}}{1,0 \times 10^{-2}} = 10 = \frac{V_2}{V_1} \text{ d'où } V_2 = 10\ V_1$$

On a un rapport de 10 entre le volume à prélever et le volume de solution à préparer.

On peut prélever 5 mL pour un volume de solution fille de 50 mL, ou 10 mL pour un volume de 100 mL, ou 20 mL pour 200 mL….

On souhaite ici préparer 100 mL de solution, il faut donc choisir une pipette jaugée de 10 mL et une fiole jaugée de 100 mL.

■ **2e étape :** réaliser la solution

① Dans un bécher, placer un volume de 20 mL environ de solution mère.

(On ne pipette jamais directement dans le flacon contenant une solution).

Prélever le volume $V_1 = 10,0$ mL de solution mère à l'aide de la pipette jaugée de 10,0 mL en respectant les traits de jauge.

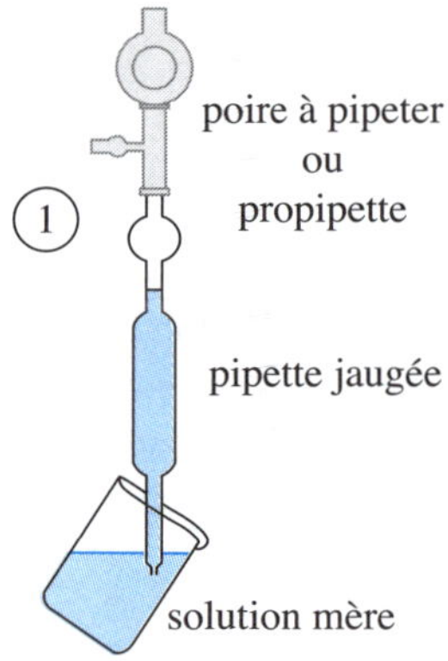

② Introduire le liquide de volume $V_1 = 10$ mL dans la fiole jaugée de volume $V_2 = 100$ mL en respectant les traits de jauge de la pipette !

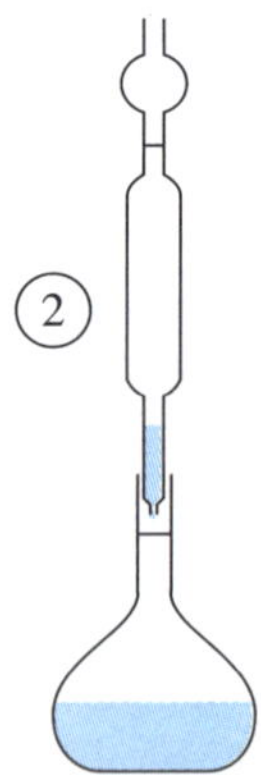

③ Remplir d'eau distillée au 3/4, boucher la fiole et agiter.

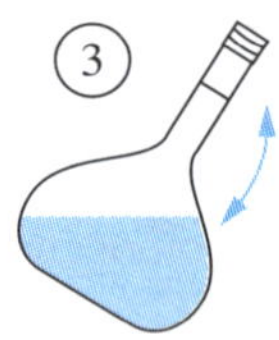

④ Compléter avec de l'eau distillée jusqu'au trait de jauge.

(Les yeux doivent se trouver au niveau du trait pour ne pas faire d'erreur de parallaxe).

Boucher la fiole et homogénéiser la solution.

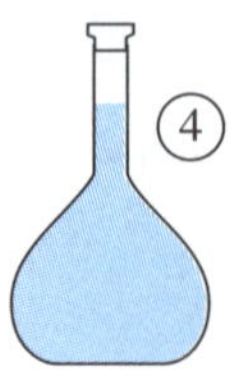

EXERCICES D'APPLICATION

1 QCM ★ | 15 min | ▸ P. 231

Dans le questionnaire à choix multiple (QCM) suivant, indiquer pour chaque proposition, la (ou les) réponse(s) exacte(s).

1. Dans une solution aqueuse de diiode :

a. le soluté est l'eau.

b. le solvant est le diiode.

c. le soluté est le diiode.

2. La concentration molaire s'exprime en :

a. $g \cdot L^{-1}$. **b.** mol. **c.** $mol \cdot L^{-1}$.

3. Une ampoule contient une solution de gluconate de magnésium à $2,5\ mg \cdot L^{-1}$. Cette valeur est :

a. une masse.

b. une concentration massique.

c. une concentration molaire.

4. La quantité de matière de soluté dans 200 mL d'une solution de concentration molaire $0,5\ mol \cdot L^{-1}$ est :

a. 0,1 mol. **b.** 0,01 mol. **c.** 1 mol.

5. Lorsque l'on ajoute de l'eau dans une solution aqueuse de saccharose, la concentration massique en saccharose :

a. augmente. **b.** reste la même. **c.** diminue.

6. On veut mesurer exactement 10,0 mL d'eau. Pour cela, on utilise :

a. une éprouvette graduée. **b.** une pipette jaugée. **c.** un bécher gradué.

7. Une solution de glucose de 100 mL contient 0,2 g de soluté.
Sa concentration massique est :

a. $2 \times 10^{-3}\ g \cdot L^{-1}$. **b.** $2\ g \cdot L^{-1}$. **c.** $20\ g \cdot L^{-1}$.

8. Une solution mère de concentration molaire $5,0 \times 10^{-1}\ mol \cdot L^{-1}$ est diluée 100 fois. La concentration de la solution fille est :

a. $5,0 \times 10^{-3}\ mol \cdot L^{-1}$. **b.** $5,0 \times 10^{-2}\ mol \cdot L^{-1}$. **c.** $5,0 \times 10^{-3}\ g \cdot L^{-1}$.

9. Pour préparer 200 mL de solution de diiode de concentration massique $1,80\ g \cdot L$, il faut peser :

a. 0,36 g. **b.** 3,6 g. **c.** 360 mg.

10. Pour diluer 20 fois une solution, le lot de verrerie utilisable est :

a. une pipette jaugée de 20 mL et une fiole jaugée de 200 mL.

b. une pipette jaugée de 5 mL et une fiole jaugée de 100 mL.

c. une éprouvette graduée de 25 mL et une fiole jaugée de 500 L.

d. une fiole jaugée de 200 mL et une éprouvette de 10 mL.

2 VERRERIE | ★ | 5 min | ▸ P. 231

1. Nommer la verrerie suivante.

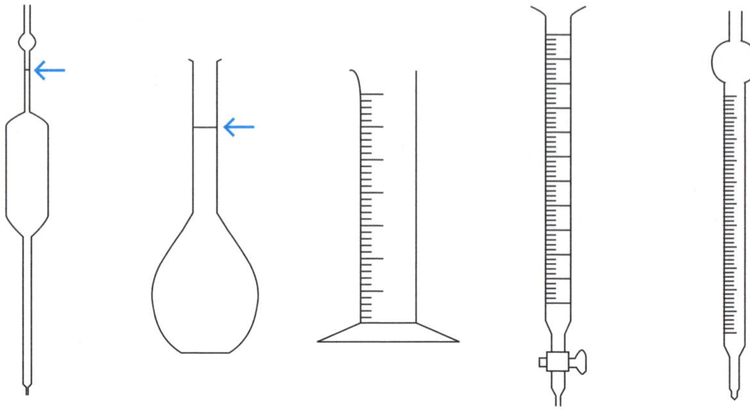

2. Comment se nomme le trait repéré par une flèche ?

3 UNE QUESTION DE VOCABULAIRE | ★ | 10 min | ▸ P. 231

1. Que signifie l'adjectif « aqueuse » lorsqu'il qualifie une solution ?
2. Expliquer la différence entre une dissolution et une dilution.
3. On introduit un soluté solide dans un récipient contenant un solvant.
Après une longue agitation, une partie du solide reste au fond du de la solution. Expliquer.
Comment se nomme la solution obtenue ?
4. Connaître la relation $C = \frac{n}{V}$ exprimant la concentration d'une solution, c'est bien… mais que représentent précisément n et V ?

4 APRÈS L'EFFORT | ★ | 10 min | ▸ P. 232

Après un marathon, un sportif boit une boisson sucrée pour récupérer de son effort et se réhydrater .
1. Ce sportif qui boit 0,15 L d'une boisson A de concentration molaire en sucre $C_A = 0,2\ \text{mol} \cdot \text{L}^{-1}$ aura-t-il la sensation de boire « plus sucré » que s'il avalait 0,30 L de boisson B de concentration molaire en sucre $C_B = 0,1\ \text{mol} \cdot \text{L}^{-1}$?
2. Dans quel cas aura-t-il consommé le plus de sucre ?

EXERCICES D'ENTRAÎNEMENT

5 ASPARTAME

★★ | 20 min | ▶ p. 232

Lors d'une compétition de judo, chaque judoka est pesé pour vérifier la catégorie « de poids » dans laquelle il concourt.

C'est la raison pour laquelle certains sportifs suivent avant les compétitions un régime assez strict, remplaçant le sucre par des édulcorants.

L'aspartame de formule :

$$\mathrm{HO-CO-CH_2-\underset{\displaystyle NH_2}{\underset{|}{CH}}-CO-NH-\underset{\displaystyle CO-O-CH_3}{\underset{|}{CH}}-CH_2-C_6H_5}$$

est un édulcorant de synthèse au fort pouvoir sucrant qui remplace le sucre dans les produits alimentaires allégés (*light*).

Certaines études tendent à prouver que l'abus d'aspartame pourrait avoir des conséquences sur la santé des consommateurs.

1. Quelle est la formule brute de l'aspartame ?

En déduire sa masse molaire.

2. Une canette de 33 cL de la boisson allégée *Yadébul* contient 200 mg d'aspartame.

Déterminer la concentration molaire en aspartame de cette boisson.

3. La dose quotidienne acceptable d'aspartame est de 40 mg par kilogramme. En déduire le nombre maximal de canettes de *Yadébul* que peut consommer par jour une personne de 60 kg (en supposant qu'aucune autre source d'aspartame ne soit absorbée).

Données :

$M(\mathrm{H}) = 1{,}0\ \mathrm{g \cdot mol^{-1}}$;

$M(\mathrm{C}) = 12{,}0\ \mathrm{g \cdot mol^{-1}}$;

$M(\mathrm{N}) = 14{,}0\ \mathrm{g \cdot mol^{-1}}$;

$M(\mathrm{O}) = 16{,}0\ \mathrm{g \cdot mol^{-1}}$.

6 COMPLÉTER L'ÉTIQUETTE ! ★★★ 20 min ▸ P. 232

Une poche de perfusion pour « revitaliser » les sportifs d'endurance est constituée d'un mélange de saccharose et de sel, le chlorure de sodium. Le saccharose est une molécule de formule brute $C_{12}H_{22}O_{11}$. En revanche le chlorure de sodium est le sel NaCl constitué des cations Na^+ et d'anions Cl^-.

Compléter l'étiquette suivante, sous forme de tableau, qui figure sur la poche.

Données :

$M(\text{Na}) = 23\ \text{g} \cdot \text{mol}^{-1}$,

$M(\text{Cl}) = 35,5\ \text{g} \cdot \text{mol}^{-1}$,

$M(\text{H}) = 1,0\ \text{g} \cdot \text{mol}^{-1}$,

$M(\text{C}) = 12,0\ \text{g} \cdot \text{mol}^{-1}$,

$M(\text{O}) = 16,0\ \text{g} \cdot \text{mol}^{-1}$.

	Concentration molaire	Quantité dans une poche de 200 mL	Masse dans une poche de 200 mL
Saccharose	$0,5\ \text{mol} \cdot \text{L}^{-1}$	......mol	......g
Chlorure de sodium	......$\text{mol} \cdot \text{L}^{-1}$	......mol	......g
Ion sodium	......$\text{mol} \cdot \text{L}^{-1}$	0,02 mol	......g
Ion chlorure	......$\text{mol} \cdot \text{L}^{-1}$	......mol	0,71g

7 ANTISEPTIQUE EN RUPTURE DE STOCK! ★★★ 40 min ▸ P. 233

Un médecin sportif exige d'avoir un antiseptique, le permanganate de potassium, pour traiter un problème de peau d'un sportif accidenté avant son transfert pour l'hôpital dans une heure. Or, cet antiseptique est en rupture de stock à la pharmacie du stade mais on dispose d'une solution de permanganate de potassium à $1,90 \times 10^{-2}\ \text{mol} \cdot \text{L}^{-1}$ et de la notice du médicament. Le but de cet exercice est de proposer une méthode de fabrication de l'antiseptique.

1. À partir de l'analyse des documents fournis, relever les informations qui vous semblent pertinentes pour répondre au problème.

2. À partir de ces informations, reformuler la question à résoudre.
Expliquer votre démarche pour y répondre.

3. Rédiger et argumenter les différentes étapes de la démarche expérimentale à suivre pour répondre à la demande du médecin sportif.
Votre argumentation s'appuiera sur des calculs et sur le choix du matériel nécessaire pour mettre en œuvre le protocole expérimental.

Donnée : $M(\text{KMnO}_4) = 158\ \text{g} \cdot \text{mol}^{-1}$.

Doc 1. Extrait de la notice du médicament « *permanganate de potassium* »

Composition :

Pour un comprimé (p cp)	p cp	p cp	p cp
Permanganate de potassium	250 mg	500 mg	1 000 mg

- *Dans quel cas le médicament « permanganate de potassium » est-il prescrit ?*

Ce médicament est un antiseptique local.

Il est utilisé pour l'antisepsie de la peau, des muqueuses et des plaies superficielles.

- *Mode d'emploi et posologie du médicament « permanganate de potassium » :*

Les comprimés doivent être dissous dans de l'eau.

Pour éviter tout risque d'irritation, il est important d'attendre que le comprimé soit complètement dissous avant d'utiliser la solution.

Cette solution obtenue s'emploie en bain ou en application.

- *Posologie usuelle :* 0,25 g à 1 g par litre d'eau.

Doc 2. Matériel à disposition

- Fiole jaugée 100 mL avec bouchon.
- Béchers de 50 mL et 100 mL.
- Éprouvettes graduées de 10 mL, 50 mL et 100 mL.
- Pipettes jaugées de 5 mL ; 10 mL.
- Pipette graduée de 10 mL.
- Pissette d'eau distillée.
- Poire à pipeter ou propipette.
- Solution de permanganate de potassium à $1{,}90 \times 10^{-2}$ mol·L^{-1}

EXERCICE D'APPROFONDISSEMENT

8 URGENCE : ANTISEPTIQUE À PRÉPARER ! ★★★ 40 min ▸ P. 234

Lors d'une compétition sportive, il arrive souvent que certains athlètes se blessent.
Il est donc nécessaire d'avoir dans la pharmacie certains médicaments et solutions indispensables pour soigner les blessures.
C'est pourquoi, n'ayant plus d'antiseptique dans la pharmacie, on vous demande de préparer 50,0 mL solution d'eau de Dakin, qui est un célèbre antiseptique.
Le problème qui se pose est alors :
« Comment préparer 50,0 mL de solution de Dakin ? »
Rédiger le protocole expérimental permettant la fabrication de la solution le plus précisément possible.
Pour cela :

- vous préciserez la liste de matériel nécessaire ;
- vous détaillerez les différentes étapes du protocole ;
- vous argumenterez vos choix !

Aide à la résolution :

- extraire les informations utiles concernant la composition de l'eau de Dakin ;
- comparer aux solutions ou solide dont vous disposez ;
- se demander comment procéder expérimentalement pour satisfaire chacune des informations concernant les constituants du Dakin.
- proposer un protocole précis pour fabriquer le Dakin.

Données : $M(\text{hydrogénocarbonate de sodium}) = 84\ \text{g} \cdot \text{mol}^{-1}$;

$M(\text{KMnO}_4) = 158\ \text{g} \cdot \text{mol}^{-1}$.

Doc. 1. Composition du Dakin

L'eau de Dakin est un antiseptique à base d'eau de Javel.
L'eau de Javel contenue dans le Dakin est 10 fois moins concentrée que l'eau de Javel commerciale.
Dans le Dakin, cette eau de Javel contient également $2{,}38 \times 10^{-1}\ \text{mol} \cdot \text{L}^{-1}$ d'hydrogénocarbonate de sodium et elle est légèrement colorée par un peu de permanganate de potassium.
La concentration en permanganate de potassium est de $10\ \text{mg} \cdot \text{L}^{-1}$ dans le Dakin.

Doc. 2. Matériel disponible

- Une solution de permanganate de potassium à $50\ \text{mg} \cdot \text{L}^{-1}$.
- Hydrogénocarbonate de sodium solide.
- Une solution d'eau de Javel commerciale.
- Eau distillée.
- Toute la verrerie disponible au laboratoire d'un bon chimiste !

CONTRÔLES

9 ANALYSE SANGUINE

★★★ 20 min ▸ P. 235

Pour obtenir des performances optimales, les sportifs doivent surveiller leur glycémie (mesure de la quantité de glucose contenu dans le sang).
Une glycémie trop basse est signe de fatigue.
Les sportifs sont donc régulièrement soumis à des analyses sanguines.
Un sportif a subi une prise de sang, dont les résultats sont :

- glycémie à jeun : $6,67\ \text{mmol} \cdot \text{L}^{-1}$
- cholestérol total : $2,36\ \text{g} \cdot \text{L}^{-1}$.

Répondre aux questions suivantes en rédigeant de manière argumentée.

1. Au regard des normes pour la glycémie, peut-on dire que ce sportif présente des signes de fatigue ?
2. Son taux de cholestérol est-il correct ?
3. Quels conseils donneriez-vous à ce sportif ?

Données :

Norme glycémie : $0,63\ \text{g} \cdot \text{L}^{-1}$ à $1,1\ \text{g} \cdot \text{L}^{-1}$ à jeun, moins de $7,8\ \text{mmol} \cdot \text{L}^{-1}$ 2 heures après l'ingestion de 75 g de glucose.
Norme cholestérol total : $3,2\ \text{mmol} \cdot \text{L}^{-1}$ à $5,8\ \text{mmol} \cdot \text{L}^{-1}$
Formules brutes et masses molaires :

Glucose	$C_6H_{12}O_6$	$M = 180\ \text{g} \cdot \text{mol}^{-1}$
Cholestérol	$C_{27}H_{46}O$	$M = 386\ \text{g} \cdot \text{mol}^{-1}$

10 RÉHYDRATATION

★★★ 40 min ▸ P. 235

Lors d'un marathon, il est nécessaire de toujours avoir à l'infirmerie des solutions pour perfusion destinées aux athlètes trop déshydratés et affaiblis. Bien souvent, des athlètes sont en hypoglycémie et n'arrivent pas à se réchauffer. Le fait de manger du sucre et des fruits secs est parfois insuffisant c'est pourquoi le médecin procède à une perfusion. Le prochain marathon approche, il est nécessaire de réapprovisionner l'infirmerie en poche de perfusion.

1. Comment préparer 100 mL d'une solution à $5,0\ \text{g} \cdot \text{L}^{-1}$ de chlorure de sodium ? Préciser le matériel à utiliser.
2. Comment préparer 100 mL d'une solution de saccharose à $0,2\ \text{mol} \cdot \text{L}^{-1}$? Préciser le matériel à utiliser.
3. Proposer un protocole expérimental permettant de préparer la poche de perfusion demandée.

Doc. 1. Composition de la poche de perfusion

Solution pour perfusion en poche : saccharose à $0{,}20\,mol \cdot L^{-1}$ et chlorure de sodium à $5{,}0\,g \cdot L^{-1}$.

Doc. 2. Matériel et produits disponibles

Matériel :

- Fioles jaugées de 100 mL et 50 mL.
- Pipettes jaugées de 5,0 mL, 10 mL et 20 mL.
- Béchers, balance, spatule, pipette plastique.
- Coupelle de pesée, entonnoir.

Produits :

- Sel (chlorure de sodium solide $NaCl_{(s)}$).
- Solution de saccharose à $1{,}0\,mol \cdot L^{-1}$.
- Eau distillée

CORRIGÉS

1 **1.** Dans une solution aqueuse de diiode, le diiode est le soluté (**réponse c**).
2. La concentration molaire s'exprime en $\text{mol} \cdot \text{L}^{-1}$ (**réponse c**).
3. Cette valeur est une concentration massique (**réponse b**) car son unité est le $\text{g} \cdot \text{L}^{-1}$ (**réponse b**).
4. $n = CV = 0,5 \times 0,2 = 0,1$ mol (**réponse a**).

Il ne faut pas oublier de mettre le volume en litres.

5. Ajouter de l'eau c'est diluer, la concentration en soluté va donc diminuer (**réponse c**).
6. Pour mesurer précisément un volume de 10,0 mL il faut utiliser une pipette jaugée de 10,0 mL (**réponse b**) .
7. $c = \dfrac{m}{V} = \dfrac{0,2}{0,1} = 2$ g · L^{-1} (**réponse b**).
8. En diluant 100 fois la solution mère, la solution fille a une concentration 100 fois plus faible soit $5,0 \times 10^{-3}$ $\text{mol} \cdot \text{L}^{-1}$ (**réponse a**).
9. $m = cV = 1,80 \times 0,200 = 0,36 \text{ g} = 360 \text{ mg}$ (**réponses a et c**).
10. Pour diluer 20 fois il faut un rapport de 20 entre le volume final de solution fille et le volume à prélever.
On prélève à l'aide d'une pipette jaugée et il faut une fiole jaugée de 100 mL.
Le seul lot possible est le lot correspondant à la **réponse b**.
Les autres lots ne correspondent pas à la bonne verrerie ou au bon facteur de dilution.

2 **1.** A : pipette jaugée.
B : fiole jaugée.
C : éprouvette graduée.
D : burette graduée.
E : pipette graduée.
2. Il s'agit du trait de jauge.

3 **1.** Une solution est aqueuse lorsque le solvant est l'eau.
2. La dissolution est l'opération consistant à fabriquer une solution en dissolvant un soluté dans un solvant tandis que la dilution est l'ajout de solvant dans une solution afin d'en réduire la concentration.
3. Si même après une longue agitation, une partie du soluté solide ne se dissout pas dans le solvant, la solution obtenue est dite saturée.
Dans ce cas, la quantité de soluté introduite est supérieure à la quantité maximale que peut dissoudre le solvant.

4. Dans l'expression de la concentration $C = \dfrac{n}{V}$ d'une solution, n est la quantité de matière de soluté dissous et V le volume de solution (qui diffère du volume de solvant).

CORRIGÉS

4 **1.** Une boisson est perçue d'autant plus sucrée que sa concentration en sucre est élevée. Le consommateur trouvera que la boisson A est plus sucrée que la boisson B puisque $C_A > C_B$.
2. La quantité de sucre consommé en buvant $V_A = 0,15$ L de boisson A de concentration $C_A = 0,2$ mol · L^{-1} est $n_A = C_A V_A = 0,2 \times 0,15 = 3 \times 10^{-2}$ mol.
La quantité de sucre consommée en buvant $V_B = 0,30$ L de boisson B de concentration $C_B = 0,1$ mol · L^{-1} est $n_B = C_B V_B = 0,1 \times 0,30 = 3 \times 10^{-2}$ mol.
Par conséquent la quantité de sucre consommé est identique dans les deux cas.

5 **1.** La formule brute de l'aspartame déduite de la formule semi-développée fournie est $C_{14}H_{18}O_5N_2$ et sa masse molaire vaut :
$M(C_{14}H_{18}O_5N_2) = 14M(C) + 18M(H) + 5M(O) + 2M(N)$ soit :
$M(C_{14}H_{18}O_5N_2) = 14 \times 12,0 + 18 \times 1,0 + 5 \times 16,0 + 2 \times 14,0 = 294,0 \text{ g} \cdot \text{mol}^{-1}$.

Généralement la formule brute est écrite en donnant d'abord les carbones puis l'hydrogène et ensuite les autres atomes.

2. Une canette de *Yadébul* de volume $V = 0,33$ L contient la masse $m = 200$ mg $= 0,200$ g d'aspartame correspondant à la quantité de matière :

$$n = \frac{m}{M} = \frac{0,200}{294} = 6,80 \times 10^{-4} \text{ mol}$$

La concentration molaire en aspartame de cette boisson est donc :

$$C = \frac{n}{V} = \frac{6,80 \times 10^{-4}}{0,33} = 2,1 \times 10^{-3} \text{ mol} \cdot \text{L}^{-1}$$

3. La dose quotidienne maximale d'aspartame est de 40 mg par kilogramme, soit $60 \times 40 = 2\,400$ mg (ou 2,4 g) pour une personne de 60 kg.

Cette quantité sera atteinte si $\frac{2\,400}{200} = 12$ canettes sont consommées.

Cela représente tout de même près de 4 litres de boisson !

6 Le saccharose $C_{12}H_{22}O_{11}$ a une concentration de $0,5$ mol · L^{-1} donc pour un volume de 200 mL on aura $n = CV = 0,5 \times 0,2 = 0,1$ mol.
Pour 0,1 mol de saccharose on a la masse $m = nM$ où M est la masse molaire du saccharose soit :
$M = M(C_{12}H_{22}O_{12}) = 12 \times 12 + 22 \times 1 + 16 \times 11 = 342 \text{ g} \cdot \text{mol}^{-1}$
D'où : $m = 0,1 \times 342 = 34,2$ g.
Dans 200 mL on a 0,02 mol d'ions Na^+ soit :

$$m_{Na^+} = n_{Na^+} M(Na^+) = 0,02 \times 23 = 0,46 \text{ g}.$$

puisque $M(Na^+) = M(Na) = 23 \text{ g} \cdot \text{mol}^{-1}$.
La concentration en ion sodium Na^+ est :

$$C_{Na^+} = \frac{n_{Na^+}}{V} = \frac{0,02}{0,2} = 0,1 \text{ mol} \cdot \text{L}^{-1}$$

De même pour les ions chlorure :

$$m_{Cl^-} = 0,71 \text{ g soit } n_{Cl^-} = \frac{m_{Cl^-}}{M(Cl)^-} = \frac{0,71}{35,5} = 0,02 \text{ mol}$$

$$C_{Cl^-} = \frac{n_{Cl^-}}{V} = \frac{0,02}{0,2} = 0,1 \text{ mol} \cdot \text{L}^{-1}$$

D'après l'équation de dissolution du sel : $NaCl \rightarrow Na^+ + Cl^-$ la dissolution d'une mole de NaCl fait apparaitre en solution une mole d'ion sodium et une mole d'ion chlorure. La concentration en chlorure de sodium est donc égale à $0,1 \text{ mol} \cdot \text{L}^{-1}$, comme celle des ions.

	Concentration molaire	Quantité dans une poche de 200 mL	Masse dans une poche de 200 mL
Saccharose	$0,5 \text{ mol} \cdot \text{L}^{-1}$	0,1 mol	34,2 g
Chlorure de sodium	$0,1 \text{ mol} \cdot \text{L}^{-1}$	0,02 mol	1,17 g
Ion sodium	$0,1 \text{ mol} \cdot \text{L}^{-1}$	0,02 mol	0,46 g
Ion chlorure	$0,1 \text{ mol} \cdot \text{L}^{-1}$	0,02 mol	0,71 g

7 **1.** D'après la notice du médicament, la posologie de l'antiseptique doit être comprise entre 0,25 g et 1 g par litre de permanganate. Et les comprimés doivent être dissous dans de l'eau pour éviter les irritations. De plus, on dispose d'une solution dont la concentration molaire est $1,90 \times 10^{-2} \text{ mol} \cdot \text{L}^{-1}$.

2. La question scientifique est la suivante :

« Quelle est la concentration massique de la solution de permanganate de potassium ? »

$n = 1,90 \times 10^{-2}$ mol de permanganate soit la masse :

$$m = nM = 1,90 \times 10^{-2} \times 158 = 3,00 \text{ g}.$$

La concentration massique est de $3,00 \text{ g} \cdot \text{L}^{-1}$.

La solution est trop concentrée (0,25 g et 1 g par litre) il faut donc la diluer.

3. Pour réaliser une dilution il faut utiliser du matériel de précision : pipette jaugée pour prélever la solution mère et fiole jaugée. On ne dispose que d'une fiole jaugée de 100 mL. Si on prend une pipette jaugée de 5 mL, on va alors diluer 20 fois.

$$\frac{V_{\text{fiole}}}{V_{\text{pipette}}} = \frac{100}{5} = 20.$$

La concentration sera 20 fois plus faible $\frac{3}{20} = 0,15 \text{ g} \cdot \text{L}^{-1}$, ce qui n'est pas conforme à la posologie.

Si on utilise une pipette jaugée de 10 mL alors le facteur de dilution est de 10 on préparera une solution à $0,30 \text{ g} \cdot \text{L}^{-1}$ en permanganate ce qui est conforme à la posologie.

Dans un bécher de 50 mL, on place la solution mère de permanganate on prélève 10,0 ml de permanganate à l'aide de la pipette jaugée de 10 mL et de la propipette. On place ce prélèvement dans la fiole jaugée de 100 mL, en respectant le trait de jauge de la pipette. On complète au trois quarts avec de l'eau distillée. On bouche et agite pour homogénéiser. Puis, on complète avec de l'eau jusqu'au trait de jauge. Après agitation la solution est prête.

8 Le Dakin contient de l'eau de javel 10 fois moins concentrée que l'eau de Javel commerciale. On dispose d'eau de javel commerciale qu'il faut donc diluer 10 fois.

Le facteur de dilution est 10, le rapport des volumes est donc $\frac{V_{\text{fiole}}}{V_{\text{pipette}}} = 10 = \frac{50}{5}$.

Si on veut préparer 50 mL de Dakin, il faudra donc prélever 5 mL de solution commerciale d'eau de javel à l'aide d'une pipette jaugée de 5,0 mL.

Le Dakin contient de d'hydrogénocarbonate de sodium à $2,38 \times 10^{-1}\ \text{mol} \cdot \text{L}^{-1}$.

On dispose d'hydrogénocarbonate de sodium solide, il faut donc réaliser une dissolution.

Pour 50 mL, $n = CV = (2,38 \times 10^{-1}) \times (50,0 \times 10^{-3}) = 1,19 \times 10^{-2}$ mol soit la masse $m = nM = 1,19 \times 10^{-2} \times 84 = 1,00$ g.

Il faut dissoudre 1,00 g d'hydrogénocarbonate de sodium dans 50,0 mL.

La concentration du permanganate de potassium dans le Dakin est de $10\ \text{mg} \cdot \text{L}^{-1}$ et on dispose d'une solution de permanganate à $50\ \text{mg} \cdot \text{L}^{-1}$; il faut donc diluer 5 fois.

Pour un volume de 50,0 mL il faut prélever 10 mL de solution mère.

$$\frac{V_{\text{fiole}}}{V_{\text{pipette}}} = 5 = \frac{50}{10}.$$

Pour réaliser cette solution, le matériel nécessaire est le suivant :

- une pipette jaugée de 5,0 mL ;
- une pipette jaugée de 10,0 mL ;
- une fiole jaugée de 50,0 mL et son bouchon ;
- deux petits béchers (50 mL), de l'eau distillée, une propipette ;
- une balance précise au centième, un entonnoir ;
- une coupelle, une spatule, de l'eau distillée.

Le protocole opératoire est le suivant :

① Prélever précisément à l'aide de la balance et d'une coupelle, 1,00 g d'hydrogénocarbonate de sodium solide.

② Verser l'hydrogénocarbonate de sodium solide à l'aide de l'entonnoir dans la fiole jaugée de 50,0 mL.

③ Rincer avec un peu d'eau la coupelle et l'entonnoir, de façon à ce que les 1,00 g se retrouvent totalement dans la fiole jaugée.

④ Boucher et agiter.

⑤ Mettre de l'eau de javel dans un bécher à l'aide de la propipette et de la pipette jaugée de 5,0 mL, prélever précisément 5,0 mL en respectant le trait de jauge et les placer dans la fiole jaugée contenant l'hydrogénocarbonate.

⑥ Boucher et agiter, l'hydrogénocarbonate doit être complètement dissous.
⑦ Mettre la solution de permanganate de potassium dans un bécher à l'aide de la propipette et de la pipette jaugée de 10,0 mL, prélever précisément 10,0 mL en respectant le trait de jauge et les placer dans la fiole jaugée contenant l'hydrogénocarbonate et l'eau de javel.
⑧ Boucher et agiter, s'assurer que l'hydrogénocarbonate soit complètement dissous.
⑨ Ajouter de l'eau distillée de façon à ce que la fiole soit remplie au 3/4 ; boucher et bien agiter.
⑩ Compléter alors jusqu'au trait de jauge avec de l'eau distillée, le bas du ménisque au niveau du trait de jauge.
⑪ Boucher et agiter, la solution de Dakin est prête.

9 **1.** Un sportif a une glycémie à jeun de $6,67\ \text{mmol} \cdot \text{L}^{-1}$ et la norme est de 0,63 à $1,1\ \text{g} \cdot \text{L}^{-1}$ à jeun.
Pour comparer il faut avoir les mêmes unités.
On a 6,67 mmol de glucose dans un litre soit la masse m :

$$m = nM = (6,67 \times 10^{-3}) \times 180 = 1,20\ \text{g}.$$

Le sportif a donc une glycémie de $1,20\ \text{g} \cdot \text{L}^{-1}$.
Elle est supérieure à la norme.
Ce sportif n'est pas en état de fatigue.
2. Son taux de cholestérol est de $2,36\ \text{g} \cdot \text{L}^{-1}$ et la norme correspond à une concentration molaire.
Il faut donc passer de la concentration massique à la concentration molaire.
Les 2,36 g de cholestérol correspondent à une quantité de matière

$$n = \frac{m}{M} = \frac{2,36}{386} = 6,11 \times 10^{-3}\ \text{mol}$$

donc à une concentration de $6,11 \times 10^{-3}\ \text{mol} \cdot \text{L}^{-1} = 6,11\ \text{mmol} \cdot \text{L}^{-1}$.
Il est également au dessus de la norme.
3. L'alimentation de ce sportif est probablement trop riche en sucres et en graisses.
Il faut qu'il réduise sa consommation de produits sucrés et gras.

10 **1.** Pour préparer 100 mL d'une solution à $5,0\ \text{g} \cdot \text{L}^{-1}$ de chlorure de sodium il faut peser la masse $m = cV = 5 \times 0,1 = 0,5\ \text{g}$ de chlorure de sodium à l'aide d'une balance et d'une coupelle.
À l'aide de l'entonnoir, on verse cette masse dans la fiole jaugée de 100 mL et on rince l'entonnoir et la coupelle avec un peu d'eau.
On continue d'ajouter de l'eau dans la fiole jusqu'au 2/3.
On bouche et agite jusqu'à dissolution complète du solide.
On complète avec de l'eau distillée jusqu'au trait de jauge la fiole.
On bouche et on agite pour homogénéiser la solution.

Se reporter au savoir faire 1, décrivant le protocole expérimental à suivre pour réaliser une solution par dissolution.

2. Pour préparer 100 mL d'une solution de saccharose à $0,2\ \text{mol} \cdot \text{L}^{-1}$ à partir d'une solution à $1,0\ \text{mol} \cdot \text{L}^{-1}$ il faut réaliser une dilution.

$$f = \frac{C_1}{C_2} = \frac{1,0}{0,2} = 5 = \frac{V_2}{V_1} \text{ d'où } V_2 = 5V_1 \text{ donc } V_1 = \frac{V_2}{5} = \frac{100}{5} = 20\ \text{mL}$$

Il faut prélever précisément 20,0 mL de solution mère (à $1,0\ \text{mol} \cdot \text{L}^{-1}$) à l'aide d'une pipette jaugée de 20,0 mL et les placer dans la fiole jaugée de 100,0 mL.
On ajoute un peu d'eau, on bouche et agite.
Puis on complète avec de l'eau distillée jusqu'au trait de jauge.

Se reporter au savoir faire 2, décrivant le protocole expérimental à suivre pour réaliser une solution par dilution.

3. Pour préparer la poche de perfusion on va peser 0,5 g de chlorure de sodium et les placer dans la fiole jaugée de 100 mL et on va également verser à l'aide de la pipette jaugée les 20 mL de solution de saccharose à 1 mol par litre.
On va ajouter un peu d'eau, boucher et bien agiter de façon à ce que le solide soit complètement dissous.
Puis on complète avec de l'eau jusqu'au trait de jauge.
Après agitation, la solution pour perfusion est prête.

12 Transformations chimiques

Notre corps a besoin d'énergie au cours d'un effort physique, mais aussi lorsque nous respirons, digérons…
Des transformations chimiques se produisent alors et libèrent de l'énergie.
Mais qu'est-ce qu'une transformation chimique ?
Comment peut-on la modéliser ?

I QU'EST-CE QU'UN SYSTÈME CHIMIQUE ?

Un système chimique est un ensemble d'espèces chimiques susceptibles de réagir entre elles.
Pour décrire son état, il faut préciser :

- les conditions de pression p et de température T ;
- les espèces chimiques présentes et leurs formules en précisant leur état physique : solide (s), liquide (ℓ), gaz (g) ou dissous en solution aqueuse (aq).

EXEMPLE : Le contenu d'une bouteille d'eau minérale de 1,5 L à $T = 20$ °C et à la pression atmosphérique p_{atm} est un système chimique contenant de l'eau liquide $H_2O_{(\ell)}$ bien évidemment et des ions dont on peut trouver la liste sur l'étiquette : ion calcium $Ca^{2+}_{(aq)}$, ion magnésium $Mg^{2+}_{(aq)}$, ion hydrogénocarbonate $HCO^-_{3(aq)}$, ion sulfate $SO^{2-}_{4(aq)}$…
La description de ce système peut se schématiser ainsi :

p_{atm} ; T = 20 °C
$H_2O_{(\ell)}$ $Ca^{2+}_{(aq)}$; $Mg^{2+}_{(aq)}$
$HCO^-_{3(aq)}$; $SO^{2-}_{4(aq)}$…

(On pourrait préciser la description en calculant les quantités de matière des espèces ioniques à partir de leur concentration molaire et du volume d'eau minérale.)

II ÉVOLUTION D'UN SYSTÈME CHIMIQUE : LA TRANSFORMATION CHIMIQUE

Une transformation chimique est une évolution du système chimique qui passe **d'un état initial** (EI) à **un état final** (EF) faisant apparaître une ou plusieurs espèces chimiques nouvelles.
Décrire l'évolution d'un système chimique, c'est comparer son état initial (EI) et son état final (EF).
L'évolution du système ou transformation chimique est schématisée par :

Etat inital (p, T) espèces initiales	→	**État final (p', T')** espèces formées et espèces initiales restantes.

EXEMPLE : On ajoute de la poudre de cuivre dans une solution incolore de nitrate d'argent. On agite puis on laisse décanter.
On constate que du métal argent s'est formé ainsi que des ions cuivre II, donnant une coloration bleue à la solution.
Il reste encore du cuivre mais un test (non décrit) montre la disparition totale des ions argent en solution.

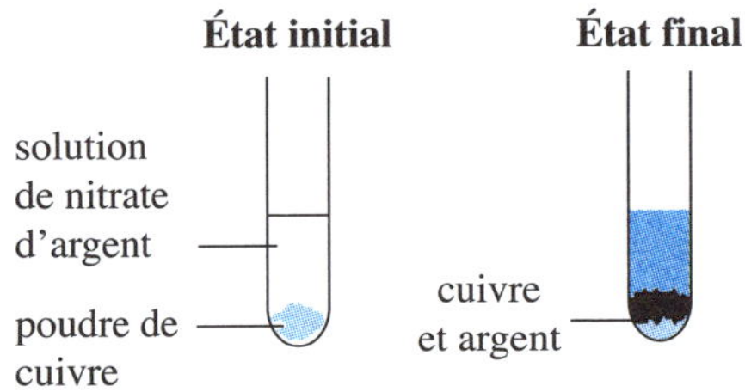

Cette transformation chimique est schématisée par :

État initial (p, T) eau $H_2O_{(\ell)}$ ion argent $Ag^+_{(aq)}$ ion nitrate $NO^-_{3(aq)}$ cuivre $Cu_{(s)}$	→	**État final (p', T')** eau $H_2O_{(\ell)}$ ion nitrate $NO^-_{3(aq)}$ cuivre $Cu_{(s)}$ argent $Ag_{(s)}$ ion cuivre $Cu^{2+}_{(aq)}$

Si les espèces chimiques sont les mêmes mais que leur état physique change, on parle d'une transformation physique.
Par exemple, lorsque la glace fond, l'eau se transforme de solide en liquide.

III LA RÉACTION CHIMIQUE

1. Définition

La transformation chimique subie par le système est modélisée par la **réaction chimique** dont l'objet est d'indiquer :

- les espèces consommées, appelées **réactifs** ;
- les espèces formées appelées **produits** de la réaction ;
- les proportions dans lesquelles les réactifs sont consommés et les produits sont formés.

2. Équation de la réaction

On écrit symboliquement la réaction chimique à l'aide d'une équation :

$$\text{Réactifs} \rightarrow \text{Produits}$$

où apparaissent le symbole et l'état (s), (ℓ), (g) ou (aq) de chaque réactif et chaque produit.

Des **nombres stœchiométriques** sont placés devant ces symboles.

Ils doivent être ajustés pour que l'équation satisfasse aux **lois de conservation des éléments chimiques et de la charge électrique**.

Une conséquence observable à l'échelle macroscopique est qu'au cours d'une transformation chimique la masse totale d'un système chimique est conservée.

L'ajustement des nombres stœchiométriques est explicité dans le savoir-faire 1.

EXEMPLE : La transformation présentée au paragraphe II est modélisée par la réaction chimique d'équation :

$$2Ag^{+}_{(aq)} + Cu_{(s)} \rightarrow 2Ag_{(s)} + Cu^{2+}_{(aq)}.$$

Cette équation signifie que:

- **à l'échelle microscopique :** un atome de cuivre réagit avec deux ions argent pour former deux atomes d'argent et un ion cuivre.
- **à l'échelle macroscopique :** une mole d'atomes de cuivre réagit avec deux moles d'ions argent pour former deux moles d'atomes d'argent et une mole d'ions cuivre.

L'eau et les ions nitrate ne sont pas impliqués dans la transformation, ils n'apparaissent donc pas dans l'équation de la réaction.

On dit qu'ils sont **spectateurs**.

3. Le réactif limitant

Le **réactif limitant** est le réactif qui est totalement consommé à la fin de la transformation.

Sa disparition complète empêche la transformation de se poursuivre.

EXEMPLE : Le réactif limitant pour la transformation du paragraphe II est $Ag^{+}_{(aq)}$.

IV EFFETS THERMIQUES D'UNE TRANSFORMATION

Une transformation **physique** ou **chimique** peut s'accompagner d'une élévation ou d'une diminution de température.

1. Transformation chimique

La **combustion** d'une espèce chimique est une **transformation chimique** dont les réactifs sont l'espèce chimique considérée et le dioxygène.
De nouvelles espèces apparaissent comme le dioxyde de carbone et de l'eau, par exemple.
La combustion s'accompagne toujours d'un dégagement de chaleur (ou énergie thermique).

2. Transformation physique

Lors d'un effort physique, la **transpiration** est une **transformation physique** permettant d'abaisser la température du corps.
La fusion, la vaporisation et la sublimation absorbent de la chaleur.
Inversement, la solidification, la liquéfaction et la condensation à l'état solide dégagent de la chaleur.

Les changements d'états sont expliqués paragraphe I.1 du chapitre 9.

SAVOIR-FAIRE

Comment ajuster les nombres stœchiométriques ?

■ **1re étape :** après avoir identifié les réactifs et produits, écrire les formules brutes des différents constituants en précisant leur état physique :

- les réactifs (séparés par des +) à gauche de la flèche symbolisant la transformation,
- les produits (séparés par des +) à droite de la flèche symbolisant la transformation.

■ **2e étape :** compter tous les éléments présents de part et d'autre de la flèche :

- s'il y a le même nombre d'éléments de chaque côté pour tous les éléments présents, alors les nombres stœchiométriques sont ajustés.
- sinon, faire précéder les formules brutes du nombre stœchiométrique adapté pour assurer la conservation des éléments.

■ **3e étape :** réécrire l'équation de la réaction avec les nombres stœchiométriques ajustés, puis vérifier la loi de conservation des charges.

EXEMPLES :

- La combustion complète du glucose $C_6H_{12}O_6$ dans le dioxygène de l'air fournit du dioxyde de carbone et de l'eau.

$$C_6H_{12}O_{6(s)} + O_{2(g)} \rightarrow CO_{2(g)} + H_2O_{(g)}$$

Conservation de l'élément carbone :

6 moles de carbone apportées par une mole de $\mathbf{C_6}H_{12}O_6$ se retrouveront dans **6** moles de $\mathbf{C}O_2$.

$$\mathbf{C_6}H_{12}O_{6(s)} + O_{2(g)} \rightarrow \mathbf{6C}O_{2(g)} + H_2O_{(g)}$$

Conservation de l'élément hydrogène :

12 moles d'hydrogène apportées par une mole de $C_6\mathbf{H_{12}}O_6$ se retrouveront dans **6** moles de $\mathbf{H_2}O$.

$$C_6\mathbf{H_{12}}O_{6(s)} + O_{2(g)} \rightarrow 6CO_{2(g)} + \mathbf{6H_2}O_{(g)}$$

Conservation de l'élément oxygène :

18 moles $(6 \times 2 + 6)$ moles d'atomes d'oxygène présentes dans le second membre doivent être présentes dans le premier.

$$C_6H_{12}\mathbf{O_6}_{(s)} + \mathbf{O_2}_{(g)} \rightarrow \mathbf{6}C\mathbf{O_2}_{(g)} + \mathbf{6}H_2\mathbf{O}_{(g)}$$

Une mole de glucose contient 6 moles d'atomes d'oxygène, 6 moles de dioxygène sont alors nécessaires.

$$C_6H_{12}\mathbf{O_6}_{(s)} + \mathbf{6O_2}_{(g)} \rightarrow \mathbf{6}C\mathbf{O_2}_{(g)} + \mathbf{6}H_2\mathbf{O}_{(g)}$$

Cette écriture se lit : « 1 mole de glucose réagit avec 6 moles de dioxygène pour donner 6 moles de dioxyde de carbone et 6 moles d'eau. »

Elle traduit un bilan de matière.

• Les ions fer II, Fe^{2+}, réagissent avec les ions hydroxyde, HO^{-}, pour donner de l'hydroxyde de fer II solide, $Fe(OH)_2$.
Les réactifs sont : Fe^{2+} et HO^{-} et le produit est $Fe(OH)_2$.

$$Fe^{2+} + HO^{-} \rightarrow Fe(OH)_2$$

L'élément fer : 1 à gauche et un à droite
L'élément H : 1 à gauche et 2 à droite. On va donc ajuster avec un 2 devant HO^{-}

$$\mathbf{1}Fe^{2+} + \mathbf{2H}O^{-} \rightarrow \mathbf{1}Fe(O\mathbf{H})_{\mathbf{2}}$$

De ce fait on a 2 moles d'oxygène à gauche et deux à droite.

$$\mathbf{1}Fe^{2+} + \mathbf{2H}O^{-} \rightarrow \mathbf{1}Fe(O\mathbf{H})_{\mathbf{2}}$$

On a deux charges positives et deux charges négatives à gauche soit $(+2 - 2 = 0)$. À droite, aucune charge. La loi de conservation des charges est vérifiée.
Les nombres stœchiométriques sont ajustés.
Remarque : on n'écrit pas le nombre stœchiométrique 1, ce qui donne .

$$Fe^{2+} + 2HO^{-} \rightarrow Fe(OH)_2$$

Les nombres stœchiométriques sont généralement choisis entiers et les plus petits possibles.
On n'écrit pas le nombre stœchiométrique lorsqu'il vaut 1.

EXERCICES D'APPLICATION

1 QCM « RÉACTION CHIMIQUE » ★ 15 min ▸ P. 253

Pour chaque proposition, indiquer la (ou les) bonne(s) réponse(s).

1. Lors d'une réaction chimique :

a. les molécules sont conservées.

b. les états initial et final ne sont pas constitués des mêmes espèces.

c. les éléments sont conservés.

2. Lors d'une transformation chimique, un produit est une espèce chimique dont la quantité de matière :

a. augmente.

b. reste constante.

c. diminue.

3. L'équation de la réaction chimique modélisant la combustion de l'aluminium dans le dioxygène est :

$$4Al_{(s)} + 3O_{2(g)} \rightarrow 2Al_2O_{3(s)}$$

Dans cette équation le(s) produit(s) est (sont) :

a. l'aluminium.

b. le dioxygène.

c. l'alumine Al_2O_3.

4. Lorsqu'une réaction se produit, la température du milieu réactionnel :

a. ne peut pas changer.

b. ne peut qu'augmenter.

c. peut augmenter ou diminuer.

5. Pour l'équation de la réaction chimique :

$$a\,Ca_{(s)} + b\,O_{2(g)} \rightarrow c\,CaO_{(s)}$$

les nombres stœchiométriques ajustés sont :

a. $a = 1,\ \ b = 1$ et $c = 1$.

b. $a = 2,\ \ b = 1$ et $c = 2$.

c. $a = 1,\ \ b = 1$ et $c = 2$.

2 SCHÉMATISATION D'UNE TRANSFORMATION CHIMIQUE

★★ | 15 min | ▸ P. 253

On considère la combustion d'un morceau de magnésium dans un flacon rempli d'air. Cette transformation chimique est schématisée par :

État initial (p, T)		**État final (p', T')**
dioxygène $O_{2(g)}$ diazote $N_{2(g)}$ magnésium $Mg_{(s)}$	$\longrightarrow$	dioxygène $O_{2(g)}$ diazote $N_{2(g)}$ oxyde de magnésium $MgO_{(s)}$

1. Expliquer la présence des gaz diazote et dioxygène dans le système chimique initial.
2. Quelle est l'espèce formée au cours de la transformation ?
3. Quels sont les réactifs ?
Pourquoi ?
4. Quelle est l'espèce non affectée par la transformation ?
5. Quel est le réactif limitant ?
Justifier.
6. Écrire l'équation de la réaction modélisant cette transformation, sans oublier d'ajuster les nombres stœchiométriques.

3 ÉQUATIONS DE RÉACTIONS

★★ | 20 min | ▸ P. 253

Ajuster les nombres stœchiométriques des équations suivantes.

1. $\ldots H_2O_{2(aq)} \rightarrow \ldots H_2O_{(\ell)} + \ldots O_{2(g)}$

2. $\ldots CO_{(g)} + \ldots H_{2(g)} \rightarrow \ldots CH_3OH_{(g)}$

3. $\ldots CO_{(g)} + \ldots H_{2(g)} \rightarrow \ldots CH_{4(g)} + \ldots H_2O_{(g)}$

4. $\ldots CH_{4(g)} + \ldots O_{2(g)} \rightarrow \ldots H_2O_{(g)} + \ldots CO_{2(g)}$

5. $\ldots C_3H_{8(g)} + \ldots O_{2(g)} \rightarrow \ldots H_2O_{(g)} + \ldots CO_{2(g)}$

6. $\ldots H^+_{(aq)} + \ldots Fe_{(s)} \rightarrow \ldots H_{2(g)} + \ldots Fe^{2+}_{(aq)}$

7. $\ldots S_2O^{2-}_{8(aq)} + \ldots I^-_{(aq)} \rightarrow \ldots SO^{2-}_{4(aq)} + \ldots I_{2(aq)}$

8. $\ldots NH_2CONH_{2(aq)} + \ldots H_2O_{(\ell)} \rightarrow \ldots NH^+_{4(aq)} + \ldots CO^{2-}_{3(aq)}$

9. $\ldots ClO^-_{(aq)} + \ldots Cl^-_{(aq)} + \ldots H^+_{(aq)} \rightarrow \ldots Cl_{2(g)} + \ldots H_2O_{(\ell)}$

10. $\ldots I_{2(aq)} + \ldots C_6H_8O_{6(aq)} \rightarrow \ldots I^-_{(aq)} + \ldots C_6H_6O_{6(aq)} + \ldots H^+_{(aq)}$

EXERCICES D'ENTRAÎNEMENT

4 RÉACTIFS, PRODUITS OU SPECTATEURS ? | ★★ | 15 min | ▸ P. 254

Deux systèmes chimiques A et B subissent des transformations chimiques. L'état initial et final de chacun d'eux est décrit ci-dessous.

Système A

État initial		État final
carbone : $n(C) = 2$ mol dioxygène : $n(O_2) = 0,4$ mol diazote : $n(N_2) = 1,6$ mol	→	carbone : $n(C) = 1,6$ mol dioxygène : $n(O_2) = 0$ mol diazote : $n(N_2) = 1,6$ mol dioxyde de carbone : $n(CO_2) = 0,4$ mol

Système B

État initial		État final
ions cuivre : $n(Cu^{2+}) = 2$ mol métal zinc : $n(Zn) = 2$ mol ions sulfate : $n(SO_4^{2-}) = 2$ mol eau : H_2O	→	métal cuivre : $n(Cu) = 2$ mol ions zinc : $n(Zn^{2+}) = 2$ mol ions sulfate $n(SO_4^{2-}) = 2$ mol eau : H_2O métal zinc : $n(Zn) = 0$ mol ions cuivre : $n(Cu^{2+}) = 0$ mol

1. Dans le système A, identifier les réactifs, les produits et les espèces spectatrices.

2. Même question pour le système B. Préciser quel est le réactif limitant.

5 DE L'ÉNERGIE POUR LE BON FONCTIONNEMENT DE L'ORGANISME | ★★★★ | 20 min | ▸ P. 254

Notre organisme a besoin d'énergie pour fonctionner.
Cette énergie provient de la transformation chimique des aliments.
L'une des sources principales d'énergie est la dégradation des glucides en glucose $C_6H_{12}O_6$ qui, transporté par le sang dans les différentes cellules, est transformé en eau et en dioxyde de carbone.
Les lipides constituent une autre source d'énergie majeure.
Ces lipides sont hydrolysés, c'est-à-dire scindés en différents « morceaux » par l'eau puis transformés en acide gras comme, par exemple, l'acide oléique $C_{18}H_{34}O_2$.

1. Écrire l'équation de combustion du glucose.

2. Sachant qu'une mole de glucose libère une énergie de 2 800 kJ, quelle est l'énergie libérée par la combustion de 6,0 g de glucose ?

3. Écrire l'équation de combustion complète de l'acide oléique.
4. Quelle est l'énergie libérée par la combustion de 6,0 g d'acide oléique sachant que la combustion d'une mole libère $11,12 \times 10^6$ J ?
Données : masses molaires atomiques :
$M(\text{H}) = 1,0 \text{ g} \cdot \text{mol}^{-1}$; $M(\text{C}) = 12,0 \text{ g} \cdot \text{mol}^{-1}$; $M(\text{O}) = 16,0 \text{ g} \cdot \text{mol}^{-1}$.

EXERCICES D'APPROFONDISSEMENT

6 SYNTHÈSE D'UN POLYMÈRE : L'ACÉTATE DE CELLULOSE

★★★★ 40 min ▸ P. 254

De nombreux polymères appelé matériaux plastiques sont utilisés dans le domaine sportif pour leurs propriétés mécaniques remarquables et leurs propriétés chimiques intéressantes. L'acétate de cellulose est un de ces polymères :

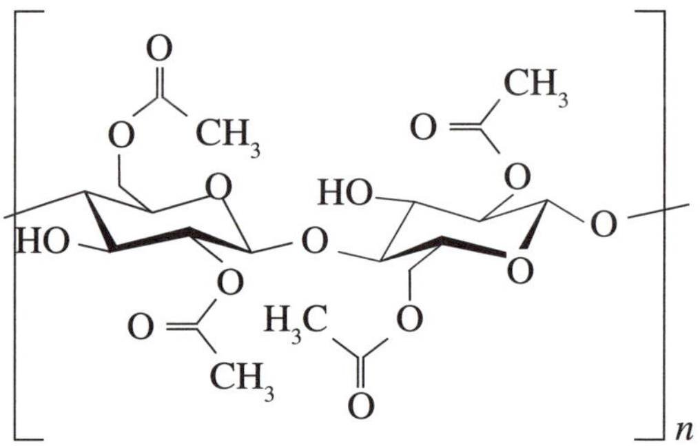

Répondre aux questions suivantes en extrayant les informations nécessaires des documents fournis, en mobilisant vos connaissances et en rédigeant de manière argumentée.

1. La synthèse est-elle réalisée dans un milieu aqueux ou organique ?
2. On appelle catalyseur une espèce chimique qui permet d'accélérer la formation du produit. Identifier le catalyseur.
3. Préciser dans quelles conditions on doit effectuer cette synthèse au laboratoire.
4. La synthèse nécessite un chauffage à reflux.
Quel est l'intérêt d'un tel montage ? Schématiser et légender ce montage.
5. Dans l'étape 4, on utilise un filtre Büchner, quel est son rôle ?
Quel avantage présente ce dispositif ?
6. Expliquer l'intérêt du lavage.
7. Identifier les réactifs et le produit de la réaction.
8. Au regard de la structure des réactifs et du produit, rédiger quelques lignes expliquant les transformations réalisées au cours de cette synthèse.

Doc. 1. Protocole de synthèse de l'acétate de cellulose

- *Étape 1 :* Dans un ballon on place 0,25 g de coton et on ajoute 12 mL d'acide éthanoïque pur, utilisé comme solvant et quelques gouttes d'acide sulfurique concentré pour favoriser la réaction entre les réactifs.

Le ballon est placé dans un chauffe ballon et il est surmonté d'un réfrigérant.
On chauffe pendant une trentaine de minutes.

- *Étape 2 :* Le ballon est ensuite refroidit avec un bain d'eau froide.

On introduit par le haut du réfrigérant 12 mL d'anhydride éthanoïque par petites quantités.

On chauffe de nouveau, jusqu'à disparition complète du coton.

- *Étape 3 :* Après refroidissement, on ajoute 50 mL d'eau tiède en agitant : l'acétate de cellulose précipite.
- *Étape 4 :* Après refroidissement complet, on utilise un filtre Büchner.

On lave alors le produit plusieurs fois et on le sèche.

Doc. 2. Caractéristiques physiques de quelques espèces chimiques utilisées

Acide éthanoïque	Anhydride acétique	Acide sulfurique
liquide $T_{ebullition} = 118\,°C$  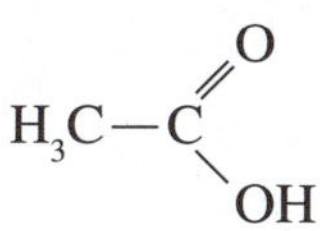	liquide $T_{fusion} = -73\,°C$ $T_{ebullition} = 136\,°C$  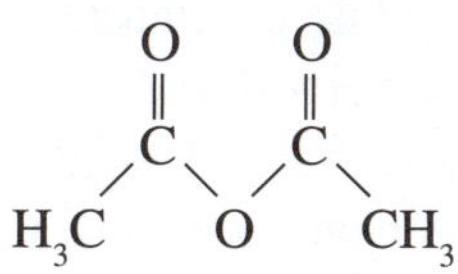	liquide sirupeux  H_2SO_4

Doc. 3. La cellulose

La cellulose est l'un des nombreux polymères que l'on trouve dans la nature.

Le bois, le papier et le coton contiennent de la cellulose presque pure.

La cellulose est une excellente fibre.

Elle est faite de la répétition du monomère glucose.

C'est le même glucose que notre corps métabolise pour vivre.

La cellulose ne peut être assimilée par l'être humain mais sa présence dans l'alimentation favorise le transit intestinal et protège l'organisme contre le cancer du colon.

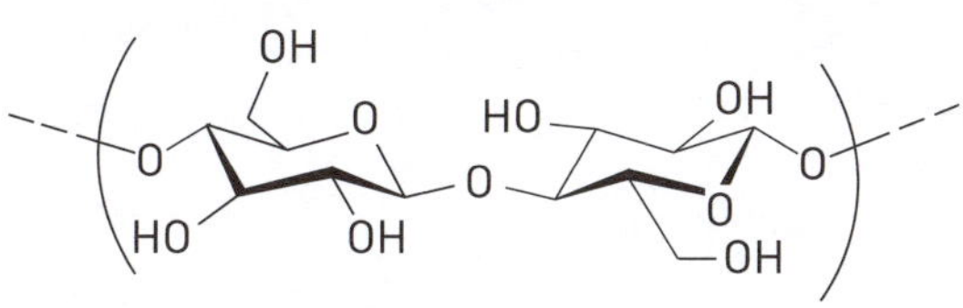

Doc. 4. Groupes caractéristiques

Nom	hydroxyle	carboxyle	ester	cétone
Groupes caractéristiques	—OH	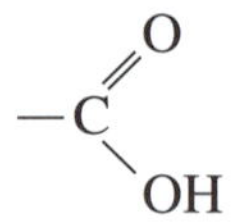	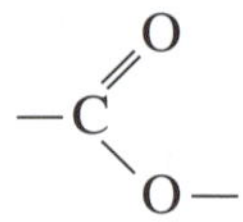	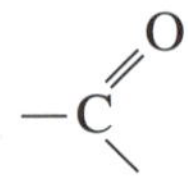

7 RILSAN

★★★★ 40 min ▸ P. 256

Répondre aux questions suivantes en extrayant les informations nécessaires des documents fournis, en mobilisant vos connaissances et en rédigeant de manière argumentée.

1. Donner la définition d'un polymère.

2. Tous les polymères existent-ils dans la nature ?

3. Quels sont les groupes caractéristiques présents sur chacun des réactifs nécessaires à la synthèse du nylon.

4. Lors de la formation du nylon la première étape de la polymérisation pourrait être :

$H_2N-(CH_2)_6-NH_2 + HOOC-(CH_2)_4-COOH \rightarrow A + B$

B est la molécule : $H_2N-(CH_2)_6-NH-CO-(CH_2)_4-COOH$

Identifier la molécule A.

5. En présence des réactifs justifier que l'on puisse obtenir un polymère.

6. Justifier le nom donné à cette famille de polymère.

7. Le Rilsan est synthétisé en plusieurs étapes.

L'étape 3 correspond à la polymérisation.

Pourquoi avec un seul réactif $H_2N-(CH_2)_{10}-COOH$ obtient-on le polymère attendu contrairement au Nylon où l'on a deux réactifs ?

8. Justifier l'appellation 6-6 pour le Nylon 6-6 ou Nylon 11 pour le Rilsan.

9. Expliquer pourquoi le Rilsan est reconnu au niveau du développement durable.

Doc. 1. Les polymères

Un polymère est une macromolécule formée de l'enchaînement covalent d'un très grand nombre d'unités de répétition qui dérivent d'un ou de plusieurs monomères (qui sont également appelés motifs) et préparée à partir de molécules appelées monomères.

Un polymère peut être *naturel* (exemples : polysaccharides, ADN), *artificiel*, obtenu par modification chimique d'un polymère naturel (exemples : acétate de cellulose, galalithe) ou *synthétique*, préparé par polymérisation de molécules monomères (exemples : polystyrène, polyisoprène synthétique).

Les polymères sont devenus l'élément essentiel d'un nombre très important d'objets de la vie courante, dans lesquels ils ont souvent remplacé les substances naturelles. Ils sont présents dans de nombreux domaines industriels.

EXEMPLE :

$$H_2C{=}CH_2 \longrightarrow H_2\overline{C}-\overline{C}H_2 \longrightarrow -\!\!\left(CH_2-CH_2\right)\!\!-_n$$

éthylène monomère	unité de répétition	polyéthylène (*n* très grand)

Doc. 2. Les polyamides

Parmi les polymères, les polyamides occupent une place particulière due à l'universalité de leurs fibres, qui se traduit par une production avoisinant les 6,8 millions de tonnes en 2011.

Ils sont obtenus par polycondensation d'un acide aminé ou par ouverture d'un lactame avec 6, 11 ou 12 atomes de carbone.

Les principaux matériaux et fibres à base de polyamides (PA) sont le nylon, le Perlon®, le Rilsan® et le Kevlar®. Le nylon est un polyamide 6-6, c'est-à-dire un polyamide aliphatique formé par condensation à chaud d'une diamine, l'hexaméthylène diamine $H_2N-(CH_2)_6-NH_2$, et d'un acide, l'acide adipique $HOOC-(CH_2)_4-COOH$.

Formule du Nylon-6-6

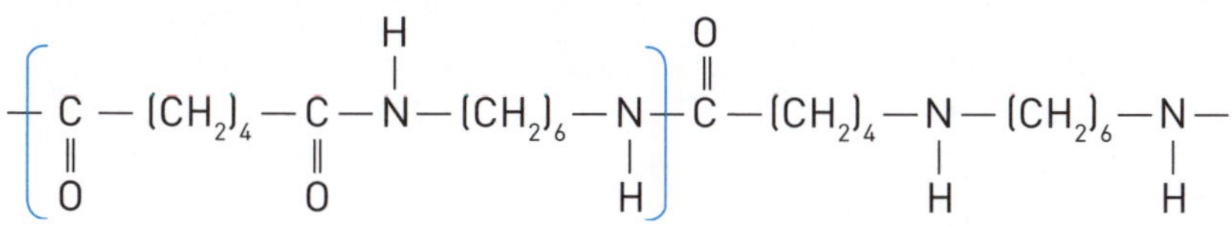

Le Rilsan est un plastique technique français largement présent dans le monde. Grace à sa matière première renouvelable, l'huile de ricin, il s'inscrit dans la promotion actuelle du développement durable. Il a des qualités exceptionnelles : léger, flexible, résistant aux chocs, au froid et à l'humidité.

Les propriétés dynamiques du polyamide Rilsan (polymère technique 15 à 20 % plus légers que leurs concurrents) trouvent de nombreuses applications dans les sports de neige et les matériels ou équipements de montagne : skis, chaussures, masques, moufles, etc.

Doc. 3. **Synthèse du Rilsan**

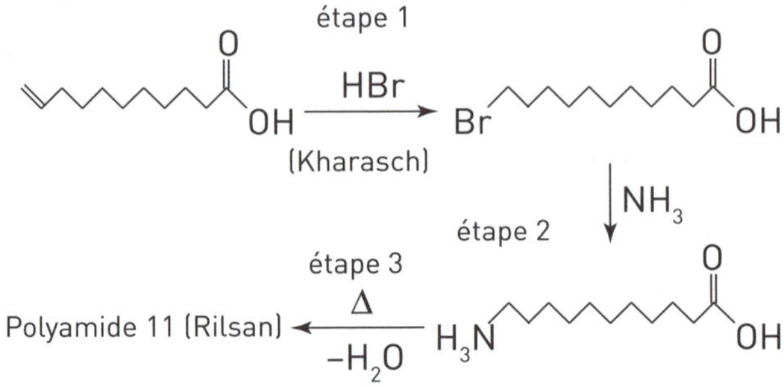

L'étape 3 s'écrit :

$n\,H_2N\text{-}(CH_2)_{10}-COOH \rightarrow -(CH_2)_{10}-CO-HN-[(CH_2)_{10}-CO-NH]_n-$

Doc. 4. **Groupes caractéristiques**

Nom	hydroxyle	carboxyle	ester	amine	amide
Groupes caractéristiques	$-OH$	$-C(=O)-OH$	$-C(=O)-O-$	$-NH_2$	$-C(=O)-NH-$

CONTRÔLES

8 DES ÉQUATIONS FAUSSES

★★★ | 15 min | ▸ P. 257

Identifier parmi les équations chimiques suivantes celles pour lesquelles l'ajustement des nombres stœchiométriques est incorrect. Argumenter.

1. $2C_{(s)} + O_{2(g)} \rightarrow 2CO_{(g)}$
2. $3Fe_{(s)} + O_{2(g)} \rightarrow Fe_3O_{4(s)}$
3. $Fe_{(s)} + Cu^{2+}_{(aq)} \rightarrow Fe^{2+}_{(aq)} + Cu_{(s)}$
4. $CaCO_{3(s)} + 6H^{+}_{(aq)} \rightarrow 3H_2O_{(\ell)} + Ca^{2+}_{(aq)}$

9 SYNTHÈSE D'UN FÉBRIFUGE

★★★ | 40 min | ▸ P. 257

L'acétanilide est $C_6H_5-NH-CO-CH_3$ fut l'un des premiers fébrifuges synthétisé.

Protocole de synthèse :

Dans un ballon on place 20 mL d'acide acétique servant de solvant, $n_1 = 0{,}159$ mol d'anhydride éthanoïque $C_4H_6O_3$ et $n_2 = 0{,}110$ mol d'aniline C_6H_7N, réactif limitant.

On munit le ballon d'un réfrigérant droit et on chauffe à reflux pendant 30 minutes.

La réaction a lieu et il se forme également de l'acide acétique

$$CH_3-COOH.$$

Le ballon est ensuite refroidi, des cristaux blancs apparaissent.

1. Schématiser la transformation chimique en décrivant les états initial et final du système correspondant.

État initial (p, T)	transformation chimique ⟶	**État final (p', T')**

2. Identifier les réactifs et produits.
3. Écrire l'équation de la réaction.
4. Déterminer les volumes V_1 et V_2 d'anhydride acétique et d'aniline nécessaires et décrire leur prélèvement.
5. Justifier l'apparition de cristaux blancs après refroidissement.
6. Proposer une méthode pour les récupérer.

Données :

Anhydride éthanoïque $C_4H_6O_3$	liquide incolore d'odeur piquante température d'ébullition : 136,4 °C température de fusion : −73 °C soluble dans l'eau et l'éthanol masse volumique : $\rho_1 = 1{,}08\ g \cdot mL^{-1}$ 
Aniline	liquide température de fusion : − 6 °C température d'ébullition : 184,1 °C masse volumique : $\rho_2 = 1{,}02\ g \cdot mL^{-1}$ peu soluble dans l'eau à froid, soluble à chaud, très soluble dans l'alcool et l'éther. 
Acétanilide	très peu soluble dans l'eau froide et très soluble dans l'eau bouillante.

CORRIGÉS

1 **1.** Lors d'une réaction chimique les états initial et final ne sont pas constitués des mêmes espèces car des produits se forment mais les éléments sont conservés (**réponses b et c**).

2. Lors d'une transformation chimique, un produit est une espèce chimique dont la quantité de matière augmente puisqu'il se forme (**réponse a**).

3. Dans l'équation : $4Al_{(s)} + 3O_{2(g)} \rightarrow 2Al_2O_{3(s)}$ le produit est l'alumine Al_2O_3. L'aluminium et le dioxygène sont les réactifs (**réponse c**).

4. Lorsqu'une réaction se produit dans un milieu, la température peut augmenter ou diminuer (**réponse c**).

5. Pour l'équation de la réaction chimique, les nombres stœchiométriques ajustés sont : $a = 2$, $b = 1$ et $c = 2$ (**réponse b**).

$$2Ca_{(s)} + 1O_{2(g)} \rightarrow 2CaO_{(s)}$$

2 **1.** Le diazote et le dioxygène sont présents dans le système initial car ce sont les constituants principaux de l'air.

L'air est un mélange composé, en quantité de matière, d'environ 78 % de diazote N_2, 21 % de dioxygène O_2 et 1 % d'argon Ar.

2. L'espèce formée au cours de la transformation est l'oxyde de magnésium $MgO_{(s)}$.

3. Le produit de la réaction, $MgO_{(s)}$, est formé des éléments oxygène O et magnésium Mg.

Les réactifs sont constitués nécessairement de ces mêmes éléments puisqu'il y a conservation des éléments chimiques au cours d'une transformation.

Les réactifs sont donc le dioxygène $O_{2(g)}$ et le magnésium $Mg_{(s)}$.

4. L'espèce non affectée par la transformation est le diazote $N_{2(g)}$.

5. Le réactif limitant est celui qui a totalement disparu à la fin de la transformation. Il s'agit donc du magnésium $Mg_{(s)}$.

Par ailleurs, le dioxygène n'est pas le réactif limitant puisqu'il en reste à l'état final.

6. L'équation de la réaction est : $2Mg_{(s)} + O_{2(g)} \rightarrow 2MgO_{(s)}$

3 **1.** $2H_2O_{2(aq)} \rightarrow 2H_2O_{(\ell)} + O_{2(g)}$

2. $CO_{(g)} + 2H_{2(g)} \rightarrow CH_3OH_{(g)}$

3. $CO_{(g)} + 3H_{2(g)} \rightarrow CH_{4(g)} + H_2O_{(g)}$

4. $CH_{4(g)} + 2O_{2(g)} \rightarrow 2H_2O_{(g)} + CO_{2(g)}$

5. $C_3H_{8(g)} + 5O_{2(g)} \rightarrow 4H_2O_{(g)} + 3CO_{2(g)}$

6. $2H^+_{(aq)} + Fe_{(s)} \rightarrow H_{2(g)} + Fe^{2+}_{(aq)}$

7. $S_2O^{2-}_{8(aq)} + 2I^-_{(aq)} \rightarrow 2SO^{2-}_{4(aq)} + I_{2(aq)}$

8. $NH_2CONH_{2(aq)} + 2H_2O_{(\ell)} \rightarrow 2NH^+_{4(aq)} + CO^{2-}_{3(aq)}$

9. $ClO^-_{(aq)} + Cl^-_{(aq)} + 2H^+_{(aq)} \rightarrow Cl_{2(g)} + H_2O_{(\ell)}$

10. $I_{2(aq)} + C_6H_8O_{6(aq)} \rightarrow 2I^-_{(aq)} + C_6H_6O_{6(aq)} + 2H^+_{(aq)}$

4 **1.** Pour le système A on remarque que le dioxygène est totalement consommé c'est le réactif limitant. Par contre, le carbone est partiellement consommé, c'est aussi un réactif mais il en reste dans l'état final. On voit l'apparition d'une nouvelle espèce, le dioxyde de carbone, c'est le produit de la réaction. Le diazote est spectateur : il est présent dans les mêmes quantités dans l'état initial et final. Il n'a pas réagi.
2. Pour le système B, les ions cuivre et le zinc métal n'apparaissent pas dans l'état final. Les ions cuivre et le zinc métal sont tous les deux des réactifs limitant. Il s'est formé des ions zinc Zn^{2+} et du cuivre métal ; ce sont les deux produits de la réaction. L'eau et les ions sulfate sont présents dans les mêmes quantités dans l'état initial et dans l'état final ce sont des espèces spectatrices.

5 **1.** $C_6H_{12}O_6 + 6O_2 \rightarrow 6CO_2 + 6H_2O$
2. On cherche l'énergie libérée pour 6 g de glucose.
Pour une masse $m = 6$ g la quantité de matière correspondante est :

$$n = \frac{m}{M} = \frac{6,0}{180} = 3,3 \times 10^{-2} \text{ mol}$$

car $M = M(C_6H_{12}O_6) = 12 \times 12 + 6 \times 16 + 12 \times 1 = 180 \text{ g} \cdot \text{mol}^{-1}$

D'où 6 g de glucose libèrent $3,3 \times 10^{-2} \times 2800 = 92 \text{ kJ} = 9,2 \times 10^4$ J.

3. $C_{18}H_{34}O_2 + \frac{51}{2}O_2 \rightarrow 18\ CO_2 + 17\ H_2O$

ou $2\ C_{18}H_{34}O_2 + 51\ O_2 \rightarrow 36\ CO_2 + 34\ H_2O$

4. On cherche l'énergie libérée pour 6,0 g d'acide oléique.
Pour une masse $m = 6,0$ g la quantité de matière correspondante est :

$$n = \frac{m}{M} = \frac{6,0}{282} = 2,1 \times 10^{-2} \text{ mol}$$

car $M = M(C_{18}H_{34}O_2) = 18 \times 12 + 2 \times 16 + 34 \times 1 = 282 \text{ g} \cdot \text{mol}^{-1}$

D'où 6,0 g d'acide oléique libèrent $2,1 \times 10^{-2} \times 11,12 \times 10^6 = 2,3 \times 10^5$ J.

6 **1.** La synthèse est réalisée à l'aide de l'acide éthanoïque comme solvant, il s'agit d'un produit organique pur. C'est pourquoi il s'agit d'un milieu organique.
2. D'après le protocole l'acide sulfurique est une espèce qui permet d'accélérer la réaction c'est donc le catalyseur.
3. D'après les pictogrammes des différentes espèces ; acide éthanoïque pur, anhydride éthanoïque, on voit des substances inflammables et corrosives.
Il faudra prévoir une blouse, des gants, des lunettes et travailler, si possible, sous la hotte.

4. Le chauffage à reflux permet d'éviter les pertes de matière et d'éviter que des vapeurs irritantes se dispersent dans l'atmosphère du laboratoire.

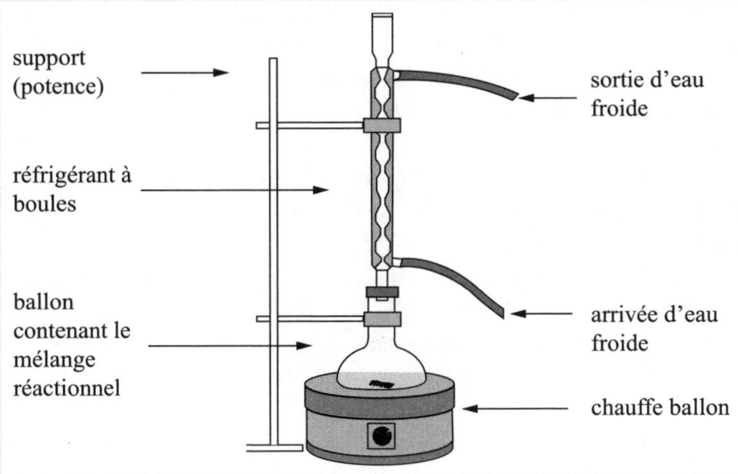

5. Le filtre Büchner permet d'effectuer une filtration de façon plus efficace et plus rapide qu'une filtration classique.

6. Le polymère est imprégné du solvant, qui est acide c'est pourquoi on le lave pour éliminer toute traces d'acide.

7. Les réactifs sont la cellulose constituant le coton et l'anhydride éthanoïque.
Ce qui permet d'obtenir comme produit l'acétate de cellulose.

8. On peut remarquer des groupes hydroxyle sur la cellulose.
On le fait réagir avec l'anhydride. Et le groupe hydroxyle est alors modifié.
On reconnait une partie de la molécule d'anhydride $CH_3 - COO -$

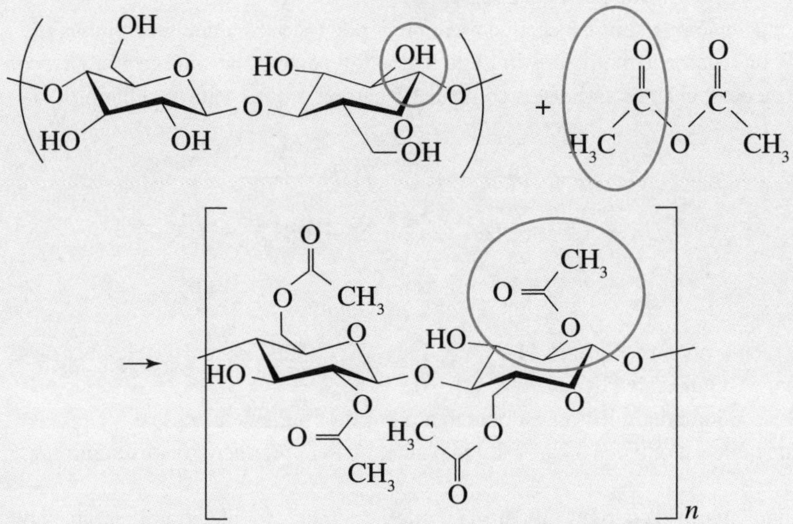

Au cours de cette réaction on modifie le groupe hydroxyle par un groupe ester.

7 1. Les polymères sont des macromolécules dans lesquelles un motif se répète un très grand nombre de fois.
2. Il existe des polymères naturels comme les polysaccharides ou ADN mais l'homme peut également modifier la structure du polymère il s'agit alors d'un polymère artificiel comme *artificiel* l'acétate de cellulose.
D'autres polymères synthétiques sont fabriqués à partir de monomères eux mêmes synthétisés.
3. Sur le réactif $\mathbf{H_2N} - (CH_2)_6 - \mathbf{NH_2}$, on identifie deux groupes amines $-NH_2$; et sur l'autre réactif $\mathbf{HOOC} - (CH_2)_4 - \mathbf{COOH}$ on a deux groupes carboxyle $-COOH$.
4. Lors d'une transformation chimique on a conservation des atomes et des charges.
$H_2N - (CH_2)_6 - NH_2 + HOOC - (CH_2)_4 - COOH \rightarrow A + B$
Le groupe amine réagit avec le groupe carboxyle et donne le produit
$H_2N - (CH_2)_6 - \mathbf{NH} - \mathbf{CO} - (CH_2)_4 - COOH$ il manque 2H et 1O, soit H_2O.
La molécule A est une molécule d'eau.
5. Chaque monomère possède deux groupes caractéristiques en bout de chaîne, ce qui fait que chaque extrémité peut à nouveau réagir.
Ainsi, le groupe amine réagira à son tour avec le groupe carboxyle ou inversement d'une autre molécule.
Ainsi, la molécule « s'allonge » de plus en plus et forme une macromolécule ou polymère.
6. Ces polymères font parti de la famille des polyamides puisque l'on reconnait le groupe caractéristique amide.
7. Le monomère du Rilsan contient deux groupes caractéristiques : le groupe amine et le groupe carboxylique.
Le groupe amine d'une molécule peut réagir avec un groupe carboxylique d'une autre molécule pour former une fonction amide.
Ceci peut se poursuivre à chaque extrémité, pour aboutir à une macromolécule.
8. Si on regarde le motif constitutif du Nylon 6-6 : on constate que ce motif est constitué de deux chaînes carbonées contenant 6 carbones d'où cette appellation.

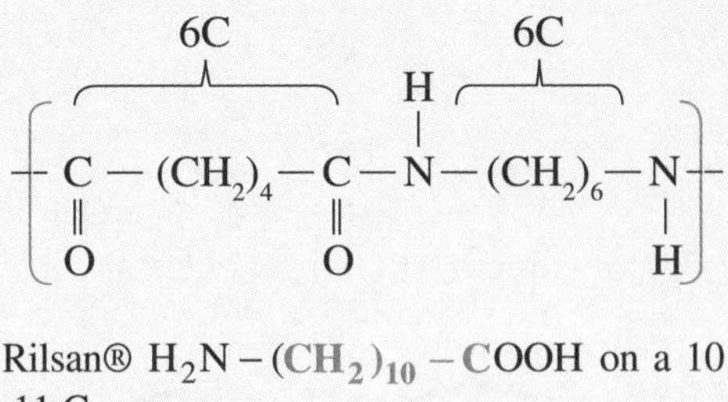

De même pour le Rilsan® $H_2N - (\mathbf{CH_2})_{10} - \mathbf{C}OOH$ on a 10 CH_2 plus un C du groupe COOH soit 11 C.
9. Le monomère du Rilsan est obtenu à partir de l'huile de ricin.
Cette huile est obtenue à partir d'une plante, matière première renouvelable car cultivable.
Et non à partir de dérivés du pétrole matière première fossile et non renouvelable.

8 1. **Vrai.** $2C_{(s)} + O_{2(g)} \rightarrow 2CO_{(g)}$ on a conservation des éléments.

2. **Faux.** $3Fe_{(s)} + O_{2(g)} \rightarrow Fe_3O_{4(s)}$

On a 2 O dans les réactifs et 4 dans les produits, l'équation est mal ajustée.
$Fe(s) + 2O_2(g) \rightarrow Fe_3O_4(s)$

3. **Vrai.** $Fe(s) + Cu^{2+}_{(aq)} \rightarrow Fe^{2+}_{(aq)} + Cu_{(s)}$

On a conservation des atomes et des charges.

4. **Faux.** $CaCO_{3(s)} + 6H^+_{(aq)} \rightarrow 3H_2O_{(l)} + Ca^{2+}_{(aq)}$

Il n'y a pas de carbone dans les produits alors qu'il est présent dans les réactifs, de plus il n'y a pas conservation de la charge (+6 du côté des réactifs et +2 côté des produits).

9 1. On schématise la transformation chimique en décrivant les états initial et final du système correspondant :

État initial (p, T)	transformation chimique →	État final (p', T')
acide acétique anhydride éthanoïque aniline		acide acétique anhydride éthanoïque acétanilide

2. Les réactifs sont l'anhydride éthanoïque et l'aniline et les produits l'acétanilide et l'acide acétique.

3. $C_4H_6O_3 + C_6H_7N \rightarrow C_6H_5 - NH - CO - CH_3 + C_2H_4O_2$

4. L'anhydride éthanoïque de formule $C_4H_6O_3$ a pour masse molaire :
$M_1 = 4 \times 12 + 6 \times 1 + 3 \times 16 = 102,0\ g \cdot mol^{-1}$.
La masse à prélever est :

$$m_1 = n_1 M_1 = 0,159 \times 102 = 16,2\ g.$$

Le volume correspondant est :

$$V_1 = \frac{m_1}{\rho_1} = \frac{16,2}{1,08} = 15,0\ mL$$

Pour l'aniline de formule C_6H_7N a pour masse molaire :
$M_2 = 6 \times 12 + 7 \times 1 + 1 \times 14 = 93,0\ g \cdot mol^{-1}$ soit $m_2 = 0,110 \times 93,0 = 10,2\ g$ d'où :

$$V_2 = \frac{m_2}{\rho_2} = \frac{10,2}{1,02} = 10,0\ mL$$

Ces volumes peuvent être mesurés à l'aide des pipettes graduées munies de propipettes.

5. L'acétanilide est le produit de la réaction et il est très peu soluble dans l'eau froide, il va cristalliser car il est solide à température ambiante.

6. Pour récupérer les cristaux, on réalise une filtration.

13 Mouvements et forces dans les pratiques sportives

L'étude des mouvements mis en jeu lors des pratiques sportives fait appel aux mêmes concepts physiques – référentiel, forces, inertie – que l'étude des mouvements des planètes du système solaire. Ce chapitre reprend donc de nombreuses notions déjà définies dans le chapitre 6 en les abordant sous un autre angle.

I DES MOUVEMENTS RELATIFS

1. La relativité des mouvements

Le mouvement est une notion relative.

Il est indispensable de préciser le **référentiel** choisi pour décrire un mouvement.

EXEMPLE : Lors de la phase de rotation d'un lanceur de disque sur lui-même, le disque est en mouvement dans le référentiel terrestre (c'est-à-dire par rapport à la surface de la Terre) mais il est immobile par rapport à la main de l'athlète… jusqu'au moment où il est projeté.

2. La relativité des trajectoires

La **trajectoire** est l'ensemble des positions successives occupées par le mobile au cours de son mouvement.
Elle est relative au référentiel.
C'est-à-dire qu'elle dépend du référentiel choisi pour l'étude du mouvement.

EXEMPLE : Le point M de la roue d'un vélo décrit une cycloïde dans le référentiel terrestre et une trajectoire circulaire par rapport au centre O de la roue.

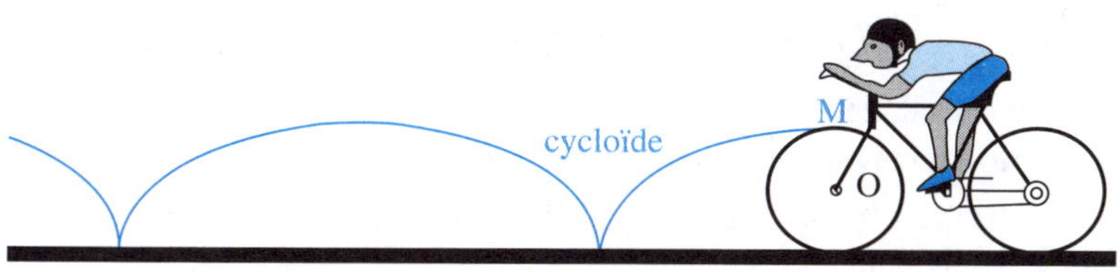

II MOUVEMENT ET TEMPS

1. La description des mouvements

En filmant un sportif en action puis en exploitant la vidéo, il est aisé d'obtenir les positions successives occupées **à intervalles de temps réguliers** :

- si ces positions successives sont régulièrement espacées, le mouvement est **uniforme** ;
- si elles sont de plus en plus espacées, le mouvement est **accéléré** ;
- si elles sont de moins en moins espacées, le mouvement est **ralenti**.

EXEMPLE : Dans le référentiel terrestre, le gymnaste est animé d'un mouvement de rotation non uniforme.
Il accélère en descendant et ralentit en montant.

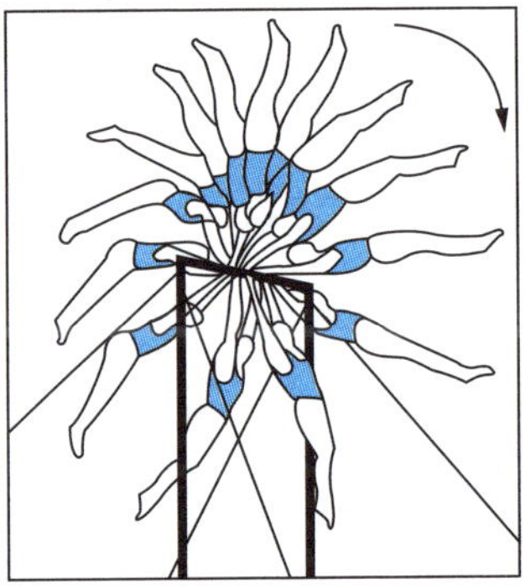

Dessin d'une chronophotographie du mouvement, appelé « lune », à la barre fixe.

2. Le chronométrage

Toutes les compétitions sportives s'appuient sur la comparaison de performances pour établir le classement final.
Cette comparaison doit être la plus fiable possible.
C'est la raison pour laquelle les techniques de chronométrage ont énormément évolué au cours des décennies et qu'elles permettent de départager des sportifs aux performances pourtant très proches.
Dans les compétitions de haut niveau, la photo finish est aussi fréquemment utilisée.

EXEMPLE : Jusqu'en 1968, lors des épreuves d'athlétisme, le chronométrage était manuel. Le record de France du 100 m était alors détenu par l'athlète Roger Bambuck en 10,0 s.
Lors de la mise en place du chronométrage électronique (à l'aide de capteurs infrarouges), les tablettes des records ont été remises à jour et ce même athlète a établi son nouveau record de France en 10,11 s.
Aujourd'hui, le record de France du 100 m est détenu par Christophe Lemaitre en 9,92 s depuis juillet 2011.

Cet exemple montre que le passage d'un protocole purement manuel à un protocole automatisé, à l'aide de capteurs infrarouges déclenchant le chronomètre, a permis d'accroître très sensiblement la précision, passant de résultats au dixième de seconde près à des résultats au centième de seconde près.
En effet, il ne suffit pas que le chronomètre soit précis, il faut que son déclenchement au départ et à l'arrivée le soit aussi.

III MOUVEMENT ET INERTIE

1. Forces et modification du mouvement

Une force est une action mécanique qui appliquée à un objet est capable de le mettre en mouvement ou de modifier son mouvement.
Cette action peut aussi engendrer une déformation de l'objet.

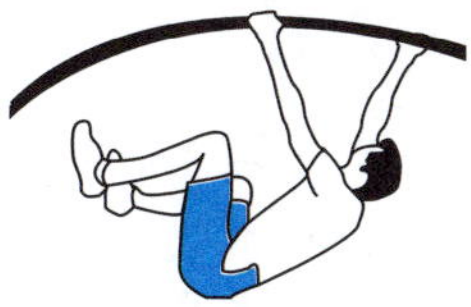

EXEMPLE : L'action mécanique exercée par un perchiste sur sa perche la déforme et modifie son mouvement.

Le savoir-faire 1 est consacré à l'inventaire des forces appliquées à un objet.

2. Influence de la masse

La même force provoque une modification du mouvement d'autant plus importante que la masse du solide est faible.

EXEMPLE : Cette loi de la physique trouve tout son sens dans le cas des combats de judo.
Il est, en effet, d'autant plus facile à un judoka de projeter son adversaire que celui-ci est léger.
C'est pour cette raison que différentes « catégories de poids » (on devrait dire « catégories de masse ») ont été créées pour éviter les combats inéquitables.
Ainsi, aux Jeux olympiques de Londres en 2012, la Française Julie Décosse a été médaillée d'or dans la catégorie des « moins de 70 » (c'est-à-dire entre 63 et 70 kg).

- Le poids P d'un objet de masse m est la force d'attraction terrestre verticale descendante qui s'exerce sur cet objet.

La valeur du poids est proportionnelle à la masse :

$$P = mg$$

avec P exprimé en newton, m en kilogramme et g l'intensité de la pesanteur valant $9{,}81\ \text{N} \cdot \text{kg}^{-1}$ soit environ $10\ \text{N} \cdot \text{kg}^{-1}$.

- Pour davantage de détails sur la différence entre masse et poids, se reporter au chapitre 6.

3. Principe d'inertie

Le principe d'inertie a été formulé par Newton au XVIIe siècle de la manière suivante :

> Tout corps persévère dans l'état de repos ou de mouvement uniforme en ligne droite dans lequel il se trouve, à moins que quelque force n'agisse sur lui, et ne le contraigne à changer d'état.

Autre énoncé du principe d'inertie :
« Un corps est immobile ou animé d'un mouvement rectiligne uniforme s'il n'est soumis à aucune force ou si les forces qui s'appliquent sur lui se compensent. »

Pour toutes les situations correspondant à la pratique d'un sport, le principe d'inertie est applicable dans le référentiel terrestre.

EXEMPLE : Un palet de hockey qui se déplace en ligne droite à vitesse constante sur la glace est soumis à des forces qui se compensent : l'attraction terrestre verticale descendante (ou poids) et l'action de la glace orientée vers le haut.

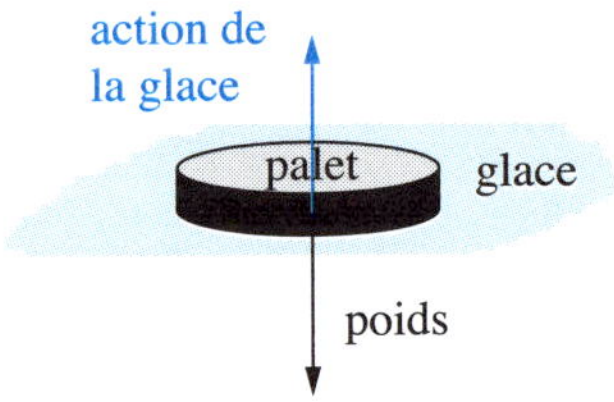

Le savoir-faire 2 est consacré à la mise en application du principe d'inertie.

SAVOIR-FAIRE

1. Faire l'inventaire des forces et les représenter

■ Comment établir le bilan des forces ?

On souhaite connaître les forces qui s'appliquent sur une personne pratiquant un saut à l'élastique.

Pour faire cet **inventaire des forces**, il faut d'abord bien préciser quel est l'objet étudié : il s'agit ici de la personne accrochée par les pieds à l'élastique, autrement dit le sauteur.

Ensuite, il faut identifier tous les « objets » qui interagissent avec cet objet étudié.

Un diagramme objet-interaction peut aider dans cette démarche.

Sur ce diagramme on écrit tous les « objets » qui interagissent avec le sauteur, en schématisant les interactions par des flèches.

Le sauteur tombe parce qu'il est attiré par la Terre, il est retenu par l'élastique (lorsqu'il est tendu) et l'air agit également en freinant le mouvement.

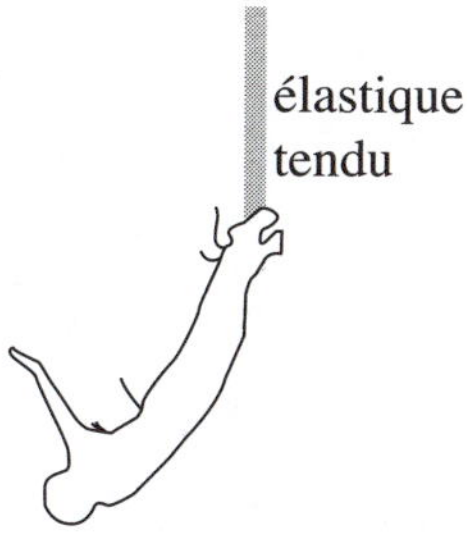

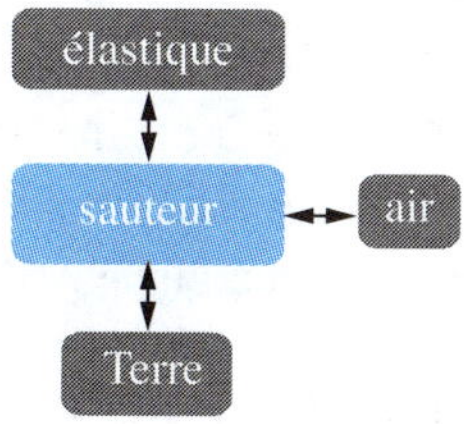

En conclusion, le sauteur est soumis à trois forces :

- l'attraction terrestre (ou poids) verticale descendante,
- l'action de l'élastique qui tire le sauteur vers le haut,
- l'action de l'air qui est aussi verticale ascendante si le sauteur descend verticalement.

■ Comment représenter ces forces ?

Pour cela, on utilise des flèches qui schématisent la direction et le sens des forces.

La longueur de la flèche est d'autant plus grande que la force est intense.

Dans le cas ci-contre, le plongeur descend en étant freiné par la double action de l'élastique et des frottements de l'air.

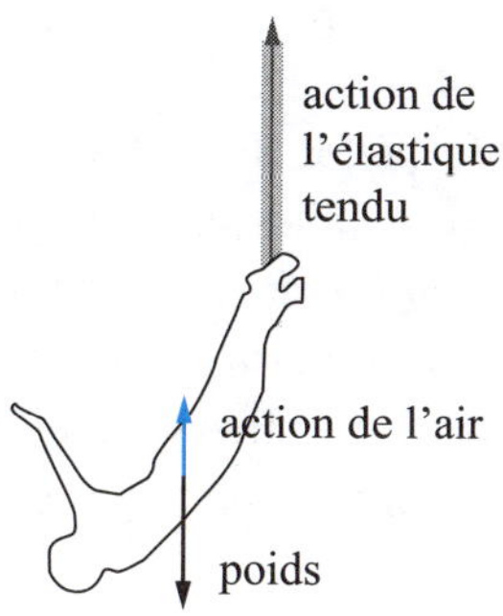

Ces flèches schématisant les forces sont appelées « vecteurs forces ».

2. Interpréter un mouvement à l'aide du principe d'inertie

■ Les positions successives de trois ballons de football A, B et C, roulant sur le gazon, sont repérées à intervalles de temps réguliers dans le référentiel terrestre.

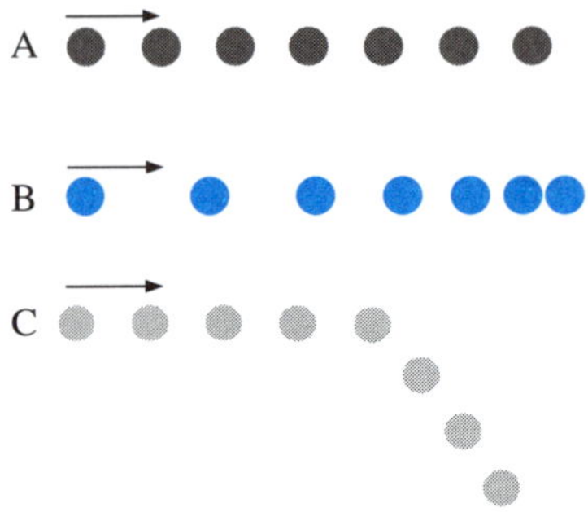

Quelle information sur les forces appliquées à un ballon peut-on tirer de l'observation des enregistrements ?

■ Le principe d'inertie précise que dans le référentiel terrestre un corps soumis à des forces qui se compensent est soit immobile, soit animé d'un mouvement rectiligne uniforme.

Donc pour répondre à la question, il faut d'abord décrire le mouvement du ballon.

• *Ballon A.* Sa trajectoire est rectiligne et ses positions successives à intervalles de temps réguliers sont équidistantes.

Le mouvement du ballon A est donc rectiligne uniforme.

D'après le principe d'inertie, le ballon A est donc soumis à des forces qui se compensent.

• *Ballon B.* Sa trajectoire est rectiligne et ses positions successives de plus en plus rapprochées.

Par conséquent, le ballon B est animé d'un mouvement rectiligne ralenti.

Le ballon B est donc soumis à des forces qui ne se compensent pas puisqu'elles sont responsables du ralentissement du ballon.

• *Ballon C.* Ses positions successives à intervalles de temps réguliers du sont équidistantes mais elles ne sont pas alignées.

Donc le ballon C est animé d'un mouvement uniforme mais non rectiligne.

D'après le principe d'inertie, il est soumis à des forces qui ne se compensent pas.

Il a été soumis à une action qui a engendré un changement de direction de sa trajectoire.

Cela peut-être le résultat de la déviation par le pied d'un footballeur, par exemple.

EXERCICES D'APPLICATION

1 VRAI OU FAUX ? | ★ | 10 min | ▸ P. 272

Indiquer si chaque affirmation suivante est vraie ou fausse.
Dans le cas d'une affirmation fausse, la reformuler pour qu'elle devienne vraie.

1. Un référentiel est un corps de référence par rapport auquel on décrit le mouvement d'un objet.
2. Lorsqu'un objet A est en mouvement par rapport à un objet B, alors inversement B est en mouvement par rapport à A.
3. Le référentiel terrestre est le centre de la Terre.
4. Une trajectoire est indépendante du référentiel choisi.
5. L'unité internationale de vitesse est le kilomètre par heure.
6. Une force est une action mécanique exprimée en watt.
7. Une force est capable de mettre un objet en mouvement.
8. Une force est capable de ralentir le mouvement d'un objet.
9. Une force est capable d'accélérer le mouvement d'un objet.
10. Une force est capable de modifier la trajectoire d'un objet.
11. Le poids est une force.

2 QCM « LE MARATHONIEN » | ★ | 15 min | ▸ P. 272

Dans le questionnaire à choix multiple (QCM) suivant, indiquer pour chaque proposition, la (ou les) réponse(s) exacte(s).
Un marathonien (A), coiffé d'une casquette (C), court sur une route (B).
Il est encouragé par un spectateur assis sur le bord de la route.

1. Le marathonien est en mouvement par rapport :
a. à la route. **b.** à sa casquette. **c.** au spectateur.
2. Le marathonien est en mouvement dans le référentiel :
a. terrestre. **b.** géocentrique. **c.** héliocentrique.
3. La casquette est en mouvement par rapport :
a. à la tête du marathonien.
b. à la route.
c. aux jambes du marathonien.
4. Le spectateur est en mouvement par rapport :
a. à la route. **b.** au marathonien. **c.** à la casquette C.
5. Le spectateur est immobile dans le référentiel :
a. terrestre. **b.** géocentrique. **c.** héliocentrique.

3 QCM « LANCEUR DE POIDS » | ★★ | 20 min | ▸ P. 272

Dans le questionnaire à choix multiple (QCM) suivant, indiquer pour chaque proposition, la (ou les) réponse(s) exacte(s).

L'image suivante représente à intervalles de temps réguliers les positions successives du « poids » de sept kilogrammes projeté par un athlète.

Donnée : $g = 10\ \text{N} \cdot \text{kg}^{-1}$

1 Le mouvement ascendant du projectile est :

a. accéléré. b. uniforme. c. ralenti.

2. Le mouvement descendant du projectile est :

a. accéléré. b. uniforme. c. ralenti.

3. La trajectoire du projectile est :

a. rectiligne. b. circulaire. c. curviligne.

4. La valeur « sept kilogrammes » est :

a. la masse du projectile.
b. le poids du projectile.
c. le volume du projectile.

5. Le poids du « poids » lancé par l'athlète est :

a. 7 kg.
b. environ 0,7 N.
c. environ 7 N.
d. cnviron 70 N.

6. L'athlète applique une force au projectile tant qu'il :

a. est en mouvement.
b. n'a pas touché le sol.
c. n'a pas quitté sa main.

7. Le projectile retombe à cause :

a. de la pesanteur terrestre.
b. de la rotation de la Terre.
c. de la force appliquée par l'athlète.
d. de l'action de l'air.

EXERCICES D'ENTRAÎNEMENT

4 LE ROI DES STADES

★★★ 20 min ▸ P. 273

Le 20 août 2009, un journaliste sportif s'exclamait à la radio :

« L'athlète jamaïcain Usain Bolt est vraiment le roi des stades ! Non content d'avoir établi, il y a quelques jours, le nouveau record du monde du cent mètres en neuf secondes et cinquante-huit centièmes, il vient aujourd'hui de battre celui du deux cents mètres en dix-neuf secondes et dix-neuf centièmes. »

1. À quelle vitesse moyenne Usain Bolt a-t-il couru le 100 m ?
2. Dans quel référentiel est calculée cette vitesse ?
3. Pourquoi s'agit-il d'une vitesse moyenne ?
4. Comparer en faisant le minimum de calcul, les vitesses moyennes d'Usain Bolt sur 200 m et sur 100 m.
5. Il est admis que le guépard est l'animal terrestre le plus rapide. Pour chasser ses proies, il peut courir 300 m ou 400 m à une vitesse de 80 $km \cdot h^{-1}$ en moyenne et est capable de pointes à 100 $km \cdot h^{-1}$, voire à 110 $km \cdot h^{-1}$.
Comparer la vitesse de l'homme le plus rapide du monde à celle du guépard.

5 PLONGEUR DE HAUT VOL

★★★ 20 min ▸ P. 274

L'une des épreuves olympiques de plongeon est le haut vol à partir d'une plate-forme située à 10 mètres au-dessus de la piscine.

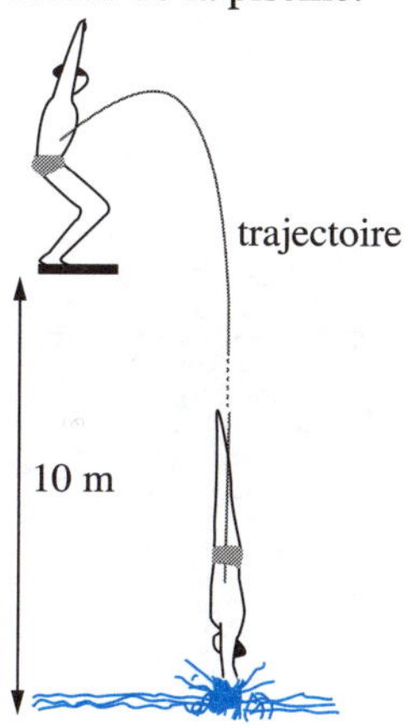

La prestation du sportif est jugée en fonction de multiples critères :
- impulsion initiale depuis la plateforme,
- difficulté de la figure acrobatique,
- virtuosité du mouvement,
- rapidité d'exécution,
- qualité de l'entrée dans l'eau.

Le plongeur doit en effet pénétrer dans la piscine verticalement, le corps tendu, mains en avant. Son mouvement dans l'eau est rapidement ralenti.

Répondre aux questions suivantes en mobilisant vos connaissances et en rédigeant de manière argumentée.

L'action de l'air sera négligée.

1. Comment évolue la vitesse du plongeur pendant son vol, depuis son impulsion sur la plateforme jusqu'à son arrêt quelques mètres sous l'eau ?
On distinguera plusieurs phases au cours du mouvement.
2. Faire l'inventaire des forces s'appliquant au plongeur lors de son mouvement dans l'eau.
3. Indiquer pour chaque force si elle agit vers le haut ou vers le bas.
4. Les forces se compensent-elles ?

6 LE SOLEIL DES GYMNASTES

★★★★ 30 min ▸ P. 275

Dans un manuel de gymnastique, un schéma illustre le mouvement, appelé « soleil », d'une gymnaste autour d'une barre.

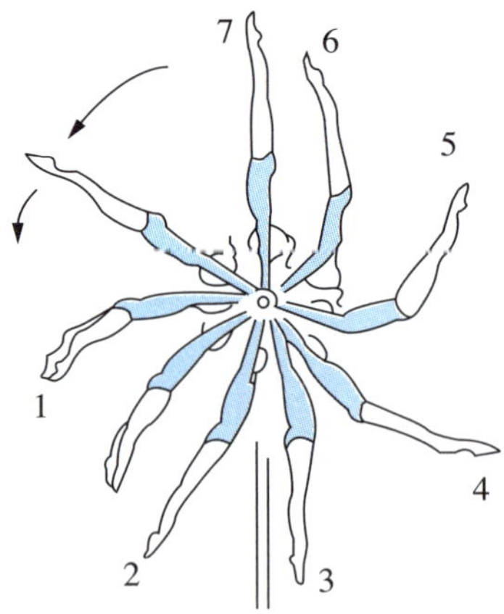

1. Ce croquis peut-il être considéré comme étant une chronophotographie ? Expliquer.
2. Décrire le mouvement des pieds de la gymnaste par rapport à la barre.
3. Pourquoi le moment opportun pour lâcher la barre afin d'effectuer une sortie en salto arrière (saut périlleux) correspond-il à la position 4 plutôt qu'à la position 3 ou à la position 5 ?

EXERCICE D'APPROFONDISSEMENT

7 SPRINT, DEMI-FOND ET FOND

★★★★ 40 min ▶ P. 275

En athlétisme, les distances 100 m, 200 m et 400 m sont classées dans la catégorie sprint. Les 800 m, 1500 m et 3 000 m sont des courses de demi-fond. Au-dessus de 3 000 m, on parle de course de fond.

Un journal sportif fournit le tableau suivant qui regroupe les records du monde hommes.

Spécialité	Athlète	Pays	Temps	Vent ($m \cdot s^{-1}$)	Date
100 m	U. Bolt	Jamaïque	9″58	+0,90	16/08/2009
200 m	U. Bolt	Jamaïque	19″19	−0,30	20/08/2009
400 m	M. Johnson	USA	43″18		26/08/1999
800 m	D. Rudisha	Kenya	1′40″91		09/08/2012
1 500 m	H. El Guerrouj	Maroc	3′26″00		14/07/1998
3 000 m	D. Komen	Kenya	7′20″67		01/09/1996
5 000 m	K. Bekele	Ethiopie	12′37″35		31/05/2004
10 000 m	K Bekele	Ethiopie	26′17″53		26/08/2005
20 km marche	V. Kanaykin	Russie	1h17′16″		30/09/2007
50 km marche	D. Nizhegorodov	Russie	3h34′14″		11/05/2008
marathon	P. Makau	Kenya	2h03′38″		25/09/2011
4×100 m		Jamaïque	36′84″		11/08/2012
4×400 m		USA	2′54″20		22/07/1998

1. Que signifient les symboles ′ et ″ utilisés dans le tableau ?

2. Que signifie le signe + ou – placé devant la valeur de la vitesse du vent ?

3. Pourquoi la vitesse du vent intervient-elle dans l'homologation des records des 100 m et 200 m ?

4. Pourquoi la vitesse du vent n'est-elle pas indiquée pour les distances à partir de 400 m ?

5. Comparer les performances des relais 4×100 m et 4×400 m respectivement à celles des 100 m et 400 m.

Comment s'explique le résultat de ces comparaisons ?

6. La vitesse moyenne d'un « bon marcheur » est de 6 $km \cdot h^{-1}$. Comparer la vitesse du marcheur russe Vladimir Kanaykin à celle d'un « bon marcheur ».

CONTRÔLE

8 FÉLIX BAUMGARTNER

★★★ 40 min ▸ P. 276

Répondre aux questions suivantes en extrayant les informations nécessaires des documents fournis, en mobilisant vos connaissances et en rédigeant de manière argumentée.

1. Dans le Doc. 1, il est question de chute libre.
Que signifie le qualificatif « libre » dans le cas de la chute de Baumgartner ?
2. En recoupant les informations fournies par les Doc. 1 et 2, indiquer les valeurs des dates t_2 et t_4.
3. Faire l'inventaire des forces s'appliquant au système {parachutiste + parachute} pendant sa chute.
Indiquer pour chaque force, si elle agit vers le haut ou le bas.
4. Juste avant l'ouverture du parachute, le mouvement du parachutiste était approximativement rectiligne uniforme.
Expliquer pourquoi l'ouverture du parachute provoque le freinage.
5. Déterminer la vitesse moyenne du ballon durant la phase d'ascension.
6. Comparer la vitesse moyenne de Baumgartner durant la phase de chute libre et après ouverture du parachute.
7. A partir des informations fournies par les Doc. 1 et 3, vérifier que Baumgartner a bien franchi le mur du son.

Doc. 1. Quelques chiffres pour définir l'exploit de Baumgartner

Le 14 octobre 2012, le parachutiste autrichien Félix Baumgartner est devenu le premier homme à franchir le mur du son en chute libre après avoir sauté d'une altitude de plus de 39 km.

Félix Baumgartner est monté dans l'atmosphère grâce à un ballon haut d'une centaine de mètres, gonflé à l'hélium.

Depuis la capsule suspendue au ballon, il s'est jeté dans le vide à l'altitude de 39 045 m, 2 h 37 min après le lancement du ballon.

Grâce à sa combinaison équipée d'un récepteur GPS et d'une centrale inertielle, sa position et sa vitesse ont pu être suivies tout au long de sa chute.

Sa vitesse maximale a été estimée à 1 342,8 $km \cdot h^{-1}$.

Il n'a fallu que 45,5 s pour atteindre la vitesse maximale mais la chute libre d'une hauteur totale de 36 529 m a duré 4 min 19 s.

Puis le parachutiste a actionné l'ouverture de son parachute afin de réduire sa vitesse pour se poser sans encombre après un « vol » d'une durée totale de 9 min 3 s.

Doc. 2. Évolution schématique de la vitesse de Baumgartner

Dans le référentiel terrestre, l'évolution de la vitesse v du parachutiste a été approximativement et schématiquement celle-ci-contre.

Les échelles ne sont pas respectées.

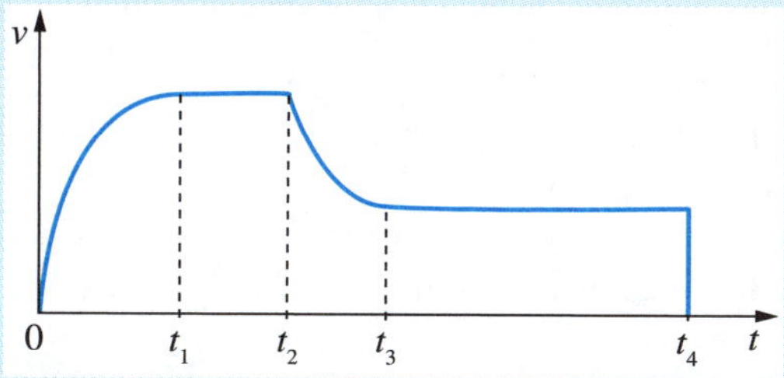

Doc. 3. Le mur du son

Franchir le mur du son, c'est atteindre une vitesse égale à la vitesse du son dans l'air.

La célérité du son dépend des conditions de température et de pression.

Ainsi, à 15 °C et à la pression atmosphérique, la vitesse du son vaut 340 $m \cdot s^{-1}$.

Mais dans les conditions de température et de pression où le parachutiste Baumgartner se trouvait, cette célérité sonore n'était que de 300 $m \cdot s^{-1}$.

CORRIGÉS

1 Les propositions 3, 4, 5, 6 sont **fausses**.
Après rectification, ces propositions deviennent :
3. Le référentiel terrestre est la surface de la Terre.
(Le centre de la Terre est le corps de référence pour le référentiel géocentrique).
4. Une trajectoire dépend du référentiel choisi.
5. L'unité internationale de vitesse est le mètre par seconde (symbole $m \cdot s^{-1}$).
(Le kilomètre par heure est une unité usuelle de vitesse, mais ce n'est pas l'unité internationale).
6. Une force est une action mécanique exprimée en newton.

2 1. Le marathonien est en mouvement par rapport à la route (**réponse a**) et par rapport au spectateur (**réponse c**).
2. Le marathonien est en mouvement dans le référentiel terrestre (**réponse a**), le référentiel géocentrique (**réponse b**) et le référentiel héliocentrique (**réponse c**).
En effet, le marathonien est en mouvement par rapport à la route (référentiel terrestre).
Le référentiel terrestre tourne autour du centre de la Terre (référentiel géocentrique) et la Terre tourne autour du Soleil (référentiel héliocentrique).

Les différents référentiels sont définis dans le paragraphe I.1 du cours du chapitre 6.

3. La casquette est en mouvement par rapport à la route (**réponse b**) car le marathonien avance. La casquette est immobile par rapport à la tête du coureur (la réponse a n'est donc pas valide) mais elle bouge par rapport à ses jambes (**réponse c**).
4. Le spectateur est en mouvement par rapport au marathonien (**réponse b**) puisque l'inverse est vrai.
Il est aussi en mouvement par rapport à la casquette (**réponse c**) puisque la casquette se déplace comme le coureur.
5. Le spectateur est immobile dans le référentiel terrestre (**réponse a**) puisqu'il est assis au bord de la route.
En revanche, il bouge dans les référentiels géocentrique et héliocentrique car la surface de la Terre est en mouvement dans ces deux référentiels.

3 1. Le mouvement ascendant du projectile est ralenti (**réponse c**) car ses positions successives sont de plus en plus rapprochées.
2. Le mouvement descendant du projectile est accéléré (**réponse a**) car ses positions successives sont de plus en plus éloignées.
3. La trajectoire du projectile est curviligne (**réponse c**), c'est-à-dire qu'elle est courbe.

La trajectoire d'un projectile est parabolique.

4. La valeur « sept kilogrammes » est la masse du projectile (**réponse a**).

Pour revoir la différence entre la masse (exprimée en kilogramme) et le poids (force de pesanteur exprimée en newton), se reporter au paragraphe IV du cours du chapitre 6.

5. Le poids du « poids » lancé par l'athlète se calcule à l'aide de la relation de proportionnalité : $P = mg$ avec la masse m valant 7 kg et l'intensité de la pesanteur g valant environ $10\ \text{N} \cdot \text{kg}^{-1}$ donc P vaut environ 70 N (**réponse d**).

6. L'athlète applique une force au projectile tant qu'il n'a pas quitté sa main (**réponse c**).

En effet, l'athlète ne peut pas agir à distance sur le projectile, il faut qu'il le touche.

7. Le projectile retombe à cause de la pesanteur terrestre (**réponse a**).

4 1. La vitesse moyenne d'Usain Bolt s'exprime ainsi :

$$v = \frac{d}{\Delta t}.$$

$d = 100$ m et $\Delta t = 9{,}58$ donc $v = \dfrac{100}{9{,}58} = 10{,}4\ \text{m} \cdot \text{s}^{-1}$.

Le résultat est exprimé avec trois chiffres significatifs comme la durée Δt qui est la moins précise des données.

2. Cette vitesse est calculée par rapport à la surface de la Terre donc dans le référentiel terrestre.

3. Il s'agit d'une vitesse moyenne car la course se fait départ arrêté donc l'athlète accélère jusqu'à atteindre sa vitesse maximale : sa vitesse n'est pas constante.

La vitesse moyenne est évidemment inférieure à la vitesse maximale.

4. Usain Bolt court le 200 m en 19,19 s et le 100 m en 9,58 s.

Or $2 \times 9{,}58 = 19{,}16$ s.

La durée du 200 m est (à trois centièmes de seconde près) égale à la durée de deux fois 100 m, autrement dit Usain Bolt court pratiquement à la même vitesse moyenne sur 100 m et 200 m !

5. Pour comparer les deux vitesses, il faut les exprimer dans la même unité.

$1\ \text{h} = 60\ \text{min}$ soit $1\ \text{h} = 60 \times 60\ \text{s} = 3\,600\ \text{s}$ donc $1\ \text{m} \cdot \text{s}^{-1} = 3\,600\ \text{m} \cdot \text{h}^{-1}$ ou $1\ \text{m} \cdot \text{s}^{-1} = 3{,}6\ \text{km} \cdot \text{h}^{-1}$.

Usain Bolt court le 100 m à la vitesse moyenne :

$$v = \frac{100}{9{,}58} \times 3{,}6 = 37{,}6\ \text{km} \cdot \text{h}^{-1}.$$

Un guépard court à $80\ \text{km} \cdot \text{h}^{-1}$ de moyenne donc plus de deux fois plus vite que l'homme le plus rapide du monde.

5 **1.** Le plongeur pousse sur la plateforme pour se projeter vers le haut.
À partir de ce moment, l'attraction terrestre le ralentit jusqu'à ce qu'il atteigne le sommet de sa trajectoire.
Ensuite, le mouvement du plongeur est accéléré durant sa descente (d'environ 10 m) jusqu'à ce qu'il atteigne l'eau et soit ralenti jusqu'à s'arrêter quelques mètres sous l'eau.
En résumé, le mouvement se décompose donc en trois phases :
- une phase ascendante ralentie ;
- une phase descendante accélérée dans l'air ;
- puis une phase descendante ralentie sous l'eau.

2. Le sportif est soumis à l'attraction terrestre (poids) qui le fait tomber et à l'action de l'eau qui freine son mouvement.

3. Le poids est une force verticale descendante.
En revanche, l'action de l'eau qui ralentit le plongeur est verticale ascendante.

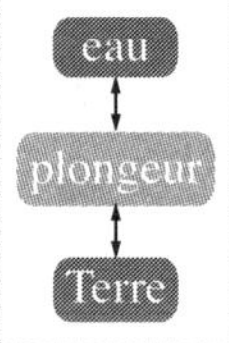

L'action de l'eau peut se décomposer en deux forces toutes deux verticales et ascendantes : d'une part, la poussée d'Archimède proportionnelle à la masse volumique de l'eau et au volume du corps immergé, et d'autre part les frottements augmentant avec la vitesse du plongeur.

4. Le mouvement du plongeur dans l'eau est ralenti.
D'après le principe d'inertie, cela signifie donc que les forces ne se compensent pas sinon le mouvement serait rectiligne uniforme.
Sachant que le mouvement est ralenti, c'est l'action de l'eau qui l'emporte sur le poids jusqu'à l'arrêt du sportif.

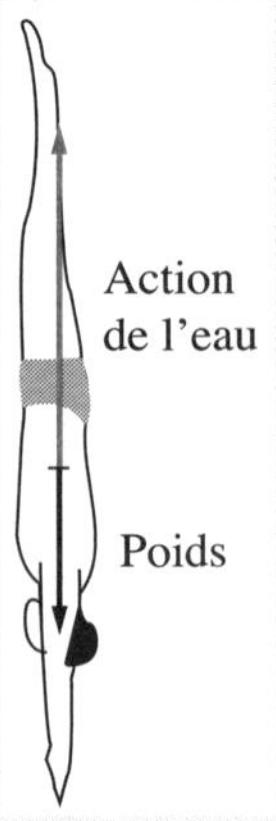

6 **1.** Sur une chronophotographie, les positions successives du mobile sont prises à intervalles de temps réguliers. Si ce croquis était analogue à une chronophotographie, alors on pourrait en conclure que dans la phase descendante (partie gauche du schéma), la gymnaste ralentit car les différents dessins sont de plus en plus rapprochés. Or sous l'effet de la pesanteur, la gymnaste ne peut qu'accélérer en descendant. Ce croquis n'est donc pas analogue à une chronophotographie.

2. À l'évidence, la gymnaste n'a pas un mouvement uniforme.

Sous l'effet de la pesanteur, elle accélère en descendant et elle ralentit en montant.

Par ailleurs, son corps ne garde pas une forme constante pendant toute la rotation : tendu en position 7 par exemple, légèrement cambré en positions 2 et 3, légèrement cassé en positions 1, 5 et 6…

Les pieds de la gymnaste ne restent donc pas à distance parfaitement constante de l'axe de rotation (la barre). Ils ne décrivent donc pas parfaitement un cercle.

En conclusion, les pieds de la gymnaste sont animés d'un mouvement non uniforme et décrivent une trajectoire « ovale ».

3. Selon le principe d'inertie, au moment du lâcher, la gymnaste va poursuivre son mouvement en ligne droite dans la direction de sa vitesse… avant de retomber sous l'effet de la pesanteur.

Si elle lâche en position 3, elle retombera rapidement sans s'élever selon la trajectoire indiquée sur la figure ci-après et ne pourra pas exécuter son salto dans de bonnes conditions.

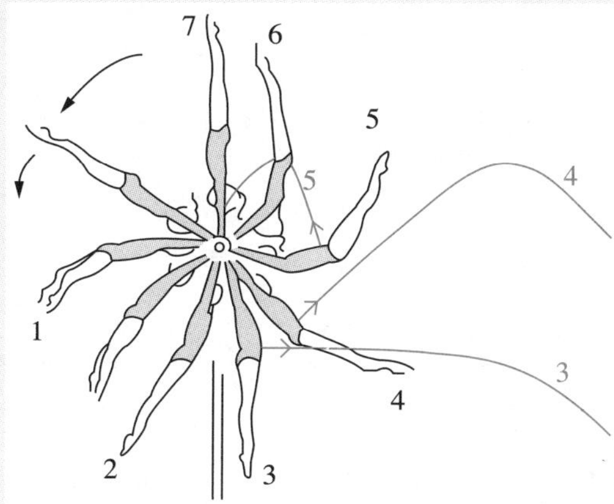

Si elle lâche en position 5, elle va retomber sur la barre.

En lâchant en position 4, elle s'élèvera tout en s'éloignant de la barre et pourra donc réaliser sa sortie dans de bonnes conditions.

7 **1.** Les symboles ′ et ″ sont utilisés respectivement pour minute (min) et seconde (s).

2. Le signe + placé devant la vitesse du vent signifie que le vent est favorable au coureur (le vent pousse l'athlète).

Au contraire, le signe – signifie que le vent est défavorable (il freine le coureur).

3. Au-delà d'une certaine vitesse de vent favorable, le record du 100 m ou du 200 m n'est plus homologué car il avantage trop les coureurs.

(Cette vitesse maximale du vent est fixée officiellement à $+ 2{,}0\ \text{m} \cdot \text{s}^{-1}$.)

4. Pour les distances supérieures à 400 m (soit au moins un tour de piste), la vitesse du vent n'a plus d'influence notable car les coureurs ont alternativement le vent dans un sens favorable, puis défavorable.

5. On constate que le record du relais 4×100 m (36,84 s) est plus rapide que quatre fois le record du 100 m : $4 \times 9,58$ s $= 38,32$ s.
Pourtant, les quatre coureurs engagés dans le relais ne courent pas tous aussi vite que le recordman du monde. Cette différence s'explique simplement par le fait que le coureur qui reçoit le témoin est déjà lancé au moment où il amorce sa course de 100 m. Les quelques fractions de seconde gagnées sont alors non négligeables vis-à-vis de la brièveté d'un 100 m.
En revanche, on constate que le relais 4×400 m (2 min 54,20 s) est moins rapide que quatre fois le record du 400 m :
$4 \times 43,18$ s $= 172,72$ s $= 2$ min 52,72 s.
En effet dans un relais 4×400 m, le temps gagné lors du passage de témoin au coureur lancé est faible vis-à-vis de la durée importante d'un 400 m.
6. Le marcheur russe Vladimir Kanaykin a parcouru 20 km en 1 h 17 min 16 s.
Sa vitesse moyenne est donc :
$v = \dfrac{d}{\Delta t}$ avec $d = 20\,000$ m et $\Delta t = 1$ h 17 min 16 s $= 77$ min 16 s soit :

$$\Delta t = 77 \times 60 + 16 \text{ s} = 4\,636 \text{ s donc } v = \frac{20\,000}{4\,636} = 4,314 \text{ m} \cdot \text{s}^{-1}.$$

Exprimée en kilomètre par heure, la vitesse de ce marcheur est encore plus parlante :

$$4,314 \times 3,6 = 15,53 \text{ km} \cdot \text{h}^{-1}$$

$1 \text{ m} \cdot \text{s}^{-1} = 3,6 \text{ km} \cdot \text{h}^{-1}$

Le marcheur russe a donc une vitesse moyenne d'environ deux fois et demie celle d'un bon marcheur ($6 \text{ km} \cdot \text{h}^{-1}$). Cela donne une idée du niveau de la performance sportive !

8 **1.** La chute libre de Félix Baumgartner est la chute avant ouverture du parachute.
2. À la date t_2, la vitesse commence à décroître. Cette date correspond donc à l'ouverture du parachute, c'est-à-dire à la fin de la chute libre :
$t_2 = 4$ min 19 s $= 4 \times 60$ s $+ 19$ s $= 259$ s.
La date t_4 correspond au moment où la vitesse s'annule, c'est-à-dire à l'atterrissage :
$t_4 = 9$ min 3 s $= 9 \times 60$ s $+ 3$ s $= 543$ s.
3. Pendant sa chute, le système {parachutiste + parachute} est soumis à l'attraction terrestre (ou poids) et à l'action de l'air.
Le poids est orienté vers le bas (la Terre attire le parachutiste) tandis que l'action de l'air qui freine le parachutiste est de sens opposé, donc orientée vers le haut.

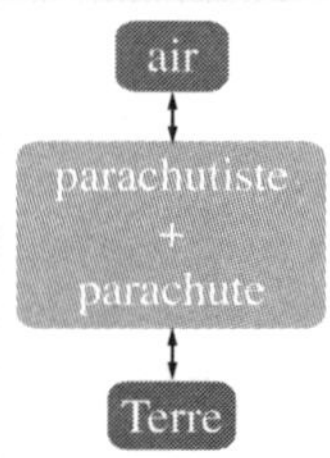

4. Avant l'ouverture du parachute, le mouvement est rectiligne uniforme. Selon le principe d'inertie, cela signifie que le poids et l'action de l'air se compensent.
Lors de l'ouverture du parachute, l'action de l'air devient plus importante (en raison de la grande surface de la toile) et par conséquent les forces ne se compensent plus, donc le parachutiste ralentit.

5. L'ascension de 39 045 m a duré 2 h 37 min soit :
$2 \times 60 \text{ min} + 37 \text{ min} = 157 \text{ min} = 157 \times 60 \text{ s} = 9\,420 \text{ s}$.
La vitesse moyenne de l'ascension du ballon est donc :
$v = \dfrac{39\,045}{9\,420} = 4{,}145 \text{ m} \cdot \text{s}^{-1}$ ou bien encore $v = 4{,}145 \times 3{,}6 = 14{,}92 \text{ km} \cdot \text{h}^{-1}$.

$1 \text{ m} \cdot \text{s}^{-1} = 3{,}6 \text{ km} \cdot \text{h}^{-1}$

6. La chute libre de 36 529 m a duré $t_2 = 259$ s.
La vitesse moyenne de cette chute libre est donc :
$v = \dfrac{36\,529}{259} = 141 \text{ m} \cdot \text{s}^{-1}$ ou bien encore $v = 141 \times 3{,}6 = 508 \text{ km} \cdot \text{h}^{-1}$.
La phase de chute avec le parachute ouvert s'effectue sur une distance de 39 045 m – 36 529 m = 2 516 m et dure $t_4 - t_2 = 543 \text{ s} - 259 \text{ s} = 284$ s, soit une vitesse moyenne :
$v' = \dfrac{2\,516}{284} = 8{,}86 \text{ m} \cdot \text{s}^{-1}$ ou bien encore $v' = 8{,}86 \times 3{,}6 = 31{,}9 \text{ km} \cdot \text{h}^{-1}$.

$$\frac{v}{v'} = \frac{141}{8{,}86} = 15{,}9.$$

La vitesse v' est environ 16 fois plus faible que la vitesse v.
On constate là l'efficacité du parachute !

7. La vitesse maximale de Félix Baumgartner est $1\,342{,}8 \text{ km} \cdot \text{h}^{-1}$ soit :

$$v_{\text{max}} = \frac{1\,342{,}8}{3{,}6} = 373 \text{ m} \cdot \text{s}^{-1}.$$

On constate que cette vitesse est supérieure à la vitesse du son dans les conditions de pression et de température, soit $300 \text{ m} \cdot \text{s}^{-1}$.
Par conséquent, Félix Baumgartner a bien franchi le mur du son.

14 Pratiques sportives en altitude

La pratique d'un sport en altitude engendre une augmentation de la fréquence respiratoire. Ce phénomène est la conséquence de la diminution de la pression atmosphérique. Le but de ce chapitre est de définir le concept de pression et de montrer que les lois de la physique expliquent l'influence de l'altitude sur les performances sportives.

I LA PRESSION ATMOSPHÉRIQUE

La pression de l'air qui nous entoure est appelée pression atmosphérique.
Mais qu'est-ce que la pression ? Quelle est son origine ?
Pour répondre à ces interrogations, il faut s'intéresser au comportement chaotique des molécules constituant un gaz.

1. L'agitation (ou chaos) moléculaire

■ Les molécules constitutives d'un gaz sont animées d'un mouvement incessant. Elles se déplacent à grande vitesse (de l'ordre de $10^2\ \text{m}\cdot\text{s}^{-1}$). La trajectoire d'une molécule est modifiée à chaque collision sur une autre molécule ou sur la paroi du récipient. On parle d'**agitation moléculaire** pour décrire ce comportement chaotique d'un gaz à l'échelle microscopique.

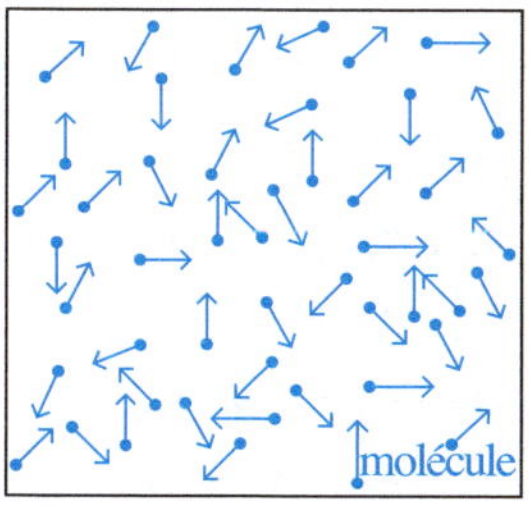

Agitation moléculaire

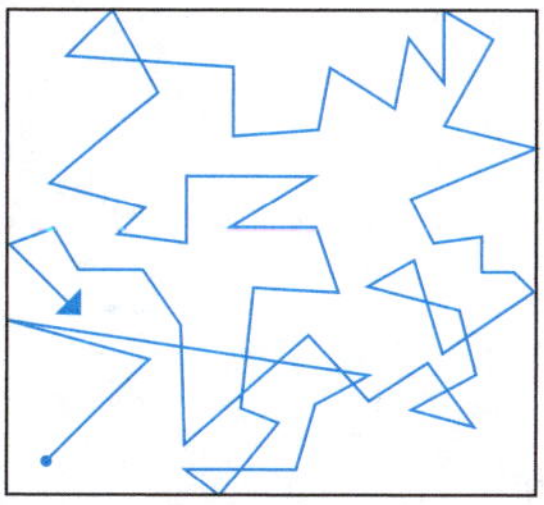

Trajectoire d'une molécule

■ L'agitation moléculaire explique le **caractère expansif d'un gaz**, c'est-à-dire sa capacité à occuper tout l'espace disponible.

■ La distance moyenne entre deux molécules est nettement supérieure à la dimension d'une molécule. En conséquence, l'espace vide entre les molécules peut facilement être réduit. C'est la raison pour laquelle un gaz est **compressible**. C'est-à-dire qu'on peut facilement réduire son volume.

EXEMPLE : En appuyant sur le piston d'une seringue contenant de l'air, on met facilement en évidence la compressibilité d'un gaz

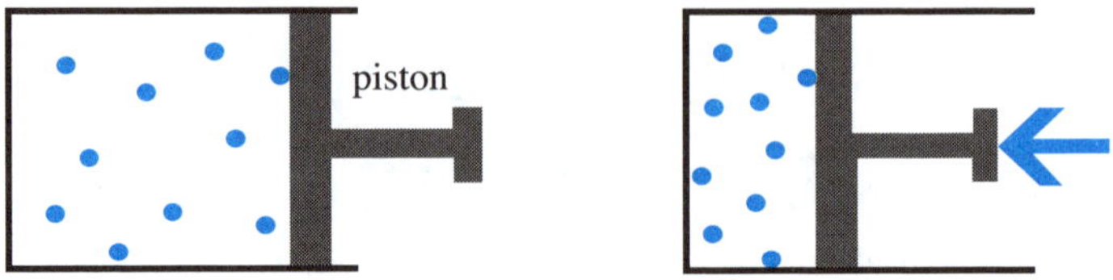

2. Qu'est-ce que la pression d'un gaz ?

■ Une surface *S* en contact avec un gaz est soumise aux collisions incessantes des molécules gazeuses dont l'agitation a été décrite dans le paragraphe précédent. Ce **bombardement moléculaire** existant à l'échelle microscopique se traduit à notre échelle (l'échelle macroscopique), par une action mécanique appelée **force pressante** orientée perpendiculairement à la surface.

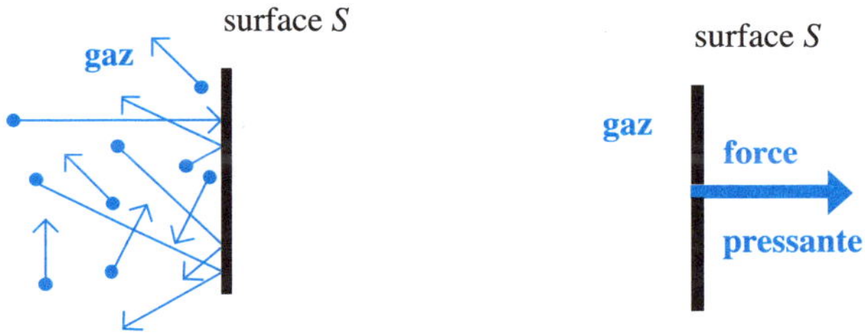

■ L'effet de la force pressante est d'autant plus important que la surface sur laquelle elle s'applique est petite.
C'est la raison pour laquelle les physiciens définissent une grandeur appelée pression *p* exercée par le gaz ou, plus simplement, **pression du gaz**, égale au rapport de la force pressante sur la surface :

$p = \frac{F}{S}$	F en N ; S en m^2 ; p en pascal (Pa)

Le savoir-faire 1 est consacré au calcul d'une force pressante à partir d'une pression.

■ L'unité internationale de pression est le pascal valant un newton par mètre-carré : $1\ Pa = 1\ N \cdot m^{-2}$.
D'autres unités de pression sont fréquemment utilisées.

EXEMPLES :

• Le bar et son sous-multiple le millibar (mbar) sont deux unités utilisées en météorologie.

• Le médecin mesure la tension de son patient (qui est directement liée à la pression sanguine) en centimètre de mercure (cm Hg).

• $1 \text{ bar} = 10^5 \text{ Pa}$ ou $1 \text{ Pa} = 10^{-5} \text{ bar}$.
• Un hectopascal équivaut à un millibar.
En effet, $1 \text{ hPa} = 10^2 \text{ Pa}$ et $1 \text{ mbar} = 10^{-3} \text{ bar} = 10^{-3} \times 10^5 \text{ Pa} = 10^2 \text{ Pa}$ donc $1 \text{ hPa} = 1 \text{ mbar}$.

3. Évolution de la pression atmosphérique avec l'altitude

■ La pression atmosphérique se mesure à l'aide d'un **baromètre**.
Sa valeur dite normale au niveau de la mer (altitude zéro) est :

$$p_{\text{atm}} = 1{,}013 \times 10^5 \text{ Pa} = 1{,}013 \text{ bar}$$

■ **La pression atmosphérique décroît avec l'altitude.**
Ainsi, en moyenne montagne (environ 2 km d'altitude), la pression atmosphérique est environ 80 % de celle existant au bord de la mer.
Cette valeur chute à 58 % à 4 km d'altitude.

II INFLUENCE DE L'ALTITUDE SUR LES PERFORMANCES SPORTIVES

Le rythme respiratoire est modifié en altitude.
La loi de Boyle-Mariotte décrivant le comportement macroscopique d'un gaz permet d'expliquer cette conséquence de l'altitude sur la pratique sportive.

1. Lois décrivant le comportement macroscopique d'un gaz

Tous les gaz, y compris l'air qui nous entoure, suivent les mêmes lois reliant la pression, le volume, la température et la quantité de matière.
Deux de ces lois sont énoncées ici.

■ **Loi de Boyle-Mariotte**

À température constante, le produit de la pression p par le volume V d'un nombre donné de molécules reste constant :

$$pV = \text{constante}.$$

Le savoir-faire 2 est consacré à une mise en application de la loi de Boyle-Mariotte.

EXEMPLE : si un nombre donné de molécules de gaz, occupe un volume V lorsque la pression vaut p, alors ce même nombre de molécules à la même température occupe un volume double lorsque la pression est divisée par 2.

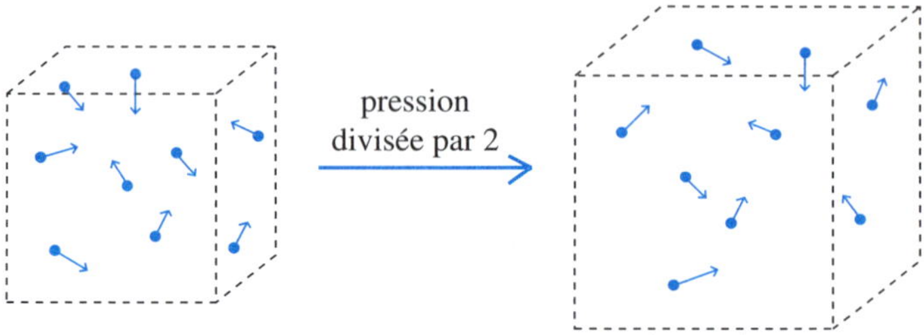

La température est exprimée usuellement en degré Celsius (°C).

Loi d'Avogadro-Ampère

À la même pression et à la même température, des volumes égaux de gaz différents contiennent le même nombre de molécules (donc la même quantité de matière).

Cette loi est une conséquence de la loi de Boyle-Mariotte.

EXEMPLE : À 20 °C et à la pression atmosphérique normale ($1,013 \times 10^5$ Pa), un ballon de baudruche de 4 L, qu'il soit gonflé à l'hélium ou à l'air, contient toujours environ 10^{23} molécules (c'est-à-dire environ 0,17 mol).

L'unité internationale de volume est le mètre cube (m^3) ; le litre (L) n'est qu'une unité usuelle : $1\ m^3 = 1\,000\ L = 10^3\ L$.

2. Rythme respiratoire

- Le cycle respiratoire de l'homme est constitué d'une succession d'inspirations et d'expirations. Le nombre de cycles inspiration-expiration par minute est appelé **fréquence respiratoire**. La fréquence normale est de 12 à 20 cycles/min pour un adulte et de 20 cycles/min à 30 cycles/min pour un enfant.
- La pratique sportive entraîne une augmentation du besoin en dioxygène et, par conséquent, une augmentation de la fréquence respiratoire.

3. Modification du rythme respiratoire en altitude

En altitude la pression atmosphérique p diminue. En conséquence, selon la loi de Boyle Mariotte (pV = constante), pour inspirer le même nombre de molécules d'air, il faut inspirer un volume V plus grand. Comme le volume des poumons ne peut pas changer, la fréquence respiratoire s'accroît.

SAVOIR-FAIRE

1. Calculer la force pressante résultant de la pression atmosphérique

■ La pression atmosphérique diminue avec l'altitude. Elle vaut environ $1,0 \times 10^5$ Pa au niveau de la mer et à peu près deux fois moins au sommet du mont Blanc. Quelle est la force pressante qui s'exerce sur le tympan de l'oreille d'un alpiniste lorsqu'il termine son ascension du toit de l'Europe ?
Donnée : le tympan est une membrane de 0,65 cm² (soit $6,5 \times 10^{-5}$ m²) située dans l'oreille.

■ Pour répondre à cette question, il faut exploiter la relation $p = \frac{F}{S}$ définissant la pression comme le rapport de la force pressante F sur la surface pressée S. L'expression de la force pressante qui en découle est $F = pS$.

Il faut employer les unités internationales : la pression p s'exprime en pascals (Pa), la surface S en mètres carrés (m²) pour obtenir F en newtons (N).

La pression au sommet du mont Blanc vaut la moitié de $1,0 \times 10^5$ Pa donc $5,0 \times 10^4$ Pa et la surface du tympan est $S = 6,5 \times 10^{-5}$ m² donc la force pressante vaut : $F = pS = (5,0 \times 10^4) \times (6,5 \times 10^{-5}) = 3,3$ N.

Le résultat est exprimé avec deux chiffres significatifs comme les données.

2. Utiliser la loi de Boyle-Mariotte

■ Un ballon est gonflé à l'hélium à l'altitude zéro à 0 °C sous une pression $p_1 = 1,0 \times 10^5$ Pa. Son volume est alors $V_1 = 4,0$ L.
Calculer le volume qu'aurait ce même ballon s'il montait à une altitude de 3 000 m où règnent la même température de 0 °C et une pression de $p_2 = 7,0 \times 10^4$ Pa.

■ Le nombre de molécules de gaz dans le ballon est inchangé et la température reste constante donc on peut appliquer la loi de Boyle-Mariotte :

$$pV = \text{constante}.$$

Cela signifie que le produit de la pression par le volume à l'altitude zéro est égale à ce même produit à l'altitude 3 000 m soit $p_1V_1 = p_2V_2$.
Le volume V_2 recherché s'exprime alors ainsi:

$$V_2 = \frac{p_1V_1}{p_2} = \frac{1,0 \times 10^5 \times 4,0}{7,0 \times 10^4} = 5,7 \text{ L}.$$

Le résultat est exprimé en litres comme le volume V_1 dans l'expression.

EXERCICES D'APPLICATION

1 QCM

★ | 10 min | ▸ P. 290

Dans le questionnaire à choix multiple (QCM) suivant, indiquer pour chaque proposition, la réponse exacte.

1. La relation permettant de calculer la pression p à partir de la force pressante F et de la surface pressée S est :

a. $p = \frac{S}{F}$ **b.** $p = \frac{F}{S}$ **c.** $p = FS$

2. La relation permettant de calculer la force F s'exerçant sur la surface S soumise à la pression p est :

a. $F = \frac{p}{F}$ **b.** $F = \frac{S}{p}$ **c.** $F = pS$

3. L'unité internationale de surface est le :

a. mètre carré. **b.** centimètre carré. **c.** mètre cube.

4. L'unité internationale de force est le :

a. watt. **b.** joule **c.** newton

5. L'unité internationale de pression est le :

a. pascal. **b.** descartes. **c.** blaise.

2 VRAI OU FAUX ?

★ | 10 min | ▸ P. 290

Indiquer si chaque affirmation suivante est vraie ou fausse.
Dans le cas d'une affirmation fausse, la reformuler pour qu'elle devienne vraie.

1. Les molécules d'un gaz sont animées d'un mouvement incessant.

2. Les molécules d'un gaz sont très proches les unes des autres.

3. La force pressante exercée par un gaz sur une surface est le résultat du bombardement des molécules constituant le gaz sur cette surface.

4. La force pressante exercée par un gaz est parallèle à la surface qui la subit.

5. La pression d'un gaz est égale à la force pressante exercée par ce gaz par unité de surface.

6. L'unité internationale de pression est le bar.

7. Un pascal équivaut à un newton par centimètre carré.

3 PARFUM

★★ | 5 min | ▸ P. 290

Lorsqu'on laisse ouvert un flacon de parfum, l'odeur finit par se propager dans toute la pièce.
Proposer une explication à cette observation.

EXERCICES D'ENTRAÎNEMENT

4 PRESSION ET FORCE PRESSANTE ★★ | 10 min | ▸ P. 290

1. Quelle est la relation exprimant la pression p résultant de l'action d'une force F perpendiculairement sur une surface S, dite surface pressée ?
Préciser les unités internationales des trois grandeurs physiques.
2. En déduire la relation exprimant F en fonction de p et S.
3. Compléter le tableau en indiquant si chaque proposition suivante est vraie ou fausse :

Proposition	Vraie ou fausse
Pour une même surface pressée, la pression est doublée si la force pressante est doublée.	
Pour une même force pressante, la pression est multipliée par 2 si la surface pressée est doublée.	
Pour une même surface pressée, la pression est doublée si la force pressante est divisée par 2.	
Pour une même force pressante, la pression est multipliée par 2 si la surface pressée est divisée par 2.	

5 VRAI OU FAUX ? ★★ | 15 min | ▸ P. 291

Indiquer, en argumentant, si chaque proposition suivante est vraie ou fausse.
1. Le volume occupé par un nombre de molécules de gaz dépend de la taille des molécules.
2. Dans un litre d'air, il y autant de molécules que dans un litre de dioxyde de carbone à condition que la pression et la température soient identiques pour les deux gaz.
3. Un ballon de baudruche renfermant de l'air à la pression atmosphérique voit son volume augmenter si la pression diminue à température constante.

6 DEUX GAZ ★★ | 10 min | ▸ P. 291

Un flacon A renfermant du dioxygène O_2 et un flacon B contenant du dioxyde de carbone CO_2 sont reliés par un tuyau muni d'un robinet R.
Que se passe-t-il lorsqu'on ouvre R ?
Argumenter en mobilisant vos connaissances sur le comportement des molécules de gaz.

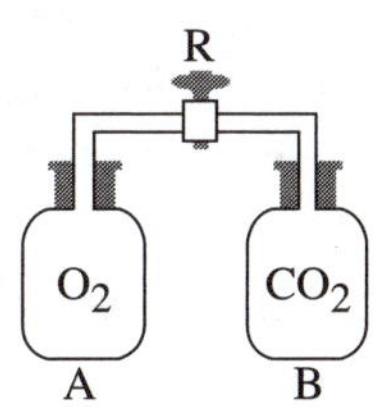

7 TENSIOMÈTRE | ★★ | 15 min | ▸ P. 291

Un tensiomètre est un appareil utilisé par le médecin pour mesurer la tension de ses patients. La tension est la différence entre la pression sanguine et la pression atmosphérique ; elle fournit des indications utiles au diagnostic. Le tensiomètre comporte un brassard gonflable placé autour du bras du patient.
Lorsque le tensiomètre est électronique, la pression régnant dans le brassard gonflable est mesurée à l'aide d'un capteur comportant une membrane de surface $S = 0,60\ \text{cm}^2$.

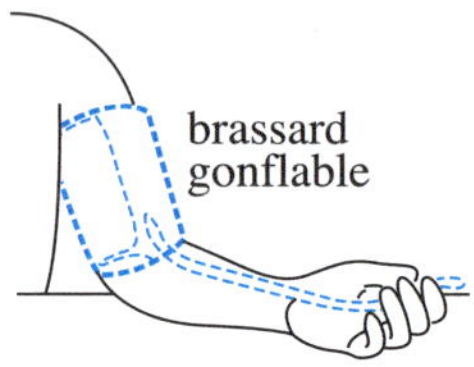

1. Quelle est la force subie par la membrane si la pression mesurée vaut $1,15 \times 10^5$ Pa ?
2. Quelle est la pression mesurée si la force subie par la membrane vaut 7,2 N ?

8 UNITÉS INTERNATIONALES | ★★ | 20 min | ▸ P. 291

Les trois affirmations suivantes (totalement exactes) comportent des valeurs numériques de certaines grandeurs physiques.
1. Nommer toutes les grandeurs physiques rencontrées dans ces affirmations et spécifier leur unité internationale.
2. Réécrire les trois affirmations en exprimant toutes les grandeurs en unités internationales.

• *Affirmation 1.* La pression atmosphérique normale vaut environ 1 bar.
Cela signifie que l'air exerce une force de 100 kN sur une surface de 1 m^2.
Cette force ne vaut plus que 10 N pour une surface de 1 cm^2.

• *Affirmation 2.* Une pièce d'habitation vide de surface 10 m^2 et de hauteur 250 cm renferme 25 000 L d'air, soit environ 20 000 L de diazote N_2 et 5 000 dm^3 de dioxygène O_2.

• *Affirmation 3.* À chaque inspiration, un adulte fait entrer environ 500 cm^3 d'air dans ses poumons. Si la pression de cet air est de 1 013 hPa et sa température de 20 °C, alors le nombre de molécules inspirées est d'environ 1 250 milliards de milliards.

Données :
Le kelvin (symbole K) est l'unité internationale de température.
La température T exprimée en kelvin est égale à la température θ exprimée en degré Celsius à laquelle on rajoute 273 ainsi : $T = \theta + 273$.
1 bar = 10^5 Pa.

EXERCICE D'APPROFONDISSEMENT

9 RESPIREZ ! ★★★★ 20 min ▸ P. 292

Un volume V de gaz, dont la pression est p et la température T, renferme la quantité de matière n.

Ces quatre grandeurs sont liées par la loi des gaz parfaits qui s'exprime par la relation :

$$pV = 8,314\, nT$$

dans laquelle les unités à utiliser sont les suivantes :

- la pression en pascals (Pa) ;
- le volume en mètres cubes (m^3) ;
- la quantité de matière en moles (mol) ;
- la température en kelvins (K).

La température T exprimée en kelvins est égale à la température θ exprimée en degrés Celsius à laquelle on rajoute 273, ainsi :

$$T = \theta + 273$$

1. Le volume d'air entrant dans les poumons lors de chaque inspiration au repos d'un adulte est d'environ 0,50 L.

Déterminer la quantité de matière d'air correspondant à ce volume au niveau de la mer où la pression vaut $1,0 \times 10^5$ Pa et la température 20 °C.

2. Un alpiniste se trouve en haut du mont Blanc à 4,8 km d'altitude.

La pression atmosphérique est de 560 hPa et la température d'environ -10 °C.

Expliquer en vous appuyant sur un calcul, pourquoi cet alpiniste ressent un « manque d'air ».

CONTRÔLE

10 PRATIQUER UN SPORT EN ALTITUDE ★★★ 1 h ▶ P. 292

Répondre aux questions suivantes en extrayant les informations nécessaires des documents fournis, en mobilisant vos connaissances et en rédigeant de manière argumentée.

1. Pourquoi les valeurs du Doc. 1 ne sont-elles que des valeurs moyennes ?
2. Que signifient les symboles hPa et mmol utilisés dans les Docs. 3 et 4 ?
3. La pression atmosphérique moyenne au niveau de la mer est appelée pression atmosphérique normale. Quelle est sa valeur ?
4. À partir des informations du Doc. 1, montrer que le volume d'air inspiré en 1 h par un adulte au repos dans des conditions normales de pression est d'environ $V_0 = 500$ L. Cette valeur approximative sera utilisée pour le calcul suivant.
5. Montrer que la quantité de matière de dioxygène inspirée par un adulte au repos en une heure à l'altitude zéro pour une température de 15 °C est $n_0 = 4{,}42$ mol.
6. Lors de la pratique d'un sport, la fréquence respiratoire augmente. Pourquoi ?
7. Comment évoluent la pression atmosphérique et la température moyennes lorsque l'altitude croît ?
8. Comment évolue la quantité de matière contenue dans un litre de gaz lorsque la pression diminue ?
9. Un adulte au repos, quelle que soit l'altitude à la laquelle il se trouve, a en moyenne besoin d'inspirer en 1 h la même quantité de matière $n_0 = 4{,}42$ mol de dioxygène que s'il se trouvait à l'altitude zéro.
Calculer le volume V_1 d'air nécessaire en une heure à un adulte au repos se trouvant à 3 000 m d'altitude à la température de – 4 °C.
10. Montrer que V_1 vaut environ 1,4 fois V_0. Comment s'explique cette différence ? Quelle conséquence cela a-t-il sur le rythme respiratoire ?
11. Déterminer la valeur de la fréquence respiratoire moyenne au repos à 3 000 m d'altitude.
12. Pourquoi en très haute altitude (supérieure à 7 km), les alpinistes utilisent-ils très fréquemment des masques à dioxygène ?

Doc. 1. Respiration

La fréquence respiratoire est le nombre de cycles inspiration-expiration par minute. Dans des conditions normales de pression et au repos, la fréquence respiratoire est d'environ 16 cycles/min en moyenne pour un adulte. Elle est comprise entre 20 et 30 cycles/min pour un enfant. À chaque inspiration, le volume d'air entrant dans les poumons d'un adulte est d'environ 0,50 L en moyenne.

Doc. 2. Composition de l'air (en quantité de matière)

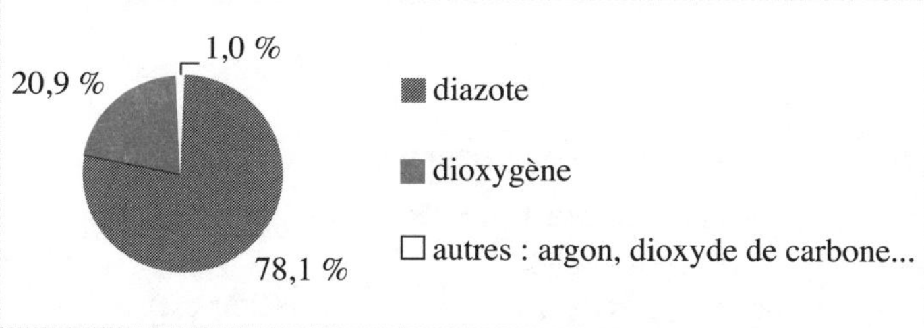

Doc. 3. Quantité de matière contenue dans un litre d'air en fonction de sa pression, pour quelques valeurs de températures

Pression (hPa)	Quantité de matière dans un litre d'air ($mmol \cdot L^{-1}$)			
	à −4 °C	à 2 °C	à 9 °C	à 15 °C
400	17,9	17,5	17,1	16,7
500	22,3	21,9	21,3	20,9
600	26,8	26,2	25,6	25,0
700	31,3	30,6	29,8	29,2
800	35,8	35,0	34,1	33,4
900	40,2	39,3	38,4	37,6
1013	45,3	44,3	43,2	42,3
1100	49,2	48,1	46,9	45,9

Doc. 4. Valeurs moyennes de la pression et de la température de l'atmosphère en fonction de l'altitude

Altitude (km)	Pression atmosphérique (hPa)	Température de l'atmosphère (°C)
0	1 013	15
1	900	9
2	794	2
3	700	−4
4	617	−10
5	541	−18
6	471	−24
7	411	−30
8	357	−37

CORRIGÉS

1 1. La relation permettant de calculer la pression p à partir de la force pressante F et de la surface pressée S est $p = \frac{F}{S}$ (**réponse b**).

2. La relation permettant de calculer la force F s'exerçant sur la surface S soumise à la pression p est $F = pS$ (**réponse c**).
3. L'unité internationale de surface est le mètre-carré (**réponse a**).
4. L'unité internationale de force est le newton (**réponse c**).
5. L'unité internationale de pression est le pascal (**réponse a**).

Le nom de l'unité internationale de pression, le pascal, a été choisi en l'honneur de Blaise Pascal, philosophe et scientifique du XVIIe siècle.

2 Les propositions 2, 4, 6, 7 sont fausses.
Après rectification, ces propositions deviennent :
2. Les molécules d'un gaz sont très éloignées les unes des autres.
4. La force pressante exercée par un gaz est perpendiculaire à la surface qui la subit.
6. L'unité internationale de pression est le pascal. (1 bar vaut 10^5 Pa.)
7. Un pascal équivaut à un newton par mètre carré.

3 Une partie des molécules odorantes contenues dans le flacon de parfum passent à l'état gazeux : il y a évaporation.
L'agitation de ces molécules gazeuses va permettre leur diffusion à l'ensemble de la pièce ; l'odeur va donc se répandre.

4 1. La pression p s'exprime par le rapport de la force pressante F sur la surface S :

$$p = \frac{F}{S}$$

La pression s'exprime en pascal (Pa) si la force est exprimée en newtons (N) et la surface en mètres carrés (m^2).

2. La relation donnant la force F en fonction de la pression p et de la surface pressée est :

$$F = pS.$$

3.

Proposition	Vraie ou fausse
Pour une même surface pressée, la pression est doublée si la force pressante est doublée.	Vraie
Pour une même force pressante, la pression est multipliée par 2 si la surface pressée est doublée.	Faux
Pour une même surface pressée, la pression est doublée si la force pressante est divisée par 2.	Faux
Pour une même force pressante, la pression est multipliée par 2 si la surface pressée est divisée par 2.	Vraie

5 **1. Faux.** D'après la loi d'Avogadro-Ampère, le volume occupé par un nombre de molécules de gaz ne dépend pas de leur taille mais seulement de la pression et de la température.

2. Vrai. D'après la loi d'Avogadro-Ampère : à la même pression et à la même température, des volumes égaux de gaz différents contiennent le même nombre de molécules.

Donc dans un litre d'air, il y autant de molécules que dans un litre de dioxyde de carbone si les deux gaz sont à la même pression et la même température.

3. Vrai. D'après la loi de Boyle-Mariotte, à **température constante**, la pression p et le volume V d'un nombre donné de molécules de gaz sont liés par la relation : $pV = \text{constante}$.

Par conséquent si la pression diminue sans que la température ne change, le volume du ballon augmente.

6 Les molécules O_2 et CO_2 sont en mouvement incessant.

À l'ouverture du robinet R, elles migreront dans tout l'espace disponible et, par conséquent, les deux gaz vont se mélanger.

Si on attend suffisamment longtemps, les proportions de dioxygène et de dioxyde de carbone seront identiques dans les deux flacons A et B.

7 **1.** La force subie par le capteur s'exprime par la relation $F = pS$ avec $p = 1{,}15 \times 10^5$ Pa et $S = 0{,}60 \text{ cm}^2 = 0{,}60 \times 10^{-4} \text{ m}^2$

Donc : $$F = (1{,}15 \times 10^5) \times (0{,}60 \times 10^{-4}) = 6{,}9 \text{ N}.$$

$1 \text{ cm} = 10^{-2} \text{ m}$ donc $1 \text{ cm}^2 = (1 \text{ cm})^2 = (10^{-2} \text{ m})^2 = 10^{-4} \text{ m}^2$.

2. La pression subie par le capteur s'exprime par $p = \dfrac{F}{S}$ avec $F = 7{,}2$ N et $S = 0{,}60 \text{ cm}^2 = 0{,}60 \times 10^{-4} \text{ m}^2$ donc $p = \dfrac{7{,}2}{0{,}60 \times 10^{-4}} = 1{,}2 \times 10^5$ Pa.

8 **1.** Les grandeurs physiques rencontrées dans ces affirmations et les unités internationales correspondantes sont données ci-dessous :

Grandeur	Unité internationale	Symbole
pression	pascal	Pa
force	newton	N
longueur	mètre	m
surface	mètre carré	m^2
volume	mètre cube	m^3
température	kelvin	K

2. En utilisant seulement des unités internationales, les affirmations s'écrivent :

• *Affirmation 1.* La pression atmosphérique normale vaut environ 10^5 Pa (ou 100 000 Pa).

Cela signifie que l'air exerce une force de 10^5 N (ou 100 000 N) sur une surface de 1 m^2.

Cette force ne vaut plus que 10 N pour une surface de 10^{-4} m^2 (ou 0,0001 m^2).

Kilonewton : 1 kN = 1 000 N = 10^3 N

1 $cm^2 = 10^{-4}$ m^2.

• *Affirmation 2.* Une pièce d'habitation vide de surface 10 m^2 et de hauteur 2,5 m renferme 25 m^3 d'air, soit environ 20 m^3 de diazote N_2 et 5 m^3 de dioxygène O_2.

1 cm = 10^{-2} m.

1 dm^3 = 1 L.

1 m^3 = 1 000 L = 10^3 L.

• *Affirmation 3.* À chaque inspiration, un adulte fait entrer environ 5×10^{-4} m^3 (ou 0,000 5 m^3) d'air dans ses poumons.

Si la pression de cet air est de $1{,}013 \times 10^5$ Pa (ou 101 300 Pa) et sa température de 293 K (20 + 273), alors le nombre de molécules inspirées est d'environ 1 250 milliards de milliards.

1 L = 10^{-3} m^3

1 cm^3 = 1 mL = 10^{-3} L = 10^{-6} m^3

Hectopascal : 1 hPa = 100 Pa

9 **1.** La pression de l'air est $p = 1{,}0 \times 10^5$ Pa.

La température exprimée en kelvins est $T = 20 + 273 = 293$ K.

Le volume d'air inspiré est $V = 0{,}50 \text{ L} = 0{,}50 \times 10^{-3} \text{ m}^3$.

La loi des gaz parfaits $pV = 8{,}314\ nT$ permet de déterminer la quantité de matière d'air inspiré :

$$n = \frac{pV}{8{,}314\,T}.$$

Soit :

$$n = \frac{(1{,}0 \times 10^5) \times (0{,}50 \times 10^{-3})}{8{,}314 \times 293} = 2{,}1 \times 10^{-2} \text{ mol}.$$

2. En haut du mont Blanc la pression vaut 560 hPa soit :

$$p' = 560 \times 10^2 \text{ Pa ou bien } p' = 5,6 \times 10^4 \text{ Pa}.$$

La température est -10 °C, c'est-à-dire $T' = 273 - 10 = 263$ K.

La quantité de matière d'air inspirée dans les poumons correspond toujours au volume de $0,50 \text{ L} = 0,50 \times 10^{-3} \text{ m}^3$ et peut se déduire de la loi des gaz parfaits :

$$n' = \frac{p'V}{8,314\,T'} \text{ soit } n' = \frac{(5,6 \times 10^4) \times (0,50 \times 10^{-3})}{8,314 \times 263} = 1,3 \times 10^{-2} \text{ mol}.$$

La quantité de matière inspirée est donc nettement plus faible qu'à l'altitude zéro. C'est la raison pour laquelle l'alpiniste ressent un manque d'air.

Cela se traduit par une accélération du rythme respiratoire pour compenser, et peut aussi engendrer des malaises.

10 **1.** La pression atmosphérique et la température dépendent évidemment des conditions météorologiques. C'est la raison pour laquelle les valeurs fournies ne peuvent être que des valeurs moyennes.

2. hPa est le symbole de l'hectopascal et mmol celui de millimole.

Ce sont deux sous-multiples, respectivement des unités internationales de pression (pascal) et de quantité de matière (mol).

Pour revoir la notion de mole, se reporter au chapitre 10.

3. Dans le **Doc. 4**, on peut lire la valeur de la pression atmosphérique moyenne à l'altitude zéro : 1 013 hPa. Cette valeur est appelée pression atmosphérique normale.

4. Chaque minute, un adulte au repos inspire en moyenne 16 fois, donc en une heure le nombre d'inspirations est $16 \times 60 = 960$. À chaque inspiration, le volume entrant dans les poumons est environ 0,5 L, soit un volume total d'air en une heure valant : $V_0 = 960 \times 0,5 = 480$ L. On obtient la valeur approximative de 500 L.

5. D'après le **Doc. 4**, la pression à l'altitude zéro et à 15 °C est 1 013 hPa.

Pour cette pression et cette température, la quantité de matière d'air contenue dans un litre est $42,3 \text{ mmol} \cdot \text{L}^{-1}$ (**Doc. 3**).

Le **Doc. 2** précise que l'air contient 20,9 % de dioxygène donc dans un litre d'air, la quantité de dioxygène est : $\frac{20,9}{100} \times 42,3 = 8,84 \text{ mmol} \cdot \text{L}^{-1}$.

En une heure, un adulte au repos inspire 500 L d'air donc la quantité de matière de dioxygène inspirée est $n_0 = 500 \times 8,84 = 4\,420 \text{ mmol} = 4,42 \text{ mol}$.

6. Lors de la pratique d'un sport, la fréquence respiratoire augmente car le besoin en dioxygène de l'organisme s'accroît.

7. Le **Doc. 4** montre que la pression atmosphérique et la température moyennes diminuent lorsque l'altitude croît.

8. Le **Doc. 3** montre que pour une température fixée, la quantité de matière contenue dans un litre de gaz diminue lorsque la pression diminue.

9. D'après le **Doc. 4**, la pression à 3 000 m d'altitude pour une température de – 4 °C est en moyenne de 700 hPa.

Le **Doc. 3** précise que la quantité de matière correspondant à un litre d'air dans ces conditions de pression et de température est $31,3\ \text{mmol} \cdot \text{L}^{-1}$.

La quantité de matière de dioxygène dans un litre d'air est 20,9 % de cette valeur soit :

$$\frac{20,9}{100} \times 31,3 = 6,54\ \text{mmol} \cdot \text{L}^{-1}.$$

Sachant qu'un adulte a besoin en 1 h de $n_0 = 4,420\ \text{mol} = 4\ 420\ \text{mmol}$.

Le volume d'air correspondant à 3 000 m d'altitude et – 4 °C est alors :

$$V_1 = \frac{4\ 420}{6,54} = 676\ \text{L}$$

10. $\frac{V_1}{V_2} = \frac{676}{500} = 1,35.$

Ce calcul montre que le volume d'air nécessaire à 3 000 m d'altitude vaut environ 1,4 fois celui qui est nécessaire à l'altitude zéro.

Cette différence est la conséquence de la plus faible pression de l'air en altitude.

Or comme à plus faible pression, un litre d'air contient moins de molécules de dioxygène, il faut donc inspirer davantage de volume d'air pour satisfaire au besoin en dioxygène en une heure.

À chaque inspiration, le volume inspiré est toujours d'environ 0,5 L quelle que soit l'altitude.

En conséquence, le rythme respiratoire s'accélère en altitude.

11. Sachant que le volume d'air à inspirer à 3 km d'altitude est 1,4 fois supérieure à celui de l'altitude zéro, il faudra que la fréquence respiratoire soit 1,4 fois plus élevée soit : $1,4 \times 1,6 = 22,4$ cycles/min, environ 22 cycles/min.

12. A 7 km d'altitude, la pression atmosphérique n'est plus que de 411 hPa. Le manque de dioxygène est alors si fort que l'accroissement de la fréquence respiratoire ne suffit plus et il est donc nécessaire de compenser par un apport de dioxygène complémentaire.

15 Plongée et pression

Les sportifs qui pratiquent régulièrement la plongée subaquatique en connaissent les dangers.
En effet, la pression exercée par l'eau augmente rapidement avec la profondeur et cela peut entraîner des conséquences physiologiques importantes.

I COMPARAISON ENTRE UN GAZ ET UN LIQUIDE

Dans le chapitre précédent, la pression d'un gaz a été expliquée à partir du chaos moléculaire régnant à l'échelle microscopique.
Qu'en est-il de la pression dans un liquide ?
Quels sont les points communs et les différences entre la pression atmosphérique et celle d'un liquide ?

1. La pression : une même origine

■ À l'échelle microscopique, les gaz et les liquides sont caractérisés par un chaos moléculaire. Cependant, un liquide est largement plus dense qu'un gaz.
C'est-à-dire que les molécules du liquide sont beaucoup plus proches que celles d'un gaz. Un liquide est donc faiblement compressible, contrairement à un gaz.

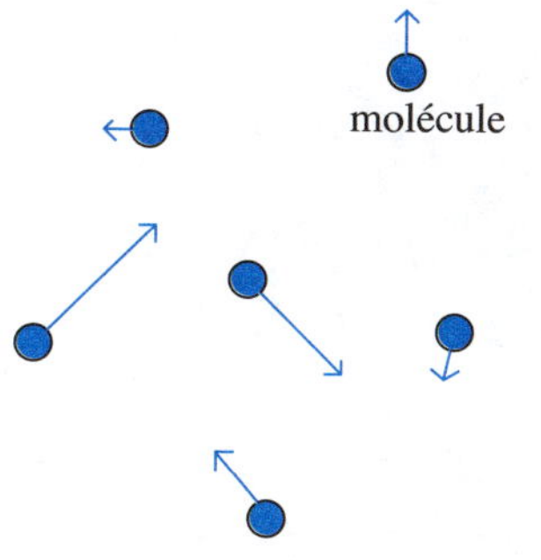

Un gaz à l'échelle microscopique

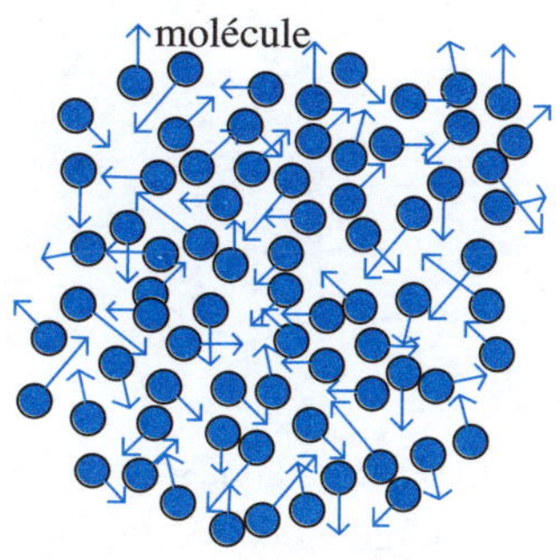

Un liquide à l'échelle microscopique

■ L'agitation moléculaire engendre le bombardement de toute surface mise en contact avec le gaz ou le liquide.
À notre échelle, ce bombardement moléculaire se traduit par l'existence d'une **force pressante** perpendiculaire à la surface.

EXEMPLE : Chaque surface d'un récipient contenant un liquide est soumise à une force pressante qui est le résultat du bombardement moléculaire.

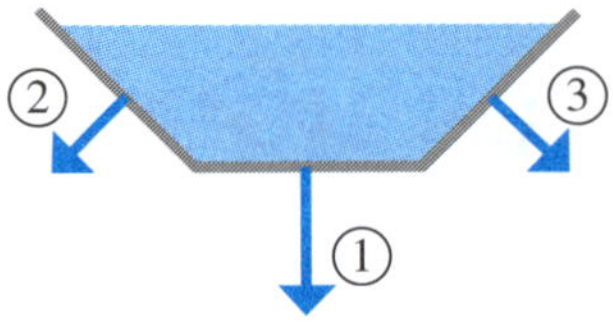

① : force pressante
sur le fond du récipient.
② et ③ : forces pressantes
sur les surfaces latérales du récipient

■ La **pression** p exercée par un liquide, aussi appelée pression du liquide, se définit de la même manière que la pression d'un gaz.
Elle est égale au rapport de la force pressante F sur la surface S :

$p = \frac{F}{S}$	F en N ; S en m^2 ; p en pascal (Pa)

2. Pression dans un liquide et pression atmosphérique

■ **La pression exercée par un liquide augmente avec la profondeur** mais elle est identique en tous points situés à la même profondeur.

EXEMPLE :

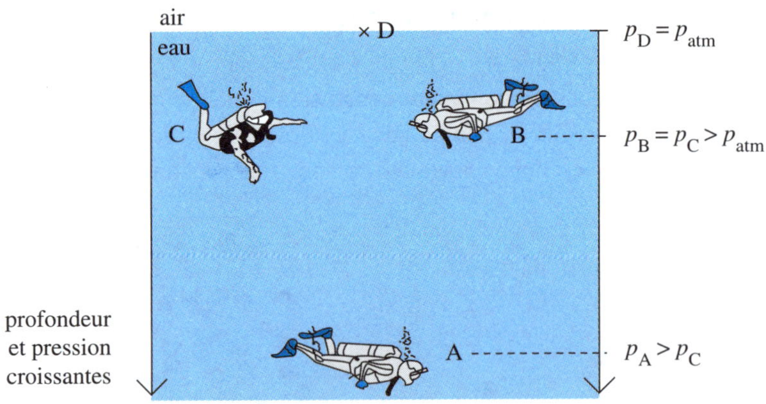

Les trois plongeurs sont soumis à des pressions supérieures à la pression atmosphérique. Le plongeur A est plus profond que les plongeurs B et C ; il est soumis à une plus forte pression. Les plongeurs B et C sont à la même profondeur, ils sont soumis à la même pression.

La pression p existant à la surface d'un liquide est égale à la pression atmosphérique p_{atm}, puisque cette surface est aussi en contact avec l'air atmosphérique.

■ L'augmentation de pression dans l'eau est d'environ 10^4 Pa par mètre de profondeur.
Ce taux de variation est très nettement supérieure, environ mille fois, à celui de la pression atmosphérique avec altitude.
En effet, la pression atmosphérique baisse d'environ 10^4 Pa par kilomètre d'altitude.

EXEMPLE : Au niveau de la mer, la pression atmosphérique vaut environ 10^5 Pa.
Il suffit de descendre de 10 m sous la mer pour que cette pression soit doublée.
En revanche, il faut s'élever à plus de 5 000 m d'altitude pour que la pression atmosphérique soit la moitié de celle qui règne au niveau de la mer.

Voir le savoir-faire consacré au calcul de la pression en fonction de la profondeur.

II EFFETS DE LA PRESSION SUR UN PLONGEUR

Au niveau de la mer, tout être humain est soumis à la pression atmosphérique, voisine de 10^5 Pa.
Mais le plongeur subaquatique est soumis à une pression beaucoup plus forte dès qu'il atteint des profondeurs importantes.
Quelles sont les conséquences possibles de cette forte pression sur l'organisme ?

1. Des effets liés à la compression de l'air dans l'organisme

Lorsqu'un plongeur est soumis à la pression importante de l'eau, toutes les poches d'air ou de gaz présentes dans son organisme (dans ses sinus, ses oreilles, ses poumons, ses intestins…) sont comprimées et donc leur volume décroît.
Cela peut engendrer des effets très variés :

- si les deux oreilles internes du plongeur ne sont pas soumises à des pressions identiques, il peut alors ressentir des vertiges ;
- si le plongeur remonte trop rapidement, le volume de l'air contenu dans ses poumons va augmenter rapidement.

C'est une conséquence directe de la loi de Boyle-Mariotte : pV = constante.
Cette variation brutale peut alors engendrer des lésions pulmonaires.

Pour revoir la loi de Mariotte, se reporter au chapitre 14 (cours et savoir-faire 2).

2. Des effets liés à la dissolution de l'air dans le sang

Un gaz peut se dissoudre dans un liquide.

EXEMPLES : Le dioxygène dissous dans l'eau des rivières, des lacs et des océans est indispensable à la respiration des végétaux et des animaux aquatiques.
L'air que nous respirons se dissout dans notre sang.

Plus la pression est forte, plus la quantité maximale de gaz que l'on peut dissoudre par litre de solution est élevée.

EXEMPLE : Un plongeur respire l'air contenu dans la bouteille qu'il porte sur son dos. S'il reste longtemps à une profondeur importante, la pression à laquelle il est soumis est nettement plus élevée que la pression atmosphérique et par conséquent la quantité d'air dissous dans son sang est plus élevée que lors d'une respiration à l'air libre.
Cela peut engendrer divers effets :

- une trop forte quantité de dioxygène dissous dans le sang peut être à l'origine de risques épileptiques ou d'inflammations pulmonaires.
- Si après être resté longtemps à forte profondeur, le plongeur remonte trop vite vers la surface, la pression va baisser très rapidement et une partie du gaz dissous dans le sang va repasser brutalement à l'état gazeux (comme lors de l'ouverture d'une bouteille de boisson gazeuse).

Les bulles qui vont en résulter peuvent alors engendrer des accidents circulatoires, des paralysies, des douleurs articulaires, etc.

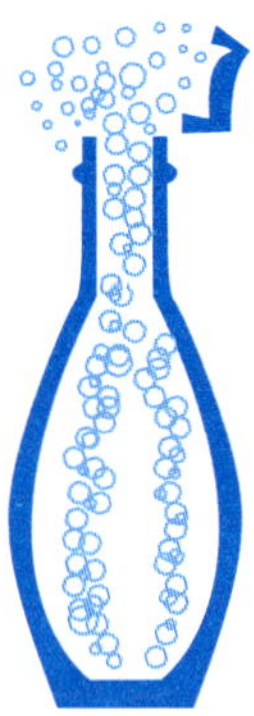

Pour éviter ces **accidents de décompression**, le plongeur ne doit pas remonter trop rapidement vers la surface et respecter des paliers de décompression dont la durée dépend du temps passé à forte profondeur.

SAVOIR-FAIRE

Déterminer la pression dans l'eau en fonction de la profondeur

■ La pression sous l'eau augmente de 10^4 Pa par mètre de profondeur. Que vaut la pression à 1 m de profondeur, 5 m, 10 m, 20 m, et de manière générale à la profondeur z ?

■ Pour répondre à cette question, il ne faut pas oublier que la pression à la profondeur zéro, c'est-à-dire à la surface de l'eau, n'est pas nulle mais qu'elle est égale à la pression atmosphérique, soit environ 10^5 Pa.

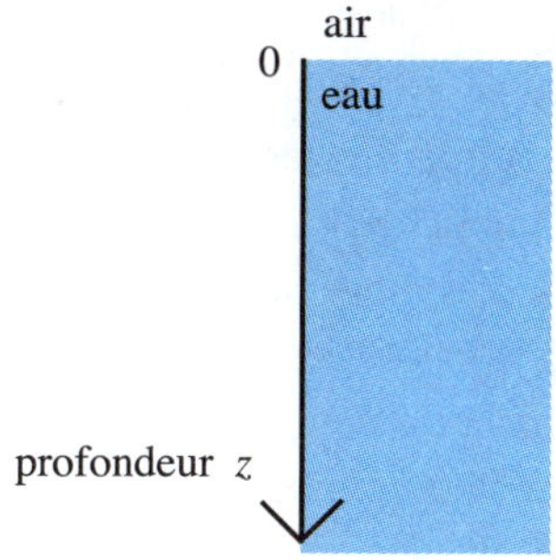

On peut donc écrire que $p(0) = 10^5$ Pa.

Cette pression augmente de 10^4 Pa par mètre profondeur :

- à 1 m de profondeur, la pression vaut : $p(1\text{ m}) = 10^5 + 10^4 = 1{,}1 \times 10^5$ Pa.
- à 5 m de profondeur, elle vaut : $p(5\text{ m}) = 10^5 + 5 \times 10^4 = 1{,}5 \times 10^5$ Pa.
- à 10 m de profondeur, elle vaut : $p(10\text{ m}) = 10^5 + 10 \times 10^4 = 2 \times 10^5$ Pa, c'est-à-dire le double de la pression atmosphérique.
- à 20 m de profondeur, elle vaut : $p(20\text{ m}) = 10^5 + 20 \times 10^4 = 3 \times 10^5$ Pa, c'est-à-dire le triple de la pression atmosphérique.

De manière générale, la pression p sous l'eau à la profondeur z s'exprime en pascals par la relation :

$$p = 10^5 + 10^4 z$$

La représentation graphique de la pression en fonction de la profondeur est la suivante :

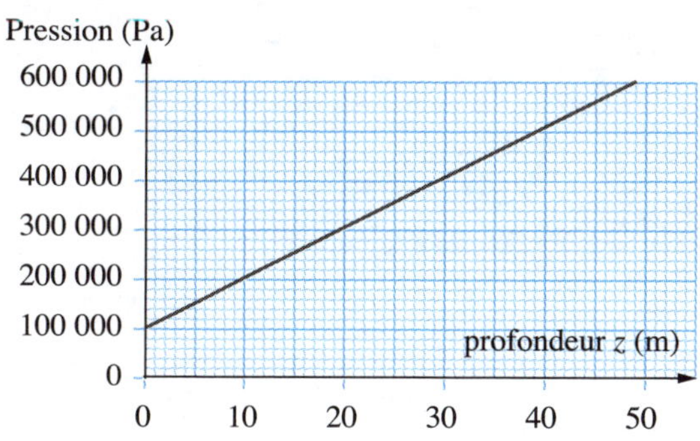

EXERCICES D'APPLICATION

1 QCM « MOLÉCULES ET PRESSION » | ★ | 5 min | ▸ P. 308

Dans le questionnaire à choix multiple (QCM) suivant, indiquer pour chaque proposition, la (ou les) réponse(s) exacte(s).

1. Les molécules H_2O constituant l'eau liquide sont :

a. immobiles.

b. en agitation permanente.

c. éloignées les unes des autres.

d. proches les unes des autres.

2. Les molécules H_2O constituant la vapeur d'eau sont :

a. immobiles.

b. en agitation permanente.

c. éloignées les unes des autres.

d. proches les unes des autres.

3. Lorsqu'on monte en altitude, la pression atmosphérique :

a. augmente.

b. diminue.

c. reste constante.

4. Dans un liquide, la pression :

a. augmente avec la profondeur.

b. diminue avec la profondeur.

c. est indépendante de la profondeur.

2 DANS UN LAC | ★ | 10 min | ▸ P. 308

Répondre aux questions suivantes en argumentant.

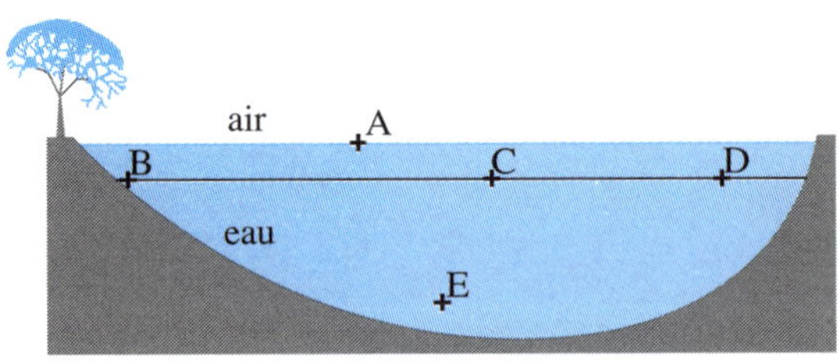

1. Comparer les pressions aux points A, B, C, D et E avec la pression atmosphérique.

2. Comparer entre elles les pressions aux points A, B, C, D et E.

3 CONVERSIONS D'UNITÉS

★★ | 10 min | ▸ P. 308

Compléter les égalités suivantes :

$p_1 = 5,0 \times 10^5$ Pa = ... bar

$p_2 = 1\,013$ hPa = ... Pa = ... bar

$S_1 = 6,5$ cm^2 = ... m^2

$S_2 = 8,2 \times 10^{-4}$ m^2 = ... cm^2

$V_1 = 5$ L = ... dm^3 = ... m^3

$V_2 = 0,075$ m^3 = ... L

$F_1 = 10^4$ N = ... kN

$F_2 = 0,85$ kN = ... N.

EXERCICES D'ENTRAÎNEMENT

4 MASQUE DE PLONGÉE

★★ | 20 min | ▸ P. 309

1. Lorsqu'un plongeur positionne son masque sur son visage, il le plonge au préalable dans l'eau puis il le place avec précision en évacuant une petite partie de l'air emprisonné.
Pourquoi cette précaution préparatoire est-elle importante ?

2. Si le plongeur descend à 30 m de profondeur où la pression de l'eau vaut $4,0 \times 10^5$ Pa, calculer la force qui s'exerce sur la partie vitrée du masque dont la surface est 30 cm^2.

3. Compte tenu de la valeur de la force qui vient d'être calculée, et malgré l'épaisseur du verre, on pourrait craindre qu'il ne se brise sous l'effet de la forte pression de l'eau. Quelle est l'autre force qui s'oppose à celle exercée par l'eau et qui explique que le verre résiste ?

5 SODA

★★ | 20 min | ▸ P. 309

Le soda est une boisson gazeuse parmi tant d'autres : eau minérale, limonade, bière, champagne…

1. Un dispositif expérimental est mis en œuvre.
Il permet d'agiter vivement un soda, de récupérer le gaz qui s'échappe pour le faire barboter dans de l'eau de chaux. L'expérimentateur constate que l'eau de chaux se trouble.

a. Associer les légendes suivantes aux numéros figurant sur le schéma :
- tube à dégagement ;
- bécher ;
- erlenmeyer ;
- barreau aimanté ;
- agitateur magnétique.

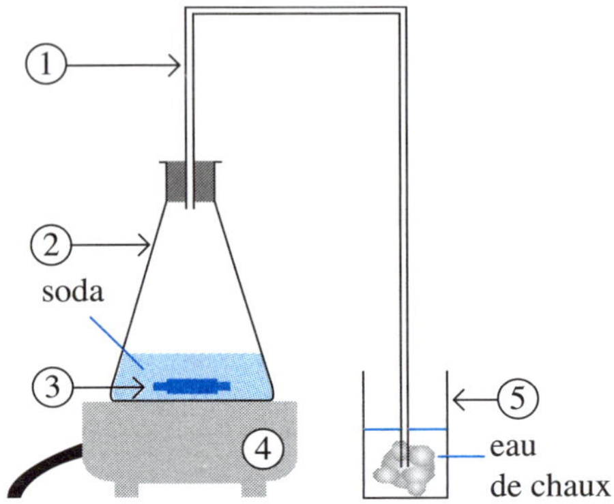

b. Quelle information apporte cette expérience ?

2. Pourquoi à l'ouverture d'une bouteille de soda ou de toute autre boisson gazeuse, observe-t-on brutalement la formation d'une grande quantité de bulles de gaz ?

3. Parmi les propositions suivantes, quelle est l'équation de réaction modélisant le passage de l'espèce chimique de l'état dissous à l'état gazeux.

a. $C_{(s)} + O_{2(g)} \rightarrow CO_{2(g)}$

b. $CO_{2(g)} \rightarrow CO_{2(aq)}$

c. $CO_{2(aq)} \rightarrow CO_{2(g)}$

d. $N_{2(aq)} \rightarrow N_{2(g)}$

e. $N_{2(g)} \rightarrow N_{2(aq)}$

f. $CO_{2(\ell)} \rightarrow CO_{2(g)}$

6 BALLON

★★★ | 15 min | ▸ P. 310

Des adolescents s'amusent à plonger jusqu'au fond d'une piscine d'une profondeur de 5 mètres avec leur ballon en plastique.
Outre le fait qu'il n'est pas facile d'amener le ballon au fond, que constatent-ils ? Une réponse précise et argumentée est attendue.

Donnée : la pression sous l'eau à la profondeur z s'exprime en pascals par la relation : $p = 10^5 + 10^4 z$.

EXERCICES D'APPROFONDISSEMENT

7 AUTOUR DE QUELQUES DÉFINITIONS ★★★ 30 min ▸ P. 310

Tous les mots et les symboles de la grille suivante se lisent de gauche à droite ou de haut en bas. À vous de les découvrir à l'aide des définitions fournies, en mobilisant vos connaissances et en recherchant éventuellement des informations sur internet.

Horizontalement

A. Qualifie un liquide ou un gaz. **B.** Unité internationale de force ou physicien anglais. **C.** Prénom du physicien défini en B. **D.** Mélange gazeux constituant l'atmosphère. **E.** Au milieu de la figure **F.** Appareil de mesure de la pression atmosphérique. **G.** Enveloppe gazeuse de la Terre. **H.** Sa valeur influe fortement sur celle de la pression dans un liquide. **I.** 10^5 Pa. **J.** Physicien-chimiste irlandais (1627-1691). **K.** 10^{-3} m^3 ou 1 dm^3. **L.** S'exprime en m^2. **M.** Appareil de mesure de la pression de l'air dans un ballon, par exemple.

N. Sa valeur influe sur la valeur de la pression atmosphérique. **O.** Un millième de l'unité définie en I. **P.** Plongée sans bouteille. **Q.** Constitué de molécules en mouvement incessant et proches les unes des autres. **R.** Il faut respecter ses paliers lors de la remontée après une plongée de longue durée à forte profondeur. **S.** Les plongeurs le font en se bouchant l'organe défini dans cette grille en E, pour éviter des problèmes de vertige. **T.** Zone météorologique de forte pression atmosphérique. **U.** Ceux qui pratiquent ce sport connaissent nécessairement la loi pV = constante.

Verticalement

1. Unité internationale de pression. **2.** Constituant à environ 20 % du mélange défini en D. **3.** Constituant majoritaire du mélange défini en D. **4.** Lorsqu'elle subit une force pressante, on la qualifie de pressée. **5.** Physicien italien (1608-1647), inventeur du baromètre à mercure. **6.** Qualifie une unité pratique mais non internationale. **7.** Membrane de l'oreille sensible à la pression. **8.** Action mécanique. **9.** H_2O. **10.** Physicien français (1620-1684) dont le nom est associé à celui du J. **11.** Unité équivalant à celle définie en o. **12.** Immense solution aqueuse ionique. **13.** Agitation qui caractérise l'état gazeux à l'échelle microscopique. **14.** Force par unité de surface. **15.** Constitué de molécules en mouvement incessant et éloignées les unes des autres. **16.** Prénom du 10. **17.** Zone de faible pression. **18.** Prénom du J. **19.** Elle indique indirectement la valeur de la pression sanguine.

8 MER ET LAC ★★★★ 45 min ▸ P. 311

En mobilisant vos connaissances, en extrayant des informations à partir des documents fournis et en argumentant de manière précise, indiquer si chacune des quatre affirmations suivantes est vraie ou fausse.

1. La pression à une profondeur z sous l'eau dépend de l'altitude et des conditions météorologiques.

2. La pression à 10 m de profondeur dans un lac situé à proximité de la mer est légèrement plus forte qu'à la même profondeur dans un lac de montagne situé à 3 000 m d'altitude.

3. Dans les mêmes conditions de pression atmosphérique et à la même profondeur, la pression est plus importante dans le lac Léman que dans le lac du Bourget.

4. À l'altitude zéro, pour une pression atmosphérique moyenne, un plongeur en mer est soumis à une pression de 3 034 hPa s'il se trouve à 20 m de profondeur.

Doc. 1. Pression dans un liquide à la profondeur *z*

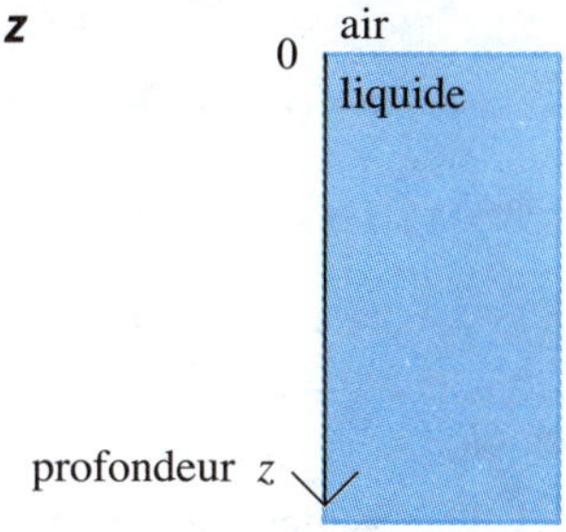

Dans tous les liquides immobiles dont la surface libre est en contact avec l'air ambiant, la pression p à la profondeur z s'exprime par la relation :

$$p = p_0 + \rho g z$$

où p_0 est la pression à la profondeur zéro,
ρ la masse volumique du liquide
et $g = 9{,}81\ \mathrm{N \cdot kg^{-1}}$ l'intensité de la pesanteur.

Doc. 2. Valeurs moyennes de la pression atmosphérique en fonction de l'altitude

Altitude (km)	Pression atmosphérique (hPa)
0	1 013
1	900
2	794
3	700
4	617

Doc. 3. Masse volumique de quelques liquides

Liquide	Masse volumique ($\mathrm{kg \cdot m^{-3}}$)
alcool	790
eau douce	1 000
eau de mer	1 030
glycérine	1 590

Doc. 4. Caractéristiques de quelques lacs naturels d'eau douce

Lac	Superficie ($\mathrm{km^2}$)	Profondeur maximale (m)
Léman	582	310
Bourget	44	145
Annecy	28	80

CONTRÔLE

9 LA MANŒUVRE DE VALSAVA

★★★ 45 min ▸ P. 311

Répondre aux questions suivantes en extrayant les informations nécessaires des documents fournis, en mobilisant vos connaissances et en rédigeant de manière argumentée.

1. Que symbolise la flèche sur le schéma du **Doc. 3** ?
2. Donner la relation définissant la pression en relation avec la force pressante et la surface pressée.
Préciser les unités internationales de ces trois grandeurs.
3. Calculer la valeur F_1 de la force subie par un tympan soumis à la pression atmosphérique.
4. Calculer la valeur F_2 de cette force si le plongeur se trouve à 30 m de profondeur. Comparer à la valeur F_1.
5. Expliquer pourquoi la loi de Boyle-Mariotte permet d'expliquer la phrase suivante du **Doc. 3** :
« *Cette compression entraîne une diminution du volume* » ?
6. Pourquoi ne peut-on pas appliquer la loi de Boyle-Mariotte pour comparer la situation de l'air enfermé dans l'oreille avant la mise en œuvre de la méthode Vasalva et après ?
7. Comment expliquez-vous alors que la manœuvre de Valsava permet de faire disparaître la déformation de l'oreille moyenne ?

Doc. 1. Évolution de la pression avec la profondeur de plongée

La valeur de la pression à laquelle est soumis un plongeur évolue en fonction de la profondeur de plongée.
Le tableau suivant fournit quelques valeurs :

Profondeur (m)	Pression (Pa)
0	$1{,}0 \times 10^5$
10	$2{,}0 \times 10^5$
20	$3{,}0 \times 10^5$
30	$4{,}0 \times 10^5$
40	$5{,}0 \times 10^5$

Doc. 2. Le tympan

Le tympan est une membrane fibreuse de surface 0,65 cm^2 (ou $6{,}5 \times 10^{-5}$ m^2) séparant l'oreille externe et l'oreille moyenne.

Son rôle est de recevoir les vibrations sonores et de les transmettre aux osselets (marteau, enclume et étrier).

Le tympan est habituellement soumis à la pression atmosphérique.

Cependant, lorsqu'une personne pratique la plongée sous-marine, ses tympans peuvent être soumis à des pressions nettement plus importantes.

Doc. 3. La manœuvre de Valsava

Lors d'une immersion sous l'eau, la pression à l'extérieur de l'oreille augmente, et comprime l'air emprisonné dans l'oreille moyenne.

Cette compression entraîne une diminution du volume et par conséquent une déformation de l'oreille moyenne.

Le tympan étant relativement souple, il se déforme en priorité, causant une petite gêne lorsque la déformation est faible et une douleur forte si cette déformation est importante.

Pour éviter ce phénomène, les plongeurs expérimentés pratiquent la manœuvre de Valsalva, qui consiste à souffler en bouchant leur nez.

Cette manœuvre force l'ouverture de la trompe d'Eustache afin d'amener de l'air dans l'oreille moyenne.

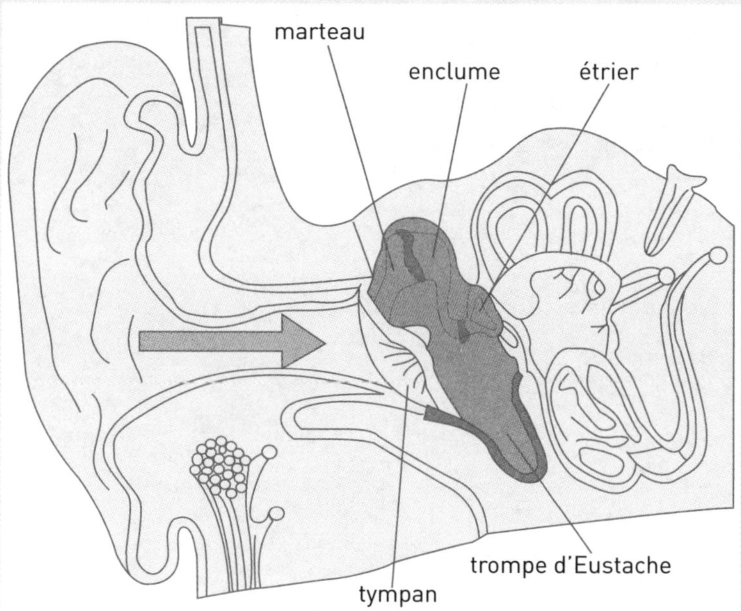

CORRIGÉS

1 **1.** Les molécules H_2O constituant l'eau liquide sont en agitation permanente et proches les unes des autres (**réponses b et d**).
2. Les molécules H_2O constituant la vapeur d'eau (c'est-à-dire l'eau à l'état de gaz) sont en agitation permanente et éloignées les unes des autres (**réponses b et c**).
3. Lorsqu'on monte en altitude, la pression atmosphérique diminue (**réponse b**).
4. Dans un liquide, la pression augmente avec la profondeur (**réponse a**).

2 **1.** Le point A, à la surface du liquide, est en contact avec l'air donc la pression en ce point est égale à la pression atmosphérique.
Les points B, C, D et E sont dans le liquide sans se trouver à la surface donc la pression en ces points est supérieure à la pression atmosphérique.
2. Les points B, C, D sont à la même profondeur donc $p_B = p_C = p_D$ et, de plus, la pression dans l'eau augmente avec la profondeur donc :
$p_E > p_B = p_C = p_D > p_A$.

3 $p_1 = 5,0 \times 10^5$ Pa $= 5,0$ bar

$p_2 = 1\,013$ hPa $= 1013 \times 10^2$ Pa $= 1,013 \times 10^5$ Pa $= 1,013$ bar

Hectopascal : 1 hPa = 10^2 Pa

$S_1 = 6,5 \text{ cm}^2 = 6,5 \times 10^{-4} \text{ m}^2$

$S_2 = 8,2 \times 10^{-4} \text{ m}^2 = 8,2 \text{ cm}^2$

1 cm^2 = 10^{-4} m^2 et inversement 1 m^2 = 10^4 cm^2

$V_1 = 5 \text{ L} = 5 \text{ dm}^3 = 5 \times 10^{-3} \text{ m}^3 = 0,005 \text{ m}^3$

$V_2 = 0,075 \text{ m}^3 = 75 \text{ L}$

1 L = 1 dm^3 = 10^{-3} m^3 ; 1 m^3 = 10^3 L

$F_1 = 10^4 \text{ N} = 10 \text{ kN}$

$F_2 = 0,85 \text{ kN} = 0,85 \times 10^3 \text{ N} = 850 \text{ N}$.

Kilonewton : 1 kN = 1 000 N = 10^3 N

4 **1.** En mouillant le masque et en évacuant une partie de l'air emprisonné, le plongeur provoque une légère différence de pression entre l'intérieur et l'extérieur (effet ventouse), assurant ainsi une bonne étanchéité. Sans cette étanchéité, l'eau pénètre dans le masque surtout à forte profondeur car la pression s'accroît.
2. La pression qui s'exerce de la part de l'eau sur le surface S s'exprime par la relation

$$p = \frac{F}{S}$$

L'expression de la force pressante qui en découle est $F = pS$.

La pression à 30 m de profondeur est $4,0 \times 10^5$ Pa et la surface de la partie vitrée du masque est $S = 30 \text{ cm}^2 = 30 \times 10^{-4} \text{ m}^2 = 3,0 \times 10^{-3} \text{ m}^2$

donc la force pressante vaut $F = pS = (4,0 \times 10^5) \times (3,0 \times 10^{-3}) = 1\,200$ N.

Il faut employer les unités internationales : pression en pascal (Pa), surface S en mètre-carré (m^2) pour obtenir F en newton (N).

3. Si la vitre ne se brise pas c'est en raison de la pression de l'air emprisonné entre le masque et le visage du plongeur. La force exercée par l'air compense partiellement la force exercée par l'eau car elle est de sens opposé.

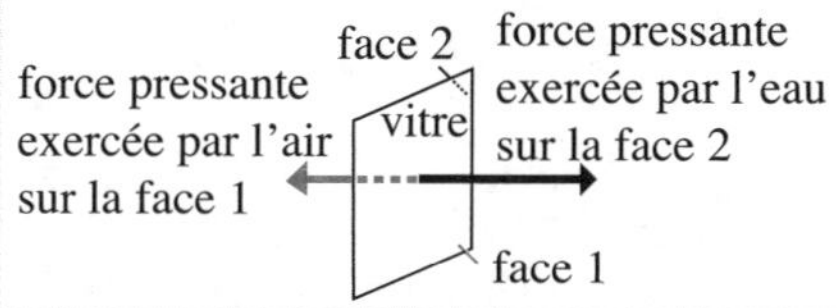

5 **1. a.** ① Tube à dégagement ② erlenmeyer ③ barreau aimanté ④ agitateur magnétique ⑤ bécher.
b. Le trouble de l'eau de chaux prouve que le gaz dissous dans le soda, (dont le dégagement a été provoqué par l'agitation) est du dioxyde de carbone.

Dans toutes les boissons gazeuses, le gaz dissous est toujours du dioxyde de carbone.

2. Avant ouverture de la bouteille, les boissons gazeuses contiennent une forte quantité de dioxyde de carbone dissous car la pression dans la bouteille est plus élevée que la pression atmosphérique. À l'ouverture, la pression au-dessus du liquide diminue brutalement. Cette nouvelle pression ne permet plus de maintenir autant de gaz sous forme dissoute et une partie du gaz s'échappe. C'est la raison pour laquelle des bulles se forment.

3. Le dioxyde carbone dissous $CO_{2(aq)}$ devient gazeux : $CO_{2(g)}$.
L'équation de la réaction est donc celle de la proposition **c.** : $CO_{2(aq)} \rightarrow CO_{2(g)}$.

6 La pression hors de l'eau est la pression atmosphérique valant : $p_0 = 10^5$ Pa.
À cette pression le ballon a un certain volume V_0.
En descendant jusqu'à 5 m de profondeur, la pression augmente jusqu'à la valeur :

$$p = 10^5 + 5 \times 10^4 = 1,5 \times 10^5 \text{ Pa}.$$

C'est-à-dire que la pression vaut 1,5 fois la pression atmosphérique.
La quantité de matière de gaz enfermé dans le ballon est invariable (on suppose que le ballon ne fuit pas) et la température est supposée constante. Par conséquent, la loi de Boyle-Mariotte peut s'appliquer. Le produit pV est donc constant. C'est-à-dire que le produit de la pression p_0 par le volume V_0 hors de l'eau est égal au produit de la pression p par le volume V à la profondeur z :

$$p_0 V_0 = pV \text{ donc } \frac{V_0}{V} = \frac{p}{p_0}$$

En descendant sous l'eau la pression p augmente donc le volume V diminue puisque le produit pV reste constant. À 5 m de profondeur, la pression p vaut 1,5 fois la pression atmosphérique p_0. La loi de Boyle Mariotte conduit à la relation :

$$\frac{V_0}{V} = \frac{p}{p_0} = 1,5$$

C'est-à-dire que le volume V du ballon est 1,5 fois plus petit que le volume V_0.

7

8 **1. Vrai.** Selon la relation $p = p_0 + \rho g z$ (**Doc. 1**), la pression sous l'eau dépend de la profondeur z et de la valeur de p_0 qui n'est autre que la pression à la profondeur 0, c'est-à-dire la pression atmosphérique.
Or, la pression atmosphérique n'est pas constante, elle dépend de l'altitude et des conditions météorologiques.
Donc la pression p dépend aussi de l'altitude et des conditions météorologiques.
2. Vrai. Cette deuxième affirmation est une application de la précédente.
En effet, pour une même profondeur z et dans de l'eau douce dans les deux cas (donc pour la même masse volumique ρ), le terme $\rho g z$ de l'expression $p = p_0 + \rho g z$ est identique.
Mais, en revanche, au bord de la mer la pression atmosphérique p_0, qui vaut 1 013 hPa, est légèrement plus forte qu'à 3 000 m d'altitude où elle vaut 700 hPa en moyenne (**Doc. 2**).
Donc la pression à 10 m de profondeur dans un lac situé à proximité de la mer est légèrement plus forte qu'à la même profondeur dans un lac de montagne située à 3 000 m d'altitude.
3. Faux. La relation $p = p_0 + \rho g z$ ne fait pas apparaître de paramètre lié à la superficie du lac et à sa profondeur maximale.
Pour des lacs d'eau douce, la masse volumique du liquide est identique ($\rho = 1000 \text{ kg} \cdot \text{m}^{-3}$).
Donc si la pression atmosphérique p_0 est la même, il n'y a aucune raison pour que la pression p soit différente à la même profondeur z dans le lac Léman et dans le lac du Bourget.
4. Vrai. À l'altitude zéro, la pression atmosphérique vaut :

$$p_0 = 1013 \text{ hPa} = 1{,}013 \times 10^5 \text{ Pa (Doc. 2).}$$

La masse volumique à considérer est celle de l'eau salée : $\rho = 1\,030 \text{ kg} \cdot \text{m}^{-3}$ (**Doc. 3**).
Le calcul de la pression $p = p_0 + \rho g z$ à la profondeur $z = 20$ m conduit à :

$$p = 1{,}013 \times 10^5 + 1\,030 \times 9{,}81 \times 20 = 3{,}034 \times 10^5 \text{ Pa} = 3\,034 \text{ hPa}$$

9 **1.** La flèche symbolise la pression exercée par l'air ou l'eau (dans le cas d'une plongée subaquatique) sur l'oreille, et plus précisément sur le tympan.
2. La pression p exprimée en pascal (Pa) est le rapport de la force pressante exprimée en newton (N), par la surface pressée S exprimée en mètre carré (m^2) :

$$p = \frac{F}{S}$$

3. La pression atmosphérique correspond à la valeur de la pression à la profondeur zéro, soit : $p = 1{,}0 \times 10^5$ Pa.
La force pressante s'exerçant sur le tympan de surface $S = 6{,}5 \times 10^{-5} \text{ m}^2$ a pour valeur :

$$F_1 = pS = (1{,}0 \times 10^5) \times (6{,}5 \times 10^{-5}) = 6{,}5 \text{ N}.$$

4. À 30 m de profondeur, la pression exercée par l'eau vaut $4{,}0 \times 10^5$ Pa.
Cette pression est le quadruple de la pression atmosphérique donc la force F_2 est le quadruple de la force F_1 soit :

$$F_2 = pS = (4{,}0 \times 10^5) \times (6{,}5 \times 10^{-5}) = 26 \text{ N}.$$

5. La loi de Boyle-Mariotte (pV = constante) s'applique puisque le nombre de molécules d'air ne varie pas (« *air emprisonné* »).
Comme le produit pV reste constant et que la pression p augmente lorsque le plongeur descend, alors le volume V d'air emprisonné diminue.

6. Lors de la manœuvre de Valsalva, le plongeur fait entrer de l'air dans son oreille moyenne.
Par conséquent, le nombre de molécules enfermées dans l'oreille moyenne ne reste pas constant (il augmente).
Il n'est donc pas possible d'utiliser la loi de Boyle-Mariotte.

7. En faisant entrer de l'air dans l'oreille moyenne via la trompe d'Eustache, le plongeur fait remonter la pression à l'intérieur de cette oreille moyenne.
Il rétablit ainsi l'équilibre des pressions entre l'intérieur et l'extérieur.
L'oreille moyenne retrouve alors un volume normal, elle n'est plus déformée.

Pictogrammes de sécurité

Substance explosive  Éviter les chocs et tenir loin des flammes	**DANGERS PHYSIQUES**	**Substance inflammable**  Tenir loin des flammes et toujours refermer le flacon
Substance irritante  Éviter le contact avec la peau et les yeux. Ne pas respirer les vapeurs	**Substance comburante**  Tenir loin des substances combustibles	**Gaz sous pression**  Tenir loin des sources de chaleur. Ne pas percer le contenant.
Substance toxique  Éviter le contact avec la peau et les yeux. Ne pas respirer les vapeurs	**DANGERS POUR LA SANTE**	**Substance corrosive**  Éviter le contact avec la peau et les yeux
Substance cancérogène et/ou sensibilisante  Éviter le contact avec la peau et les yeux. Ne pas respirer les vapeurs	**DANGER ECOLOGIQUE**	**Substance présentant un danger écologique**  Ne pas jeter à l'évier ou à la poubelle

Principales unités de mesure

LES 7 UNITÉS DE BASE DU SYSTÈME INTERNATIONAL (SI)

Grandeur	Unité	Symbole
longueur	mètre	m
masse	kilogramme	kg
temps	seconde	s
intensité électrique	ampère	A
température	kelvin	K
intensité lumineuse	candela	cd
quantité de matière	mole	mol

MULTIPLES

Préfixe	Symbole	Facteur multiplicatif
déca	da	10^{1}
hecto	h	10^{2}
kilo	k	10^{3}
méga	M	10^{6}
giga	G	10^{9}
téra	T	10^{12}

EXEMPLE : 1 GHz = 10^{9} Hz

SOUS-MULTIPLES

Préfixe	Symbole	Facteur multiplicatif
déci	d	10^{-1}
centi	c	10^{-2}
milli	m	10^{-3}
micro	µ	10^{-6}
nano	n	10^{-9}
pico	p	10^{-12}
femto	f	10^{-15}

EXEMPLE : 1 pg = 10^{-12} g

MQUELQUES UNITÉS SI DÉRIVÉES DES 7 UNITÉS DE BASE

Grandeur géométrique	Unité	Symbole
surface	mètre carré	m^2
volume	mètre cube	m^3

Préfixe	Unité	Symbole
vitesse	mètre par seconde	$m \cdot s^{-1}$
masse volumique	kilogramme par mètre cube	$kg \cdot m^{-3}$
force	newton	N
pression	pascal	Pa
fréquence	hertz	Hz

QUELQUES UNITÉS USUELLES HORS SYSTÈME INTERNATIONAL

Grandeur	Unité	Symbole	Valeur en SI
temps	minute	min	60 s
	heure	h	3 600 s
	jour	j	86 400 s
masse	gramme	g	10^{-3} kg
	tonne	t	10^{3} kg
longueur	angström	Å	10^{-10} m
	unité astronomique	U.A.	$1,50 \times 10^{11}$ m
	année de lumière	a.l.	$9,46 \times 10^{15}$ m
volume	litre	L	10^{-3} m^3
	centimètre cube ou millilitre	cm^3 ou mL	10^{-6} m^3
pression	bar	bar	10^{5} Pa

QUELQUES UNITÉS USUELLES DE LA CHIMIE

Grandeur	Unité	Symbole
masse molaire	gramme par mole	$g \cdot mol^{-1}$
concentration molaire	mole par litre	$mol \cdot L^{-1}$
concentration massique	gramme par litre	$g \cdot L^{-1}$
masse volumique	gramme par litre	$g \cdot L^{-1}$

Classification périodique des éléments chimiques

Numéro atomique → *Z*
X ← symbole
nom
Masse molaire ($g \cdot mol^{-1}$) → *M*

Période	I	II	III	IV	V	VI	VII	VIII	IX
1	1 **H** hydrogène 1,0								
2	3 **Li** lithium 6,9	4 **Be** béryllium 9,0							
3	11 **Na** sodium 23,0	12 **Mg** magnésium 24,3							
4	19 **K** potassium 39,1	20 **Ca** calcium 40,1	21 **Sc** scandium 45,0	22 **Ti** titane 47,9	23 **V** vanadium 50,9	24 **Cr** chrome 52,0	25 **Mn** manganèse 54,9	26 **Fe** fer 55,8	27 **Co** cobalt 58,9
5	37 **Rb** rubidium 85,5	38 **Sr** strontium 87,6	39 **Y** yttrium 88,9	40 **Zr** zirconium 91,2	41 **Nb** niobium 92,9	42 **Mo** molybdène 95,9	43 **Tc** technétium [*]	44 **Ru** ruthénium 101,1	45 **Rh** rhodium 102,9
6	55 **Cs** césium 132,9	56 **Ba** baryum 137,3	57-71 Lanthanides	72 **Hf** hafnium 178,5	73 **Ta** tantale 180,9	74 **W** tungstène 183,9	75 **Re** rhénium 186,2	76 **Os** osmium 190,2	77 **Ir** iridium 192,2
7	87 **Fr** francium [*]	88 **Ra** radium [*]	89-103 Actinides	104 **Rf** rutherfordium [*]	105 **Db** dubnium [*]	106 **Sg** seaborgium [*]	107 **Bh** bohrium [*]	108 **Hs** hassium [*]	109 **Mt** meitnerium [*]

Lanthanides →	57 **La** lanthane 138,9	58 **Ce** cérium 140,1	59 **Pr** praséodyme 140,9	60 **Nd** néodyme 144,2	61 **Pm** prométhium [*]	62 **Sm** samarium 150,4	63 **Eu** europium 152,0
Actinides →	89 **Ac** actinium 227 [*]	90 **Th** thorium 232,0 [*]	91 **Pa** protactinium 231,0 [*]	92 **U** uranium 238,0 [*]	93 **Np** neptunium [*]	94 **Pu** plutonium [*]	95 **Am** américium [*]

[*] pas d'isotope stable.

X	XI	XII	XIII	XIV	XV	XVI	XVII	XVIII	Période
								2 **He** hélium 4,0	1
			5 **B** bore 10,8	6 **C** carbone 12,0	7 **N** azote 14,0	8 **O** oxygène 16,0	9 **F** fluor 19,0	10 **Ne** néon 20,2	2
			13 **Al** aluminium 27,0	14 **Si** silicium 28,1	15 **P** phosphore 31,0	16 **S** soufre 32,1	17 **Cl** chlore 35,5	18 **Ar** argon 39,9	3
28 **Ni** nickel 58,7	29 **Cu** cuivre 63,5	30 **Zn** zinc 65,4	31 **Ga** gallium 69,7	32 **Ge** germanium 72,6	33 **As** arsenic 74,9	34 **Se** sélénium 79,0	35 **Br** brome 79,9	36 **Kr** krypton 83,8	4
46 **Pd** palladium 106,4	47 **Ag** argent 107,9	48 **Cd** cadmium 112,4	49 **In** indium 114,8	50 **Sn** étain 118,7	51 **Sb** antimoine 121,7	52 **Te** tellure 127,6	53 **I** iode 126,9	54 **Xe** xénon 131,3	5
78 **Pt** platine 195,1	79 **Au** or 197,0	80 **Hg** mercure 200,6	81 **Tl** thallium 204,4	82 **Pb** plomb 207,2	83 **Bi** bismuth 209,0	84 **Po** polonium [*]	85 **At** astate [*]	86 **Rn** radon [*]	6
110 **Ds** darmstadtium [*]	111 **Rg** roentgenium [*]	112 **Uub** ununbium [*]	113 **Uut** ununoctium [*]	114 **Fl** Flérovium [*]	115 **Uup** ununpentium [*]	116 **Lv** Livermorium [*]	117 **Uus** ununseptium [*]	118 **Uuo** ununoctium [*]	7

64 **Gd** gadolinium 157,3	65 **Tb** terbium 158,9	66 **Dy** dysprosium 162,5	67 **Ho** holmium 164,9	68 **Er** erbium 167,3	69 **Tm** thulium 168,9	70 **Yb** ytterbium 173,0	71 **Lu** lutétium 175,0
96 **Cm** curium [*]	97 **Bk** berkélium [*]	98 **Cf** californium [*]	99 **Es** einsteinium [*]	100 **Fm** fermium [*]	101 **Md** mendélévium [*]	102 **No** nobélium [*]	103 **Lr** lawrencium [*]

Verrerie usuelle

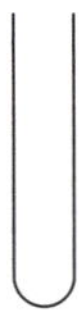

Tube à essais

Bécher

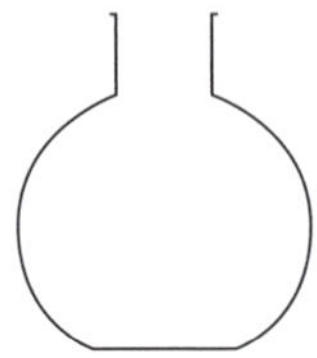

Ballon
à fond plat

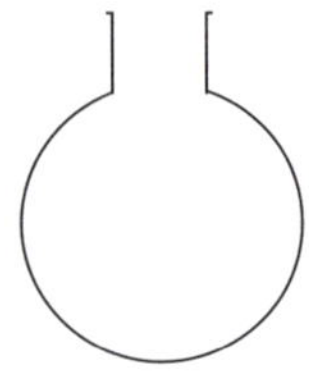

Ballon
à fond rond

Verre
à pied

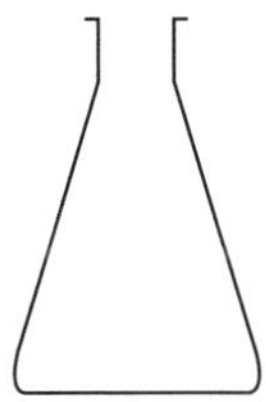

Erlenmeyer

Ampoule à
décanter

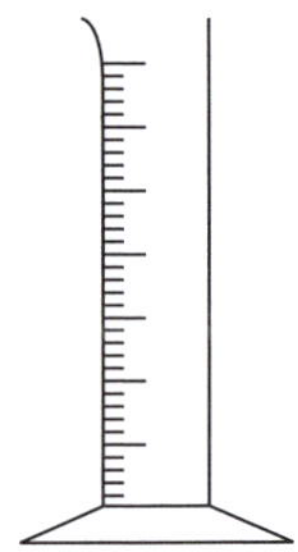

Éprouvette
graduée

Pipette
jaugée

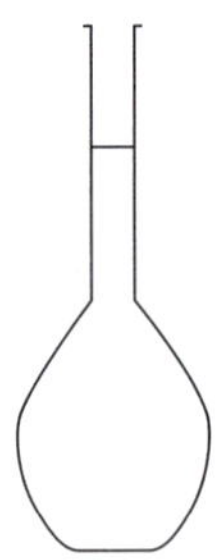

Fiole
jaugée

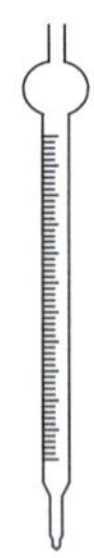

Pipette
graduée

Burette
graduée

Index

A

agitation moléculaire 279, 280
alcalins 88, 89, 91
altitude 279, 281, 282, 283
amplitude 130, 131, 136
ampoule à décanter 174
année-lumière 11, 16
atome 11, 13, 15, 18, 49, 50, 51, 52, 53, 69, 70, 71, 72, 73

B

bombardement moléculaire 280

C

célérité de la lumière 16
changement d'état 171, 177
charge électrique 49, 50, 51, 89, 90
chauffage à reflux 177, 178
chiffres significatifs 18
chromatographie 175, 176, 181
chronométrage
classification périodique 87, 88 89
concentration massique 218
concentration molaire 218
constante d'Avogadro 199, 200
couche électronique 69, 70, 71
couche externe 70, 71, 73, 88, 89, 90, 91

D

décompression 298
densité 171, 172, 174, 177
dilution 220, 221, 222
dispersion 28, 29
dissolution 217, 218, 219, 221, 298

E

ébullition 171, 172, 173, 177, 179
échelle 11, 12, 15
échographie 129, 130, 131, 136
écriture scientifique 17
effet thermique 240
électrocardiogramme 129, 135
électron 13, 49, 50, 51, 52, 53
élément chimique 52
équation de la réaction 239
excipient 151
extraction 173, 174, 177

F

famille 88, 89
fibre optique 133
fibroscopie 129, 132, 133
filtration 177, 178
fiole jaugée 202, 219, 220, 221, 222
force 107, 108, 109, 110, 112, 259, 261, 262, 263, 264
force gravitationnelle 107, 108, 109, 112
force pressante 280, 283, 295, 296
formulation 151
formule semi-développée 150
formule brute 150, 151, 155
formule développée 150, 153, 155
fréquence 130, 131, 136
fréquence respiratoire 279, 282
fusion 171, 172

G

gaz rare 88, 89
groupe caractéristique 151, 152, 155

H

halogènes 88, 89
hertz 130, 131
hydrodistillation 175, 180

I

ion 72, 73
ion monoatomique 72, 73, 89, 90
isomère 151, 155
isotope 52

L

liaison (de covalence) 149, 150, 153, 154, 155
loi d'Avogadro-Ampère 282
loi de Boyle-Mariotte 281, 282, 283
loi de la gravitation universelle 109
loi de Snell-Descartes 32
longueur d'onde 27, 28, 29, 32
lumière blanche 27, 29, 31

M

masse 108, 109, 110, 112, 261
masse molaire 200, 201, 203
masse volumique 172
Mendeleïev 87
miscibilité 173, 180
mole 199, 200
molécule 11, 13, 15
monochromatique 27, 28, 29
mouvement accéléré 111, 260
mouvement retardé (ou ralenti) 111, 260, 264
mouvement uniforme 107, 108, 111, 260, 262

N

neutron 49, 50, 51, 52, 53
nombre de masse 49
nombre stœchiométrique 241, 242
noyau 49, 50, 51, 52, 53
numéro atomique 49, 50, 52

O

onde électromagnétique 132
ordre de grandeur 11, 12, 18

P

période 88, 90, 130, 135
pipette jaugée 202, 219, 220, 222
poids 109, 110, 261, 262, 263
polychromatique 27, 30
pression 279, 280, 281, 282, 283, 295, 296, 297, 298, 299
pression atmosphérique 279, 281, 283, 295, 296, 297, 298, 299
principe actif 151
principe d'inertie 105, 107, 108, 262, 264
prisme 27, 28, 29, 30, 31
produit 239, 241, 242
profondeur 295, 296, 297, 298, 299
proton 49, 50, 51, 52, 53

Q

quantité de matière 199, 200, 201, 202, 204

R

radiographie 129, 132, 134
réactif 239, 240, 241, 242
réactif limitant 239, 241
référentiel 105, 106, 107, 111, 259, 260, 262, 264
réflexion 130, 132, 133, 136
réflexion totale 132, 133
réfraction 28, 29, 32, 33, 132, 133
règle de l'octet 71, 73
règle du duet 71, 73
relativité du mouvement 105, 259

S

solubilité 171, 173, 174, 175, 176, 180
soluté 217, 218, 220, 221
solution 217, 218, 219, 220, 221, 222
solution saturée 217
solvant 173, 174, 175, 180, 181, 217
son 130, 131, 136
spectre d'absorption 31
spectre d'émission 30, 31
structure électronique 70, 71, 72, 73, 74
structure lacunaire 50, 51
synthèse chimique 177
système chimique 237, 238, 239
système solaire 11, 14, 15, 16

T

température 171, 172, 177, 178, 179
trajectoire 105, 106, 107, 108, 111

U

ultrason 129, 130, 131, 136

V

verrerie 202, 219, 220, 222

Achevé d'imprimer en France par Normandie Roto Impression s.a.s.
Dépôt légal n° 94474 - 1/01 - juillet 2013 - N° d'impression :132404